Lean Thinking
Banish Waste and Create Wealth
in Your Corporation

精益思想

白金版

[美] 詹姆斯·P. 沃麦克
（James P. Womack）
[英] 丹尼尔·T. 琼斯
（Daniel T. Jones） 著

沈希瑾 张文杰 李京生 译

图书在版编目（CIP）数据

精益思想（白金版）/（美）沃麦克（Womack, J. P.），（英）琼斯（Jones, D. T.）著；沈希瑾，张文杰，李京生译 . —北京：机械工业出版社，2015.8（2025.9重印）
（精益思想丛书）

书名原文：Lean Thinking: Banish Waste and Create Wealth in Your Corporation

ISBN 978-7-111-51071-0

I. 精⋯ II. ①沃⋯ ②琼⋯ ③沈⋯ ④张⋯ ⑤李⋯ III. 企业管理 IV. F270

中国版本图书馆CIP数据核字（2015）第175188号

北京市版权局著作权合同登记　图字：01-2014-0466号。

James P. Womack, Daniel T. Jones. Lean Thinking: Banish Waste and Create Wealth in Your Corporation.

Copyright © 1996, 2003 by James P. Womack and Daniel T. Jones.

Simplified Chinese Translation Copyright © 2015 by China Machine Press.

Simplified Chinese translation rights arranged with Free Press through Andrew Nurnberg Associates International Ltd. This edition is authorized for sale in the Chinese mainland (excluding Hong Kong SAR, Macao SAR and Taiwan).

No part of this book may be reproduced or transmitted in any form or by any means, electronic or mechanical, including photocopying, recording or any information storage and retrieval system, without permission, in writing, from the publisher.

All rights reserved.

本书中文简体字版由Free Press通过Andrew Nurnberg Associates International Ltd.授权机械工业出版社在中国大陆地区（不包括香港、澳门特别行政区及台湾地区）独家出版发行。未经出版者书面许可，不得以任何方式抄袭、复制或节录本书中的任何部分。

精益思想（白金版）

出版发行：机械工业出版社（北京市西城区百万庄大街22号　邮政编码：100037）
责任编辑：程　琨　　　　　　　　　　　责任校对：董纪丽
印　　刷：保定市中画美凯印刷有限公司　版　　次：2025年9月第1版第33次印刷
开　　本：170mm×242mm　1/16　　　　印　　张：24
书　　号：ISBN 978-7-111-51071-0　　　定　　价：99.00元

客服电话：（010）88361066　68326294

版权所有 · 侵权必究
封底无防伪标均为盗版

修订版前言

Lean Thinking

本书于1996年秋季首次出版,我们认为,真是恰逢其时,正好用于1997年的经济衰退和1998年的金融危机。本书的目的是阐明如何使各行业超然于20世纪90年代的各种金融较量之外,去创造真正而持久的价值。本书用实例说明北美、欧洲和日本的一些企业如何利用1997年的经济衰退,重新考虑其发展战略,进而走上了新的发展道路。

我们在介绍工业界时经常指出,对"预测"来说唯一肯定的事情是,预测的结果是错误的(精益思想家们之所以努力缩短从订货到发货的时间,使得多数产品都能按订单生产,同时努力做到对产能的增减只需进行小幅调整,其原因正在于此)。与1997年的经济衰退相反,整个20世纪严重泡沫化的经济向前冲了五年多,一直到2001年,使几乎所有人都能取得商业成功的日子大大延长。

如果说本书是在最需要其思想的若干年前出版的,那么,令人惊奇的是,竟有那么多的读者在日子最好过的时候,认真接受了本书的建议。本书英文版的销量已超过30万册,并且被译为德语、法语、意大利语、葡萄牙语、波兰语、土耳其语、朝鲜语、日语和汉语。我们从世界各地的读者那里,听到了他们在应用本书原理方面所取得的成功。

在我们的预测成为现实之后，而且继2001年的经济衰退之后又发生了2002年的金融危机时，读者的兴趣更是高涨。实际上，在出版近五年之后，在没有任何宣传促销的情况下，本书于2001年再次出现在《商业周刊》商业图书畅销书排行榜上。

有清楚的证据表明，读者现在发现，本书与他们的商业活动的关系甚至比第1版还要密切。考虑到这一点，我们决定，扩展本书内容并出版修订版。本书第一部分阐述了一些简单而有效的原理，帮助所有行业在任何商业条件下创造持久的价值；第二部分说明了如何应用这些原理，包括应用步骤和涉及不同规模企业的应用实例；第三部分说明了如何通过不懈地关注各产品的整个价值流(即从产品概念到产品推出，从订货到发货，从上游源头的原材料基地一直到顾客手中的整个过程)，创建出真正的精益企业，即在尽可能减少时间、成本和出错的同时，使为顾客创造的价值实现最大化。

在第四部分新增的两章中，我们讲述了时至今日精益思想的发展。我们追踪了各行业库存周转数的变化趋势这个不会说谎的精益衡量标准，并对其中一个值得赞扬的行业给予特别的关注；我们还追踪了本书讲到的一些公司的发展情况。我们发现，随着经济的螺旋式发展和股市的崩溃，以及其他商业书籍中一些十分叫好的大公司走过一条弹道曲线而回落到初始水平，以丰田为首的精益样板却抵御住了出现在成功商业书籍中的大多数企业的命运。它们继续有条不紊地从成功走向卓越，它们的办法就是通过实实在在的艰苦努力，为顾客、雇员和自己创造真正的、可持续的价值。

在最后一章中，我们介绍了一系列新的应用工具，与读者共同分享自1996年以来我们对精益思想的新认识及成功应用。我们首先从价值流图的概念说起，因为我们感到，价值流图能够增强人们对价值及其构成的意识，进而促使人们采取行动，因而是一个非常好的方法。

在修订本书的过程中，我们纠正了第1版中的一些错误和疏忽，但是没有改变原有页码。因为我们知道，许多组织已经把本书作为教科书，用以指导它们的变革过程。我们这样做的目的，就是确保两个版本的互换不会产生问题。

正如我们在本书中所阐述的，在本书出版近七年后的今天，我们更加确信，精益思想是适于任何组织消除浪费、创造价值的最强有力的工具。我们希望本书的原有读者，能利用这一修订版来强化精益信念；我们更希望许多新读者能在这里发现一个充满机会的全新世界。

詹姆斯·P.沃麦克

丹尼尔·T.琼斯

第1版前言

Lean Thinking

从精益生产到精益企业

1990年秋天,为了推销我们的前一部著作——《改变世界的机器》(*The Machine That Changed the World*)⊖,我们走遍了全球。我们的目的是唤醒依然坚持旧式批量生产方式的各种机构、管理者、雇员和投资者。《改变世界的机器》提供了丰富的标杆数据,介绍了在第二次世界大战后由日本丰田公司首先推出的在组织和管理与客户的关系、供应链、产品开发和生产运作等方面的一种好方式。我们称这种方式为**精益生产方式**(lean production),因为用这种方式能以越来越少的投入获取越来越多的产出。

我们的旅行横跨北美,经过日本(那里仍存在很多批量生产方式)、韩国,而后穿行欧洲。当时我们曾担心没人会听我们的宣传:或许人们都沉湎在批量生产方式下很难被唤醒吧?但是事实上,《改变世界的机器》引起了极大反响。它迄今为止在全球已销售40万册,有11种语言的译本(还不算中文版)。[1]在那次首发式的旅行以及后来的多次讨论中,许多读者和听众非但没有忽视我们的研究成果、反对我们的建议,而且还告诉我们说,他们也很想尝试精益生产方式。他

⊖ 此书中文版已由机械工业出版社出版。

们的问题很简单：我们该怎么做？

他们提出这一问题，问的不是一些具体的技术性问题，譬如说：怎样组织团队、如何在产品开发中使用质量功能展开法或者在生产过程中如何进行差错预防等；他们要问的是：指导我们行动的关键原则是什么？作为管理者、雇员、投资人、供应商和客户，我们应该如何从沉溺于批量生产方式中难以自拔转变为精益生产？个别想得周全的人提出更难回答的问题：下一步怎么办？在一旦成为"丰田"以后，下一个飞跃是什么？

事实上，当时我们并不知道答案。我们用了15年的时间在全世界树立工业业绩的标杆，但《改变世界的机器》注意的是全流程——产品开发、销售和生产，而不是普遍的原则。我们自己也从来没有尝试过把一个批量生产的组织改变为一个精益的机构。而且，我们那时一直忙于思考如何从批量生产方式跃至为精益生产方式，根本没时间考虑像丰田公司这样的企业下一步该怎么办。

本书的思想就是由这些问题直接引发出来的。首先，我们认识到：应该准确地概括总结出"精益思想"，为管理者提供一种类似北极星那样可靠的行动指南，以克服批量生产方式造成的天天乱糟糟的局面。由于日本的精益技术创始人所采用的是自下而上的做法，大多数读者很难照这种方法去做。日本人所说、所想的大多是用于项目团队、采购部门、销售团队和生产现场的具体活动的具体方法，如专职产品开发团队、目标定价、计划的制定工作和单元式制造。虽然他们写了不少描述这些具体方法的书，而且其中也不乏一些具有深刻思想见地的（如大野耐一的回忆录），[2] 但是在把所有方法紧密联系，形成一个完整的思想体系方面，则大多词不达意。结果，我们遇到了许多这样的管理人员，他们对精益生产方式的整个体系一无所知，却想孤立地推行精益系统的各个部分。

在与很多听众交换过意见并听取了他们的大量反馈之后，我们得出结论，精益思想可以概述为5个原则：精确地定义特定产品的**价值**；识别出每种产品的**价值流**；使价值不间断地**流动**；让客户从生产者方面**拉动**价值；永远追求**尽善尽美**。清楚地了解这些原则，然后将这些原则一起加以实践，管理人员就可以充分利用精益技术，保持稳定的发展。这些原则和应用是本书第一部分的主题。

关于转变过程，我们知道一个成功的例子，那就是在第二次世界大战结束后立即开始的丰田公司的精益飞跃。而且，我们在《改变世界的机器》一书中所用的绝大多数给人印象深刻的标杆例子，都是日本的汽车公司于20世纪80年代开始在西方白手起家新建的工厂。这些工厂取得了极大的成功，因为它们没有受当时盛行的一味要求各种权利的风气的影响。因此可以说，精益生产方式在某种意义上依赖的是日本的文化习俗。但是这些有着新建筑、新职工和新装备的新建工厂，与管理人员努力要调理好的历史悠久的原有生产工厂没有多少共同之处。我们的读者需要一个适合他们自身实际情况的详细运作规划，而且是可以用于任何行业领域的规划。

为此，我们决心在工业发达国家的一些工业领域里，找出那些已经从批量生产方式中脱胎出来的原有生产企业和正在建立精益生产方式的企业，期望通过考察它们做过的事，来发现实现精益的通用方法。当这样做时，我们不想只进行一般了解情况的调查，而是集中精力，找出最突出的企业——那些目前已远远超出常规、实际已飞跃到精益的组织。

但是到哪里去找这样的组织呢？虽然我们对汽车工业很了解，但是我们希望能有不同行业的例子，包括服务业。除此之外，我们还需要有从不同性质（普通企业到家族企业）、不同规模（作坊式的小工厂到批量生产厂商）、不同行业（高新技术企业和传统技术企业）等各方面进行比较的实例。

最后，经过大量的艰苦工作，再加上某种程度上的好运气，我们进入了北美、欧洲和日本的精益思想管理者的网络，并且从一家个人投资的小制造公司中获取经验。四年内，我们与不同行业的50多家企业交流，并且对于从批量生产方式转变为精益生产方式所必需的人的努力，有了更深刻的了解。本书第二部分描述了我们的研究结果，并制定了一个实用的行动计划。

令我们欣喜的是，就在我们寻找关键例证时，本书实际上已成为全世界具有共识的人们的集体创作。他们从心里信服这一整套思想，而且在引用这些思想方面有了很大的进展，并热切希望看到精益思想能被普遍接受。在这里，我们对他们花费了数小时、数日甚至数周时间与我们一起探讨各种问题表示感谢。

由于我们需要了解企业的整个情况：特定产品的全部价值流、从原材料到成品、从订货到送货、从概念设想到投产的全过程；也因为我们需要验证的很多事情涉及企业的权利，所以我们提出了一个不同寻常的合作方法。为了对我们介入企业的各个方面给予回报，包括与供应商、客户和工会面谈等，我们请参与这些活动的人审阅本书的草稿，请他们给予批评和指正。事先说明，我们在本书中用做例子的企业资料，如果不宜公开发表就可以删除；但是为了保护个人利益（或者个人尊严）要求删去某些细节而使整个情况失实的话，我们就要将这个企业的例子从书中整个删去。实际上到本书写作收尾时也没有发生这样的情况。

我们的工作方法是，我们既是局外人又是局内人。这种方法是彼得·德鲁克在 50 多年前首创的，曾应用于他对通用汽车公司的划时代研究成果《公司的概念》[3]。这种方法对作者们有"透明度"的特殊要求。现在，人们对"商业"书籍持一种非常怀疑的态度，而且怀疑得也确有道理，因为这些书总说照它们的方法去做就可以"立竿见影"；也因为这些书的作者，特别是一些咨询人员，有时也有学术界人士，同他们所写的企业有金钱关系。因此我们必须向读者保证，我们与书中涉及的所有企业和个人都没有金钱关系或咨询关系；[4]我们还进一步保证，我们已经核对了这里所提供的全部业绩数据。事实上，在大多数情况下，我们是通过在车间巡视，用自己的眼睛来核对的，也通过在工程、营销、销售、客户服务与采购部门等花费很多时间了解情况，以及和产品开发团队一起进行活动来核对的。

为了保持我们在研究精益过程中的完全独立性，我们是用 Simon & Schuster 公司的预付版税和个人积蓄为四年来的研究提供资金的。

在我们开始写下我们的发现，如何在采用批量生产方式的传统机构中产生精益飞跃时，我们开始意识到：要比目前已经实行精益生产方式的企业再向前走一步是必要的，也是可能的。为了实现一个新的"飞跃"，就必须以一整套新思想来考虑企业的作用、职能和职务安排，使从概念设想到投产、从订货到送货、从原材料到最终产品的价值流得以通畅运行。一个新的概念——精益企业，可以将产品的全部"价值流"显著地引导到尽善尽美的方向。本书第一部分简单地介绍了这一概念，第三部分仔细地研究了精益企业的挑战。我们也要对下一步的"飞跃"做些预测。现在还没有人实现这一飞跃，但可能有些读者会率先身体力行。

四年来，在对全球真正的精益机构进行了彻底研究之后，我们现在知道了如何才能成功地实现精益。正如本书中的各个事例说明的那样，我们知道了如何切实地把精益思想、技术和组织贯彻到任何活动中，不论是产品生产还是服务。而且，我们已在当今最佳的企业实践中看到了下一步飞跃的曙光。在以后章节中我们将详细说明怎么做，以及为什么要这样做。因此，你的任务很简单，只是去照着干！

目录 | Lean Thinking

修订版前言

第 1 版前言　从精益生产到精益企业

第一部分　精益原则

导论　和浪费针锋相对的精益思想 // 2

　　定义价值 // 3

　　识别价值流 // 7

　　流动 // 9

　　拉动 // 12

　　尽善尽美 // 13

　　我们现在就能得到的好处 // 14

　　停滞消除剂 // 15

　　从头做起 // 16

第 1 章　价值 // 17

　　是一所房子，还是一种没有麻烦的经历 // 17

　　从向传统"价值"的定义挑战开始 // 19

　　按整个产品来定义价值 // 21

　　精益企业重新考虑价值时的关键所在 // 23

　　价值定义的最后一个要素：目标成本 // 24

第 2 章　价值流 // 26

　　从货架通道里观察 // 26

　　　　一提盒可乐的价值流 // 27
　　　　生产可乐 // 27
　　　　引起浪费的根本原因 // 32
　　　　订购可乐 // 33
　　　　制成可乐 // 36
　　　　让价值流分析发挥作用 // 37

第3章　流动 // 39
　　　　批量生产的世界 // 39
　　　　流动的技术 // 41
　　　　自行车从批量生产到流动生产 // 42
　　　　把流动思想用于任意活动 // 53
　　　　工作中的流动；流动地工作 // 53
　　　　只有流动是不够的 // 55

第4章　拉动 // 56
　　　　过去糟糕的生产 // 57
　　　　服务于拉动的精益生产方式 // 58
　　　　过去糟糕的配送 // 61
　　　　服务于拉动的精益配送 // 63
　　　　从理论到实践 // 66
　　　　精益配送技术 // 69
　　　　均衡进度需要均衡销售 // 70
　　　　过去糟糕的轿车维修服务 // 71
　　　　从维修场地拉动 // 72
　　　　从维修场地到原材料的拉动 // 73
　　　　仅仅是开始 // 75
　　　　混乱是真的吗 // 76
　　　　是否真的必须有商业周期 // 78
　　　　在追求尽善尽美中拉动价值 // 78

第5章　尽善尽美 // 79
　　　　增长的途径 // 79
　　　　捷径 // 80

持续进行根本性的、不断的改善 // 82
尽善尽美的蓝图 // 83
集中精力消灭浪费 // 84
去掉惰性，开始起步 // 86

第二部分　从思想到行动：精益的飞跃

第6章　简单事例 // 90
　　精益革命 // 100
　　最终结果 // 110
　　如"流"的工作 // 111
　　最后步骤 // 113
　　超越简单事例 // 113

第7章　复杂事例 // 115
　　"我们差点让自己'准时'死亡" // 116
　　变革代理人 // 117
　　理论知识 // 118
　　线模公司的精益化 // 122
　　首先处理过剩人员和"钉子户" // 122
　　教会人们如何去观察 // 124
　　反复改善每一个价值流 // 125
　　再造生产组织，为价值流开辟道路 // 126
　　引进精益财务系统和"计分卡" // 127
　　降低库存 // 129
　　创建一个"精益"部门 // 130
　　为获得灵活性而提供铁的工作保证 // 131
　　再造产品开发系统，为价值流开辟道路 // 131
　　整改接单过程 // 134
　　将工薪和利润联系起来 // 135
　　改善供应商 // 136
　　制定一项发展战略 // 137
　　五年后的成绩记录 // 140

对问题更严重的企业怎么样呢 // 142

第 8 章　严峻的考验 // 143

从美国系统到批量生产 // 145

鹰的起飞 // 146

第二次世界大战是形成批量生产方式的动力 // 150

喷气推动的鹰 // 151

鹰的第一次坠落 // 155

是较精益而非精益,是必需而非足够 // 157

1991 年创造出的危机 // 159

从大到不太大,从"流程"到流动 // 160

仅有精益知识是不够的 // 162

第二个变革代理人 // 163

拔掉钉子户 // 166

调整两项主要活动 // 168

10 亿美元的房间 // 168

超大装备的遗迹 // 170

连续流动发动机 // 174

同时发生的质量危机 // 175

实际生产的最终结果 // 177

不能倒退之点 // 178

下一步飞跃 // 179

教训和下一步骤 // 181

精益思想对其他工业企业又如何呢 // 182

第 9 章　精益思想和德国技术 // 183

从贫穷到富有的初步成功 // 183

保时捷:一个典型的德国企业 // 185

出现危机 // 189

变革代理人 // 192

进攻计划 // 193

日本导师的到来 // 197

处理就业问题 // 201

工人和工会的反应 // 202

整顿供货队伍 // 203
整顿全盘管理 // 206
整顿产品计划 // 207
整顿产品开发系统 // 207
业绩记录 // 208
下一个挑战 // 209
对德国传统的暗示 // 210
德国和日本 // 215

第10章 大丰田，小昭和 // 216

昭和的危机 // 217
最初的努力 // 219
一个思想矛盾 // 221
支撑精益化的新型组织 // 222
从硬改善到软改善 // 223
最后因素：重新思考订单接收和生产计划 // 224
最终结果：精益的成功 // 226
日本的其他企业如何 // 227
丰田的精益状况 // 228
"……不服输的好处" // 228
创造性的危机 // 230
丰田的缓慢行进 // 231
相应的改革 // 232
完善生产环节改革 // 234
完善平行化改革 // 235
今日之丰田 // 236
精益思想在丰田公司之外的传播 // 240
小昭和，大丰田：日本今日面临的挑战 // 243
一样的步骤 // 245

第11章 行动计划 // 246

开始起步 // 246
创建一个组织机构，引导你的价值流 // 255
建立鼓励精益思想的业务系统 // 261

完成转型 // 265

五年承诺的必然结果 // 269

下一个飞跃 // 271

第三部分　精益企业

第12章　流动的渠道，渠道的流域 // 274

精益企业 // 275

结束工业冷战 // 276

轮换职务 // 277

未来的职能 // 279

企业的作用 // 280

三种工业传统中的精益企业 // 281

前面的路还很长 // 284

第13章　想象尽善尽美 // 285

长途旅行 // 285

医疗 // 288

食品生产和配送 // 290

建筑业 // 291

短途内个人的出行机动性 // 292

想象的力量 // 294

我们马上就可以得到的好处 // 295

第四部分　新的发展

第14章　精益思想的稳步发展 // 298

丰田的稳步发展 // 299

保时捷的精益过程加卓越产品 // 302

体现在大型货物包装机中的精益思想：兰开公司 // 303

普惠：困难时期困难行业中的精益思想 // 304

超越孤立的发展 // 308

第 15 章　使变革制度化　// 311
　　　　　充实后的行动计划　// 311
　　　　　机会就在眼前　// 334

后记　精益网络　// 336

注释　// 339

参考文献　// 360

译者后记　// 363

第一部分

精益原则

Lean Thinking | 导论

和浪费针锋相对的精益思想

Muda（浪费）是一个大家都应该知道的日本词。从嘴里把它说出来时，听起来让人觉得很讨厌，而且它也应该让人讨厌，因为它的意思是"浪费"，专指消耗了资源而不创造价值的一切人类活动：需要纠正的错误；生产了无需求的产品；由此造成的库存和积压；不必要的工序；员工的盲目走动；货物从一地到另一地的盲目搬运；由于上道工序发送传递不及时，使做下一道工序的人只能等待；以及商品和服务不能满足客户要求。

丰田公司的大野耐一（1912—1990）可能是人类历史上最痛恨浪费的人。他指出了上面所说的前7种浪费。最后一种是我们加上的。[1] 可能还有很多种浪费。即使随意观察一下普通机构一天的日常活动，各种各样的浪费现象就会使人们很难否认浪费无处不在。当你接着阅读本书下面的章节时，你会发现浪费远比你能想象的要多得多。

幸好我们有针对浪费的强有力的武器：精益思想。它提供了一种方法，这种方法能帮助定义价值，并按最佳顺序排列生产价值的活动，在没有干扰的情况下（不管是谁来干扰）推行这些活动，使之越来越有效。换句话说，精益思想是精益的，因为它提供了以越来越少的投入（较少的人力与设备、较短的时间和较小的场地）获取越来越多产出的方法，同时也越来越接近客户，提供他们确实需要的东西。

精益思想通过及时反馈来把浪费转化为价值，这能使工作做得比较令人满意。而且，与当前盛行的流程再造的做法相反，精益思想提供了创造新工作的方法，而不是以提高效率为名，简单地裁员。

定 义 价 值

精益思想的关键出发点是价值，而价值只能由最终客户来确定。价值只有在由具有特定价格、能在特定时间内满足客户需求的特定产品（商品或服务，而经常是既是商品又是服务的产品）来表达时才有意义。

价值是由生产者创造的。从客户的立场来看，这是生产者之所以存在的理由。然而，由于许多原因，生产者很难确切地定义价值。在我们访问一些美国公司的时候，许多由商学院培养出来的高级管理人员通常这样接待我们，先给我们做早已准备好了的有关自己公司的组织、技术、核心优势和战略意图的报告；然后，在午餐时，告诉我们他们遇到的短期内的挑战性问题（特别当他们需要在下一个季度获得足够利润的时候），以及随之而来能降低成本的措施。这些措施包括用巧妙的方法来裁员、把下游客户的收入装入自己的口袋，还有，从上游供应商处榨取利润，等等（因为我们是就精益生产方式的问题来搞协作，所以他们常常很愿意把这些做法说成是"精益"的，尽管那常常只是"自私"的）。饭后上甜点时，我们就能听到他们谈起在当今"精简机构"的时代，他们个人的职位问题了。

只是在我们的执意要求下，他们才会谈到其企业为了保持自己的业务，希望由特定客户以特定价格购买的特定产品，以及当这些产品的基本成本稳定下降时，公司业绩与送货水平该如何改进。在提出这样的问题时，我们常常直截了当地问这些高管一个简单的问题：你是否能把自己放在这样一个位置上，考虑一下下述三个过程：①从概念到投产的设计过程；②从最初提出要求到产品送货的信息流动的订货过程；③从原材料到客户手上的物质产品的整个生产过程。然后描述一下，在这些过程的每一步中，你要做些什么？他们常常尴尬地默不作声。如果我们不坚持问下去，他们很快就不理这个问题了，再一次用有关财务状况的各种考虑来取而代之。简而言之，股东们当前的需要和高管们牢记在心的财务情况被摆在了高于在现实中为客户定义价值和生产价值的位置。

最近，我们到德国去，在那里又发现了对价值标准的另一种曲解。在第二次世界大战后的大部分时期内，德国私人公司的高管人员，或者由银行控制的公司的管理层可以忽略短期财务业绩的需要，因此他们热衷于向我们讲述他们的产品和工艺技术。甚至最高管理层也能详尽地讲述产品性能的细节和需要若干年才能完善的新工艺方法。

但是由谁来定义价值呢？是控制着公司的工程师们！他们断言，用更为复杂的机器来生产的更为复杂的设计才是客户所想要的，而且也是生产工艺流程所要求的。但是，用什么来证明这一点呢？

在强调这一点时，人们常常可以明显地看到，领导德国企业实现其价值观的是强大的技术能力和受过高等教育的技术专家。他们自认为他们的工作才是最高水平的。他们不断推进精度和复杂性，但是除了专家自身外，任何人对此都没有多少兴趣。我们对所谈产品提出的疑问经常遭到反对，他们宣称："一旦我们说明理由，客户就会接受。"然而，后来许多产品的失败又被解释为："客户水平太低，掌握不了产品的优点。"

自从冷战结束以来，德国工业危机的主要特征是出现了一种新的观念：客户已经买不起一向为德国工程师们所热衷的复杂的、定制的设计和尖端的工业技术，而且这些技术也经常和客户的实际要求相去甚远。

最近，我们去日本时又遇到了（对价值的）第 3 种曲解。日本企业在定义价值时最注重的是创造价值的地点。甚至在丰田这个精益思想的先驱企业，为了满足日本国内社会对于终身雇用和稳定的零部件协作商关系的需要，大多数管理者在定义价值时，也是先考虑怎样可以在国内设计和制造产品。但是，世界上大多数客户都希望产品设计能照顾到当地的需要，因而很难在远在日本的办公室里进行设计；况且客户还希望按照他们的订单准确制作的产品能及时送到。这是从日本的生产基地远洋运输产品不可能做到的。客户肯定不是主要以产品的设计和生产地点来判断其基本价值的。

而且，即使在日元逐步坚挺的时候，日本高级管理人员的"肥水不流外人田"的思想也会耗尽这些企业将来要做新事物的财源；员工与供应商的眼前需求超过了客户的需求，而客户需求才是长期支撑企业所必需的。

抛开世界上这三种最主要的工业系统国家对价值的曲解不谈（而且每一个国家可能都有自己的一套独特做法），[2] 我们一再感到震惊的是：价值的定义怎么到处都被现存的组织、技术、未折旧的资产以及过时的规模经济的思想歪曲了。世界各地的管理者都爱说："我们知道如何利用已经买到的材料和设备来生产这种产品。如果客户不接受，我们可以调整价格，或者增加一些装饰品。"而实际上他们真正要做的是站在客户的立场上、从根本上重新思考价值。

这种落后思想的最佳（也是最极端）实例之一是当今的航空运输业。长期以来，作为经常使用这种服务的客户，我们详细记录了我们的体验，并将我们对价值的定义与航空运输领域中大多数公司所说的价值的定义作了比较。我们的价值定义非常简单，那就是：价格合理、转机次数最少、安全地从我们的所在地到达我们的目的地；而航空公司的定义似乎是，以"最有效益"的方式运用它们现有的资源，哪怕是让我们先到马里的延巴克图再到我们要去的任何地方也行。为此，它们提供了附加服务项目，如机场服务中心的商务人士候机厅、每个座位上精心设计的娱乐系统等，以求客人能容忍各种不便。

就在我们写本书的时候，我们中的一个人，从他在纽约州西部詹姆斯敦的夏日别墅跨越伊利湖，行程 350 英里⊖到密歇根州的霍兰，去给工业界的听众讲述精益思想。需求只是，在可以负担的费用下，从詹姆斯敦飞到霍兰（两处都有小机场）。可行的办法有两个：要么花高价乘坐从詹姆斯敦到霍兰的包租飞机（完全是门到门服务，旅行时间为两小时左右）；要么开车 80 英里到纽约州的布法罗机场，再乘大型喷气式飞机飞往西北航空公司在底特律的行李分检中心（乘客的行李通过一个巨大的中转站，自行分检，从一架飞机转到下一架飞机），然后再乘大型喷气式客机，到密歇根的大急流城，再驱车 40 英里到达最后终点（这种选择价格较低，但需要旅行 7 个小时）。

为什么像西北航空公司（以及它在全球的合作者 KLM 公司）这样的航空

⊖ 1 英里 ≈ 1.61 千米。

公司和像波音、空中客车这样的飞机制造商不用小型喷气机提供费用低廉的点到点服务，而要发展越来越大的喷气机呢？为什么在美国对航空公司放松管制后，它们不开发小机场、小飞机的快速往返系统，而是在不合理的"机场服务中心"兴建印度泰姬陵式的大型中转站呢？还有，为什么长期以来欧洲和东亚总是因为政治上的考虑而让大多数由国家控制的航空公司的飞机都飞经首都呢？（在上述需要7小时的旅行中，有1小时是飞机在底特律中心滑行的时间，而在中转站自动分检行李的时间极短。）

有少数几家企业正在积极宣传这种价值定义，因为航空公司和飞机制造商开始考虑到大型飞机极高的成本，制造更大飞机所需的更高级的工程知识、工装与生产设施，以及大机场的复杂性。老式的"效益"思想认为，利用这些资源和技术的最好方法是让大批的人乘坐大飞机，而要做到这点就要使更多的旅客经过昂贵的中转站。这种效益计算方法把重点放在飞机和中转站上。但这只是整个旅程中的两个环节，忽视了全局。更糟糕的是，从旅客的价值观点看，这种做法根本就没抓到点子上。

在美国，这种想法15年来的最终结果是：旅客很倒霉（这不是他们所要的价值！）；飞机制造商赚不到钱（因为航空公司买不起新飞机）；而各个航空公司（已经开始寻求比较灵活的点到点飞行策略的西南航空公司和几家新开办的航空公司除外，尽管它们也还在使用大型飞机）近10年来一直在破产的边缘徘徊。欧洲与部分东亚的情况也差不多。

因此，精益思想必须从一种自觉的尝试开始，通过与客户的对话，为具有特定功能以特定价格提供的产品精确定义价值。这样做就需要暂不考虑现有的资产与技术，而要在把强有力的专职生产团队配备于生产线的基础上重新考虑企业。这也需要重新定义企业中技术专家的作用（就像我们上面提及的那些眼睛只"向里看"的德国工程师的作用），并重新考虑在世界上的什么地方创造价值。在现实中，没有哪位管理人员能立即把所有这些变化付诸实施，但是，形成一个明确的观点，知道什么是真正需要做的事则是必要的；否则价值的定义肯定会被曲解。

综上所述，精确地定义价值是精益思想关键性的第一步；而"浪费"则提供错误的商品或服务。

识别价值流

价值流是使一件特定产品（不论是一件商品、一项服务，或者如日渐增多的情况，商品和服务两者的结合）通过任何一项商务活动的三项关键性管理任务时所必需的一组特定活动。这三项任务是：在从概念设想，通过细节设计与工程，到投产的全过程中**解决问题**的任务；在从接订单到制定详细进度再到送货的全过程中**信息管理**的任务；在从原材料制成最终产品，送到用户手中的**物质转化**的任务。[3] 确定每件产品（或在某些情况下确定每一产品系列）的全部价值流是精益思想的第二步。虽然企业很少注意到这一步，但是这一阶段通常会暴露出大量的、错综复杂的浪费。

特别是，价值流分析几乎总能显示出沿价值流的三种活动方式：

（1）有很多明确的能创造价值的步骤，如把自行车架的管子焊在一起；或者，运送一位乘客从代顿飞到得梅因。

（2）有很多虽然不创造价值，但是在现有技术与生产条件下不可避免的其他步骤，如为保证质量，焊接处要检验；乘大型飞机从代顿到得梅因要到底特律中心转机的额外旅途（我们称这种为 1 型浪费）。

（3）还有很多不创造价值而且可以立即去掉的步骤（2 型浪费）。

举例来说，世界上最大的飞机喷气发动机制造商普惠公司（Pratt & Whitney），现在开始为它的三旋喷气式发动机产品制作价值流图。他们发现：原材料供应商为生产超纯金属所展开的各种活动的成本，由于下游企业的问题而成倍增大了。下游的锻造企业要将金属锭锻至与机械加工相近似的外形，但最初的材料铸件尺寸富裕很多，例如钛或镍的铸件，比成品件要重 10 倍，90%极昂贵的材料成了废料。铸造厂认定这种做法是有效率的，因为他们不需要注意零件的最终外形。最后，铸造厂为达到普惠公司对每种发动机的精确技术要求，用很高的成本准备了几种尺寸不同的铸件；而与其他发动机组比，各种不同的发动机只是尺寸略有不同；与竞争者的需要相比，尺寸变化也不大。许多这类活动可以立即去除，并且可以极大地节约成本。

为什么在被人们认为是尖端领域的航空工业中，这么巨大的浪费在几十年中却并没有引起人们的注意呢？理由极为简单：属于喷气发动机价值流的四家企业——铸造、锻造、机加工和总装——都没有向其他三家企业介绍过自己的活动。一部分原因是保密——每个企业都害怕上游或下游企业利用这些泄露出去的信息，使得讨价还价更难。还有部分原因是根本没在意。四家企业都习惯于细心关注自己的事情，但是从不愿花费时间去看看整个价值流，包括它们自己的内部活动对价值流上其他企业的影响。在过去几年中，当它们开始注意到这个问题时，发现了大量的浪费。

因此，精益思想必须超出企业范畴，以这个世界上公认的划分单位的标准，去查看创造和生产一件特定产品所必需的全部活动。这些活动包括从概念经过细节设计到实际可用的产品，从开始销售，经过接收订单、计划生产到送货，以及从远方生产的原材料到将产品交到客户手中的全部活动。我们把完成所有这些事情的组织机构，称为精益企业。实际上它是由所有相关方组成的一个持续不断的联席会议，来为全部价值流形成一个渠道，以去除所有的浪费。

每当我们向一些人初次介绍这一概念的时候，听众大都认为，这必须形成一个新的法律认可的实体。有些人把成功企业说成是"虚拟"公司，成了现实中纵向一体化的一种新形式。事实上，人们真正需要的形式正好与之相反。在企业外购项目逐渐增加而自制项目逐渐减少的年代里，真正需要的是有共同利益的各方自愿组成的联合，一起查看被割裂开来的价值流。这种联合要检验创造价值的每个步骤，而且要持续到产品的最后。对于已经经过几代人连续开发的像某一特定规格型号轿车那样的产品，形成这种联合可能需要几十年；而对于生命周期短的产品，如用于特殊用途的软件，所需时间可能不到一年。

形成精益企业确实需要用新的方法去思考企业间的关系，需要一些简单原则来规范企业间的行为，以及沿价值流的所有步骤的透明度。这样，每一个参与者都可以核实其他企业的行为是否符合达成共识的原则。本书第三部分将介绍有关这方面的内容。

流　　动

一旦精确定义了价值，精益企业也完整地制定出了某一特定产品的价值流图，消灭了明显的浪费步骤，实行精益思想第 3 步的时机也就到了。这才是真正精彩的阶段：要使保留下来的、创造价值的各个步骤流动起来。但是，请特别注意，这一步要求你完全更新自己的思想。

我们生存在一个认同"职能"与"部门"的世界里，也就是说，大家都认为，各种活动都应该按类型分组，这样才能更有效地运作，也更易于管理。此外，让各个部门有效地完成任务，似乎更是完成各种大批量活动的常识。例如，"在理赔部门，先理赔所有 A 项，然后 B 项，然后 C 项；在喷漆部门，先为所有绿色零件喷漆，再为所有红色零件喷漆，然后再喷紫色零件"。大批量经常意味着产品要长期等待，换句话说，是要耐心等待部门换模调整到产品所要进行的下一步活动的形式。但是，这种方法使部门人员忙个不停，使所有的设备用得很苦，而且需要使用精密的高速设备。因此，这种方法应该是"有效"的。对吗？实际上，这是极其错误的。但是我们中的大多数人很难意识到这一点，或者根本没意识到这一点。

近日，本书的一位作者和他两个不到 10 岁的女儿一同完成了一个简单的实验。他问女儿们：要为妈妈每月出一期的通讯做好折叠、贴地址、封信封、贴邮票和邮寄的工作，最好怎么做？她们想了一会儿后干脆地回答："爸爸，首先你要折好所有的通讯，然后给每一份通讯贴上地址标签，然后封好所有的信封，最后贴邮票。""为什么不折一本通讯，就封好、贴上地址，再贴邮票呢？那不就省得把每份通讯拿上拿下 4 次了吗？为什么我们不从一份通讯的角度出发，使它最快寄出，而花的力气最少呢？"她们强调说："因为那样做效率不高。"

她们对"批量操作是最好的方法"这一认识深信不疑。对她们来说，那就是把通讯绕着厨房的桌子，从一个"部门"送到另一个"部门"；而且，她们也根本没有想到，如果重新考虑一下，这项工作也许可以用连续流和效率更高的办法来做。这真让人吃惊。然而，同样令人吃惊的是，世界上大多数的管理者在考虑他们的大事时与七八岁孩子的思路完全相同。大野耐一把这种主张批量生产的思想模式归罪于人类文明中最早的农民。他认为，是这些人在进行批量生产（一年一度的农作物收获）和储存（收粮入仓）的过程中，丢掉了猎人们那种一物一猎的明智。[4] 或者，我们的头脑中生来也许就有了批量生产的概念和许多其他错误"常识"，例如，时间是永恒的而不是相对的；空间是笔直的而不是弯曲的，等等。但是，我们所有的人都必须和部门化的、批量生产的思想作斗争，因为如果产品按从原材料到成品的过程来连续生产的话，我们的工作几乎总能完成得有效而精确得多。简而言之，当你把精力放在产品和产品的需要上，而不是放在组织或设备上时，事情就会办得好一些。因此，所有为设计、订货和提供产品所需要的活动应该在连续流中进行。

亨利·福特和他的助手们是最先真正认识到连续流作业潜力的人。1913年秋，福特把汽车的最后总装转变为连续流的方式，使福特T型车的总装工作量减少了90%。接着，他把生产T型车零件的所有机床，按照正确的顺序排列起来，并且试着使从原材料到成品车发货的整个过程流动起来，由此也同样大大提高了生产率。但是，他只是发现了特例。他的方法只能在生产量大到必须使用高速装配线才能完成、每件产品都使用完全相同的零件、同一车型要持续生产很多年（T型车生产了19年）的情况下才适用。在20世纪20年代初，福特比当时工业界的所有人都高明。他的公司在全世界有几十家总装厂，一共装配了200多万辆T型车，每辆车都完全相同。

第二次世界大战后，大野耐一和他的技术人员，包括新乡重夫[5]，得出了结论，真正的挑战是在少量生产时创造连续流。这时，一件产品只要生产几十个或几百个，而不是上百万个。这就是通例了。因为正是这些小小溪流，而不是几条滔滔江河，汇集成了人类需求的汪洋大海。大野和他的同事们实现了在少量生产条件下的连续流，在大多数情况下不用装配线，而是学习迅速换模，从一种产品转产到另一种，并且使用"适当规模"的机床（小型化）。这样，不同类型的工艺步骤（如注塑、喷漆以及组装）可以马上相互调整，以使正在进行的加工保持在连续流中。

这种办事方法的好处很容易得到证实。我们近来在北美和欧洲的工厂中都亲眼看到，有精益思想的人在实施突破性改善（Kaikaku，大致可译为"急剧改善"，以有别于Kaizen，改善或持续改善）。把一天中生产某一特定产品的生产活动，从按"部门"和"批量"进行改为按连续流重新安排，可以使生产率提高两倍、各种错误和废料大大减少。在本书后面的章节里，我们将介绍在对产品开发与接单计划等各种活动做了革命性的重新安排后，只是调整时期稍长一些，这些产品的生产也能产生同样巨大的效果。然而，在这种非常好的方法被发现50年之后，世界上仍然有大量的活动是按部门、按"批量生产"的方法在进行。这是为什么呢？

最根本的问题是流动思想不够直观。在大多数人看来，工作理所当然应该由部门按批量组织。那么，一旦部门建立起来，用于批量生产的高速专用设备也已安置就绪，各部门中员工对职务升迁的愿望，以及公司财会人员（他希望充分利用贵重的资产）所作的计算就都强烈反对转向流动生产。

流程再造运动已经认识到部门化想法不够好，并且已经在尝试将重点从组织分工（部门）转向到创造价值的"过程"上，如信誉凭证、索赔评定或应收账款。[6] 问题是进行流程再造的人们还没有足够的理性认识，他们仍然在与不连贯的、综合的过程（例如产品全面订货）打交道，而不是和整个创造特定产品价值活动的流动打交道。此外，他们还常常止于企业自己付费的部分，而主要突破口则来自整个价值流。而且，他们把部门和员工当作敌人对待，用外来的改进工作组打击自己企业的部门和员工。结果常常是，那些经过流程再造后幸存下来的人们士气垮掉了；负责流程再造的专家一走，组织也就马上恢复原样了。

精益的方法是要重新定义职能、部门和企业的作用，使它们能对创造价值做出积极的贡献；是要说明价值流上每一点的员工的真正需要，因此，使价值流动起来才真正符合员工的利益。这不仅要求为每种产品建立精益企业，还应该像本书第三部分中所说，重新思考传统的企业、职能、职业，重新考虑精益战略的发展。

拉 动

从"部门"和"批量"转化到"生产团队"和"流动",第一个可见效果是:从概念到投产、销售到送货以及原材料到客户所需的时间大大地减少了。引进了流动以后,需要几年才能设计出来的产品,在几个月内就可以完成;需要若干天才能办完的订货手续,几小时就可办完。传统的物质生产完成时间由几周或几个月减少到几天或几分钟。实际上,如果你不能迅速地把产品开发时间减半、订货时间减少75%、生产时间减少90%,那你一定是哪儿做错了。而且,精益系统现在可以使正在生产的所有产品进行任意组合,所以不断变化的需求可以得到及时满足。

这又怎么样呢?这种做法能从库存量下降和投资回收速度加快中一下子节省下大量现金,但它确实是一个革命性的成就吗?它的确是个革命性的成就。因为,一旦有了在客户需要的时候就能设计、安排生产和制造出客户真正需要的产品的能力,就意味着你可以抛开销售预测,直接按客户告诉你的实际要求生产就行了。这就是说,你可以让客户从你那里按需要拉动产品,而不是把客户常常不想要的产品硬推给客户。而且,正如第4章中所解释的,当客户知道他们可以随时得到他们所要的东西时,而且,当生产者停止定期的减价销售活动,不再把已经生产出来却没人要的产品推销出去时,客户的需求就变得稳定多了。

让我们举个实际例子:你手里拿的这本书。其实你的这本书是很"幸运"的。美国每年印制的图书有一半还没找到读者就被送入粉碎机了。为什么会这样呢?因为出版社、印刷厂和发行部门虽然都沿着共同的价值流工作,但是从来没有研究过流动,因而客户无法拉动产品。如果书店脱销,库房也没有库存,读者要好多星期后才能重新订到书,然而大部分图书上架销售的时间非常短。出版社必须在读者对一本书最有兴趣的时候把它卖出去,否则就会失去很多销量。由于出版社无法事先精确预测需求,唯一的办法是在书刚一推出时印出上万册来,供"填满渠道",尽管一种书平均只能卖掉几千本。当销售旺季过后,剩下的书只能被退回出版社,投入粉碎机。

解决这一问题的方法可能不久就会出现。在今后几年里，印刷企业可以学习快速印制小批量图书，发行部门的仓库可以学会经常补充存书架（应用第 4 章中描述的方法）。最后，新的"适量"图书印刷技术会使这种情况成为可能：客户一要书，无论他在书店订书，还是更好一些的情况，在办公室或家中索书，他要的书马上就能印出来。有些客户可能根本不想要书本型的"书"，他们会要求出版社利用电子传输，将所要的原文传至他们自己的计算机中。如果他们偶尔需要的话，也可以用老式文稿形式把它打印出来。一旦出版行业价值流的各个成员接受了精益思想的第 4 个原则——拉动，就可以找到适当的解决方法。

尽善尽美

当各种组织开始精确地定义价值、识别出整个价值流、使得为特定产品创造价值的各个步骤连续流动起来，并且让客户从企业方面拉动价值时，奇迹就开始出现了。它表现为，在提供出一个比以往都更接近客户的真正需要的产品时，人们也在无止境地不断减少付出的努力、时间、场地、成本和错误。突然之间，尽善尽美，这个精益思想的第 5 个原则，看起来就不像是一种妄想了。

为什么会是这样呢？因为上述 4 个原则在良性循环中相互作用。让价值流动得快一些总能暴露出价值流中隐藏的浪费。你越是使劲拉动，阻碍流动的障碍就越会显现出来，从而也就能将它们排除。专职产品工作团队直接与客户对话，总能更精确地定义价值，并且也常常能学到增进流动和拉动的各种方法。

此外，尽管消灭浪费有时要求新的工艺技术和新的产品概念，但这些技术和概念通常都非常简单，而且立即就可以付诸实施。例如，近日我们看到，普惠公司用一个 U 型生产单元替代了生产涡轮叶片的全自动研磨系统。这个 U 型生产单元是公司自己的工程师们在很短时间内设计安装的，成本仅是原自动研磨系统的 1/4。新的系统减少了 99% 的完成生产时间，把换模时间从几小时降到了几秒钟,还使生产成本降低了一半。这家公司因而可以在收到订单后完全按照客户要求去生产。即使公司那台报废的自动研磨系统除了残值什么也不剩了,向精益思想的转化也可以在一年内以收抵支。

也许追求尽善尽美的最重要的驱动力是透明度。事实上,在精益系统中的每个人,从分包商、第一层供应商、组装厂、批发商、客户到员工,都可以看到所有的事,因而易于发现创造价值的较好方法。而且,员工做出的改进几乎立刻就可以得到积极的反馈。正如第3章所述,这正是精益工作的关键特征,也是对不断努力寻求改进的强有力促动。

熟悉美国的"财务资讯共享管理"做法7的读者们会记得,财务透明度和用给员工发奖金的形式表明对结果的及时反馈,这两点是财务资讯共享管理的核心要点。因此,我们的方法和这种方法之间有很大的共同点。然而,当财务有了透明度,员工的表现也能得到奖励时,财务资讯共享管理人员碰到了一个大问题,如何能使员工的表现得到改善呢?加班和苦干不是办法,但是如果没有人知道怎么能干得更好,也许就只能这么干了。我们上面描述的流动和拉动是这个问题的答案。而且,当员工开始从产品开发、接单和生产流动中得到及时的反馈,而且能看到客户的满意时,"财务资讯共享管理"奖金制度中大部分"胡萝卜加大棒"的方法也就不必要了。

我们现在就能得到的好处

想象尽善尽美很有趣,也有用,因为它显示了什么是可能做到的情况,而且能帮助我们得到比不这么做时更多的东西。然而,即使从长期来看精益思想能达到尽善尽美似乎是有道理的,但我们中的大多数人却生活和工作在短期内。我们能马上从精益思想中得到什么好处呢?

根据多年来在全世界的组织机构中所做的树立标杆的工作和观察,我们得出了下面的简单经验法则:通过客户的有效拉动,把典型的批量生产系统转化为连续流,可以使整个系统的劳动生产率(指在从原材料到产品发货过程中的直接生产者、管理者和技术人员的劳动生产率)翻一番,同时完成生产的时间减少90%，而且整个系统的库存量也减少90%；在客户手中发现的错误、生产过程中的废品和工伤事故通常都会下降一半；新产品面市时间也将缩短一半；客户只需增加极少的费用，就可以得到产品系列范围内更多的变型品种。而且，如果能腾出一些设施，并把不用的设备卖掉，那么所需的资本投资就很少，甚至是负投资。

这还只是在起步阶段由初步迅速重新安置价值流所得到的突破性改善的成果。下一步要做的就是通过持续不断的改善，朝着尽善尽美的方向前进。完成了迅速重新安置价值流的企业在两三年内还可以通过持续改善使生产率再翻一番，也使库存量、错误率和供货时间再减少一半。然后，把突破性改善和持续改善结合起来，就可以产生永无止境的改善。

人们很难接受这些业绩飞跃的数字，特别是在说明获得这种成绩并不特别需要新技术的时候。因此，我们几年来一直都在小心地用那些发达工业经济中各种领域的企业向精益过渡的具体例子来说明这种思想。在后面的章节中，我们提供了一组可以实现的、精确的"业绩表"，并且描述了可用的具体方法。

停滞消除剂

精益思想不仅是在抽象意义上的浪费消除剂，上面所述的业绩飞跃也是解决欧洲、日本和北美持续的经济停滞的药方。关于经济增长的常见看法认为，新技术、增加培训和教育是关键。因此，目前每天关于经济问题的文章大都在说，使用计算机的成本降低了，并以网络为例，说明数据在全球的交流越来越方便了。把低成本、易于得到数据和为知识丰富的工人研制的交互式教育软件结合起来，就肯定能带来生产率和生活水平的飞跃吗？

已有的记录并不令人乐观。在过去的20年里，我们曾经看到过机器人革命、材料革命（还记得那时说的让轿车使上陶瓷发动机和完全用塑料造飞机吗？）、微处理器和个人电脑革命，以及生物技术革命，但是在所有的发达国家中，人均产出（即人均创造价值）却一成不变。

问题不在于新技术本身，而在于这样一个事实：新技术开始影响的仅仅是经济的一小部分。几家如微软那样的公司一夜之间从名不见经传的小公司成长为行业巨人；但是大部分经济活动，如住房建筑业、运输业、食品供应系统、制造业和个人服务业，只有经过很长时期才会受到影响。而且，如果人们找不到应用新技术去创造价值的方法，那么这些行业就根本不会受到新技术的影响。然而，这些传统活动却涉及95%以上的日常生产和消费。

换句话说，在任何一段既定的时间内，经济范围中的大部分是用传统方式进行传统活动的"现有生产工厂"（brownfield）。新技术和增多的人力资本在长期内可能有所增长，但只有精益思想已经表现出在几年之内就能在这块领地里造成新的突破性增长的能力（而且，正如我们将看到的，精益思想有可能使某些新技术变得不那么必要）。

当每个国家的人口的不同组成部分争先恐后地要重新划分已经固定了大小的经济"蛋糕"时，发达国家持续的经济停滞已经导致了寻找政治替罪羊的后果。停滞也使企业界热衷于削减成本（由流程再造者领导）。这种做法打消了员工为本企业做贡献的积极性，扩大了失业队伍。精益思想和精益企业是解决问题现成可用的方法，它可以按照需要的规模产生结果。本书将向读者介绍怎么去做。

从头做起

因为精益思想并非直观可见，对于初次接触到这种思想的人来说，理解有些困难（但是，一旦"茅塞顿开"，那便是再明显不过的了），那么，在现实组织中检验精益5个原则的实际应用就是非常有用的了。因此，本书第一部分的其他章节提供了精益原则消除浪费的实际例子。像以往一样，我们的出发点仍然是从客户定义的价值开始。

第 1 章 | Lean Thinking

价　　值

是一所房子，还是一种没有麻烦的经历

得克萨斯州奥斯汀市的多伊尔·威尔逊在认真对待质量问题之前曾在房屋建筑业干过 15 年。他说："1991 年 7 月我真是烦透了。由于高额的担保索赔和与客户的摩擦，我经营的业务中有那么大一部分不得不停工或者返工。我知道一定会有更好的方法。后来我偶然间接触到了质量运动。"

他读了卡尔·休厄尔关于轿车销售的书——《长期客户》[1]（*Customers for Life*），决定从休厄尔在达拉斯的代销店买辆轿车来做索赔试验（"我想，如果连轿车代销商都能使顾客感觉良好的话，那么房屋建筑商应该就更容易做了！"）。他买车这件事实在是一次太好的实验了，以至于他向休厄尔问起了该如何提高房屋建筑质量的事，并且得知，要去读爱德华·戴明的著作。

多伊尔·威尔逊是个传统的得克萨斯人，做事从不半途而废。1992 年 2 月，他在自己的公司发动了一场"从墙到墙"的全面质量管理活动。在以后的 3 年里，他亲自向他的员工讲授"全面质量管理"原理、开始搜集和分析业务中各方面的大量数据、抛开销售佣金（因为"它毁了质量意识"）、取消按旧规矩付给建筑监理人员的"建筑人员奖"（只要他们就"未完事项"清单同客户达成附属协议，他们就有资格拿"按时完成奖"）、将承包人员减少了

2/3，并且要求剩下的承包人员参与每月的质量研讨会。

客户调查显示，随着他的建房经验和销售量的稳定增长，客户对他的满意程度也在稳步提高：甚至在市场清淡的情况下，威尔逊也从竞争者手中夺得了市场。1995年，多伊尔·威尔逊房屋建筑公司获得了"国家房屋质量奖"（通常被看作衡量建筑业质量的"鲍德里奇奖"）。威尔逊已经把在1998年获得"鲍德里奇奖"作为他的个人目标。然而，他并未满足现状。

他说："我知道在出售新房方面，我比其他公司有所进步。但是，有一个简单的事实在我脑中总挥之不去：得克萨斯州中部每年卖出的房屋中78%是'二手房'或更旧的房屋。我虽然在占22%的新房出售中取得了进展，增加了份额，但是在78%的买旧房的人中怎么样呢？显然，这些买主才是实实在在的市场机会。"

所以，威尔逊不再在买新房的人中做市场调查，而是开始去和买旧房的人交谈。他在回顾总结的时候发现，显然，他需要对他的整个工作进行重新思考。特别是，他发现很多买旧房的人讨厌和新房建筑商谈判时的"争论"、讨厌要长时间地等待完工才能搬入新居，也讨厌入住以后还有一大堆不可避免的"未完事项"。他们也不喜欢有些建筑商答应为客户提供"自选设备"，可后来却装了"标准设备"。买主们对这些设备的许多特点毫无兴趣。

威尔逊很快就认识到，客户不满意的这些事恰恰是他自己过去一直要客户承受的事。相比之下，旧房买主可以清清楚楚地看到他们买的是什么，所以只买他们想要的东西，而且可以马上入住。"怪不得我失去了78%的潜在客户！"

为了创造出一种没有麻烦的买房经历（这些事一起构成了威尔逊的"产品"），有必要重新考虑过程中的每一步骤。最近，他开了一家"一条龙"销售中心，客户可以在那里亲眼看到并选定一所住房能装备的各种东西（例如，有40种不同的砖、3000种壁纸、4种家庭办公室样式），在计算机辅助设计系统（CAD）的帮助下定制一个基本的设计方案，选择超出标准的项目（例如特别厚的地毯块料、增加户外灯具、高负荷电线，等等），确定准确的价格，办理抵押，安排保险，并且帮助办理所有权手续。对于一个特别着急的客户来说，所有这些事情都可以在销售中心的咫尺范围内得到解决。

为了实现把从签合同到搬家的时间由 6 个月缩短到 30 天的目标，威尔逊重新组织了签合同和分配任务的过程，还为承包人员开发了一套实行拉动计划的办法；当下游任务完成时，这些承包人员就会派到新的工作。他还为每个工种采用了标准化的工作报告、零件表和工具包。这些办法最终将取消"待办事项"表。因为这套新办法在前一个作业没有证实质量完全合格以前，绝不允许下一个作业开始。[2]

最后，威尔逊创造了用最少的建筑标准进行大范围的基本房屋设计的办法，并要求客户在所选定的基本设计上具体指定要升级的所有材料和系统（使用计算机设计系统）。因此，客户只要付款买他认为真正需要的东西就行了。

当我们在第 3 章讲到流动时重新再看这个例子，就知道做这些事并不容易；但是多伊尔·威尔逊已经完成了关键性的飞跃。他没有把注意力集中于传统市场，以及他和承包人员都已习惯的一贯做法，而是非常注意客户定义的价值，走出了一条新路。

从向传统"价值"的定义挑战开始

为什么从正确的起点开始来纠正价值的定义如此困难呢？部分原因在于大多数生产者愿意干他们已经干过的事；部分原因在于客户只知道要求一些他们曾经得到过的东西。他们简直是从错误的地方开始，在错误的地方结束。因此，当供应商或客户重新思考价值时，他们经常落到简单模式中：降低成本、通过定制增加产品种类、准时发货；而不是综合分析价值，并且向旧的定义挑战，找出真正需要的是什么东西。

美国康涅狄格州西哈特福德市线模公司（Wiremold）负责工程和产品开发的副总经理史蒂夫·梅纳德，在 1992 年重新组织线模产品开发系统时曾经试图做这些事。在以前的许多年中，线模公司开发了许多新产品，包括办公室用的和工业用的电线导管，还有个人计算机和其他商用电器用的稳压电源，都是按照传统的部门化流程来做的。这个流程从市场调查开始，通过委托来对线模公司的产品和其他竞争者的产品进行比较。一旦认准了"机会"，通常是市场上出现空缺或是公布了竞争者产品缺陷的时候，由产品工程部门拿出设计，然后由样品部试验样品。如果样品规格合适，则送给为产品设计工装的工程师，最后进行生产。

这套做法产生的设计缺乏想象力，客户也常常不接受（这样的设计需要太多时间和人力进行开发，制作成本也太高。但这和我们将在第3章中讨论的问题类型不同）。简单地通过同步工程设计加快这一流程，然后扩大产品种类，只会使更多的不良设计更快地进入市场。纯粹是浪费！

史蒂夫·梅纳德解决这个问题的方法是，针对每一种产品组织一个团队。这个团队在产品的整个生产期间内一直对其进行跟踪。团队内包括营销人员、生产工程师、设备/工艺工程师，参与同主要客户（大订户）的直接对话。对话中不谈所有老的产品和解决办法，相反，客户和生产者（线模公司）都把注意力集中于客户真正需要的价值。

举例来说，传统的线模公司的电线导管（这种导管使电线通过条件恶劣的工厂环境，并为多用电区，如实验室和医院，提供组合的电源插座）在设计时差不多完全注意的是耐用性、安全性和送到建筑工地上每英尺⊖的成本。这种方法很适合线模公司生产工程师的想法。这些工程师控制着产品开发过程，而他们发现单纯注重技术规范非常保险。

新的对话一开始，公司就迅速开发了那些客户所要的、外观精致，而且很快就可以安装在建筑工地上的产品（线模公司过去从未聘请过装潢设计师，而且对建筑业的发展趋势知之甚少）。只要外观做得较好（这样可以提高建筑物的报价），可以快一点安装（减少总成本），客户往往愿意为其支付更多的费用。

两年之内，当线模公司的所有产品系列都由团队管理后，这些非常传统的产品的销售量增加了40%以上，总利润也大大上升。开始进行客户和生产者共同参与的有关价值的对话，除了在产品开发和生产成本上有了多项节省外，也使红利大大增加。

当线模公司、多伊尔·威尔逊房屋建筑公司和其他企业需要寻找全新的能力，以便在意想不到的地方创造价值时，如果它们能找到一种机制，重新

⊖ 1英尺＝0.3048米。

考虑公司各种核心产品对客户的价值，大多数企业都可以立即增加销售量。

按整个产品来定义价值

企业感到很难正确确定价值的另一个原因是：价值的创造过程常常要经过很多企业，每一家企业都愿意以不同的方法定义价值，以适应自己的需要。把这些不同的定义放在一起，却往往"加"不起来。让我们看看另一个可怕的旅行例子（但却是非常典型的）。

琼斯（我们两人中的一个）最近带着全家从他在英国赫里福德郡的家到希腊的克里特岛去度复活节。他们想要的是一项没有麻烦的整体服务：把人和行李运到机场、坐飞机到克里特岛、坐车到克里特岛的别墅，还有别墅本身的服务。这件事不像一件产品那样可以直接得到，而是要由客户把它们一一串起来，而且要涉及19个不同的经营组织：旅行社（订机票和别墅）；出租车公司（它和旅行社没有关系）解决从赫里福德郡到伦敦格特维克机场的长途汽车，因为复活节期间从伯明翰（离赫里福德郡最近的机场）直飞克里特岛的航班全部停开；两个机场的职工（与航空公司分别签约的两个承约人）；两个机场的安检人员（更下一层分别签约的承约人）；两个国家的海关职员（在两端检查你的证件材料使他们有事可做）；两个机场的管理部门（他们喜欢长时间候机的旅客，这样旅客在机场的消费就会增加）；航空公司（它早就分解了自己的营运工作，并且极少采取支持自身工作的活动）；沿航线5个国家的空中交通管制机构（在投资不足和尽量缩短延误的情况下，执行各自政府所制定的标准）；格特维克机场换外汇的银行；把全家人拉到克里特岛别墅的客车公司；还有别墅。

这次出行走的算是一条合理的路线，但请看琼斯一家是怎么走这一路的吧：

1. 打电话给旅行社预约；
2. 收到寄来的机票；
3. 打电话给出租车公司预约；
4. 等候出租车；

5. 装行李（格林尼治时间早晨 8:00）；

6. 开车到机场（3 小时 15 分钟），按照航空公司要求在飞机起飞前 2 小时到达；

7. 卸行李；

8. 排队等着换外汇（英镑换希腊德拉克马）；

9. 排队等候登记；

10. 排队等候安检；

11. 排队等候通过海关；

12. 在候机厅中等候；

13. 排队等候登机；

14. 在飞机里等候（2 小时的空中交通延迟）；

15. 滑行到跑道；

16. 飞到克里特岛（3 小时）；

17. 在飞机里等候（滑行和下飞机）；

18. 排队等候取行李；

19. 排队等候移民局官员查问；

20. 排队等候通过海关；

21. 把行李装在客车上；

22. 在客车里等候；

23. 乘客车至别墅（大约 45 分钟）；

24. 卸下行李，拿进别墅；

25. 在别墅等候登记（格林尼治时间晚上 9:00）。

结果总计如下：

全部旅行时间：13 小时

实际用在旅途上的时间：7 小时（总时间的 54%）[3]

排队和等候时间：6 小时

排队次数：10 次

行李拿上拿下次数：7 次

检查次数（都问相同的问题）：8次

全部过程的步骤：23步

这里的问题不在于参与此事的公司太多了，因为每家公司专门从事自己目前的工作；问题在于每家公司只提供一部分产品，经常只从内部看到自己营运的"效益"，而没有人看到客户眼中的完整的产品。在注意力转变到像客户一样能看到整体的那一刻，问题就明显地暴露出来了：

在登机处，一个人能不能同时兼做安检、海关检查并办理登机手续呢（使人能经过他就进入登机区，或者直接登上飞机）？假如更好一些，旅行社在送机票时能不能把行李牌、登机牌、订出租车的票据、客车票和预订别墅的登记一起送来，使人们在过每一处时只要交出这些票据就可以了呢？（或者旅行者可以用自己的和预定系统联网的计算机，制出自己的票据。他们只需在每处的卡片阅读机上把自己的信用卡简单刷一下就行了，省掉了和旅行社有关的全部纸面工作。）克里特岛的海关当局能不能在伦敦的登机处就将人们的护照作扫描检查，然后利用旅客在路途上的时间去考虑能否让旅客入境呢？（那么，如果没有什么问题，旅客在走出飞机后根本就不必经过海关和移民局。）还有，为什么（有人知道其中的缘故吗？）人们必须在飞机起飞前两小时到机场呢？一句话，当你开始以客户的眼光来看整个事情时，产品（服务）的适当定义就改变了。

精益企业重新考虑价值时的关键所在

如果花点时间来看一下任意一种"产品"：一件商品、一项服务（或者在较多情况下是两者结合的产品），你就会开始发现用适当方式来定义价值的同样问题。做这件事通常要求生产者用新的方式与客户对话，而且沿价值流的许多企业也要用新的方式相互协商（以后的章节中我们会看到许多有必要这样做的例子。例如，轿车公司需要停止销售产品，轿车代销商需要停止销售服务，这两者都应由一起提供给客户的一个新产品"个人的出行机动性"取而代之）。

生产者接受重新定义价值的挑战是非常重要的，因为这是可以找到更多客户的关键；而可以找到更多客户和销售额的能力很快就成为精益思想能取得成功的关键。这是由于，正如我们很快就会说到的那样，精益组织总要腾出大量的资源；如果生产者想要保护他们的职工，并且想在开创新路时找到最经济地利用现有资产的办法，他们就必须马上发掘出更多的销售。从较好的价值定义开始，就会找到解决问题的手段。

尔后，一旦完成了对价值的初步重新思考（也许可以称作价值的突破性改善），精益企业还得让他们的产品团队持续不断地反复讨论价值问题，看他们是否真的获得了最佳答案。这是价值具体定义改进的同义语。这种改进寻求持续不断地改善产品开发、接收订单和生产活动的方法，沿着走向尽善尽美之路产生扎实的结果。

价值定义的最后一个要素：目标成本

一旦确定了产品，确定价值的最重要任务，就是根据如果去掉目前生产过程中所有可见的浪费后，生产某种规格和内容的产品要投入的资源和人力，来确定目标成本。这是排除浪费的关键。

常规企业根据它们所确信的市场承受能力制定目标销售价，然后倒推出在保证适当利润的情况下可以接受的成本；而且它们每开始开发一种新产品时都要这样做。那么这里的差别在哪里呢？精益企业关注目前常规企业向客户提供的产品特性和定价的一揽子情况，然后算一下在应用精益方法的情况下，可以减少多少成本。它们直截了当地提出问题：一旦去除不必要的步骤，让价值流动起来，那么这种产品除去浪费后的成本是多少。这就成为这种产品的开发、接收订货和生产活动所必需的目标成本。[4]

由于这个目标肯定远远低于竞争者所能承受的成本，精益企业可以有以下选择：降价（增加销售量和利用闲置资源的另一种途径）；增加产品的特性或内容（这也可以导致增加销售）；对实物产品增加服务项目，以创造额外价值（和就业机会）；扩大销售网和服务网（也会增加销售，尽管会有一段滞后时间）；或者用利润来支持新的产品（这种做法从长期看会增加销售）。

一旦确定了具体产品的目标成本，它就成为在产品开发、接收订货和生产（这在后面谈保险和运输等服务的例子时称为经营）的价值流中检验每一步的"镜子"。正如在下一章中我们将会看到的，持续不断地探究价值流上的每一项活动，也就是不断地提出一项具体活动是否真正为客户创造了价值的问题，将成为实现大胆的成本目标的关键。

Lean Thinking | 第 2 章

价　值　流[1]

从货架通道里观察

观察价值流的一个极好的位置是超市的货架通道，因为在那里可以看到上千种价值流流进客户的手中。不仅当购物者的决定拉动起来时，物质产品流在超市的货架通道里到达了终点，而且在新产品推出时，产品开发的过程也告终。大野耐一在现代超市里发现这一有利位置时非常兴奋，从而启发他在1950年创造了我们现在称之为准时生产（JIT）的新的流动管理系统。[2]

在过去的两年里，我们自己就置身于这种货架通道里，与英国食品杂货连锁店乐购（Tesco）[3]和它的许多供应商一起合作，在寻找浪费的过程中考虑具体产品的价值流。为此，我们首先从画出具体产品的物质生产和接单过程中的每一步（每一个行动）入手。现在我们也已经开始以同样的方法考虑产品开发。

我们的方法建立在一个简单的前提上：就像许多不能衡量、不能适当管理的活动一样，创造、接单和生产一个不能被精确定义、分析和联系起来的具体产品所必需的各种活动，是不可能引起争论、得到改进（或整个取消）并最终得到完善的。从历史上来说，管理人员最主要的注意力一直集中在总量管理上（工艺、部门和企业），同时监督着许多种产品。然而，真正需要的是对具体产品和服务的整个价值流进行管理。

我们要创造一个能鉴别设计、订货和制造一个具体产品所必需的每一个行动的价值流"图",其最初目的是要将这些行动分为三类:①真正能创造出客户可以接受的价值的行动;②不创造价值,但是目前产品开发、补充订货或者生产系统还需要,因而尚不能马上取消的行动(1型浪费);③不能创造客户所能接受的价值且可以立即取消的行动(2型浪费)。一旦去掉了2型浪费,通过利用前面所述的流动、拉动和尽善尽美等各种方法,就为消除仍然存在的不创造价值的其他步骤扫清了道路。

一提盒[4]可乐的价值流

能把这种方法说清楚的唯一办法是描述一个典型的价值流分析。[5]我们在乐购店中的饮料货架上多少有点随意地选了一种产品,装8罐的一纸提盒可乐。然而,我们一开始就该告诉你,我们的发现相当吓人。在一组长达300天的行动中,大部分行动只消耗资源却没有创造价值,因此就是浪费。你要知道,看看典型的乐购货架上3000种商品中的不论哪一种,结果都几乎一样。可乐的例子与平均值比较,不好也不坏。

你还得记住,沿着可乐价值流的一批企业按照批量生产方式的认识都是管理得非常好的。问题不在于管理者按照一个大众认可的逻辑来经营这套系统的能力,问题在于这个逻辑本身。

生 产 可 乐

即便是大江河也有涓涓源头。对于可乐来说,源头之一是水,在英国是由当地的水管理局供应。可乐的其他基本成分是:由可乐母公司[6]供应的用量极少的浓缩"原浆"(用大白话说就是"口味");榨糖的甜菜、制焦糖(浆)的谷物(使可乐上色,并且增加味道);做生产提盒用的纸板的冷杉;以及制造铝罐用的铝土或是旧罐回收再制的铝。[7]

到目前为止，由于罐体才是可乐[8]生产流程中最复杂的部分，而不是饮料；罐体也是生产供货时间中耗时最长的部分，我们将首先集中于分析制罐用铝的流动。糖处理、焦糖、原浆和提盒等也将在顺流而下的过程中陆续加入到这一分析中来。

如图 2-1 的价值流图所示，第一步是在澳大利亚开采铝土矿。

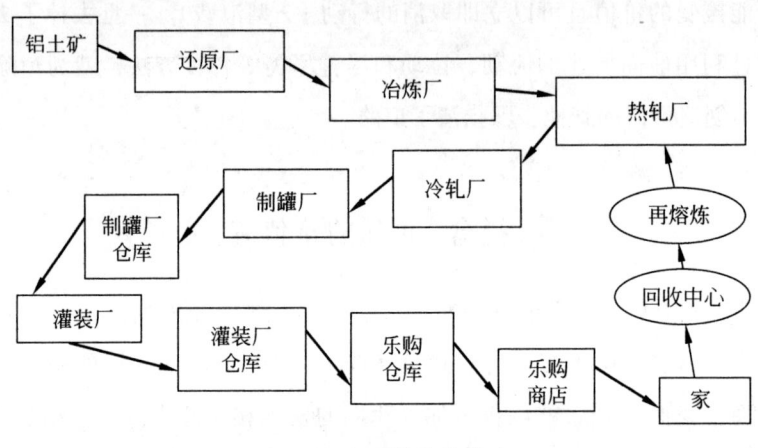

图 2-1　可乐罐的价值流

虽然从原则上说，在收到订单后少量的矿石会在几分钟内送到下一道工序，但采矿机械是庞大的，而且一次要挖掘出几百万吨铝土矿石的实际生产过程也要和长期的生产预测相符。然后，堆积如山的矿石要用大型货车运至附近的化学还原厂，将大块的铝土矿石还原成铝粉。

把 4 吨铝土矿石制成 2 吨氧化铝的工艺过程要 30 分钟。当积累的氧化铝粉够装满一个矿山集装箱时（大约要两周左右的时间，重约 50 万吨，或够做 1000 万个罐），就把它装船，花 4 个星期由海上运至挪威或瑞典去冶炼。那些国家有便宜的水力发出的电。

氧化铝粉在冶炼厂要等大约两个月时间；然后用大量的能源（所需约为熔化旧罐和再生铝的 20 倍），花两个小时将 2 吨氧化铝制成 1 吨铝。批量冶炼方法使每一次生产铝的量要大到能浇铸成几十个 1 米见方、十几米长的铝锭。在冷却和储存了大约两星期后，再由货车、船、货车把这些铝锭运至德国或瑞典的热滚轧厂。

铝锭在热滚轧厂存放了约两周后，再加热至500℃，通过一组重型轧机轧3次，把厚度从1米减至3毫米。实际滚轧过程只需约1分钟，但是，滚轧机非常复杂，把产品从一种规格改变成另外一种规格极为困难，所以管理人员发现，最好等到一种规格产品的订单积攒到足够多时，一次把它们都生产出来。当按照可乐罐所需规格的铝板轧好后，每10吨重一卷，卷好送到库房，在那里要放上大约4周时间。

在需要进行下一步工作时，就把铝卷从库房取出，用货车运到德国或瑞典的冷轧厂，在那里还要再放约两周时间。冷轧（速度为2100英尺/分钟，相当于每小时25英里）将3毫米厚的铝板压成制罐厂所需的0.3毫米厚的铝板。由于冷轧设备也非常昂贵而且不易变更产品规格，冷轧厂的经理也觉得累积了大量同一规格订单后批量加工最经济合算。冷轧出的薄板切成窄条，然后每10吨重卷成一卷，平均大约要存放一个月时间。

需要制罐时，铝卷用货车、海船、再用货车运到英格兰的制罐厂。卸下铝卷后，大约还要存放两个星期。在需要用的时候，铝卷从存放处取出，送到制罐机旁，通过冲切机，以每分钟4000个的速度，把铝板冲裁成圆形盘；然后圆形盘被自动送入"冲压成型"机。经过3次连续冲压，形成一个没有顶的罐子；每台机器的速率为每分钟300个（每一个下料机配有13个成型机）。

从成型机中出来的罐子，由传送带传送依次经过清洗机、烘干机和喷漆间，先喷底漆，再喷表面一层可乐的彩色图案，加上不同文种的消费者信息和促销广告。罐子再经过上光、收口、压凸缘（为灌装可乐后压入罐顶用），底部与内壁喷漆（防止脱色，也防止铝的味道溶入可乐），送最后检验。

上面所说的制罐机（实际上只是一个互相连接的大机床）具有在不到10秒钟的实际操作时间内将铝板转化为涂过漆的成品罐的技术上令人惊异的能力，完全没有人的干预。然而，从一种样式的罐换模至另一种样式的罐，或者从一种喷漆图案改为另一种，费用都是极高的。因此，管理者总愿意每种产品的生产批量越大越好。从制罐者的角度来看，显然这是最经济的方法。这也与冶炼厂、热轧厂、冷轧厂处理大批特定规格的铝的方法相吻合。

经检验后，罐子传到一个自动货盘机上，每个货盘放8000个空罐。而后，货盘送至一个大仓库中，储存待用。通常储存期为 4 个星期。在仓库里，罐子分类存放：因为灌装厂最后灌可乐时，除了要装普通可乐外，还要用不同标识的罐子来装不同的饮料（例如，无糖可乐、无咖啡因可乐、樱桃可乐等）。即使是普通可乐，灌装厂也必须按许多种不同尺寸的包装和促销宣传进行灌装。每种包装和多种市场促销宣传都得在罐子上涂上不同信息。[9]

罐子从制罐厂仓库装车运至灌装厂仓库，还要存放，尽管这次的时间大约只有 4 天。然后，它们被从货盘上卸下来，装上巨大的灌装机，进行清洗和灌装。就是在这点上，主要的支流汇集到灌装机旁的一个巨大的容器中。

在这一步，水、焦糖、糖和原浆被精心地混合，加入二氧化碳（起泡用）制成可乐（图 2-2 所示各支流汇集情况）。乐购、灌装厂和它们的供应商也要仔细分析这些项目的价值流，但分析价值流的方法只有从最长的一支着手，才能得以最好的说明。

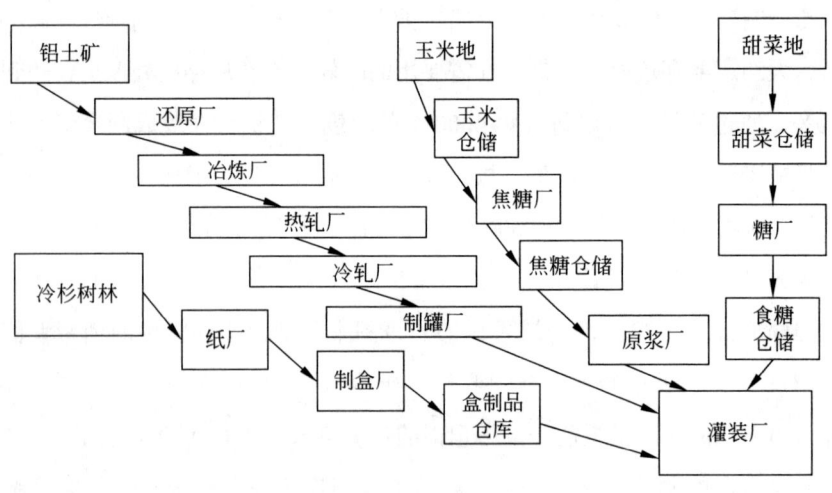

图 2-2　可乐价值流汇集过程

可乐灌入铝罐中以后（速度为 1500 罐 / 分钟），用一个带易拉罐拉环的铝罐顶密封。这个罐顶是通过另外的渠道供应的，但制造方法和罐体类似。然后，在罐上印好日期，按不同数量的罐来装提盒。目前是 8 罐一提盒。每种提盒均有各自的印刷图案和促销信息。

使所有分支的价值流聚合在一起的混合与灌装过程，从洗罐到包装仅需要 1 分钟；但是，若要调换品种则费用昂贵而且费时。此外，假如仅灌几罐可乐，然后改成灌苏打水，那就得清洗整个充灌系统。因此，灌装厂认为使用这种复杂的灌装设备，就得让每种要灌装的饮料大批量地装，才是最经济的做法。[10]

在灌装／包装流水线的终端，包装好的提盒码放在货盘上，装箱、打包（用在第 6 章会比较详细介绍的设备），送至灌装厂的中心仓库，然后供应所有的英国客户。可乐在货盘上的存放时间通常为 5 周左右。

在仓库里，货盘按照指定地点分类存放（这个过程叫存货）。在需要的时候，取出货盘，装上灌装厂的送货车，运往某个乐购分布在英国各地的地区批发仓库。

一旦到了乐购的仓库，动作就快得多了。进库的货盘大约存放 3 天，然后把箱子从货盘上拿下来放到推车上，连夜送至每个商店。到了零售店，推车从进货处送到店后的存储区或者直接送到货架旁，大约两天之内这些可乐就卖掉了。

如果购物者买了好多提盒的可乐，以得到一种具体的促销好处，他买回家的可乐通常又要放起来，很可能是在地下室中放上几天，然后冰起来，最后喝掉。在沿着全部过程流动了将近一年之后，这最后的一步可能只用 5 分钟时间就结束了。

最后一个重要的步骤，在图 2-1 中也标出来了，就是旧罐的回收，以便送回冶炼厂熔化，重新投入到生产过程中去。在英国，目前只有 16% 的铝罐回收使用（运回挪威），但是这个百分比在增加。如果罐子回收使用达到100%，整个价值流就有可能出现许多有趣的事。在英格兰，装有小滚轧机的小冶炼厂本可以设在制罐厂附近，转瞬间就能消灭掉当天制罐厂在上述各个步骤中所用的大部分时间、存储和距离（这些活动将从按我们的分类方法分为的第二类活动——不可避免的浪费，骤然转变为第三类活动——可以马上完全消除的浪费）。人们对旧罐的回收利用接受得如此缓慢，部分原因肯定是没有好好分析整个系统的成本，而只单计算了回收的成本。

当我们用这种方法，把一项一项的行为都摊开来看，从而有可能看到具体产品的每一个步骤时，实物生产的价值流就非常值得人们深思了。首先，如表2-1所示，实际创造价值的时间（3天）在从铝土矿到回收使用的全部时间（319天）中比例极小。价值流上99%的时间中，价值一点也没有流动：等待中的浪费。其次，罐子和制罐用的铝被拿起、放下30次。从客户观点来看，这样做不增加任何价值：搬运中的浪费。同样，铝和罐子要经过14个储存地点和仓库，其中有些是很大的仓库；罐子装上、卸下货盘4次：库存中的浪费和不必要的程序。最后，有24%从冶炼厂出来的耗能高、价格昂贵的铝与客户全无关系：残次品的浪费（变成废料）。

表2-1 一提盒可乐的价值流

	进货储存[①]	加工时间	完工后储存	生产速率	总计天数	累计废料[②]
矿	0	20分钟	2周	1 000吨/时	319	0
还原厂	2周	30分钟	2周		305	0
冶炼厂	3个月	2小时	2周		277	2
热轧厂	2周	1分钟	4周	10英尺/分	173	4
冷轧厂	2周	<1分钟	4周	2 100英尺/分	131	6
制罐厂	2周	1分钟	4周	2 000个/分	89	20
灌装厂	4天	1分钟	5周	15 000罐/分	47	24
乐购收货处	0	0	3天	—	8	24
乐购商店	0	0	2天		5	24
家中储存	3天	5分钟	—	—	3	（90）
总计	5个月	3小时	6个月		319	24

①包括上一步中的运输时间。

②累计废料是铝原料中废料的百分比。制罐厂废料的猛增是由于在冲床上成型时损失14%的原材料。灌装厂的损失主要是由于罐子在灌装机上损坏造成的，因为罐子空着存放，罐内没有压力，在操作过程中易于毁坏。

在消费者家里废料率的增加，如括号内所示，是由于到用户手中的76%铝原料，仅仅有16%回收利用。

引起浪费的根本原因

思考这种状况的最简单的方法是，一罐可乐很小，而且单个消费者消费的可乐是少量的；然而，生产可乐和把可乐送至客户的设备却都非常大，很难作换模调整，而且它被设计成在高速运转时才能有效生产。我们前面说到的船只、仓库和加工机械都非常大，而且我们也看得出来，饮料业技术人员的主要目标一直是要最好地利用批量生产方式的思想，使这些设备的规模加大，速度变快，同时减少直接劳动力。[11]

然而，对于沿价值流的单个公司显得有效率的事，例如购买世界上最快的装罐机，以每分钟装1500罐的速度运转，来获得世界上最低的每罐灌装成本等，在加入了间接劳动（技术支持）、上下游库存、手续费和存储成本后，可能就远不是那么高效了。可以肯定，这种大型机器比起那种小的、简单的、速度慢的机器要贵得多；这种小型机器只满足下一个企业（本案例中是乐购）的需要，而且可以在接到订货后马上生产，而不是从大仓库中去提货。

在这里，我们还要再次强调接受价值流思想所需的重大飞跃：不要再只看各种总的活动和孤立的机器设备，如冶炼厂、滚轧厂、仓库和灌装机；而要关注生产具体产品所要求的所有具体活动，看看它们之间如何相互作用；然后，开始向那些单独地或结合起来后不能给客户创造价值或者带来最优价值的行为挑战。

订 购 可 乐

如果一罐可乐从开采铝土矿开始到出现在乐购货架上需要用319天（乐购货架上其他货品也用差不多的时间），那么订货显然就有了问题。要么订货量得随时不变，这样沿价值流的生产厂家都可以在库存很少的情况下按稳定生产进度进行生产；要么上游生产厂家就必须在每一阶段保持大量库存，以适应需求变化；再不然，乐购的客户就得学会忍受短缺。这几种情况都不理想，因为它们都造成了浪费。

事实上，我们选择了乐购这个例子，是由于这个企业近年来调整了自己的订货系统，以避免上述几种选择。它已经大大减少了"脱销"的情况（供不上客户想要的产品），同时也把店内、库内的存货削减了一半以上。由于乐购开始这样做时已经是世界上效率最高的食品杂货店之一了，那么现在，它的库存量仅为英国平均水平的一半、欧洲平均水平的1/4、北美平均水平的1/8。

然而，乐购近来已经认识到，要进一步在整个系统（像可乐这种典型的产品有85%的成本不由乐购公司控制）的基础上减少库存、脱销和降低成本，就得沿价值流一路回溯，去改进各个企业的反应速度和订货精确度（在这个特定案例中是7个企业）。[12]

为了了解乐购为什么得出这样的结论，让我们来看一看它目前的订货系统，那可能是世界上最先进的系统了。乐购20世纪80年代中期时在它所有的商店的收款台上都安装了销售点条形码扫描系统（POS）。这种做法使每个商店能保持"固定存货量"，使它确切地知道手头上每种商品有多少，也能使它对供应商提出更精确的订单。这是可能做到的，因为每一次顾客从货架上拿了一提盒可乐通过收款台时，系统就把这件事记录到最近的销售率中，并记下剩下的提盒数量，那么添货订单就可以自动生成了。

几年后，乐购把每个商店该采购什么、什么时候采购的决策权从过去直接向供应商订货的商店经理处转给了一个集中控制系统。乐购用这个系统把所有商店的订单合并后交给供应商。与此同时，它在英格兰开了十几家地区分销中心（RDC），以使为它提供95%以上销售额的供应商（牛奶、食糖和面包除外）都送货到分销中心，而不送到商店。每个供应商不再用只装了半车的小货车向每个商店送货，而是用大货车向每个分销中心送货，然后乐购再每晚用另外的大货车送货到每个零售店。

1989年乐购为食品工业迈出了革命性的一步：对所有鲜活食品和部分长期放在架上的商品实行日订货（不再是周订货甚至是月订货）。现在，在每个商店每天营业结束取货时，乐购的订货系统就计算出需要正常补充的进货量，再加上由于星期几、时令、气候或促销活动而产生的特殊需要。商店经理对订货系统的这些数据迅速查看一遍，以找出总计中的差错；然后，这些信息就被迅速传递到乐购的中心计算机。在那里，每个地区所有商店的要求累计起来，订单在夜间电传给每个供应商。[13]供应商得到通知，在准确日期[14]的精确时间内（15分钟以内）把确切数量的商品送到每个地区分销中心指定的收货站台。

当货物到达地区分销中心后，它们就被分别放到库房中指定给每个商店的地方，凑够一车，当夜由地区分销中心送出，清晨送到商店。这样，每个乐购的商店在星期一晚上制定的订单在星期三上午开门前就由供应商上了货[15]，有效地创造了24小时连续补货系统（见图2-3）。

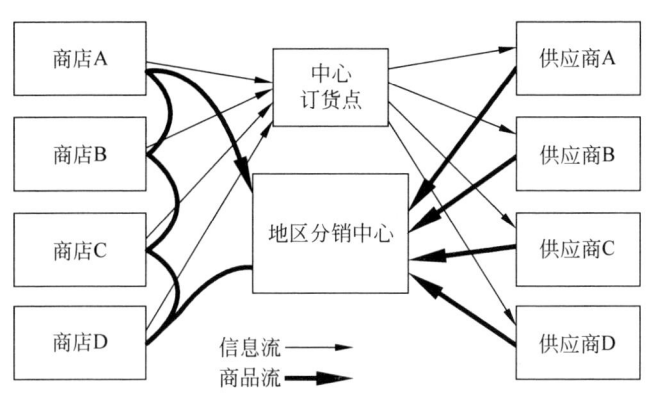

图2-3　乐购订货系统

作为使用连续补货系统的结果，乐购已经使其零售商店的"服务水平"（供应商送货时准时、无损坏、数量正确的比率）从92%提高到98.5%。同时，货物平均存储量（零售店的加上批发中心的）从21天减少到12.8天。像可乐这种占乐购总销售额一半以上的"快销产品"，地区分销中心和零售店的存储量，加起来也只有3～5天的量。

然而，在乐购这样做的时候，它懂得一个企业单独能完成的事是有限的。特别是，像它的灌装厂这样的第一层供应商，已经能在一夜之间准时履行乐购提出的订单；但那是从大量成品库存中提出货来。它们那种用高速的机器、长时间的换模调整和批量进行的生产方式实际上使它们没有选择。[16] 同时灌装厂价值流上游的各个企业也使用需要长时间换模调整的大量高速机器进行批量生产，它们甚至还没有达到从库存成品件转为准时送货的地步。由于灌装厂不能从其上游供应商处得到迅速反应来改变其需求水平，它只好继续按周、月甚至季度（对于某些原材料）成批订货。

如果乐购要削减成本并且改进它不能直接控制的85%的价值流的可靠程度，那么显然，上游企业必须共同重新思考它们的经营方法；而这也是使乐购和精益企业研究中心联合起来的缘故。尽管这事目前还处于初始阶段,但上述我们共同参与所作的研究已经表明,应逐渐把乐购、灌装厂、制罐厂、冷轧厂、热轧厂、冶炼厂和采掘铝土矿等7个单位从各自隔离的对手变成合作者的团队,切实组织在一个精益企业之中。

制成可乐

在可乐故事的最后部分是产品开发的价值流。从历史上看,在食品杂货业中,像灌装厂那样的第一层供应商,或者名牌供货商,一直主张大批量产品创新和推广。然而,只要稍花点力气把推出新产品的价值流中的各种活动列出来,就能提出很多问题。

通常,像灌装厂这类企业总是不断地寻求新产品,以保护自己现有的市场份额,扩大自己的供货范围(也争取在乐购的货架上占有更多的空间),并且用高利润的产品来取代像可乐这类老的常年产品。在这个行业中,标准的产品开发周期约为一年,其中包括许多次的产品试验,尔后还有较大的跟踪寻查,最后才能做出全面推出的决定。

尽管实际涉及的步骤非常简单,而且通常极少涉及真正的"研究与开发",但这些步骤还是得按部就班地进行。所以,如果粗略地观看一下产品概念,我们很快就会发现,在开发阶段的大部分时间里,产品概念没有什么变化,只是等待公司的产品检测小组提出反馈信息,或者等待小批量试销部门为新产品做出试销安排。然后,一旦决定要推出这种新产品,在生产系统作调整准备接受新产品、开发新包装材料和计划促销活动的过程中,还会有更多的等待。

这种系统的最终结果是一些新产品,但常常只是在改变配方成分的意义上是"新的"(如无咖啡因可乐和樱桃可乐),推出成本平均为1500万美元(其中一半用于广告),而且……常常在市场上遭到失败。[17]

对于乐购的结果是,货架上的大量空间被卖不掉的"新"产品占领,而且这些产品也同时在乐购的直接竞争对手的商店中推出。明显的问题是:用了一年时间开发、花费1500万美元去介绍推广的一种"新"产品，实际上却既不新也没人想要，这是怎么回事呢？

尽管有非常良好的愿望，仅仅减少产品开发时间和支出也不足以使这个价值流提高很多效率；因此，乐购已经开始从价值更基本的层次上重新思考产品开发过程。正像价值流中的单独步骤在彼此隔绝的情况下令人难以理解一样，顾客恐怕也并不真想买孤立的、一样一样的东西。如果乐购和它的灌装厂联合起来开发各种各样的饮料，既使乐购的客户感到满意，又有利于乐购发展和它的顾客的长期关系，使顾客对乐购不再陌生，是不是可能会好一些呢？为了做到这最后一点，乐购刚刚推出了一个"经常购买者计划"。这个计划将搜集有关每一个定期来购物的顾客的采购方式的数据，应该能在产品开发方面造成一种联系比较紧密的价值流。

让价值流分析发挥作用

在看过一种具体产品的价值流中所包含的各个步骤之后，我们准备让我们的研究成果在较大的范围内发挥作用。可乐的例子与普惠（绪论中介绍过）的例子不同。在可乐的例子中，我们没有看到任何可以立即去掉的2型浪费，因为很简单，它们是多余的。而我们却看到大量的1型浪费。很清楚，这些步骤不增加价值——它们是浪费，因此，它们就成为应用精益技术来消灭的对象。

请注意，我们在进行这种分析时，并没有把乐购的可乐价值流和它的竞争者作比较，使它成为标杆。在我们的前一本书《改变世界的机器》中，我们描述了在一个庞大的全球工业中描述最易于理解的标杆。尽管这本书促进了成为标杆的行业，但我们现在感到，对于了解精益思想的管理者来说，讲标杆是浪费时间。[18]

成为精益标杆的企业发现自己的业绩高于竞争者们时，有一种自然松懈的趋势（如果今天把乐购的内部管理作为标杆，它也会有出现这种问题的危险）；而采用批量生产方式的生产者发现他们的业绩很差时，要确切了解原因，常常需经历一段非常痛苦的过程（例如，20世纪80年代时通用汽车公司和大众汽车公司的情况）。当真正重要的差别在于组织难以觉察的创造价值的各种活动时，他们却很容易被那些易于计量或者无法模仿的差别，如要素成本、规模或者"文化"所迷惑。

我们对今天的精益企业的诚恳建议很简单：和你的竞争者去竞赛，识别所有浪费的活动，并且消灭它们，以追求尽善尽美去竞争。对于每一个组织来说，这是一个可以指出基本方向的绝对标准，而不是相对标准（其最引人注目的应用是：它使丰田组织领先了40余年）。然而，要使这种建议发挥作用，你必须掌握消灭浪费的关键技术。这一切始于流动。

第 3 章 | Lean Thinking

流　　动

批量生产的世界

去看医生时你要做些什么呢？通常要在几天以前预约，然后在约定时间到诊所，坐进候诊室等着——医生给你看病的时间通常晚于预约时间；然后医生诊断出你大致有什么毛病，再把你安排给一个对口的专科医生来看，时间很可能是在另外一天，而且肯定也要在候诊室等候。专科医生可能需要用大型的设备为你作检查，这就还得等，然后再去一次看结果。如果病因清楚，医生可以对症诊治，那就可能要去药房取药（再排一次队）；也可能还要回到专科医生处做更复杂的检查（全都得等）。如果你运气不好要住院处理，你将进入一个有各种专门功能，但过程全不衔接的新环境，继续等待。

如果你花一点时间回顾一下这种经历，就会发现：真正用于诊治你的时间仅仅是你花在整个"过程"中的极小部分。大多数时间你都在坐等（"patient"⊖在这真是个很确切的词），或者移到下一步去诊治。你能够忍受所有这些，是因为你被告知：所有这些停顿、开始和在许多陌生人手中转来转去，是接受最高质量医疗的"有效性"的代价。

我们已经粗略地看过另外一种服务，涉及航空公司的旅行。大多数情况

⊖ 这是个一语双关的词，做名词时是"病人"，做形容词时则是"耐心的"。——译者注

比琼斯一家到克里特岛旅行的经验更糟糕，因为你不能直飞而必须经过中转站。到最后，你沿着最短的路线走实际所用的时间只是门到门路线全程所用时间的一半多一点。然而，大多数的旅行者都忍受了这种做法，而没有想更好一点的办法。毕竟，这是最安全的。而且旅行者还被告知，由于充分利用了昂贵的飞机和机场，因此效率很高。

相对于盒式录音带、洗衣机、线模公司的电线导管和乐购的饮料等"产品"而言，保健和旅游通常被称为"个人服务"。实际上，这里的主要差别在于，在保健和旅游的例子中，你这个顾客是服务对象，是生产过程中必不可少的部分；而对于商品来说，你等在生产过程的末尾，这个过程显然与你不相干。然而，尽管你没有直接参与，完成任务的各个步骤也落不掉。

让我们来看一个普通商品的例子：独家住房。亨利·福特曾设想过批量生产房屋的办法，用标准的模板设计在工厂中生产模板，以大大降低设计和生产成本，同时还可以供应不同户型的房屋。实际上在第二次世界大战后，美国的一些企业家创造出了模板设计，并在很短的时间内建立了生产模板的生产线，并且立即用来生产预制板房屋。[1] 而且，丰田公司自20世纪60年代以来也在用生产线生产几种几乎可以在建筑工地立即组装的基本模板，在提供各种平面布置和房屋外形方面取得了一些成功。

然而，世界上大多数新建的独家住房，差不多还是在建筑工地上，用切割和扎紧钢筋形成基本构架，然后安装数以千计的单个组件，从抽水马桶、厨房用具一直到墙上的插座来建造的。

如果你先去找了房屋建筑商，然后再到工地坐下来观察各种活动，你多半会注意到懒懒散散的情况。举例来说，当多伊尔·威尔逊开始把计量办公室和工地上的各种事作为他全面质量管理工作的一部分时，他发现为客户建房的标准建筑日程中5/6的时间是在做两种事：等候下一步的专业人员（建筑师、成本估价人员、内装修设计人员、园林设计师、封屋顶的人员、平地的人员、管子工、电工、花匠）把他们的具体工作安排进其繁杂的日程；返工，拆除和纠正刚刚做完，但是要么从技术角度来说干得不对，要么不合乎买房者的要求和愿望。

作为处于整个过程终点的买房者，你要为所有的等待和返工付钱。你当然要发牢骚，但这毕竟是你所要的产品，而且你已经从朋友们那里听到过很多有关他们的房子更糟糕的事。所以你势必接受现行的这套做法，把它的问题作为这些活动本来固有的和不可避免的问题。

事实上，所有这些活动（任何商品或服务的创意、订货和供应）都可以形成流动。当我们开始思考把完成一项任务所需的基本步骤排列成一个稳定的连续流，其中没有浪费的动作、没有干扰、没有批量、没有排队的方法时，所有以下的事情就变了样：我们如何共同工作；我们发明的用来协助工作的各种工具；我们创造的用以推进流动的各种组织、我们追求的各种职务；企业的性质（包括提供非营利服务的机构）和它们之间的联系以及它们与社会的联系。

把流动用于人类活动的各个方面，不是件容易的、自然而然的事。对于新建企业来说，甚至让大多数管理者看到和抓住价值的流动都是很难的事。然后，就算管理者开始看到了流动，他们也还必须克服很多实际问题，才能充分推广和支持流动。然而，我们坚持认为，流动原理可以适用于任何活动，并且采用它的成效总是显著的。的确，设计和提供一项服务或商品所需的人力、时间、空间、工具和库存都可以迅速减半；而且做到这一点之后，还可以保持稳定的进步，在几年之内把投入再减一半。

流动的技术

那么如何使价值流动起来呢？一旦定义了价值并确定了整个价值流，第一步，是专注于实际目标：具体的设计、专门的订货和产品本身（一种"治疗"、一次旅行、一所房屋、一辆自行车），从开始到完成都绝不让它脱离你的视线；第二步，可以保证第一步能够实现，是打破工种、职务、职能（通常是由部门来完成的）和企业的传统界限，去掉具体产品或产品系列连续流动的障碍，组成一个精益企业；第三步，是重新思考具体的工作方法和工具来消除所有各式各样的倒流、废品和障碍，使具体产品的设计、订货和生产得以连续进行。

事实上,这三步必须一起进行。大多数管理者认为,若要高效,就要使设计、订货和产品"通过系统"来运作;好的管理工作是使能处理多种产品的复杂系统的业绩不要有什么变化。但真正需要的是在新的基础上摆脱原有的系统,重新开始。为了清楚而具体地说明这种方法,让我们举一个自行车的设计、订货和生产的具体例子。

自行车从批量生产到流动生产

我们之所以选择自行车做例子,部分原因在于它本身简单而直观。你不会被新颖的产品设计或者外国的技术所迷惑。选择它还因为我们恰巧了解一些自行车业的事。本书作者之一为了试验书中所论述的方法,买下了一家真正的自行车公司的所有权。最后,我们选择自行车业还因为它是个极度分散的行业;大多数总装厂只做车架而向一串供应商购买部件,车轮、刹车、齿轮、车座、车把,加上做车架用的管材。有些供应商比总装厂本身还大。有关价值流整合的问题有大量丰富的例子。

设计

自行车业的产品设计历来就是典型的批量生产。营销部门定出一个"要求",然后产品工程师设计一个符合要求的产品,样车部门制造一辆样车来试验设计结果,工装部门为已批准的样车设计大量生产的工装,制造部门的生产工程组解决如何使用这些工装制造车架,而后把零部件组装成一辆完整的自行车。同时,设计一定型,采购部门就安排把采购来的零部件送到组装车间。一种新产品的设计通常只是某段时间内正在开发的很多产品中的一种。这项设计是从一个部门转到另一个部门,在每个部门都要排队等待;而且常常还要退回到先前那个部门返工,或者悄悄地在下游某个地方进行重新设计,譬如说,需要处理工装设计人员和负责上步产品设计人员之间接不上茬的地方。这么一来就没有流动了。

在 20 世纪 80 年代末 90 年代初，大多数公司转向由一个强有力的团队领导人和几个专职团队成员对开发项目实行"着重"管理的做法，但是没有改变原有系统的其他部分。产品"团队"实际上只是一个有几个成员的委员会；大部分的实际开发工作还是要拿回到具体部门去做，并且还要在部门里排队等待，并且也没有有效的方法使设计工作通过原有系统时不产生大量的返工和倒流。更糟糕的是，没有一个人对开发工作最后负责。因为会计部门和奖惩系统在产品的整个生产寿命周期内永远不会把产品的成功和最初设计团队的努力联系起来。因此有过这样的事：一个客户喜欢的、有独创性和极好的技术性能的设计，却由于成本过高和延误推出时间而未能实现赢利。

精益方法是建立几个真正具有从事下述活动所需的全部技能的专职团队，例如：进行价值规范、总体设计、工程细节设计、采购、工装和生产计划等；团队成员能在短时间内集中在一个房间里，使用已经证明有效的团队决策方法，通常被称为"质量功能展开法"（quality function deployment，QFD）的方法进行工作。[2] 这种方法能使开发团队的工作标准化，以便每个团队每次都能按照同样的方法去工作。由于一个企业中的各个团队都照此法办理，就有可能精确地计量完成生产时间，也使不断改进设计方法本身成为可能。

有一个真正专职的团队存在，严格地应用 QFD 来纠正确定的价值，然后消灭返工和倒流，设计工作就会永远不停地向前，直到完全投产。就像我们在第二部分中将要说明的那样，这样做的结果是：开发时间减少一半以上，花费的人力总计减少一半以上；然而却能得到一个真正为客户所需要的、"命中率"高的产品。

根据我们的经验，专职产品团队的规模不必像传统管理者预计的那么大。小一些可以使他们在各方面都好一些。不需要一大堆专业面窄的专家，因为大多数的营销、工程、采购和生产方面的专业人员实际上比这些专家技能面要宽，而且非常现实，容易被承认，且好安排利用。当指定一个小的团队去"干这件事"时，我们总是发现，每一个专业人员都突然感到，自己能成功地发挥作用的任务范围比以前让他做的范围更大了。他们的工作做得好，也能从工作中得到乐趣。

把大多数过去在营销、工程和生产部门的职工转到负责具体产品的专职团队中去，对于价值流上的每个企业所需要的职能都会产生问题，这一点我们在第三部分中会谈到。同样，把关键部件和材料供应企业的职工作为生产团队专职人员的需要，也提出了一些困难的问题，如一个企业该在何处中止而另一个企业又该在何处开始，这将是第三部分的第二个主题。

接单

自行车业有史以来的实践，一直是让销售部门从零售商处获取订单。在美国，零售商的范围大到最大的百货公司，如沃尔玛；小到数以千计独立的小自行车商店。当订单完全办好（确认订单而且买主信用可靠）以后，订单送到生产计划部门中负责经营或者制造的科室，同一个企业的许多产品一样，被安排进行综合生产。然后，在送货日期确定后，就通知销售部门和客户。

要检查订单执行过程，特别是在推迟送货的情况下，客户找上了销售部门，销售部门再找生产计划部门。当订货确实没有完成，而重要的客户威胁说要取消订货时，销售部门和生产计划部门就要加快进度，直接到供应和组装的生产现场催货，让落后的订单前移。办法是把这些订单提前到排头去。

20世纪90年代初期，在流程再造运动的影响下，许多企业把销售部门和生产计划部门合并成一个部门，以便订货本身可以进行得快一些——总有一个人专门用企业的电子信息管理系统处理订单，这样订单就可以不再耽搁、排队等待或者积压（现在流动起来了）。结果，订单在几分钟之内就可以安排生产，而不是像以前那样需要几天甚至几周的时间；同时，订货的情况也能通过电子信息传递给供应商。加快进度的办法也同样加强了销售部门和生产计划部门之间的联系，消除了这两者之间经常出现的混乱。

这些革新肯定是有好处的，但是全面实行精益方法还会有更大的进步。在精益企业中，销售和生产计划人员是生产团队的核心成员。他们的责任是在一种产品开发出来时，计划销售宣传活动，并在销售时随时关注生产系统的能力，从而使订单和产品都可以平缓地从销售流向送货。由于在生产系统中没有阻碍，产品是按照订单生产的，从原材料加工开始的第一步到制成品出厂的最后一步之间只需要几个小时,所以可以在清楚而准确地了解生产系统能力的情况下去寻找和接受订货,根本不需要加班了。

执行这种方法的关键技术是节拍时间[3],它可以使生产速度和销售到客户的速度完全同步。例如一家自行车企业生产的最高档钛合金自行车车架。假设客户订货是每天 48 辆;又假设自行车厂每天单班工作 8 小时。那么每个车架的生产时间即为节拍时间,在这个例子中是 10 分钟(每小时 60 分钟,每小时要生产 6 个车架)。显然,订单的总量会不时增加或减少,因而节拍时间需要调整,以使生产永远和需求完全同步。要点是及时按需求精确地规定节拍时间,并且使生产程序精确地按照节拍时间运行。

在精益企业中,通过计算节拍时间,单位时间的产量[可能是每小时生产 10 辆高档自行车(节拍为 6 分钟),也可能是每分钟生产 1 辆低档自行车(节拍为 60 秒)]就能清楚地标示出来。在总装厂的生产团队所在地,用白板就可以轻而易举地做到这一点;而在组装厂恐怕就得动用电子显示设备(通常叫作安灯),而要在供应商和客户的显示设备上显示的话,还要使用电子传输设备完全显示。使每一个人都可以看到每一时刻生产的状态,是另一个关键的精益技术的最好例子,即透明度或可视化控制。[4] 透明度设施与按节拍时间生产是一致的,也可以立即提醒整个团队注意到额外的订货,或是在如果需要缩减节拍时间以适应订货增加时,考虑去除浪费的方法。[5]

提高销售和生产之间紧密联系的意识,也有助于防止传统的销售和接单系统之间的重大弊病之一,即采用奖金来刺激促销人员,使他们在未真正了解生产系统或者毫不关心生产能力的情况下工作。这种刺激办法使得在每次奖金发放时会产生周期性的订货波动(尽管基本需求没有变化),而且那些贪图奖金的销售人员偶尔也会发动一个生产系统可能接受不了的"世纪销售"。⊖ 这两种情况都会引起推迟送货,因而给客户带来不好的印象。换句话说,这不可思议地产生了浪费。

生产

自行车业的历史实践是以工种来区别生产活动的,而且为每个工种的活

⊖ 这是西方对一种异常巨大的事件的说法,如"世纪之战"指一场空前的战争。——译者注

动划分了部门：管材切割、弯管、削斜角、焊接、车架与车把的清洗和喷漆、组装成完整的自行车。随着时间的推移，高速机床和高水平的自动化设备被开发出来，用于从切割、弯管到焊接和喷漆的各种活动。在专门的总装车间也安装了装配流水线来装配高产量的各种车型。

所有的自行车生产厂家用相同的生产设备生产着各种系列的车型，而生产零件用的组合机床运转的速度（以每分钟多少件表示）要比总装线运转得快得多。由于生产不同零件时更换工装通常很费时间，所以在改做下一个零件前，生产大批量的同一种零件是有道理的。典型的总装车间布置和材料流动过程如图3-1所示。

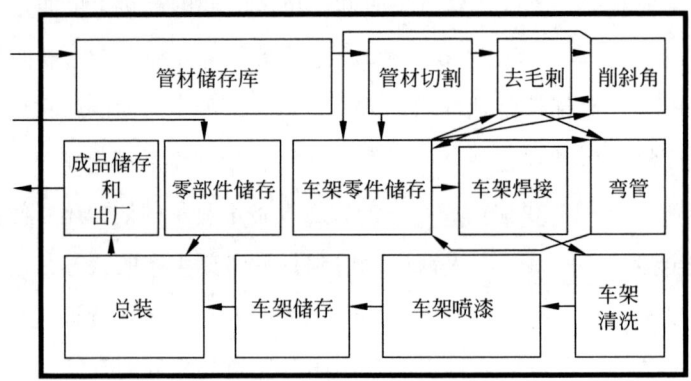

图3-1 自行车厂布置与流动

批量制造零件产生了一个明显的问题：如何跟踪库存，并且确认需要的零件是否按时送到了需要操作的地方。在早期的自行车工业中（这种生产活动可追溯到19世纪80年代，而且是汽车工业的主要先驱），生产进度是用主进度表和每日对各部门下达的生产总装所需零部件的手写指令来控制的。

大约100年之后，在20世纪70年代，这种手工制订进度的方法被使用计算机的物料需求计划（MRP）系统所取代。一个好的物料需求计划系统在跟踪库存、订购物料、通知每个部门下一步做什么等方面至少有99%的准确性。这些系统相对于旧的手工系统来说，在控制批量生产的操作方面有明显的改进，而且随着时间的推移，系统变得更复杂了。计划生产能力的工具最后被加进来，以评估生产过程中每一步骤上机床的生产能力，并防止出现瓶颈现象和生产能力紧张。

然而，物料需求计划系统有许多问题。哪怕是只有一个零件在从这个生产阶段进入下一个阶段时没有正确地输入系统，错误就开始积累了，并由此给再订货"触发器"造成极大的混乱。这个"触发器"的作用是通知一个部门什么时候该转产下一种样式的零件。结果，要么下游的加工部门常常得到太多的零件（超量生产的浪费）；要么零件太少，无法满足生产进度（产生等待的浪费）。

更糟的问题是，在批量生产系统中，总的供货时间常常相当长——从最上游的零件生产出来到安装了该零件的自行车运到零售商处通常要几周到几个月的时间。如果订货绝对平顺，这也还可以接受；但是实际上，自行车制造商收到的订单总是在变。变化的原因部分是奖金导向的销售系统，部分是零售渠道中有大量存货；还有部分原因是季节需求的变化（特别是低档自行车）。再者，自行车设计中常常会有工程方面的变化，即使是成熟产品也会有变化。这意味着在价值流一旁堆积着的大部分零件会突然完全报废，或者需要重新加工。[6]

因此，概念上非常简单的物料需求计划系统在实践中却变得非常复杂。在自行车业中，每个企业的物料需求计划系统都有一个游动于生产系统的催活支持系统作补充，以把下游急需的短缺零件排在每个部门和每台机床的排头。这种做法尽管避免了由于不能按时交货而引起的中止订货或大量罚款，但也使物料需求计划系统的内部逻辑产生混乱，常常导致它产生不合理的订单，也把存货的准确性搞乱了。最后，虽然物料需求计划系统的大多数应用比手工做要好，但是它的日常运行水平却低于理论上能达到的水平，而且也低于它最初开始采用时人们对它的广泛期望。

20世纪50年代在丰田公司首创先行，并在80年代初为西方企业首先接受的准时生产（JIT），就是为解决这些问题设计的。这一技术是由大野耐一想出来的，作为推进平顺流动的方法。但是，要让准时生产高效地发挥作用，就必须大大削减机床换模的时间，以便上游加工部门能小量生产每种零件；然后，一旦下游工序调用了已生产出的零件，上游工序马上就能再生产出小量零件。倘若下游生产步骤不能实行均衡生产进度［丰田叫"均衡化"（*heijunka*）］，不能消除日复一日订单的流动和客户的实际需求无关的混乱，准时生产还是没有用。因为在这种情况下，上游将很快出现瓶颈现象；为了防止这种现象，各处都将设有缓冲机制（"安全存货"）。

准时生产在自行车业中的实际应用，在很大程度上忽视了减少准备时间和使进度平准的必要性。相反，它把注意力放在了供应商身上，看他们是否能"准时"送货到总装厂，以满足不稳定的生产进度的需要。在现实中，大多数供应商是用每日或一日数次送少量的货来做到这一点的；他们得在出货站台附近保持一个很大的成品库。有些总装厂甚至指明要这种"安全"存货，并且每隔一段时间派他们的采购员去检查。到最后，"准时生产"变得不比一次供应一整班的大量在制品好多少，其做法从总装厂传到第一层供应商，再从第一层供应商向上游企业转移。

为了使加工产品流动起来，精益企业接受准时生产的主要概念和均衡生产计划，并且尽可能把产品放入连续流中，以使准时生产和均衡生产一直贯彻到其逻辑上的终点。举例来说，在图3-1所示的自行车厂的例子中，流动的思想要求以产品系列安排包括制造和装配所有步骤在内的生产区域（产品系列有不同的定义方法，在自行车业中可以按照车架材料，钛、铝、钢或者碳纤维等来划分。这种分类方法是有道理的，因为每种材料的制造步骤和处理技术差别很大）。

如果能够控制噪声，精益企业就把产品经理、零件采购员、制造工程师和生产计划员分组安排在紧挨着实际生产设备的团队工作区内，并且要能与附近专搞那种产品系列的设计区内的产品和工装工程师保持紧密联系，情况还会更好一些。办公室（脑力劳动）与车间（体力劳动）分开的老式做法和界限被消灭了。

我们常常发现在老式的批量生产世界里，工厂里的工人根本不必彼此交谈。他们通常低头干活，而专业人员则很少到工作现场去。因此，生产机床可以发出很大的噪声，而互不交往的工人只要带上耳塞就行了，不必理会外界的事。但是，在精益企业中，车间工人为解决生产中的问题和参与生产过程的改进，而需要经常进行交谈。而且，他们需要有专业人员在旁边，也需要让每个人都能看到全部生产系统的状况。大多数机床制造商仍然不注意精益机床应该是低噪声机床这一事实。

在连续流的布局中，生产工位是按照顺序安排的，通常是在一个生产单元中，产品从一个工位移至下一个，每次一辆自行车；使用普遍称为"单件流"的一套技术，在工位之间没有在制品作为缓冲。当每个产品系列包括很多变型产品时（在现在这个例子中是不同规格的普通自行车和山地车），为了在正常情况下实现"单件流"，每台机床都必须做到几乎能立刻从一种产品规格转产至另一种规格；也必须让很多传统的大机床（在自行车生产中最关键的是喷漆系统），变为能直接适应生产过程的"适度的"机床。反过来说，这常常意味着使用比传统设计简单的机床设备，其自动化程度要差些、速度要慢些（但是可能精确度更高而且可以"反复使用"）。在第 8 章再次谈及普惠公司简化叶片研磨机床的例子时，我们会对上述问题进行更详细的说明。

在传统的管理人员看来，这种方法似乎是全面倒退。他们一生都被告知，制造业的竞争优势来自大型机床的自动化、组合和高速度，以提高产量和减少直接劳动力。好的生产管理就要让每个职工都忙起来，每台设备都充分利用，好让投于昂贵设备的资金用得正当，这也似乎是人们的共识。传统管理者未能掌握的是维修成本和协调成批生产用的高速机床的复杂网络。这是复杂性的浪费。

由于常规的"标准成本"会计制度把设备利用率和职工利用率作为衡量业绩的关键，而把在制品的库存作为资产（哪怕没有人会要这些库存），所以，管理者无法不让机床把 100% 的可用时间全都用于快速生产根本没人要的零件，也无法不让职工们每分钟都在认真地完成不需要做的事，随时制造出浪费，就是一点也不奇怪的事了。

为使连续流每次的流动时间都长于一两分钟，每台机床和每个工人必须完全"准备好"。这就是说，他们必须随时处于良好状态，一旦需要，就能精确操作，而且每个零件都必须造得恰到好处。根据设计，流动系统具有一种必须受到重视和能够参与的"要么全干、要么不干"的特性。这意味着生产团队在每项任务中都必须有全面的技能（在有人缺席或必须去做别的任务时能顶岗），机床设备通过实行全面生产维护（TPM）达到100%合用和精确。这也意味着工作必须严格地标准化（由工作团队制定标准，而不是由某些离得很远的行业工程技术人员制定标准）。要通过一组通常被称为错误预防的技术，教会职工和机器检验自己的工作。这样，哪怕有一件残次品，也不可能被送到下一道工序去。[7]

错误预防的一个简单例子是在工位的每个零件箱开启处安装光电管。当指定的产品进入工位时，工人必须到零件箱里去拿零件，从而阻断零件箱上的光报警器。如果工人没有开箱去拿正确的零件就把产品移到下一个工位，闪光灯就会指示出有一个零件被漏掉了。

这些技术必须和可视化控制结合起来，如前所述，就是要包括从5S[8]（移走所有废品垃圾和不需要的东西，每件工具都有从工作区能看到的明确标出的存放地点）到状态指示器（通常是安灯），再到显示关键指标和整个生产过程成本的财务信息的最新标准工作图表的一系列做法。在应用中，具体技术可能会变，但是关键的原则不变：所有参与工作的人都必须能随时看到和了解运作的每个方面和状况。

一旦转换为流动系统，在最初的突破性改善中，很快就会产生显著的效果。但是，有些工装（如装有精心设计的排放控制设备的大型喷漆间）不适于连续流生产，也不能轻易地很快被更改；那就只能再按批量模式生产一段时间，在前后两个生产步骤之间设中间的零件缓冲区。这里的关键技术在于，设想通过改变工装来缩短换模时间，并在现有设备允许的情况下使批量最小。[9] 通常，这种办法可以很快做到，也不需要太多投资。实际上，如果你认为必须花很多钱才能把设备从大批量转为小批量或单件生产，那你就还没有理解精益。

在20世纪60年代由丰田开创的最初的小批量和快速换模技术是个很大的成就。但是我们提醒读者，不要用能快速换模的机床还只进行批量生产，尽管是小批量的生产，使这种方法到此为止。任何换模造成的时间损失，以及任何生产速度快于生产工序中其他步骤速度的机床都会产生浪费。流动思想的最终目标是完全消灭整个生产过程中的停顿，而不是坐等工装设计先消灭停顿再说。

让我们把所有这些技术联系在一起看看精益的自行车生产过程是什么样子，如图 3-2 所示。首先，请注意，生产的是同样数量的自行车，但是厂房空出了一半，大部分原因在于所有工序之间的储存空间都没有了。虽然这张图中无法显示人力的减少，但是实际上生产一辆自行车的人力也减少了一半；而且通过生产系统的时间也从 4 周减少到了 4 小时（我们将在第二部分谈到，在浪费被消灭以后，不再需要完成传统工作任务的人们该去做什么。给他们找到其他生产性的任务，保护他们的就业机会，是所有成功精益转换的核心工作）。

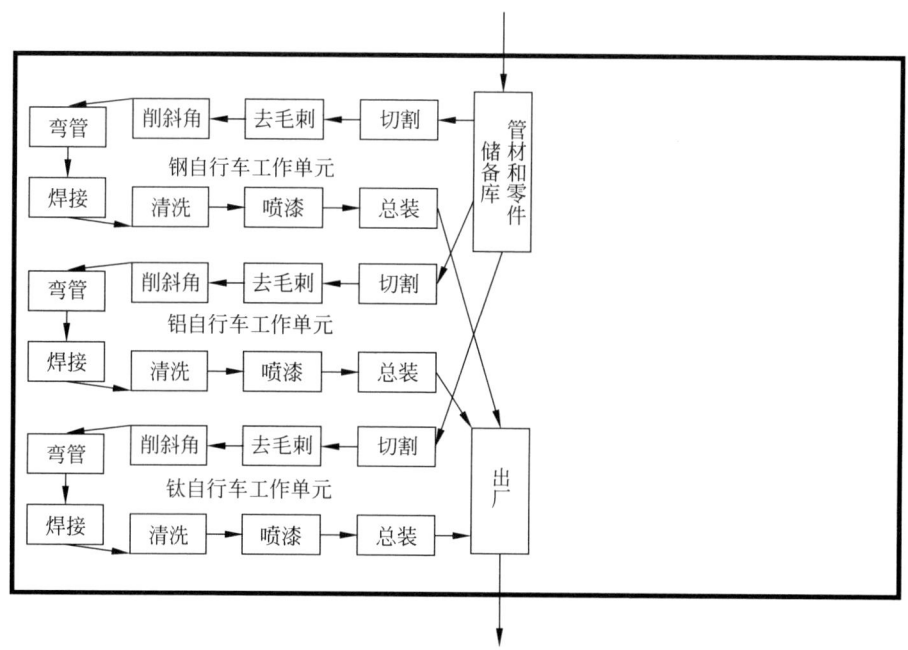

图 3-2　精益自行车厂房布置与流动

图 3-2 的确显示出，单个的大型机械被分解为多个小设备，特别是清洗系统和喷漆室，使自行车生产变为连续流；每次处理一辆车，从管子切割、去毛刺、削斜角、弯管、焊接、清洗、喷漆到最终装配没有一点停顿。按这种安排，各工位之间的存货可以为零，工作组的人数也可以按照生产单元的

生产量来安排，使高产量生产单元的工人数目多于低产量生产单元。最后请注意，装配流水线的操作已经取消了。当生产按照产品系列分开时，就常常会出现这样的情况：哪个产品系列的产量都不需要装配流水线了。特别引人注意的是，用流水线进行产品的手工装配常常是比较便宜的。

由于工作流动极为简单，为按部就班地供应零件的物料需求计划系统和附带的催活人员就都不再需要了（在作长期生产能力规划时，物料需求计划系统对总装厂和供应商仍然有用）。在总装最后工序启动时，每一个工位的工作进程都按照节拍时间进行，并与总装速度一致。

包括了团队领导、生产工程师、规划采购人员、全面生产设备维护专业人员和操作人员（精益企业的集体核心）在内的整个生产团队可以被安置在每个产品的生产单元近旁。由于现在自行车业所用的设备要么本身的噪声很小（如喷漆），要么噪声可以屏蔽起来，能传到团队所处的噪声很小（如削斜角工序）；这就有可能铺开活动，使每个人一眼就能看到整个运行过程和它的现状。

关于生产单元，很难用图 3-2 来说明的最后一点是，它的每一工序的工作都已经很仔细的与其他工序平衡过，所以每个人工作的周期时间都与节拍时间相同。当生产需要加快或减慢时，生产团队的规模可以扩大或缩小（收缩或者扩大工作范围），但是实际的生产步幅不变。倘若产品规格发生变化，适度大小的机器可以加入或去掉，也可以调整或重新安排，从而总能保持连续流的实现。

适当的地点

有关流动技术还剩下一件事要说，那就是把设计和实物生产安排到适合为客户服务的地点。正如很多制造商致力于安装大型高速的机器来省去直接劳动力一样，他们也用大型的集中控制的设施来生产产品系列（有时候也叫"专用工厂"），而把越来越多的实际零部件生产外包给其他为许多总装厂服务的集中控制加工厂。更糟的是，为了降低单位时间劳动成本，这些加工厂都被安排在对工程运作和客户均不合适的世界的一边了（如中国台湾地区的自行车）。

设在这些遥远地点的生产过程，即便可能也是以流动的形式存在，但推出产品和改进生产设备就要困难得多（因为核心工程的技能在世界的另一边），而且，产品流在工厂的终端停下来了。在自行车的例子中就是，倘若为在北美的某个总装厂仓库准备的整个海上集装箱装满了，就得让成品等着；然后把装满的集装箱送到码头，在那里等更长一段时间才能装上大集装箱船。漂洋过海航行几周后，集装箱用货车运到当地自行车企业的一个仓库里；自行车在那里等着，直到有具体客户需求填上订单；接着常常是运到客户的仓库再等。换句话说，除了在整个价值流的一个极小分支——孤立的工厂内部外，根本没有流动。

结果是，高物流成本、转运中和零售商仓库中的大量成品库存。另一个后果是，按几个月前的预测需求生产的过时产品最后都得大幅降价出售。经过仔细分析，这些费用和收入损失常常要大于由低工资所节约的生产成本；也大于在任何情况下用设置小型流动设施使更多的生产步骤靠近客户而节约下来的成本。（我们将在第10章再回到这个问题上来，说明造成日本目前竞争困境的原因，不是高工资，而是选择了错误的生产地点。）

把流动思想用于任意活动

在常规不连续的产品制造中，最容易看到流动思想，那里也是流动技术的先驱。然而，一旦管理者学会看懂流动技术，就有可能把流动用于任意活动；而且在所有情况下流动原理都相同：专注于具体服务或产品的价值流管理；用创造精益企业来消灭组织间的障碍；重新安排和选用适当规模的工装；还要用全部精益技术，使价值实现连续流。在本书的最后，也就是第13章中，我们将把精益思想用到在传统制造业以外的范围广泛的各种活动中去。

工作中的流动；流动地工作

到目前为止，我们所谈到的价值的流动好像只考虑客户以及投资者的需要。但是在日常生活中我们都知道，作为生产者（职员和工人）远比作为客户和投资者的活动更有意义。那么流动对于工作意味着什么呢？

首先让我们大致了解一下目前在芝加哥大学任教的波兰籍心理学家米哈依·奇科岑特米哈依的研究成果。他花费了 25 年的时间，改变了心理学以往的重点。他并没有去寻找什么使人们感觉不好（以及如何改变这种感觉），而是探求什么使人们感觉良好，从而将积极因素用到日常生活中来。

他的研究方法是让研究对象佩戴能不定间隔发音的无线电呼叫器。当呼叫器响起时，被试者就要在笔记本上记下他当时正在干什么，他们的感觉如何。他从世界上的数千名被试者中筛选出几十个笔记本的数据后，得出了非常简单的结论。

世界各地的人们一致报告为最有益的活动，也就是使他们感觉最好的活动，包括：一个明确的目标；必须非常专注做事而无暇分心的需要；很少干扰和分心的事；对达标进度明确而又及时的反馈；挑战感——一个人的技能适于，但也只是适于，应付手头任务的那种感觉。

当人们置身于这些条件下时，他们能忘却自我意识和时间观念。他们报告说，任务本身变成了目的而不是工具，成为比金钱和名誉更让人感到满足的事情。而且，对我们来说的确也是非常方便的是，奇科岑特米哈依报告说，体验过这些条件的人，处于非常心满意足的流动心理状态。[10]

奇科岑特米哈依的经典的流动实验是攀岩运动。这种运动显然必须集中注意力，而且任务也显然是目的不是手段。奇科岑特米哈依的被试者提到的流动体验还有：参加不像攀岩运动那么危险的体育运动、交互游戏和专注的脑力活动（如写书！）。但是极少有人提到传统的与工作有关的活动，尽管事实上这类工作在人们一生中通常被看作是最重要的活动。这是很有道理的。因为经典的批量生产工作条件很难导致心理流动。工人只能看到任务的一小部分，而且经常没有反馈信息（更没有及时的反馈信息），任务仅需要一个人用很少的精力和技能，并且个人负责范围内的事也常常受到其他任务的干扰。

与此相反，在实现价值连续流的组织中工作，也产生了心理流动的条件。每个职工马上知道工作是否干得对头，并且可以看到整个系统的状况。保持系统流动平顺、没有干扰是非常困难的一件事，也是一项经常性的挑战，但是生产团队具有挑战所需的同等技能。而且，由于注意力集中于尽善尽美（这将在第5章进行探讨），整个系统保持着必须集中精力的持续紧张状态。

只有流动是不够的

现在，我们已经看到了价值平准流动时所产生的效果显著，而且，其中绝对没有魔法。任何组织都可以在任意活动中引进流动。然而，假如一个组织只把精益技术用于使无人想要的商品流动得更快的话，那么除了产生浪费以外，不会有任何结果。你怎么能肯定你能在人们真正需要的时候提供人们需要的服务和商品呢？你又怎么能在整个价值流的所有部分不能纳入处于一个房间里的连续流的生产单元时，把它们都联系到一起呢？下一步你需要学的是如何拉动。

Lean Thinking | 第 4 章

拉　　动

"拉动"一词最简单的意思是，在下游客户提出要求之前，没有一家上游企业生产商品或提供服务；但是要真正按这个规则办事，则要复杂一些了。理解拉动思想的逻辑和挑战的最佳途径，要从一个实际客户表示对一件实际产品的需要开始，然后倒推至把合意的产品交给客户所需要的各个步骤。鲍勃·斯科特那辆已不再生产的 1990 年丰田皮卡的保险杠，提供了一个普通但非常典型的例子。

1995 年 8 月，鲍勃·斯科特在宾夕法尼亚州格伦赛德附近倒车时撞上了一根柱子；他那辆皮卡的后保险杠被撞弯了，拉不直。他曾为了让他的车看起来招人眼，在最初订货时为它额外付钱装了"豪华的"镀铬保险杠；而那严重的撞伤也意味着保险杠上的拖车挂钩无法安全使用了。他急需一个新的保险杠。

当鲍勃·斯科特把他的皮卡送到格伦赛德的斯隆尼－丰田车行去换装新保险杠时，他正好赶在点儿上，触发了一个拉动序列。丰田公司为了协调它的代销商、零件批发系统和供应商，使之同步发展，使客户可以通过一个高度复杂的生产和服务系统真正拉动价值的流动，已付出了长达 10 年的努力，这时正采取一个重大步骤。

过去糟糕的生产

如果鲍勃·斯科特早一两年遇到这种事故的话,是不会很快就有什么结果的。当他企图去拉动的时候,斯隆尼－丰田车行手头上不会有适合他那种已经不生产的车的保险杠。利用传统的存货系统,轿车代销商为老式车保留各种各样的配件是不可行的。每辆车大约有 10 000 个零件,这么多零件的库存成本肯定会高得吓人。

那么,斯隆尼－丰田车行也许可以花几天时间,用卡车从丰田的某个零件库中运来一根保险杠;或者为了在第二天就拿到保险杠,启用高价的连夜货运。鲍勃·斯科特要么有一段时间用不了自己的车,要么为了第二天就能拿到车,支付额外酬金;而不管哪一种情况,客户都不会高兴。

然而,就在他等待的时候,丰田零件仓库和保险杠制造商那里他需要的那种保险杠却堆积如山,因为没有适当的方法来拉动。要明白为什么会这样,并且弄懂沿价值流一路运行真正的拉动系统要做些什么,让我们及时回到非常靠近源头的地方,到伊利诺伊州丹维尔的保险杠公司的工厂去,那里就生产鲍勃·斯科特撞坏了的那种保险杠。

沙希德·卡恩,保险杠公司的母公司弗莱克斯－N－盖特公司的总裁,实际上是一个做美国梦的老式人物。他 16 岁时从巴基斯坦来到美国,就读于伊利诺伊大学在厄巴纳的工程学校。为了完成学业,他在丹维尔附近要垮台的保险杠公司的工厂中找到了一份操作大型冲压机的工作。毕业后,他成为保险杠公司的工程部经理。28 岁那年,他攒够了买下公司的钱。

当卡恩在 1970 年进入保险杠公司时,他也进入了批量生产的世界。保险杠公司为在轿车代销商处定制的皮卡生产各式各样镀铬和喷漆的钢保险杠。每种保险杠做一大批,通常是够用一个月的量,然后再换一种,并且通过一个复杂的批发销售系统把保险杠卖给新车代销商和车身维修点。

因为在这个世界上批量生产被认为是正常的,所以用 16 个小时来更换保险杠公司的冲压模具不是什么问题。由于原材料大批采购被认为是不可避免的,保险杠公司在厂房的尽头有一个仓库,存放从钢厂来的成吨的钢板。由于在生产过程中间起关键作用的镀铬公司也按批量的模式工作，保险杠公司把完成了部分工艺的保险杠堆放到中间产品库中，直到攒够了一大批，然后一次运去镀铬。

当从镀铬厂把半成品运回后，通过最终组装（安装内部加强筋、固定支架和加装饰涂层），再存放到一个成品库里，并按预定计划成批发送给客户。

20世纪80年代，沙希德·卡恩扩大了业务，他开始为美国三大汽车公司的零件服务部门提供保险杠配件，并且干得很好。他的批量思想和这些大公司的批量思想配合默契。但是，卡恩一直把自己的标准定得很高，所以在1984年，他与丰田接触，探讨为他们从日本进口的丰田皮卡提供保险杠的事。这也给了他更换丰田"撞坏了"的零件的生意。

1985年，保险杠公司作为供应商，签订了向丰田少量供货的合同。1987年获得了为丰田新型皮卡（鲍勃·斯科特买的那种）独家供货的合同。1989年保险杠公司成为丰田在北美的独家保险杠供应商。

只有一个问题：保险杠公司的生产方式还是老式的批量生产方式。1989年年末，丰田请沙希德·卡恩和他的高级管理人员第一次到日本访问，并且请他们参观精益供应商陈列室。但是正如卡恩所回忆的："那时脑子没开窍儿。我真的弄不明白，用我所见到的那种奇怪做法，他们怎么能干得下去。"所以在1990年5月，丰田告诉卡恩，他们要派一位懂精益思想的"先生"，[1]一位丰田系统的专家，作为卡恩的私人导师。

事实上，丰田从其经营管理咨询部派了好几位先生到卡恩那里去。这个部门是大野耐一在1969年建立的，为的是在丰田内部和供应商的公司中促进精益思想。[2]他们一次待了几个月的时间。到了1992年年底，他们就把保险杠公司，一个有工会组织的、使用旧设备、旧工装的脏兮兮的老厂，变成了北美精益生产方式最好的样板之一。

服务于拉动的精益生产方式

丰田的先生在保险杠公司注意到的第一个问题是，大量库存和批量生产。

什么都不流动。立刻把"大家伙"改成规格适度的冲压机，用以进行"单件流"的生产是不可能的。所以唯一的解决方法是大大减少换模时间和缩小批量。换模时间已由20世纪80年代中期的16小时下降到两个小时左右，但是还远远不够。

丰田的先生使用了他们的标准公式：机床的90%时间要用于生产，停下来换模的时间约为10%。然后他们查看每天保险杠公司需要制造的产品范围。他们总结出：大型冲压床换模时间应为20分钟或者更少一些，小型冲压床为10分钟或更少（事实上这个数字很快就减到了16分钟和5分钟）。

第二步是把工厂现有设备重新组织，好让板材直接从收货站台流到下料机处，把钢板切成比保险杠稍大的长方形。下好的料马上送到近旁有三个冲压机床的生产单元加工成形。再下一步是以一定时间间隔将成形件送到厂外去镀铬，然后回到在冲压机床另一边的焊接车间。在焊接车间，保险杠的内、外部件和把保险杠装到车上用的支架都焊接到一起。最后，这些保险杠在正好预订送货的时间被直接送到出厂站台。但是只有被下一步拉动时，它们才流动。这就是说，下料机只有从冲压机处得到信号时才干活，而冲压设备只有接到焊接车间的指令后才生产。每一项活动拉动前面一步。出厂日程和节拍时间为整个运转定出步调。

在1992年时，由于保险杠公司的大部分客户仍按照大批量订货的方式行事（每月最后一天送一个月全部的货），保险杠公司决定运用丰田公司的均衡进度技术，创造它自己的日进度表，为将来作准备。沙希德·卡恩的生产经理拿到了下一个月的订单，譬如说，A型保险杠8000个，B型保险杠6000个，C型保险杠4000个，D型保险杠2000个；把它们加在一起（也就是20 000个），然后除以每个月的工作日（譬如，按20天算）；可以得出每日保险杠公司需做400个A型保险杠、300个B型保险杠、200个C型保险杠与100个D型保险杠（节拍时间为0.96分钟）。这需要下料和冲压机床各换模4次，最大可容许换模速度为一次22分钟，总共需88分钟（两班制960分钟的9%）。

日进度表交给焊接车间开始了加工过程。当焊接车间用完储备的A型保险杠的内、外筋和支架后，焊工把空零件箱和与其有关的看板或者信号卡放到短滑轨上，滑回冲压机床。这给出了需要冲压 A 型保险杠的唯一信号。然后，当冲压加工把 A 型保险杠的料用完时，空零件箱将滑回到下料机，这给出了需要 A 型保险杠材料的唯一信号。

给每个机床下指令，但从未很好工作，以至总要催活儿才能使生产持续的厂内物料需求计划系统不再需要了。一旦开始时不可避免的问题解决了，新的简单的拉动系统和可视化控制就会很好用。保险杠公司新的运作原理可以简单地总结为："不需要就不做，要做就快做。"

但是新系统有个要害问题。焊好的钢保险杠在组装之前要送去镀铬；而镀铬是由专业公司按照批量方法操作的一种复杂工艺。为沙希德·卡恩镀铬的铬工艺公司坐落在密歇根州海兰帕克（靠近底特律），它是保险杠公司找到的最好的供应商，但是还没有采用新的方法。保险杠消失在铬工艺公司中，几周都见不到；而且，加急订单也不可能使情况迅速改观。

卡恩和丰田的导师们很快就向铬工艺公司"开刀"了。铬工艺公司的老板和总经理理查德·巴尼特惊奇地看到，在巴尼特的保险杠抛光机上实现了快速换模后，可以使小量的加工件从收货站台直接送到机床处进行必要的抛光加工，然后通过长长的镀铬槽（铬工艺公司也为其他制造商的保险杠镀铬，厂里处理 10 多种不同型号的保险杠）。

通过安排保险杠公司卡车的快速装卸，就有可能在早晨 7 点送一车保险杠来，同时取走刚镀完的活；然后下午 3 点再来取早晨卸下的、刚刚镀好铬的保险杠。到 1995 年底，一个保险杠在铬工艺公司厂里停留的时间从 15 天减至平均不到 1 天。在每班工作结束时，全部丰田保险杠产品运出厂，没有在制品存货。铬工艺公司出库的丰田保险杠从每年 20 种猛增至 500 种。

甚至这个成就也不是极限。1995 年年中，铬工艺公司帮助弗拉克斯–N–盖特公司在印第安纳州的一个新厂安装了规模适度的镀铬设备，为美国的三大汽车公司生产保险杠，从而使生产流程时间从 24 小时（货车从保险杠公司到铬工艺公司往返时间为两个 8 小时，加上在铬工艺公司的 8 小时）降到大约 8 小时。

保险杠公司学会了如何用自身的系统来拉动价值，它实际上有了即刻对客户订单做出反应的能力。由于具有了快速换模的能力,保险杠公司可以在收到订单后大约20分钟以内开始焊接客户要求类型的保险杠,并且当要求有变化时可以轻易地改变整个生产。所要做的全部事只是向焊接车间下一套新订单卡。同样,从钢板送到保险杠公司收货站台起,到保险杠成品出厂送到客户手中的时间,从平均4周降到48小时。质量也直线上升。这是把流动和拉动思想一起应用所产生的结果。到了1995年中期,保险杠公司已经连续5年没有向丰田发送过一个不合格的保险杠。

新系统使保险杠公司和铬工艺公司在收到简短的通知后,有能力制造少量的保险杠,例如鲍勃·斯科特需要的那种极少的替换件,但是卡恩的客户还不知道如何利用这一新能力。直到最近,甚至丰田公司也还在批量订货,然后当分销系统发现缺货时再反复地改变订单。看来需要有另外的步骤来产生平准拉动的价值流。

过去糟糕的配送

当丰田公司1965年在美国推出其"花冠"(Corona)牌轿车时,它突然开始能卖出大量车子了。这就急需一些维修配件,从用来更换因事故撞弯的保险杠(就像鲍勃·斯科特的那样)的新保险杠,到周期性维修用的滤油器和火花塞都需要。由于从日本运配件的时间很长,丰田必须在北美储存大量零件,并且很快建立起从洛杉矶伸展到波士顿的仓库网络——"零件配送中心"(PDC)。

1965年,丰田生产方式(TPS)刚刚在日本丰田市的供应商工厂得到推广。还没有人想到要把这一原则用于日本丰田的配件仓库,更不用说远在美国的库房了。结果,丰田在美国的11家零件配送中心安排得和美国其他仓库一样。每个仓库中都有成千上万只箱子一直堆到天花板,每个箱子里装一种零件。排成长队的箱子在大面积的建筑物中形成了永无尽头的小通道。

零件配送中心接收用密封的集装箱从日本运来的零件,通常是用巨型的集装箱船按周大批地运过来。当集装箱到达配送中心后,它们在收货站台拆封打开,然后零件交给"仓库保管员",用往来于箱垛通道之间的小车,把零件放到适当的箱子里。由于在日本调集订单上的货物要15天，海上运输要38天，配送中心把零件分别装入小箱子要5天，所以配送中心至少需要提前58天订货，以保证向丰田车的代销商供应配件不中断。

丰田车的代销商，如斯隆尼－丰田，每周发一次配件订单。在下一周发订单前预测需求量的增减。但是这些预测经常是不准的，它们产生出了丰田所说的"创造出来的需求"；也就是说，订单的急剧波动支持了与像鲍勃·斯科特那样的真正客户所表达的实际需求毫无关系的价值流。当配送中心收到每周的订单后，一位"提货员"就被派去把订单中要的零件从大仓库中逐个收集起来，交给物流部门。然后，这些零件第二天用送货货车送给代销商。

由于丰田公司接受了所谓"经济订货量"的大批量——因为能节省运输成本而最有效率的说法，也由于连夜的零件运输费用昂贵，丰田鼓励其代销商在补充进货时每种零件订货量都要大一些。为了使这种方法对代销商有吸引力，丰田为每周一次的大批量送货付运费，还向代销商承诺，如果某种零件订得太多了——例如，为了专门一次促销活动订购了大量零件，但结果却没有达到预期目标——可以将每周订货金额5%的零件返回，作为一种信用。

在代销商仓库中无货的情况下——譬如说，鲍勃·斯科特的皮卡上所要的保险杠——那么停产车型（VOR）订货系统可以在第二天中午以前把代销商需要的零件送达。这个电子系统可以在最近的配送中心存货中查找所要的零件；然后，再对所有的配送中心存货进行查找；最后还可以到位于加利福尼亚州托兰斯的丰田全美总库去查找该零件，打印出送货单，送到相应仓库的提货员手中，然后将该零件发送。为了解决这种额外服务的费用，丰田要求代销商或客户（如鲍勃·斯科特）支付加速取件的加急运费。用这种方法，代销商们可以只准备大量常用的零件，而特殊需要的零件采用加急订货，隔日取货。

在配送中心，每种零件的箱子都很大，而出厂的海运集装箱还要更大些，集装箱船则是巨型的。缺货时用空运送货非常昂贵。所以根据常识，当配送中心的存货少了的时候，就要订一大批指定的零件。另外，丰田公司能直接连接日本工厂内规划进度的计算机，在编制程序时已预设了某些情况，如冬季的开始,那时会有较多的保险杠撞弯,或者促销活动,这时因为代销商要打破常规提供"特殊"服务,在短期内会需要大量的滤油器和火花塞,必须增加额外的订单,以保证这些预期的需求波动能有足够的供应。

在20世纪70年代初,丰田的仓库网络曾充分发挥作用,典型的配送中心对一般零件有6个月的存货。另外,在托兰斯全美总库的一个特殊库区还存有极少量非常难订到的零件,通常是非常老式的丰田车零件。该仓库的存货要存多少个月,很难算清;因为有些零件可能永远不会有人来订货。缺货的状况仍有发生,因为总有一些看来是不可思议的原因,一些跨太平洋的空运也还是必要的;但是一般来说,该系统运转得相当好,使丰田能实现北美汽车工业中最高的"补足率"——98%(按需求能从配送中心得到的零件的百分比)。在过去的15年里,这是"够好的"了。

服务于拉动的精益配送

1984年,丰田开始在美国加利福尼亚州的弗里蒙特和通用汽车公司合资成立新联公司(NUMMI)组装轿车。新联公司开始为用量大的"日常用品"(轮胎、电池和座椅)开发一个供应网络。后来,丰田1988年在肯塔基州的乔治敦自己开办了大工厂后,需要范围更大的零件综合供应网络。

丰田代销商的日常服务和维修车间也需要同样的零件;因此,1986年,丰田在俄亥俄州的托莱多开办了一个接收美国产零配件的仓库。沙希德·卡恩开始为丰田生产零件后,就把他的保险杠送到这家零件再配送中心(PRC)。

该设施的主要任务是减少零件的送货成本。办法是:把各个供应商出厂不足一车的零件收集在一起,攒够一车后再送往各配送中心。然而,把注意力放在降低零件的运输成本上,造成了典型批量生产的操作方法,使每个供应商整月的零件在送去再配送中心之前排起队来;而在送到再配送中心后,零件要再次排队进行质检,然后在一个存放区中待上一段时间,等着凑够一车后,送往各配送中心。

在20世纪80年代末日元坚挺的时候,丰田公司的美国竞争者,如福特公司，开始引进丰田生产方式的一些内容，丰田的高层领导开始考虑怎样才能保持自己的竞争优势。此外，丰田的每个车型4年要更新一次，它提供给美国的车型种类在稳步增多，[3] 还有美国人尽力延长所用车车龄的意图，[4] 所有这些都意味着，为了使客户满意，丰田需要备足替换用的零件，"常用"零件的数量要快速增长。看来这就要求库存零件越来越多，而配送成本也会不断上升。

当丰田的高层领导考虑这种处境时，认识到他们还未把任何丰田的精益思想用于它在北美的仓库和配送系统。当想到这点时，他们马上就明白了，如果他们这么做了，好处将是显然的、巨大的。

那时，丰田的仓库还在按照我们在绪论和第3章中所介绍的熟悉的批量生产模式运行。主管按小时指示工人把从收货处收进的零件用大拖车或叉车通过无尽的小道送到存放箱里存放。仓库的主管人员为了使"保管员"在他们看不到的时候仍能努力工作，于是分配给每班每个工人同样数量的"行"做存放工作。一"行"是一个特定的零件编号——例如鲍勃·斯科特的豪华镀铬保险杠在丰田公司的零件编号为：00228-35911-13——但件数不同，有时可能只有一个，有时会有几百个。

每"行"所包含的工作量有很大差别。把100个火花塞放在一个矮架上，比把一个沉重的保险杠放到上面的箱子里要容易得多，完成也快得多，但是两者都算做一"行"。由于主管规定每个保管员每班完成同样行数的定额，因此对好活、坏活有着无休止的抱怨。"就因为在你人手短缺的时候，我不肯上夜班，你就让我处理所有重的保险杠"，等等。对于主管来说，他也不可能知道保管员在指定时间里没有完成定额的原因，是由于箱子太满了再也放不进更多的零件，还是因为叉车坏了，或者只是因为没有人管而怠工呢？无法精确地指出原因，进行补救和改进就难了。

相同的组织机构和逻辑制约着每周送给汽车代销商的"提货"零件。针对代销商第二天就需要的停产车型（VOR）"急件单"有一个另外的催活儿系统。不幸的是，停产车型订单经常在提货工人中造成混乱，并且使代销商的每周常规提货速度变慢。原因也很容易看得出来：提货员在最后一分钟才被告知，要跑很远的路，穿过整个仓库去取一个零件，以赶上空运货物装货的截止时间。如果这种需求可以预见到，这样的提货就可以成为有很多零件的仓库里完整循环的一部分，而效率也可能更高一些。

然而，20 世纪 80 年代后期仓库系统最糟糕的特性恐怕是箱子的大小、仓储空间的利用效率不高和补充存货订单批量的大小。箱子和再订购的量是巨大的，包含了成百上千个特定型号和数量的零件。这就不可避免地意味着，手头上得存几个月闲置不用的零配件，还得有放置这些零配件的庞大仓库。反之，这样大的仓库使保管员和提货员把时间浪费在在仓库里跑来跑去上了。

当丰田高层领导考虑到这种状况时，需要解决的存储问题有一半变得很明显了：丰田必须大大降低其存储箱子的尺寸，也要减小再订购的批量。为什么不能改变每周或每月向供应商订货的做法，而按日和按代销商当日当时的需求量来订货呢？对于美国国内生产的零件，从供应商处得到零件更为实际。如保险杠公司，它已经掌握了精益技术，并且能对小批量的需求做出反应。幸好，丰田很快就把它的零件生产从日本转移到了北美，而且很多供应商也开始走上由保险杠公司开辟的道路。

另一半的问题是提货。这同样可以通过重新思考和代销商的关系来解决。为什么不能要求代销商不要每周订大批货，然后每晚对短缺的零件又提出特殊要求；而要按日订货，而且订的量恰好为当日要卖给客户的量呢？

丰田早就知道它的代销商会尽力反对这样做，除非公司答应为每日送货付运输费。然而，稍稍分析一下就可以看出，如果丰田每晚从它的 11 个配送中心向这 11 个销售地区中的每个代销商送货，货车所用的额外费用可以从以下几个方面得到补偿：简化提货过程、节约存货成本和消灭加急送货的费用。另外，每天都一样的订单，没有突然的波动，可以使一些货车的日常运输固定下来。

最后还要解决一个问题：就是当一个如鲍勃·斯科特那样的客户来向代销商提出要代销商正常储存零件以外的零件时的急难情况。当然了，新系统可以像它经常做的那样，连夜送去那个零部件，但客户还会不高兴。客户想要的是马上修好他的车!

丰田意识到,如果代销商按日订货来补上当天卖出的各种零件的确切数目的话,代销商储存的零件量就会急剧减少。当代销商减少了每种零件的平均储存量时,他们可能负担得起在手头上增加零件品种的范围;也可能改变存有数百种最普通、但并不经常有人要的零件的做法,而在手中保有品种多范围广、数量却很少的各种零件。用这样的办法,他们会更喜欢要一些产量低的东西,如鲍勃·斯科特需要的老车型的保险杠。

从理论到实践

前面所说的仓库中引进拉动系统的逻辑真实地反映出,丰田公司在北美的高管人员在 20 世纪 80 年代后期就懂得了客户的实际需求。但是,要使这项工作完全发挥作用却需要几年的时间,即使在像丰田这样的最精益的组织中也是如此,而且最近才刚刚开始进行最后的必要步骤。仓库中转变为精益概念要形成习惯,对管理者或职工都是一样。丰田已使它的职工相信:新的思想方法不会使任何人丢掉工作。

沿着这条路迈出的第一步开始于 1989 年,减小箱子的尺寸,并根据零件的尺寸和需求频度重新安排零件的摆放位置。如果把货车的翼子板和火花塞都放得一样远,在存放与提取过程中就会引起丢失零件和使用总体过大的设备;因此在库房的不同区域中把零件按照大、中、小分类放置是很重要的。这样做完之后,最经常需要的零件移到分类的排头位置,提货走的路程和箱子间通道的长度都大大地缩短了。一个典型的分销中心采取这些步骤前后的平面图分别如图 4-1 和图 4-2 所示。请注意,在把箱子的尺寸缩小并调整箱子安放位置后,典型的提货路线大大地缩短了。然而,还要注意的是,由于补充订货的批量大小没有变,某种零件在手头上的总量仍然没变。额外的存货储存在仓库的"储备"区里,在要用的时候挪到"常用"的箱子里。

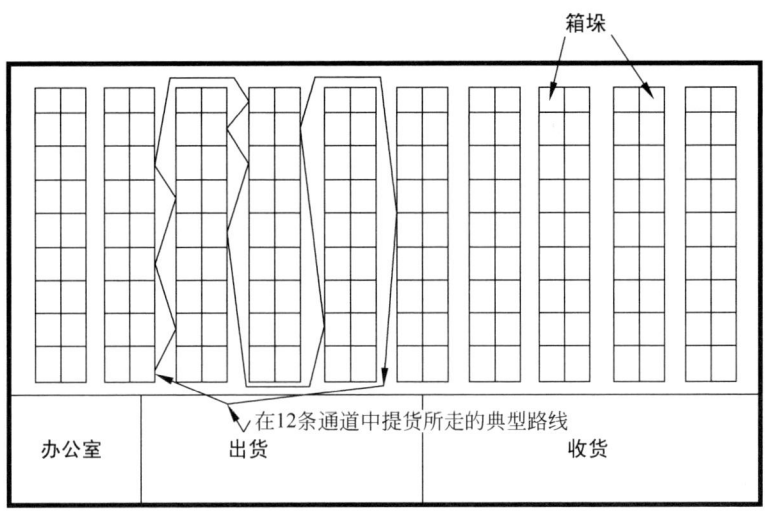

图 4-1 精益思想起步前的丰田分销中心

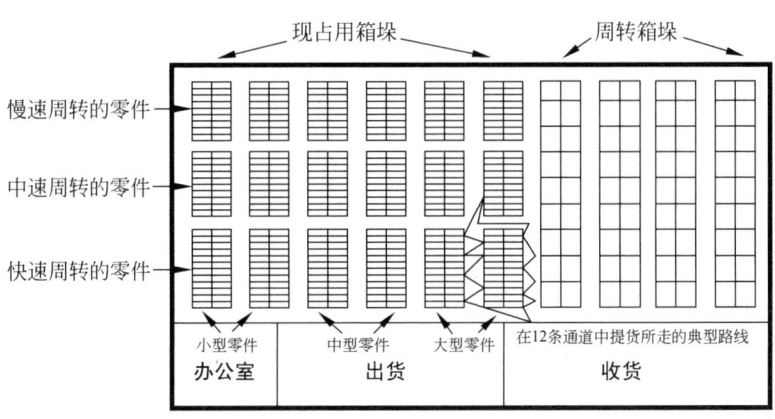

图 4-2 精益后的丰田配送中心

第二步开始于 20 世纪 90 年代末：把工作日划分为若干个周期，12 分钟为一个周期，引进标准工作概念和可视化控制。这个间隔长度是一辆取送货车绕箱垛走一趟装、卸货所走的距离与车子大小两个参数最佳组合的结果。"辅助工"（现在叫钟点工）每走一趟要根据零件的大小提取或摆放不同数量的"行"。例如在 12 分钟的提货周期中，一个助手可以提 30 行小型零件、20 行中型零件或者 12 行大型零件。

在收货站台与发货站台之间建立了一个进度控制板，指示每一个人要完成的趟数和可用的时间。给每个辅助工一沓某种颜色的磁性贴片，要求他每跑一趟就在进度控制板的相应位置上放上这种贴片做记号。这样团队中的每个人都可以确实看到工作进展如何。仓库里的可视化控制最引人注意的例子是每个人的工作不需要与任何人接触。进度控制板取消了要"组长"（现在叫"主管"）来"监管"团队的必要。取而代之的是，每个人看看控制板就能知道有谁落后了，在其他人的任务完成后，就可以帮助他一下。

可视化控制和精确的工作周期时间一道使用，也使找出干扰工作流动的原因成为可能。进度控制板的右边，挨着每趟记录旁边留有空白，让辅助工写下不能按时完活儿的原因。在总结时，这些原因就成为1992年推广指导工作团队改善活动时的原始资料。

团队最先改善的活动之一是制造新的工作用车。从当地建材货栈的废料和零件中取材，使车的大小正好适合于提取和放置每种型号的零件。这种车也被设计成正好能放适当数量的零件——例如，有30个放零件的小格，是放常用小型零件的——这也是可视化控制的另外一种形式。

与此同时，精确的提货周期也用起来了。在托兰斯的丰田公司，主计算机已根据每个配送中心箱垛的位置重新编程，把代销商送来的订单分组；因此，每个配送中心每一班工作人员上班的时候，一套从准确箱垛提货的标签已经打印出来。提货标签按12分钟一趟来划分——取决于零件的大小和团队组长关于配送中心现状的知识——并且放在一个发送箱的分类架上。提货员从发送箱接到准确的12分钟内的任务，他们也常常从途经的指令箱[⊖]去拿下一个时间段的提货标签，所以在工作分配上不可能有偏袒。每个辅助工每小时接受5次任务，工作可以平顺地从箱垛上向出货口流动。指令箱记入开始时间并在看得见的情况下控制完活儿时间，这样也消灭了传统仓库工作的另外一个问题：赶工从而"打乱了系统"。这种做法不可避免地导致质量问题，因为辅助工在匆忙中会提错零件或把零件放错箱垛。

⊖ 一种类似自动售货机的设备，提货员可以从中得到下一个标签，指令箱上自动做出记录。——译者注

在这样干了 6 年之后,丰田在 1995 年 8 月已经做好了把按周从代销商处接收订单改为按日接收的准备工作,而且这么做也不需要增加配送中心的人手。实际上,1995 年年底时,丰田在波士顿附近的配送中心的 22 名提货员每天可提货 5300 "行",而克莱斯勒零件仓库的上百名提货员应用传统方法每天仅提货 9500 "行",生产率差别为 2.5∶1。

到 1996 年 10 月,丰田的再配送中心把存储日本采购件改为存储由加利福尼亚州安大略市生产的零件;而配送中心从再配送中心补充订货的时间也从 40 天减到 7 天。那时,新的丰田日订货系统(TDO)同这两件事结合起来,就可以通过取消储备存货而大大地减少配送中心的存货量(见图 4-3)。具有从系统的下一个层次快速得到零件供应的能力,以及由此而来的可以小量再订货的能力,这从来就是在一个复杂的生产和供应流动中减少总库存量的秘密。

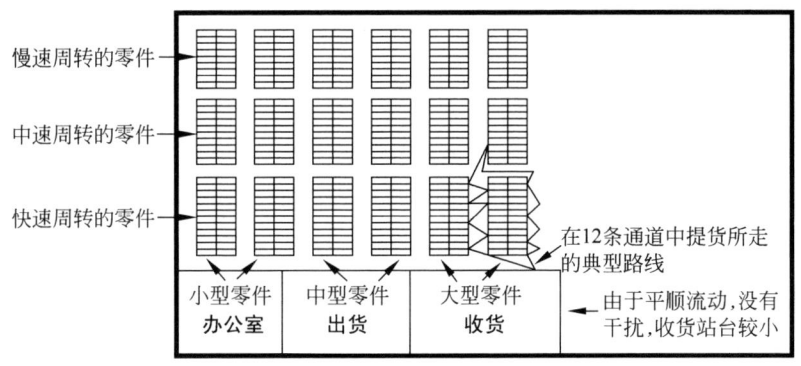

图 4-3　精益化的丰田配送中心、丰田日订货系统以及从再配送中心快速补充订货

精益配送技术

丰田公司的配送中心在没有再为新技术花什么钱的情况下,大幅提高了生产率并缩小了所用空间,这是很值得重视的。实际上,近来丰田公司自己做了一个实验,用自动化为芝加哥的配送中心装备最适合精益分销的技术;同时,用前面描述的方法改变另外 10 个配送中心。

芝加哥的实验着手于 20 世纪 80 年代末期。当时日本本土的丰田公司在泡沫经济期间受到劳动力短缺的困扰，不得不在丰田市附近新建的田原工厂装备自动化程度更高的装配线。看起来尝试一下高水平的仓库自动化也是应该的，而在芝加哥所做尝试的目标就是零件实际存、取完全自动化。

到1994年，在付出了大量人力和巨额费用后，芝加哥的配送中心全部自动化了。但是每个职工的生产率却远远落后于实行了标准工作、可视化控制和节约型箱子与位置的其他配送中心。尽管在芝加哥节省了一些直接劳动力，但是为维护这个系统的技术支持量却抵消了节省直接劳动得到的好处，而资金成本则使整个方法并不经济。我们将在第10章中进一步说明精益系统应当采用的"适当"技术，以及如何选择这些技术。

均衡进度需要均衡销售

当丰田较多地考虑为配件生产和配送建立一个拉动系统时，另一个优势就显露出来了。如果由于北美的供应商和仓库引进精益技术，维修保养和应急零件的库存和管理费用就能大幅度削减；如果更多的零件生产可以从高日元汇率的日本转移到北美，那就有可能为丰田的代销商提供高质量、低成本的维修保养和应急零件。如果这是可能的，就可以取消临时降价和刺激销售的特殊促销活动——这种促销是所有行业中配送和生产系统的祸根。到那时，丰田配送商将总能向客户提出最好的条件，做成好生意。

1994年，丰田和它的代销商在美国一共花费了3200万美元用于"优惠"促销：向客户发送邮件、印刷品、在电台做广告等；他们宣传说，丰田车的代销商可以向车主提供远远低于"正常"价格的服务，包括更换润滑油到大修理的全面服务。他们提供这些服务是因为"真正的"丰田车配件和代销商服务的费用在最好的情况下只能相当于客户选择的独立车行或大商店的价格，而在大多数情况下则要高得多。因此，促销是要在限定的时间内吸引较多的需要保养的客户；一方面是为留住客户，另一方面寄希望于在代销商为客户现有车型进行保养的时候，能让车主看看新车款。

促销的问题非常简单。它们要求提前生产大量的零件，但是永远不可能预见到究竟需要多少。当所生产的零件有剩余时，代销商把剩余的零件运回配送中心，而配送中心则暂停从供应商处订货，直到这些剩余的库存零件被消耗光为止。在最终市场实际上很稳定的时候，一旦把"混乱"订货安排进生产，我们将看到一种大家所熟悉的机制："带弹簧的高跷"现象⊖。我们一会儿还要进一步考察这种趋势。

最后的结果是丰田给供应商的订单在一个短时间内增加到远远超过长期平均需求的水平（为促销建立库存），接下来是需求的陡然下降远远低于长期平均水平。发生这两种情况时费用都会增加，因为在订货量上升时要求零件厂加班；而在订货量下降时又引起生产能力过剩。这也会增加销售渠道的费用，把多余的零件从代销商处运回，以及相同零件两次通过仓库系统存取所发生的额外费用。解决这个问题的方法是保持价格不变⊖和使生产与销售替换零件的速率保持一致，形成"均衡销售"。[5]

当丰田的高层领导想到把拉动用于全部价值流时，可以看到更多的优越性。这个价值流是从代销商服务开始，一路上溯到保险杠生产厂、镀铬厂以及类似的第二层供应商。但是，他们知道，说服代销商这样做是非常困难的。这些代销商几辈人以来都是按批量生产方式工作的。

过去糟糕的轿车维修服务

每当我们开车路过一个轿车代销店时，我们的第一个想法总是一样的："看看这些浪费，这么多造好了的轿车没人要。"同样，当我们看到店前挂出的大横幅上，列出"打折扣"价目表以及推出的"优惠"的服务和零件供应时，我们感到惊奇："为什么代销商总要订购没人要的轿车和维修零件？为什么工厂在客户拉动前就生产轿车和零件？"

答案有一部分要怪大量生产轿车的制造商反应过于迟钝。美国的克莱斯勒公司目前正试着把特殊订货的轿车的等待提货时间从 68 天减到 16 天。然

⊖ 这是指由于订货量大幅度变化而造成生产忽起忽落的现象。——译者注
⊖ 指不搞大的降价促销活动。——译者注

而大约一代人以前，丰田的精益生产系统已经可以做到在日本订的轿车1周左右时间发货。由于害怕失去"易于冲动的采购者"，批量生产方式厂家在代销商的车场里制造了车的海洋，每种规格一辆，所以没有一个买主会不满意地离去（我们前面已经说过，把所有的工厂转变为流动系统就可以解决这个问题）。

但是答案也在于全世界的零售商和客户的心理因素。代销商喜欢"谈生意"，而公众喜欢"大甩卖"。（我们两位作者中的一位数年前到法国去，发现他的妻子懂得的唯一在中学学过的法语词就是"甩卖"！）改变零售商和客户对订货过程的认识并有所转变可能是困难的，但是正如我们将会看到的，这是使事情办得好一些所必须做的。

从维修场地拉动

我们希望大多数读者从未到过轿车代销商的零件储存区。那里通常是满目狼藉。1994年，我们第一次访问费城附近的斯隆尼－丰田车零件部时，我们看到在两个隔开的楼房里，兔子在摇摇晃晃的架子上造了窝，通道蜿蜒曲折，灯光昏暗。显然，零件的实物流动与修理轿车的能创收的维修场地以及卖轿车的展室相比，是一项没有人关心的事情。

在我们第一次访问斯隆尼－丰田的时候，这家代销店存有大约3个月的常用零件供货量，造成约58万美元的维修保养和应急零件库存。当轿车来斯隆尼处维修时，先到一个维修场地，技师在那里估计问题所在并确定需要什么零件；然后技师到零件窗口索取需要的零件，再等候库房人员把零件从错综复杂的箱垛或货架的某个地方取来。

由于斯隆尼店内大部分零件是按周批量进货的，从收货站台收取零件而后把零件放到适当的箱子里去的零件保管员的工作量很不规则，通常要用3天的时间才能把全部零件从收货站台送到箱子里。结果，当计算机指示有存货时，发件员却发现箱子是空的。这些零件的确是有的，但是"失落"在收货站台和适当的箱子之间的"某个地方"，只好让人四处寻找。这是按批量生产方式运行时，在配送系统发生的相当于"催活儿"那样的事情。好的发件员通常可以找到零件，但是这种做法本质上是一种浪费。（同时技术很熟练的技师在库房人员"寻宝"时，却只能干站在窗口旁等待。）

1995年，当斯隆尼 – 丰田参与了丰田公司在整个零件配送和制造系统引进拉动的活动时，它按照丰田重组配送中心的方法，重新安排了自己的零件储存区。通过大大缩小箱子的尺寸，一般来说减少了3/4，并且把所有零件储存到一个楼里，斯隆尼店发现，把存货区减半、存货金额由58万美元下降到29万美元后，就有可能把手头上的零件数量增加25％（包括鲍勃·斯科特那样的保险杠）。这多余出来的29万美元，可以在空出来的第二个零件仓库里增加4个新的创收的维修场地，而实际上却不投入新的资本。

斯隆尼 – 丰田店发现，可以被"当天修好"的轿车数量大大增加（减少了在它"租来的场地"过夜的轿车数量），就连它的存货也可以带来即期付款了，而平均每个提货工人在指定期限内提出的零件数都翻了一番。更重要的是，由于客户的轿车可以马上修好而总的服务费还大大下降了，客户们都感到高兴。的确，鲍勃·斯科特就是在当天换好保险杠的。

从维修场地到原材料的拉动

通过把维修服务价值流的各个部分"拉"到一起，我们就可以看到所发生事情的全部重要性了。到1996年底，丰田公司新的拉动系统在全北美到位时，客户到丰田代销商维修服务场地所提的要求，将成为拉动零件通过4个补充环节一路上溯到原材料钢板下料的触发器（如图4-4所示）。

丰田的代销商和零件供应商仍将依赖于丰田公司计算机做的宏观预测来制订生产能力规划，以回答未来所需加工厂规模和仓库数量的问题。可是现在每日的补充零件，要用一种根本不同的方法处理：每当客户在维修服务场地要求一种零件时，一系列的补充环节将最终导致供应商要生产更多的零件，处于"卖一，买一"，或"出厂一个，制造一个"的情况。

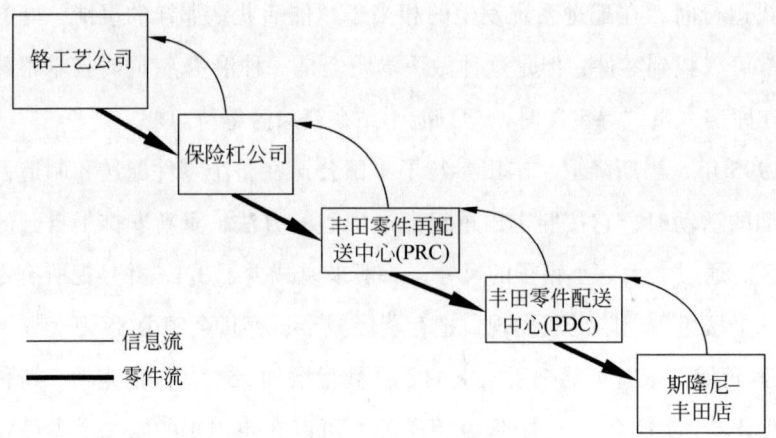

图 4-4　通过 4 个环节的拉动

为了弄清这是什么意思，让我们随着保险杠的例子，跟着价值流走一遍。在精益技术用于这个系统的任何部分之前（就是 1989 年之前），从钢板送达保险杠公司，到用这些钢板制成的保险杠最后真正装到送货车上的时间近 11 个月。4 个星期在保险杠公司，2 个星期在铬工艺公司，几天在托莱多的再配送中心，6 个月在配送中心，3 个月在斯隆尼店的零件仓库（在北美全部汽车零件工业中，除了例外情况，这么长的供货时间是正常的）。

1995 年年底前，整个时间减少到 4 个月：在保险杠公司和铬工艺公司所用的时间减到 48 小时，几天在托莱多仓库，2 个月在配送中心，1.5 个月在斯隆尼店的仓库。到 1996 年年底，当配送中心和斯隆尼店用缩小库存量减少再供应时间，整个时间将进一步下降到大约两个半月。同时当天修复车的百分比将大大增加，各种成本（存货、仓库空间和直接劳动）都将大幅度下降。

请注意，实际上没有对资本设备的要求。修改工装使其能够快速换模，在工厂和仓库中使用的特殊上货车是生产工人作为改善活动的一部分制造的，过去在保险杠公司和铬工艺公司为控制内部各项活动而精心安排的物料需求计划系统不再需要了。

仅仅是开始

我们所描述的节约还仅仅是开始。斯隆尼－丰田店、丰田汽车销售公司、保险杠公司和铬工艺公司在丰田的领导下作为一个精益企业,共同在维修服务与应急零件的价值流上工作。他们致力于尽善尽美的理念,这一点我们在下一章中还要讨论到。他们都期盼稳定地减少维修服务时的所费时间和零件成本(质量肯定是最好的了;但是作为流动和拉动的自然补充,质量也还将有所改善)。一方面帮助炼钢和轧钢厂克服他们现在的批量生产思想,把平顺流动的价值流一直伸展到原材料;而在价值流的另一端,在代销商的鼓动和帮助下,客户将有可能预先计划他们的保养要求,所以需要的零件可以精确地预计。

丰田公司是从1982年丰田汽车销售公司和丰田汽车工业公司合并不久后开始在日本实行这一方法的。这两家公司构成了今天的丰田汽车有限公司。1982~1990年之间,丰田用它在北美的方式重新组织了它的维修服务和应急零件业务。除此之外,还采取了两个步骤:在每个大城市区建立地区配送中心(与汽车代销商合资共有);实际上使所有汽车代销店都不存零件,结果丰田在日本的代销商现在只保有40种像雨刷器刮片之类常用零件3天的供应量。然后,它鼓励代销商努力工作,加强同每个客户的联系,以形成预约维修,所以零件需求可以精确地事先预计。

由于地区配送中心距每个代销商很近,一个"送牛奶"(milk run)路线的零件送货车可以每两小时到地区分销中心的各个代销商处转一圈,大多数零件就是这样从供应商送到精益组装厂的。又由于地区配送中心存储少量常用零件还是足够大的,实际上每辆轿车都能当天修好,而不需要从系统上一层的零件配送中心急件运送零件过来。[6]

当客户要在预定的日子进行第一次维修保养时,所需零件的预订单已经准备好了。然后,在预约的前一天,代销商给客户打电话确认第二天要进行的保养工作,零件的公司订单已在地区配送中心,并在下一个"送牛奶"路线送货时运到。最后,在车辆进行保养的那天上午,代销商的技师验车,看看有无必要增加零件,并发出这些额外零件的订单,在 2～4 小时内,这些零件将由地区配送中心送到。

尽管这一系统的某些特征只能用于人口稠密地区,如日本和西欧的很多地方,但在零件系统的效率和为客户服务的水平方面取得的突出进展还是显著的(见表4-1)。

表 4-1 美国丰田和日本丰田零件配送效率与服务水平

	美国 1994 年零件 / 天		美国 1996 年零件 / 天		日本 1990 年零件 / 天	
零件配送中心	50 000	120	65 000	30	60 000	18
地区配送中心	—	—	—	—	15 000	9
代销商	4 000	90	6 000	21	40	3
存货水平指数		100		33		19
服务率		7 天内 98%		1 天内 98%		2 小时内 98%

注:美国丰田有 11 个地区配送中心,为 1400 家代销商供货;日本丰田有 33 个地区配送中心,为 273 个配送中心供货,这些配送中心又向 4700 家代销商供货(在美国,丰田代销商也做地方批发商)。每家配送中心平均有上述天数的零件存储额。存货水平指数是每个系统日间零件数量的总和,以美国在 1994 年的水平为 100。

当然,配件仓库是 1 型浪费,它在目前为了运行保养系统还是必要的,但是实际上不创造任何价值。当存货水平下降,补充订单越来越小且频繁时,配送中心将越来越不像仓库而更像中途停泊站。很多到代销商处的零件仅仅是从进货集装箱移至代销商带滚轮的订货箱子里,而不是堆放起来。配送中心不再是各条小溪汇流而成的深湖,而是逐渐变成渠道中一些扩大的点,它们把各方面来的零件汇集起来,加速送到所需的目的地。

可能在遥远的未来,某些完全精益的点会应用"立体印刷术"或其他新技术,在代销商处一个一个制造需要的零件。但是丰田在日本和美国过去几年所做的事,现在适用于任何行业、任何服务,而且和目前大多数的做法相比,构成了显著的飞跃。

混乱是真的吗

丰田服务价值流中引进的拉动,尽管到目前还只是实现了一部分;但是这一做法所提出的深刻问题，远远超出了这一特殊的价值流。特别是，当客户实际上可以立刻拉动从原材料到实际产品的价值时，许多产品市场的观察人员所看到的"混乱"会出现什么情况呢？当供货时间和库存大大减少时，对宏观经济又会有什么影响呢？

自从詹姆斯·格莱克1987年出版了他那本引人入胜的书——《混沌》（*Chaos*）[7]以来，商业书籍的作者们把谈论混乱的市场，以及必须有能立即做出反应的组织这两件事变成了时髦话题。许多关于重组"虚拟"公司（不管那是些什么样的公司）和管理混乱的作品来自现实中的这一新概念。实际上，要是把麻省理工学院气象学家爱德华·洛伦茨原来有关全球气象混乱系统的比喻——自然界非线性力量的潜在影响有可能使在北京的一只蝴蝶影响到纽约几天后的气象——用于商业，今天的管理者似乎就要生活在对蝴蝶的恐惧之中了。

按照我们的观点，这种"新"思路对像气象这样的纯物理学现象是适用的，但用于理解客户与生产者之间的本质关系却是错误的。实际上，看看世界上大多数的工业经济就能知道，这10年来最鲜明的特征是大多数产品市场的相对滞胀和墨守成规。在从汽车业、飞机、工程机械、个人计算机，到住房建筑业的各行各业中，产品技术的轨迹是相当守旧的。而且，客户的最终使用要求本身也相当稳定，在很大程度上是为了更换旧件。我们认为，这些行业中被看作是市场混乱的需求变动，实际上是自找的。在传统的按批量生产的世界里，供货时间长、库存量大是不可避免的后果；相对平稳的需求和促销活动（就像汽车的特惠服务活动）掩盖了这一后果，而这些活动只是生产者做出的相应反应。[8]

彼得·森杰[9]最近提出了一个解决方案，就是建立能反映这些现象并对它们做出应答的学习机构。人们可以把学习机构看作是一种智能物料需求计划系统，用于除掉生产和消费中这些纠缠在一起的问题。

我们有一个完全不同的建议：甩开供货时间和库存，以使需求立即反映出新的供应，而不是像现在的情况：判断失误的供应不断地在寻找需求，同时造成生产过程中的混乱。我们确信，需求模式将突然还其本来面目：非常之稳定；只有几种新产品除外，如多媒体，因为这些产品的价值和最终形式目前还在确定之中。

是否真的必须有商业周期

倘若我们抛开供货时间和库存，让人们在要什么的时候就能有什么，我们认为还会有另外一个能使需求稳定的原因：对传统商业周期的衰减效应。

经济学家们通常认为，商业周期中处于下降趋势的那一半经济活动是由于消费者和生产者在消耗周期顶峰时生产出的存货造成的；同样，上升趋势的那一半是由于预期上游有较高的涨价（"马上买原材料，好在涨价前得到便宜价"）和预期下游有较多的销售（这要求在分销渠道中提供充足的产品，但是从没有完全实现过），所以要建立起新的存货造成的。[10] 自从第二次世界大战以来的50年中，政府的微调措施和反周期性干预都没能降低这个周期的振幅和频率。[11]

遗憾的是，尽管精益思想在日本已存在了几十年，美国和欧洲意识到"准时生产"也已有10年之久，但是我们关于大量减少库存能在很大程度上缓解周期的假说，现在还不能被检验。当人们观察库存数据时可以看到，美国、欧洲或日本还都没有按某种经济活动水平来规划库存量（使商业周期平缓正常起来）。我们认为，其原因在于，即使是在日本，对准时生产的应用大多数也只涉及准时供应，而不是准时生产，而且批量规模减少得并不多。因此，除了把同样大小的库存量沿价值流反方向向原材料推进了一步外，什么还都不曾发生。精益飞跃的重大收获之一尚有待证实。

在追求尽善尽美中拉动价值

我们期望读者现在看到了精确定义价值、识别出具体产品价值流每一步骤的必要，然后引进流动，再让最终客户从其源头拉动价值。然而，除非你把最后的原则牢记在心，精益思想的大部分潜力是无法实现的。我们将用有关尽善尽美的一些想法结束本书的第一部分。

第 5 章 | Lean Thinking

尽善尽美

增长的途径

1992 年，美国密歇根州普利茅斯的恩福集团（Freudenberg-NOK General Partnership，FNGP）总裁乔·戴在北美与世界上最大的密封和填料制造商[1]一起引进了精益思想。他注意到有些事情很奇怪，那就是，不管他的员工对一项活动改进多少次使之更为精益，他们总还是可以找到更多的办法，通过减少或消除人力、时间、场地和错误，来去掉浪费。而且，这种改进逐渐变得比较灵活了，也更能响应客户的拉动。

例如，当这家公司重新安排其在印第安纳州的利格尼尔生产减震器的工厂时，最初的改善活动使劳动生产率增长了 56%，工厂所需的总面积减少了 13%。然而，在其后的 3 年中，历经了 5 次、每次 3 天的改善活动后，生产率提高了 991%，而所需场地减少了 48%（见表 5-1）。而且，进一步的改进还是可能的，未来的改进也已在规划之中。

这看起来似乎有违逻辑。不是吗？对任何形式的努力的回报毕竟是递减的吧？改善活动不是不花钱的，并且尽善尽美（意味着完全消灭浪费）肯定是不可能的。因此，管理者难道不应该终止改进的过程，而在一个稳定状态下进行管理，以避免"正常"业绩有所变化吗？

当和世界各地的高管人员一起来评论类似于表 5-1 中的数据时，我们发现有两种普遍的反应。一种认为，一旦一种活动被"固定下来"，稳态管理（差异管理）就是一种真正的费用低廉的方法；另一种反应是由一家英国公司的高管人员总结出来的，这家公司还从未做过改进产品开发、生产进度和生产系统的事，但是正打算做些事，他的问题是："恩福公司为什么不一次就把所有的事做好呢？为什么他们不一开始就认定一个完善的过程进行通盘规划呢？那样的话，他们就不会在最后把事情做'好'之前白白浪费三年时间了。"

表 5-1　1992～1994 年 FNGP 印第安纳州利格尼尔工厂持续改善的结果

时间	1992 年 2 月	1992 年 4 月	1992 年 5 月	1992 年 11 月	1993 年 1 月	1994 年 1 月	1995 年 8 月
参加人数	21	18	15	12	6	3	3
每人生产的件数	55	86	112	140	225	450	600
利用面积（平方英尺）	2 300	2 000	1 850	1 662	1 360	1 200	1 200

注：在此期间安全与卫生条例组织（OSHA）报告的事故率和工人赔偿费均下降了 92% 以上。为适度规模、允许"单件流"的生产线内喷漆系统支付的总资金不到 1000 美元。

这两种反应都表明，传统的管理根本没有领会通过不断改善达到尽善尽美这一概念，而这一概念正是精益思想的基本原则。因为恩福公司是我们所发现的对尽善尽美最无止境的追求者之一，他们的方法是最好的例子，说明了在实际中尽善尽美的含义，以及该如何去实现它。

捷　径

还有一种迅速实现尽善尽美的捷径：使在一个完整的价值流上从开始到完成的全部相关企业都做突破性改善。汽车玻璃制造业提供了一个有趣的例子。目前在北美、日本和欧洲，不管是哪一家为轿车和货车制造固定玻璃（不包括车门玻璃，因为它要上下运动）的公司所做的步骤都很相似（见图 5-1）。

第一步是玻璃漂浮。就是在一个巨大的设备中溶化硅，溶化了的硅漂浮在一个液体锡槽上。将玻璃板从液体锡上拉下来，切成长方形，然后小心冷却。由于典型浮法玻璃的生产规模和要使这批与下批产品保持连贯性的问题，批量生产出来的玻璃在送到加工厂之前要储存很长一段时间。

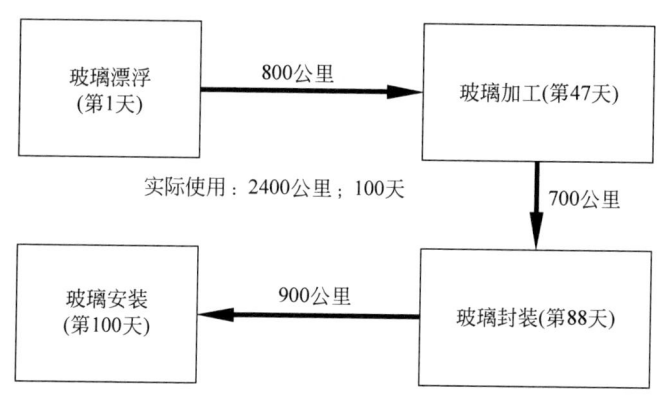

图 5-1　今天的汽车玻璃

玻璃加工厂把玻璃按净尺寸切好（在该过程中大约切掉了 25%），然后将其加热到刚好低于熔点的温度，再放置到一个要成形的模子中，要么让它们"自动下垂"（没有任何压力），要么"压"它们（用上半模压成型），形成正好适合轿车窗框的最后的几何形状。调换模具的复杂性和实现两个批次之间连贯性的问题，再一次导致玻璃加工厂大批量生产指定的部件，并在出厂到玻璃封装厂前储存这些部件。

封装厂把玻璃从自己的进货仓库中取出，然后把每块玻璃嵌入注塑机中，向玻璃周边的凹槽内注入某种橡胶或塑料（最常用的是聚乙烯氯化物）形成水封和伸缩接点，好把玻璃装入汽车的钢质车身。

在封装厂再次存放后，玻璃运到汽车总装厂，安装在轿车上。

显然，不断改善这一过程中的每一步骤会有很大收获。例如，像上一章所述的拉动系统可以用于每个补给环节，工装更换可以加快，特别是由玻璃成型厂进行小批量生产来加快。但是，由于 4 个相关厂距离很远，以及耗费时间的昂贵运输，仍然会有大量的浪费。而且，由于压制、封装和安装等步骤之间的滞留时间很长，造成的高废品率的质量问题很难说清楚。而在各步骤中，前一步的问题原本是很容易被发现的。

在这个过程中，向着尽善尽美的疾速飞跃包括：恰好能生产某个具体客户所需的产品数量的适度玻璃漂浮设备；大大减少压制过程中每批产品的数量；在浮法结束时，节约再加热玻璃时所需的能量；然后在压制步骤下一步的工作站引入连续流动的封装工序；最后把所有这些作业活动安排在与汽车总装厂一路之隔的地方，以便来自汽车厂的拉动可以立即得到应答（如图5-2所示）。

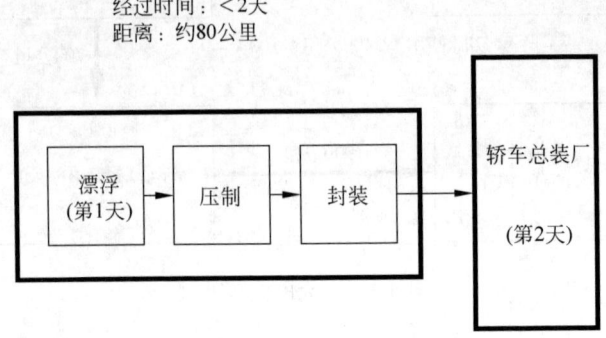

图 5-2　大改动后的汽车玻璃厂

没有哪个企业在使用这一方法，因为，就像对价值流进行的大多数真正的重新思考一样，这需要若干家企业的合作（在这个案例中是4家企业），要为这种产品（这里最好定义为一个特定汽车总装厂所需要的全部固定玻璃）组成一个精益企业来改变它们的生产方法。但是，如果按对全部价值流的重新思考来组成精益企业，在企业问及"客户在这里真正需要的价值是什么，我们又该如何创造它"时，毫无疑问紧接着的是大改组，至少要重新思考产品设计的恰当地点（是在汽车公司、玻璃压制厂、玻璃封装厂，还是三者的某种联合？）、服务流和废品的问题。

持续进行根本性的、不断的改善

事实上，每个企业都要用两种办法来追求尽善尽美。价值流里的每个步骤都可以单独被改善并取得良好效果；而且也不必担心要用投资去改善一个不久就要被整个取代的活动。重温一下第3章的内容：如果你用了大笔资金去改善特定的活动，你多半是以错误的方式在追求尽善尽美。再说了，如果用于分析的正确机制被启用，大多数价值流都可以在整体上得到根本改善。

但是，要有效地得到根本性的和不断的改善，需要两种最后的精益技术。首先，为了在头脑中形成尽善尽美的概念，价值流的管理者们需要应用 4 个精益原则：定义价值、识别价值流、流动和拉动。（请记住，你要为尽善尽美去竞争，而不要为现在的对手去竞争，所以你必须有能力测定现实和尽善尽美之间的距离。）然后，价值流的管理者需要应用策略部署发布法（日本首先提出这个概念，在那里叫作 hoshin kanri）决定首先进攻哪一种浪费。

尽善尽美的蓝图

我们已经指出了在每个步骤中管理者们需要学习和观察的事：要观察价值流、要观察价值的流动、要观察被客户拉动的价值。这最后一种观察方式使得尽善尽美变为清晰可见的图像，因而使人们能看到改善目标，并且使这个目标对于整个企业都是现实的。

我们刚刚介绍了一个玻璃制造商的例子：从根本上重新思考价值流，使所有产生价值的步骤都能随时与客户相联，而且是在客户需要的时候准确相联。当丰田在 1982 年开始重新思考日本配件业务，然后在 1989 年把同样的概念用于北美时，它肯定已经有了一个按它的精益原则主旨推演出来的尽善尽美的蓝图。而乐购公司也要为它的软饮料流水线的价值和价值流拟定一幅尽善尽美的图景，就像第 2 章中所描述的那样。

反过来说，尽善尽美的蓝图不可能是完美的。如果汽车玻璃的价值流可以照我们的建议重新设置的话，那么，设想一种能走得更远的新的尽善尽美的图景便正当其时（立刻）。尽善尽美是无止境的。试图想象出尽善尽美的样子（并实现它）实际上是不可能的。但是，努力要做到这一点却能鼓舞人心，也能指明方向，使人们沿着这条路取得进步。我们将在第三部分回到这个问题上来。

需要沿着这条路采取下一步骤的产品设计类型和经营技术，在想象尽善尽美中是重要的。正像我们在前面章节中反复说明的那样，迅速取得进展的最大障碍之一，是大多数现有的工艺技术，包括很多产品设计，不适用于精益企业。认识到产品必须在连续流下以灵活的方法进行小批量生产，这样明确的方向能在开发一般设计和工装的职能方面为技术人员提供关键性的指导。

除了根据适当的技术构想一个尽善尽美的蓝图以外，管理者们需要为这条道路上的各个步骤制订严格的时间表。正如我们将在第二部分中看到的例子那样，在取得了许多成果的组织和那些没有多少成果或根本没有成果的组织之间最大的差别是：成就卓著者为看起来似乎不可能完成的任务制订了具体的时间表，然后定期实现或提前完成任务；相反，成就差的组织常常着眼于对目前状况合用的做法，并且拆散价值流去实现这些做法。这样，它们一般在开始之前就把自己打败了。

集中精力消灭浪费

由于缺乏想象力而从未走上正路的企业显然会失败。不幸的是，我们看到一些企业开始时很有想象力，付出了很大精力，期望也很高，但进展却很少。因为它们从千百个方向去追求尽善尽美，分散了精力，而在任何一条路上又都没有下气力一直走下去。而需要做的却是：形成一个理想，选择两三件最重要的事去干并要干成，而把其他事情放到以后去办。这并不是说，那些事永远不会去做，而只是要按通常的原则去做，一次做一件事，并且要持续地干，直到能做到使改善活动与同样的人力相适应，就像在设计、接单和生产的各种活动中那样。

关键是需要策略部署发布法这个最后的精益技术。我们的想法是，最高管理层要在将批量生产方式转换为精益生产方式的几个简单目标上取得一致意见；要选择几个项目来达到这些目标；要指派人员和资源来完成这些项目；最后，确立需要达到的一个数字化的准时准点改善目标。

举例来说，一家企业可能把使整个组织转变为用拉动系统来管理全部内部订货的组织作为目标。要达到这一目标，需要：①按产品系列调整结构，使产品团队承担很多传统职能部门的工作；②创造一个"精益职能部门"来调集专家，协助产品团队进行转变；③开始一套系统化的改善活动，把批量生产和返工转变为连续流。这些项目都要建立起数字化的改进目标和时间框架——例如，在6个月时间里组成专门的产品工作团队；每个月都要在6项主要活动中开展改善活动，而在第一年里，每项活动至少改善一次；在第一年内将手头库存量减少25%；在第一年内将漏给客户的残次品数量减少50%；在第一年内将生产每种产品所需的人力减少20%。

大多数试图这样做的组织发现，建立一个如图5-3所示的年度策略部署矩阵最容易做到这一点。这个矩阵概括了目标、当年的项目和这些项目的目的，让组织中的每个人都可以看清其中的内容。在具体执行的时候，公开讨论与目标有关的可用资源总量是必要的，好使每个人在过程开始时都同意这个计划切实可行。

			按产品系列进行重组	*		*						
	*		建立生产率和质量改善功能	*			*					
*		*	和供应商一道创办精益企业			*			*	*	*	*	*
按产品识别价值流	引进连续的流动与拉动	大大改善产品质量	选择项目 目标　改进目标 (当年) 金额指标结果	每月进行6项主要改善活动	6个月内组成产品团队	一年内组成精益企业	改善团队					
							重组生产线	改善职能团队	A产品系列团队	B产品系列团队	C产品系列团队	D产品系列团队	E产品系列团队
		*	减少库存3 000万美元									
		*	减少质量成本1 500万美元	*								
*			减少劳动力成本3 000万美元	*								

图5-3　精益策略部署矩阵

要注意，这个过程在建立目标的第一步时是自上而下操作的，但在随后的步骤中是自上而下或自下而上。这一点很重要，例如，一旦在具体项目上统一了意见，就保证项目实现所需的资源数量和时间，征求项目团队的意见就是必要的了。团队集体负责完成任务，而且从一开始就必须掌握实权和人力物力。

当造成急剧转变的概念开始形成时，我们常常看到，组织内的每个人都希望参加进来，而项目的数量则成倍增加。这令人振奋，但实际上是个危险的信号：上的项目太多了。我们发现，最成功的企业已经学会如何不顾组织内部分机构的热情，"削减"项目[2]，好让选中的项目能得到可用的人力物力。这是大规模推出精益做法的最后一步，也是最关键的一步。

去掉惰性，开始起步

我们现在已经考察了基本的精益原则，也就是"精益工具包"里的5种强有力的理念。这些理念是把企业和价值流从不着边际的浪费困境转变为由客户定义和拉动的快速流动的价值所必需的。但是，在实际组织中引进追求尽善尽美的思想，还有最后一个非常严重的内在悖论。

技术本身和上述原理在本质上是平等和开放的。使每件事都有透明度是一个关键原则。策略部署发布法作为一个开放的过程运作，分派人力和物力进行改善活动。由职工组织的团队解决了大量不断出现的问题，而过去这些职工之间彼此很少交谈，更少平等相处。

然而，把企业和价值流从批量生产的世界中解脱出来的催化力量通常还是要由外来人运用。这些外来人可以打破所有传统的清规戒律，通常是在企业陷入重大危机的时候。我们把这些外来人称为变革代理人。

事实上，没有办法解决这种悖论，"没有办法把圆弄方"。变革代理人通常都是专横的人——在我们的一个最全面的研究课题中称之为"柯南野蛮人"：他一意孤行要在非常不平等的组织中强制推行一套非常平等的做法。

然而到处都有专横的人。那些在创建精益系统方面取得了成功的人已经得到了企业中改革参与者的理解，并且正在沿着价值流推行一套可能对每个人都有很大好处的理念；那些失败了的人（如在改制运动中失败的领导者）不是狭窄的专家治厂论者，就是被组织当作一心向上爬的人给辞退了。前者丝毫不关心在转变中非常实际的人员问题；后者则只想趁下一个"规划"大潮谋求自己的地位升迁。即使不是由于有人有意破坏，这两种人也很快就成为组织厌倦的牺牲品。

只有沿价值流的每个人都相信这一新系统能公平地对待大家，也能最大限度地解决人们的难题时，精益系统才能兴旺；因此只有慷慨的专横者才能成功。我们希望本书的许多读者承担起变革代理人的责任；我们也同样希望那些一心向上爬的人和冷血的专家治厂论者到处去看看。

对于读者中那些有正确认识并且愿意投入5年的时间去获得全部益处的人，第二部分的例子会提示你该如何取得成功。

第二部分

从思想到行动：精益的飞跃

Lean Thinking | 第 6 章

简单事例

即使人们已经开始认识到 5 个精益原则的重要性,如果没有一个成功地实践了这些原则的真实范例来比照,没有一个样板来模仿,人们也很难想象能在自己的组织机构中运用这些原则。这种范例,就其细节讲,应足以体现这些原则的基本原理和方法;就其范围讲,应足以形成一个整体概念,成为人们向往的目标。更重要的是,范例与人们的实际情形应具有足够多的共性,这样,人们才有可能对推广这些成果充满信心。

因此,我们所提供的一系列例子是考虑两方面因素而选出的——规模大小和复杂程度,以及国籍。首先,我们从 3 个美国例子开始。这 3 个例子小至只有一种产品和历史很短的家族所有的小型企业,大至大型的公众投资的实业组织。这些公众投资的实业组织,具有复杂的产品技术和生产技术、复杂的供货链和销售链、多样的文化背景、参加工会组织的工人,以及与雇员、客户和供货方之间矛盾的长期历史。

然后,我们将重点转向 3 个大型的国家级工业系统。我们比较了精益原则在德国一家大企业及两家日本企业的实施情况。

这 3 家企业的复杂程度各不相同,差别很大。

当然,也许你的组织机构在某些重要方面与上述所有这些企业都有所不同,因而需要进行量身定制。然而,这些例子所涉及的范围之广,产生的效果之惊人，以至于没有哪位管理人员还会说精益原则不适宜于他们的情况了。

美国肯塔基州路易斯维尔市的帕特·兰开斯特先生是位美国式的英雄人物，是那种在资本主义的核心精神中常常能找到的不依赖他人的发明家兼实业家。他自幼在家里开的小修理铺里长大，逐渐学会了修理，并且坚信自己将来会成为一名发明家。大学毕业后，他先试着做家里的生意，向一些工业企业批发出售原材料，然后又在一家大型化学公司的产品开发小组谋生。"但是，这可太不能令人满足了。从我刚记事的时候起，就想当一名独立的发明家、制造家和企业家"。1972 年，在他 29 岁时，他萌生了一个了不起的创意：一种用于生产商在运输产品时包装的新办法。于是，他们兄弟二人投资 300 美元置办了一些简易的金属加工器具开始制造他们的第一台机器。他们还租用了一间小仓库，并以"兰开技术"（Lantech），即兰开斯特技术公司（Lancaster Technologies，简称兰开公司）的缩写，作为公司名称开始了工作。

兰开公司这项了不起的发明是一台包装设备。这种设备可用塑料薄膜对一整货盘的货物采用"抻拉包装法"进行包装（例如我们在第 2 章里研究的可乐的例子）。这样，生产过程中的货物可以很方便地从一个厂运至另一个厂，也可用这种方式把最终产品运给批发商和零售商。当时，生产商和分销商广泛采用的是传统的"收缩包装法"，即把塑料袋子松松地置于大型载货盘四周，再使货盘很快地通过加热炉，塑料袋子收缩后绷紧货物。

"抻拉包装法"的包装过程是，随着置于转台上的货盘的转动，拉紧的塑料包装物即把货物紧紧绷住。由于塑料包装物事先被拉得很紧，稍回弹后就与货物紧紧贴合，从而省去了加热处理所需要的能量、设备、人力和时间。此外，由于包装物被抻拉，还使确保货盘货物运输安全所需的塑料包装材料的用量几乎减少了一半。

兰开斯特的另一项发明，是对上述关于塑料包装物应被拉伸而不是收缩这一基本认识的重要补充。他发现，用一组复杂的精密滚轴（合起来称作滚轴传输架），可以对塑料包装物施以均匀的作用力，从而使其在缠绕货盘之前得到很大程度的抻拉。他终于找到了比"收缩包装法"节省 75% 包装材料的办法。

在20世纪70年代初，兰开斯特为此获得了专利。这些方法的普遍应用和广泛传播，使他能够在长达数年的时间中轻松抵挡竞争者的进攻。他所需要的仅仅是市场，而1973年的能源危机正好带来了这一市场，那时他正好手工完成了第一部抻拉包装机。由于能源价格急剧上涨，因此他那能够节省工序中所需的能量和塑料（以天然气为原料制成）用量的抻拉包装法，比传统的收缩包装法有绝对优势。

他突然间获得了一份实实在在的生意，此时他需要考虑的是如何对产品进行批量生产。由于他设计和制造第一台产品的活动是一系列"连续流动"的活动，所以正像大多数新开办的公司一样，兰开公司生来是精益的。然而，用这种方法来管理一个现有企业似乎是不可能的。

在从创办到确立根基的过程中，兰开斯特整理了他的想法。兰开斯特回忆说："我没有生产方面的经验——要知道，我过去只是一个发明人。所以我决心使自己成为一个有经验的经营者。而且我知道，我应该在基本型设备基础上设计一系列变型设备，以适应不同的包装任务，所以我找了一个工程经理。最后，我搞出了一个综合产品。由于需要向客户做些说明和解释，于是我又找了一个销售经理。我本来就知道分工和规模效益，所以很自然地，经营、销售和工程经理将我的快速发展的企业组建成一系列部门。每个部门都有特定的任务，并按批量作业模式运行。"

经营经理在生产厂划分出一系列部门，每个部门负责兰开斯特技术公司抻拉包装机生产的一项基本工序。其中，锯工部负责用金属锯把钢梁锯成机器构架构件；机加工部负责在这些构件上钻孔或冲孔，以便连接其他部件系统；焊接部将构架构件焊起来，形成完整的机器构架；喷漆部负责对完整的机器构架涂上防腐底漆和装饰面漆；组装部负责把从供应商处采购来的零件组装成各总成系统，主要有滚轴传输架、转台和控制组件；再由总装部把这些总成装配到机器构架上。

在生产过程中，产品从一个部门运动到另一个部门，从一个仓库运动到另一个仓库，但总装部并非产品行程的终点。由于要力求高效，所以兰开公司的4种基本型包装设备是采取批量方式生产的，每种基本型的批量为

10～15台，即一下子加工并组装10～15台设备。然而，产品的性质决定了每位客户通常只购买一台设备。因此，很多设备必须在成品库里存放一段时间，才能等到客户。

到了运送设备的时候，往往还需要打扫掉灰尘，并对设备从一个部门运到另一个部门时造成的磕痕进行再上漆处理，即设备还得经过修整。机器通常还得再送回到总装部，以便根据不同的客户需求，更改选项组合。而后，机器终于被送到包装部进行真正的装运。

抻拉式包装机在兰开公司的流程如图 6-1 所示。这通常被已掌握了精益思想的企业称之为"意大利面式图"。

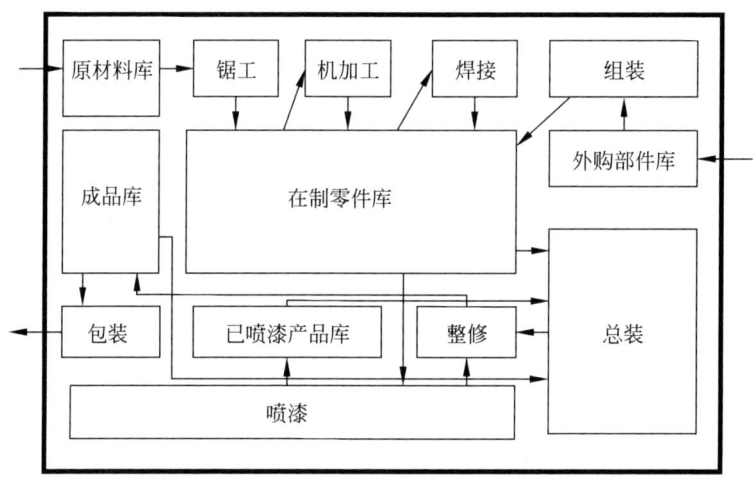

图 6-1　兰开公司实际生产示意图

上述设备的实际生产过程并非唯一需要进行管理的过程。在批量生产过程中，真正复杂的事情出现在如何把销售商（大约有 55 个分销工业机械的独立企业）收集的订单经过有关科室处理后，下到工厂进行生产。

由于设备通常是订做的，价格从 10 000 美元到 50 000 美元不等，所以显然不可能有标准的价格表。有特殊性能要求的订货在报价之前，都要由销售商与兰开公司联络取得业务委托权，再把任务书送到公司销售部门的应用工程部进行成本分析之后，将"准确报价"返回销售商。一旦报价被接受（由分销商与客户洽谈最终价格，其中包括分销商利润），订单将送至兰开公司安排生产。

订单回到兰开公司后,将依次通过订单接收部、信用核查部和应用工程部(订单第二次光顾此部);然后,对应这一订单的材料清单就产生了。这是生产某特定设备所需的全部零件的详细且准确的凭单。由于每个部门都有排队等待着的订单,所以经常会耽搁时间。一般情况下,要经过12~14个工作日,订单才能从订单接收部到达生产计划部,而其中实际处理订单的时间——我们称之为"连续流动时间"——还不到两天。

然后,订单及材料清单送至生产经营部的计划分部,纳入到总生产计划中去。由于生产过程显然是非常不稳定的,所以在销售部门内设立了单独的订单管理分部,来保持工厂与独立的销售商之间的联络,掌握所订设备所处的生产阶段的信息。如果客户很着急,则动用催活儿办法(所用技术我们一会儿再讨论)。整个系统的信息流如图6-2所示。

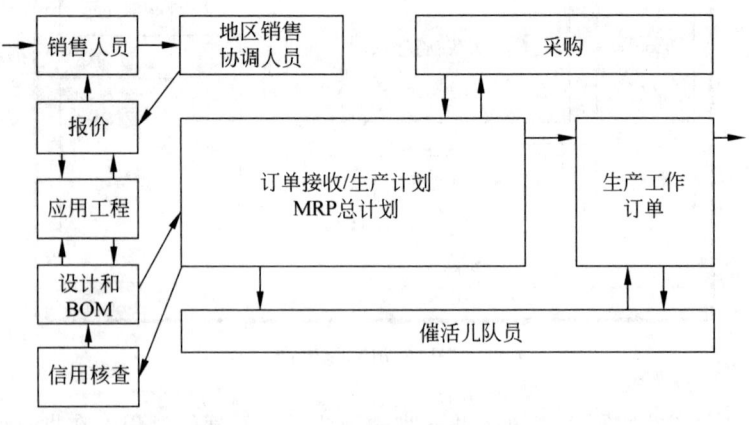

图6-2 兰开公司订单流动过程

总计划以计算机处理的物料需求计划形式存于生产经营部的计划分部。这个系统将订货长期预测和实际收到订单的情况相结合,制定出日生产计划,对工厂的每一部门分派任务。每天早上,各部门(锯工部、机加工部、焊接部、喷漆部、组装部、总装部、修整部、包装部)都会拿到一份关于当日任务的打印件。每天结束时,各部门又会将工作进展情况报告给装备了计算机的生产计划分部。

从计划角度看，这个系统很好；但从实际角度看，却常常是一团糟，因为在不断变化的客户要求和生产系统内在的运行规律之间存在矛盾。为了获得规模经济效益，帕特·兰开斯特和他的经营管理人员从一开始就决定每个部门都要按批量作业，例如，E 型设备焊接工序的批量为 10 件，T 型为 20 件，V 型为 25 件。这样可最大限度地缩短换模造成的机器空闲时间。此外，他们认为，生产批量大，出现机器调整误差的机会就小，而且操作人员可以把精力集中在生产操作本身而不是换模上，从而使产品质量得到改进。

由于各生产步骤的各个部门是相互独立的，每一批零件都要依次经过这些部门，而且每个部门在入口处都要有等待时间，所有这些意味着较长的供货时间。一般来说，从购进制作构架的钢材，到制成一台完整的机器并运到船舶码头，需要 16 个星期。这其中大多数时间是花在等待上，即等待上一批零件在某部门加工完毕，再送至库房等待下一个部门的下一道加工工序。而实际完成从原材料到包装机的转化所需要的时间（我们称为连续流动时间）只有 3 天。

另一方面，较长的供货时间，使得负责向最终客户销售兰开机器的销售商们想尽办法来对付这样的生产系统。他们常用的方法是，先按推测进行订货；等找到实际客户时，再在生产过程的后期，更改某些要求的选项，有时甚至是对基本型号的更改。这种做法的结果是，要么对原订货进行返工；要么为重新制造一台完全符合要求的机器而延期交货。

不久，工厂的运行受到两种不同的计划系统向相反方向的牵动。一种是由生产计划部依据销售预测所做的总计划；另一种是销售商为满足实际客户所提出的不断变化的要求。

这些要求是通过手拿"急活儿清单"在全厂巡视的催活儿队员达到的。这些"急活儿清单"实际上或者是早该交付的产品订单，或者是必须按新规格重新订做否则就得取消的订单。催活儿队员依次巡视每个部门，要求工人先完成一批活儿中的一件，以便他们把这一件立刻送到下一部门的生产线上，作为急活儿排在第一位。在非常情况下，当帕特·兰开斯特同意某份订单必须在全公司整个生产线上加急完成时，则有可能在 4 周内拿到订货。然而，由此带来了厂内其他订货的延误，因而需要更多的催活儿工作。

这个先接单后生产的整个系统看起来非常混乱——事实也的确如此。但是在工业生产中，当产品种类多，供货时间长，生产过程复杂时，这种做法在过去和现在都是一种标准的工作方法。更糟的是，由于兰开公司产品开发的各工程部门是带有本位主义色彩的，所以，生产和销售的"批量生产"问题也同样出现在产品开发过程中。

设计新产品时，需要市场销售人员、具备多种专业知识的工程师、采购人员和经营计划人员在一起进行工作。市场人员决定客户需要什么（如机器的性能要求为：工作场地为 15 英尺 ×15 英尺，每小时能包装 4.4 万磅[一]货盘货物，每货盘货物的包装成本为 50 美分），总工程师负责把这些要求转化成技术规格（如转盘支撑负荷为 4000 磅，转盘电动机的功率为 x，最高转速为 y，控制系统能自动控制包装过程，等等）。

然后，机械工程师进行运动机件的设计，主要是设计滚轴传输架和转台；另一位机械工程师设计机器构架；还需要一位电子工程师负责设计符合技术规格的控制系统。接着，制造工程师开始设计工装。产品设计和工装设计完成以后，生产部门的工业工程师就着手制定将产品在全厂投入生产的步骤。

最初，工程部是很小的，仅由 6 位工程师组成；但由于每位工程师都相当于一个小部门，在整个设计过程中，即从市场营销人员到总工程师、机械工程师、电气工程师和工业工程师，彼此的沟通障碍是相当严重的。从最初的设计思想到完全可供生产的成形设计，总要有大量的返工和走回头路。（走回头路的主要原因是前一步设计不符合下一位设计人员的要求。例如，"没给我的控制板预留足够的空间"，等等，那就得返回去修改。除了把设计送回前一位设计人员进行返工以外，经常采用的办法是后一位设计人员自己默默地对此进行重新设计。）随着兰开公司发展和工程技术人员的增加，这类沟通问题愈发严重。

此外，由于每位工程师的案头一般都堆放着一摞待完成的设计项目，所以催活儿队员得不断地来往于工程部门和生产现场，以便使那些紧急项目在

[一] 1 磅 =0.4536 千克。

整个系统中得到加急处理。实际上，对某产品系列作小改小革一般需要一年时间；如果要开发新产品系列以适应不同的工作任务，如包装小型货物的工作任务，一般需要三四年时间。但是，其中的"连续流动时间"，前者仅为几星期，后者仅为 6 个月。经过产品设计和工程设计系统的整个产品设计流程如图 6-3 所示。

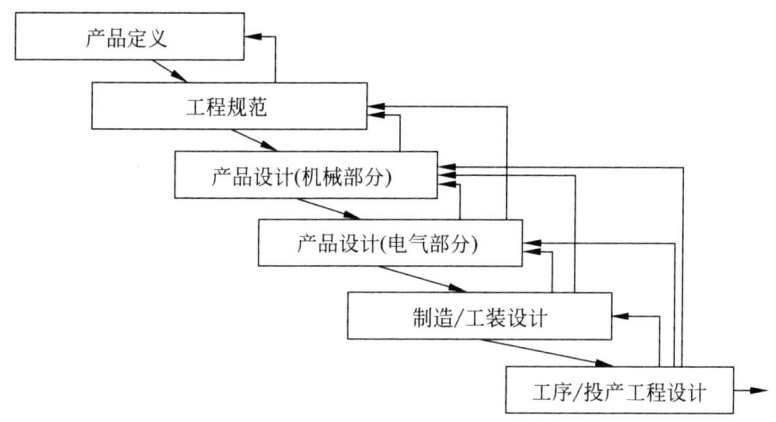

图 6-3　兰开公司产品开发系统

帕特·兰开斯特新公司的三项主要活动——新产品开发、信息管理（关于所生产产品的信息）和产品（机器）的实际生产——都是遵循传统的批量生产方式进行的，而且进行得很成功。

回首往事，帕特·兰开斯特先生在总结关于要使自己成为一个非常成功的发明家、制造家和企业家的梦想时说："1973 年以后，由于我的专利地位，我们的产品与其他竞争对手相比有很大的性能优势，因而产品价格卖得较高。在后来的 15 年里，兰开的雇员发展到 266 人，年销售额为 4300 万美元。由于生产过程中效率和速度是一对矛盾，所以我们很可能而且事实上也确实不能按期交货。就交付客户的设备中加工上的毛病而言，我们的产品质量平平。我们要花一年多时间来开发'新'产品，而这一'新'产品与老产品相比只有很少的不同。尽管如此，我们位于竞争的前列，我们赚到了无数的钱。15 年来，我的梦想成真了。"

接着，1989 年 6 月 26 日，兰开公司在对某一竞争对手的专利侵权诉讼案中败诉。这家竞争对手的产品是兰开包装机的仿制品，但价格卖得较低（这一诉讼案涉及兰开公司于20世纪80年代中期获得的新产品专利。这种新产品是兰开公司于20世纪70年代初期所获专利产品的换代产品）。这相当于对各个包装机械企业突然开放了市场。"到1989年年底，机械性能大致类似的一些仿制品开始到处出现，结果我放弃了原定价。虽然我还是小有赢利，但是我知道，一旦经济萧条，更糟糕的事情就会随之而来。我心里明白，兰开公司正在'走向死亡'……"。

帕特·兰开斯特是一个生性活泼的人，所以他在应该做什么的问题上有很多想法。事实上，他试过许多在当时的美国工商业界较流行的补救办法。他的第一个办法是把企业重组为"标准产品"利润中心和"专用产品"（即在很大程度上是按客户要求专门定做的产品）利润中心，目的是增强责任，并把订做程度很高的产品与较易于制造的"批量生产"产品区分开来。他的第二个办法是当销售不景气时考虑裁员，紧缩公司，即我们现在所说的"精简"。然而，兰开斯特坚信，没有哪家企业仅靠降低成本和节省开支就可以得到挽救。

他需要用一种新方法来考虑整个业务，他从全面质量管理活动中探索这种新方法。在访问了南卡罗来纳州的纺织大王米利肯之后，他把将客户意愿置于首要地位的一整套计划带回到路易斯维尔。过去那种用于衡量供货缺陷和为客户服务"够好的了"的标准，很快就被追求尽善尽美所代替了。

在以后的几年里，以这一认识为中心，再加上"价值导向的文化变革"过程，一个建立起了信誉、打破了部门间隔阂的强有力的组织就形成了。原先那些高级管理人员，习惯于自上而下管理、命令控制式管理和等级分明的人员，现在被一群新的乐于在以团队为基础的组织中工作的管理人员所替代（兰开斯特是自20世纪70年代以来保留下来的唯一一位高级管理人员）。此外，还就团队的工作程序，团队领导以及个人彼此间相互关系等内容进行了广泛的培训。

上述做法虽然是必不可少的开端，但却缺乏与兰开公司核心业务的直接联系。正如一位长期从事生产的工人鲍勃·安德伍德的回忆："我们学会了彼此尊重，也乐于在团队中一起工作；但由于不知道该怎么干，整日乱哄哄。"

整个工厂仍然是乱糟糟的，产品开发仍然太慢，销售商们也仍然要费尽心机来对付产品供货时间长的问题。

第三种对付危机的方法是被称为"极大柔性"的新的生产方法。这种方法的基本思想是通过建立主要部件库（如机器构架、滚轴传输架、转盘、控制模块等），将这些部件提前准备出来，一旦订单确定下来，就根据订单很快地把它们组合搭配成符合客户要求规格的完整机器；目的在于通过能保证较快地提供客户特别要求的订货，来克服兰开公司价格上的劣势。

从某种程度上讲，新的"极大柔性"概念的作用是非常明显的，因为供货时间从16个星期减至4个星期，但成本却是巨大的。由于竞争非常激烈，所以兰开公司业务中常有需要进行技术性改动的地方。这些改动一方面增加了产品功能，以适应竞争的需要；另一方面也纠正了在维修中发现的产品设计缺陷。这样，走回头路通常是很必要的，即需要对事先生产好的堆积如山的零部件进行"翻新改造"。显然，"备好待用"的堆积如山的零部件的搬运成本是很大的，而当厂内的储存场地全部用完时，公司又得寻找新的仓库来存放零部件。更使人恼火的是，尽管兰开公司在安排生产计划上尽了最大努力，但是完成某一部机器所需要的关键部件缺货的情况还是很快出现了（大野耐一很久以前就指出：库存越多，得到实际需要的零件的可能性就越小）。这一问题是通过一个新的催活儿队来解决的：它推动被遗漏的部件快速通过生产系统。

第四种对付危机的方法是改进技术。1990年，公司装备了一种基于新一代物料需求计划的计划系统，能使每个工人都直接了解到每部在制机器的状况。当他们完成了一个零件或一整部机器时，还可以把自己的数据输入到系统中去。这样，每个工人可以通过各自工位的计算机终端得到工作任务单，而且从理论上讲，他的各项活动都可以受到全面"控制"。（正如帕特·兰开斯特所指出的："它看上去像是技术和民主的美满婚姻。每个人都可以通过计算机观察了解到整个工厂的全部情况，同时立即得到自己的工作任务单。我们的口号是：数据属于群众。"）

新系统要求一台新的计算机、一个白班4人、晚班3人的新的信息管理部门，好让所有数据不断更新；而工人每完成了一项工作任务，便可在工作现场直接将数据输入到计算机中。正如兰开公司制造经理乔斯·扎巴内所说："工人们虽然很快便处在完全'控制'之中了，但由于很多项目根本未被输入，而且也无法发现输入错误，所以这个系统太不准确了。老的物料需求计划系统虽然速度慢，但准确率达到99%。而我们新的'民主型'物料计划系统则简直是一场灾难。我们给大家的不是信息而是浪费。"输入量和修改量使得计算机运行速度非常慢。兰开公司信息技术顾问建议，最好的解决办法是换用更大型、更昂贵的计算机。

到1991年底，尽管降低了价格，但是订单数还是首次下降了，而公司也觉得几乎不可能对客户不断变化的要求做出反应。正如帕特·兰开斯特后来对这一情形总结所说："我们不但首次出现亏损，而且管理业务的基本思想也正在瓦解。"后来，兰开斯特发现了精益思想。

精益革命

罗恩·希克斯看上去并不像个革命者，倒像是个会计（尽管他学的是工业工程），讲起话来语调很平静。但是，在1992年3月，当他作为经营副总裁在兰开公司工作时，他却给公司带来了一场革命。

罗恩·希克斯是在丹纳赫公司（Danaher Corp.）工作时学会如何成为革命者的。丹纳赫公司是20世纪80年代由史蒂夫和米切尔·罗利斯两人将15个制造公司联合而成的。说起来几乎让人难以置信，这两个从华盛顿特区来的年轻企业家，已经对大野耐一提出的精益概念有所了解，并且他们还说服大野的一些日本追随者，于1987年在美国开展业务来支持丹纳赫的变革。作为他们试图从核心的房地产业务中走出来，使经营多样化的努力的一部分，他们最初买下这几家企业是因为其价格极具吸引力。他们两位深知精益思想可以改变他们的企业面貌。田纳西州那什维尔市的亨尼西工业公司（Hennessey Industries）是他们收购的企业之一，这是一家生产汽车修理工具和汽修千斤顶的企业。当时罗恩·希克斯正是这家企业的经营副总裁。

罗恩·希克斯回忆起 1989 年"顿开茅塞"的那一天。"我去参观了位于康涅狄格州布卢姆菲尔德市的雅各布斯制动器公司（Jacbs Brake Company），那是丹纳赫的另一家公司。我发现，他们遵照大野的意见彻底取消了传统的各个生产部门；同时设置了很多生产单元，在生产单元中，所有的机床设备是根据所生产的某一系列货车发动机部件的特殊需要，按实际工作顺序重新排列而成的。这样，采用他们称之为'单件流'的概念，使每个零件的生产过程都是连续流动的，而且各工序之间完全没有缓冲用的库存。"

"真正让我感到吃惊的是，在我去访问的那天，他们正好在进行一项改善活动。他们认为，如果把那台大型设备从一个位置移到另一个位置，则某一项工作流程会平顺得多。他们决定一早就开始干，并且很快组成了一个搬运队。几个小时后，他们移好机器，又各自回到生产中去。"

"在亨尼西工作之前，我曾作为经营经理在通用电器公司工作了 14 年。在那里，若要移动这样一台大型设备，先得由公司代表大会形成决议。但是这里的这帮人就这么干起来了，而且干成了。那时，我突然感到我处于一个完全不同的世界里。"

到 1992 年 3 月，当希克斯接到帕特·兰开斯特的电话时，他已经把自己从一个"花岗岩脑袋"转变成了一个精益思想家，而且做好了面对新的挑战的准备。兰开斯特在寻找新的经营副总裁过程中，审查了许许多多的申请者。他确信罗恩·希克斯具有改变制造企业的能力，问题是怎样改以及改的速度如何。

在因注入了新精神而获得了活力的兰开公司，希克斯应邀来到路易斯维尔，并会见了即将由他管理的员工。他提出的简单建议出人意料：他认为兰开公司应立即组建生产团队，重新考虑厂内每件产品的价值流和价值的流动，进而考虑接收订单和产品开发过程。兰开公司应该先把设计、订货和生产一台抻拉式包装机所需要的基本活动列出来，并且应按顺序逐项完成，在同一时间只进行一台包装机、一项设计和一份订单的工作。这样，批量、排队、返工，以及其他的浪费，即各种形式的浪费，就会被消灭。而价值流，即对设计、订购和生产一台抻拉式包装机所必需的不可能再减少的一系列活动，将会进行得较为平顺、连续和迅速。

罗恩·希克斯受聘后，立即从一项很简单的工作计划开始投入工作。这项计划包括：把公司内以部门分割的、"批量生产"的整个生产系统所生产的4种基本型包装机区分开来；取消所有的生产部门；每种基本型产品建立一个生产单元，总共4个；列出每一生产单元中生产一台包装机所必需的全部活动，并使之以连续流动方式进行。这就是兰开公司的突破性改善阶段，即先把过程彻底分解，再把它们以一种完全不同的方式组合起来。

对 T/V 型包装机来说（不久被新的 Q 型机所代替），这是一个艰难的尝试。兰开公司选出一队最出色的工人来重新考虑其生产流程，他们只用了一个星期就制订出新计划并使之投入运行。这一计划如图 6-4 所示。

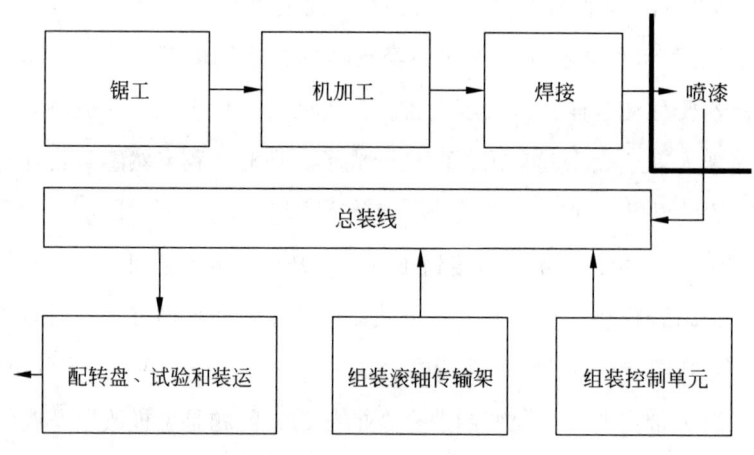

图 6-4　Q 型机生产线流程

锯工作业紧挨着机加工作业，而机加工作业与焊接作业仅几步之遥。尽管 4 种机型仍然需要共用一个庞大的、居中布置的喷漆间，但是在组装和总装阶段又恢复了连续流动。被布置在生产线末端的试验和包装工作，也是由工作团队完成的。此外，虽然每天只生产 8 台包装机，平均每小时 1 台，总装作业仍采用了移动速度很慢的生产线，即同步设备。

每天早上准时从锯工开始一台新包装机的生产。1 小时之后，锯工准备好所需要的一整套构架材料，并滚放到大约相距 3 英尺的机加工工位，再从机加工工位运送到大约 4 英尺开外的焊接工位。14 小时以后（其中一半时间用于在喷漆间的加工处理过程），一部完整的包装机就准备装运了。

　　为使这一简单系统有效运转，兰开公司必须改变产业界整个一代人对如何工作和如何一同工作的认识。因为所有这些工序都是不带缓冲区而直接相连的，所以每个人都有必要考虑标准化操作问题，也就是说考虑在给定时间内完成工作的最佳方法，以及如何使产品一次加工合格，而且次次都合格（按照对工序的设计，要么整个生产单元都在工作，要么整个生产单元都不工作）。工作团队很快就把每项工作的每一步骤都用图表加以表示，并贴出来让每一个人都看到。

　　由于新生产系统的供货时间已由 6 星期减少为 14 小时，所以不再需要为尽快交货而依据猜测提前进行生产了，也就是说，新生产系统是完全按订单进行生产的。这样就有必要引出节拍时间的概念。节拍时间指依据手中订单，将每天要生产的包装机数除以每天的工作小时数（如果每天工作 8 小时，生产 8 台包装机，则节拍时间为 1 小时）。关于节拍时间，很重要的一点是，如果现有订单不需要用足全部生产设备和人工，节拍时间的数值将增大。此时，在 Q 型设备生产单元中，生产设备运转速度慢下来了，那么每一位具有多技能的工人可以完成生产单元中的若干项工作，而剩余人员则被安排去干公司的其他工作。这样就彻底改变了长期以来在手中没有订单的情况下，超前生产、增加库存的倾向。

　　还有两个概念也很重要。第一是对许多现有设备的尺寸进行适当规模的调整，并更新一些设备，使用规格较小的锯床和机加工设备来适应生产单元的需要（事实上，制造生产设备的大部分工作，正可以由那些因重新安排生产流程而闲置下来的工人去完成）。第二是兰开公司必须研究如何在其所有生产设备上都实行快速换模，这样，只需很短的停工时间，就可以生产出一台包装机所需的所有零件，以及一个接一个不同的变型产品。

　　当提出生产单元这一新概念的时候，许多生产工人感到困惑不解。正如厂里一名最好的熟练工鲍勃·安德伍德所说："我们习惯于过去的那种生产系统。那时，我们每个人都掌握一套过硬的技能，如焊接、机加工等；而我的技能就是把那些不合规格的零件调修好。我们习惯了在我们的部门中，按我们自己的速度，完成我们认为适合自己的工作。只要完成了每天的定额，我们就没事了。更重要的是，我们工作的真正乐趣是'救火'。此时，为了加速某项紧急订单的生产或为了消除某一突然出现的妨碍生产的瓶颈环节，兰开公司的'志愿救火队'就会进入紧急状态。我自己就是兰开公司最好的'救火队员'之一。我喜欢这个角色。"

罗恩·希克斯当时提出的新的标准化操作系统概念和节拍时间概念，使工人们像是处于工业工程师的监督之下；那些技术高超的手艺人对此深为不满（当然，区别就在于工作团队需要把自己的工作规范化）。而且，他还提出在某一时刻，只生产整个一台包装机。最后，他认为，如果工作团队把各项工作都规范化了，加工设备就可以重新排列成"单件流"生产所需要的形式，节拍时间可以得到遵守，且不用超前生产，也就无火可救了。安德伍德回忆说："听起来不像是开玩笑，但是我当时认为这决不会成功。"

虽然一周的转化工作完成了，新的生产单元也准备就绪，但结果是行不通。长期以来被大量库存和严格控制的生产作业所掩盖的各种各样的问题，突然暴露出来了。例如，有些工作步骤并没有写在标准化操作图表上；糟糕的设备维修状况（这在过去批量生产系统中往往是可以接受的）一再中断整个生产单元的工作；对生产单元的零部件供应靠不住，等等。人们普遍认为，罗恩·希克斯所推行的这种新奇的概念在兰开公司绝不会奏效。

这时，生产经理乔斯·扎巴内起了关键的作用，他说："我实在受够了我们过去的失败。我被这种新系统的道理深深打动，所以我要全心投入其中。我召开了一个工人大会，并在会上宣布，我宁愿把所有的夜晚和所有的周末都用来亲自处理新生产单元给我们带来的问题，也不愿花一秒钟来讨论恢复过去的批量生产系统的可能性。"

帕特·兰开斯特对这一新的生产系统给予了坚决支持；罗恩·希克斯（以及他的顾问阿南德·夏尔马，早在亨尼西的改革中，他就是罗恩·希克斯的顾问）具有解决问题的能力；而乔斯·扎巴内则是我们的"火花塞"。逐渐地，上述三个条件都开始成熟。

我们以后将看到这三个条件：远见卓识，精湛的技能技巧，对获得成功的强烈愿望。这是任何组织机构进行精益转变的基本条件。有时这些条件能集于一人之身；有时（如兰开公司），由一组领导人所共有。但是，不管开始的情况如何，这些条件总归都是必要的，而且最终必须成为整个组织的共识。

到1992年秋天，整个兰开公司的生产系统都从批量作业方式转变为"单件流"方式，其中包括该公司最大机型（H型，单价5万美元）的工作单元也是如此，其生产频率为每周一台机器。此时的工厂布置如图6-5所示。

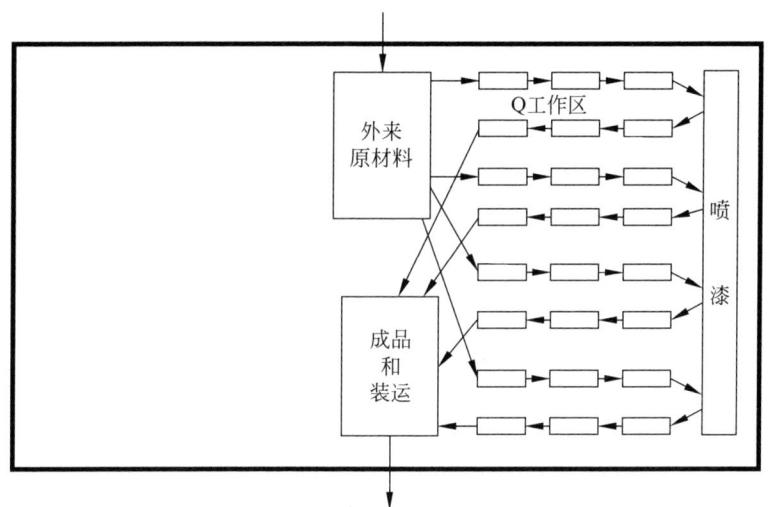

图6-5　兰开公司新的生产流动

公司的最终业绩是令人吃惊的。尽管兰开公司的人员数稳定在300人，但1995年完成的包装机数比1991年翻了一番。（销售额增长的原因是：市场的普遍复苏，兰开公司竞争性定价提高了其市场份额，以及一系列新产品。对此我们下面会讨论到。）过去到处挤满库存产品的工厂，如今尽管产量翻番却有30%的空地。由客户反映的产品缺陷由1991年的每台8个降到1995年的每台0.8个。如我们前面讲到的，完成生产时间已从16个星期减少到14小时。根据客户要求，按期交货率从20%提高到90%。

为了加速这一显著变化，帕特·兰开斯特对工人们做了两项承诺。就1992年的企业财务情况而言，这些近乎堂吉诃德般可笑的承诺，却证明是成功的关键。首先，他承诺不会有人因为精益转变而被解雇（工作保障）；相反，改善工作团队正好是由待岗工人所组成，安排他们对其他作业活动提出改善计划。原先对改革持怀疑态度的首席"救火队员"鲍勃·安德伍德担任改善队队长。每一项改善之后，在改善后的生产过程中表现最好的（而不是最坏的）工人被调到改善团队，使人清楚地知道，这是提升，而不是惩罚。在面貌一新的具有竞争力的兰开公司，产量稳步上升。这就意味着，在不长的一段时间之后，待岗工人就能重新上岗了。

与此同时，兰开斯特复查了公司的工资政策，并把基本工资从每小时7美元调至每小时8.5美元。罗恩·希克斯说："我们过去一直像麦道公司一样，在管理非技能工人的同时，对少量的骨干技能工提供高奖励。不久，结果显示，新兰开公司中的所有工人都将成为熟练工，只不过不同人有完全不同的技能而已。这样，我们就必须付给所有工人较高的工资。结果，人员流动很快降到几乎为零的水平。"（请注意，由于现在生产一台包装机所用工时数仅为原来的一半，所以工资提高25%是容易办到的。）

随着精益革命在工厂获得成功，在各个科室，特别是在接单过程中推广这种做法就是时候了。帕特·兰开斯特说："我们要让工厂的各种优点取代科室的各种缺点。试想，如果可以在14小时内完成一台包装机的生产，我们怎能忍受长达3个星期之久的接单过程呢？"一个值得注意的例子是，兰开公司在4天内制造并交付一台包装机，远比完成信用核查快得多，而信用核查只不过是要查明客户有无偿付能力。

改造科室与改造生产系统所用方法是完全一样的。兰开公司首先建立了一个"改善"团队，一起对整个过程进行重新思考；队员包括相关的所有工人，还有企业的技术专家（包括工厂改善团队的生产工人，以及一个外面请来的顾问夏尔马）。"改善"团队先勾画出整个价值流图，然后找出浪费的时间和人力。由于每一过程都逐一经过反复思考，而且从批量生产方式转变成流动方式，所以其中的最佳人员被指派在"改善"团队中负责为考察下一个过程作好铺垫和准备。这里并没有人被解雇，很明显，被派往改善团队是对本人优良表现的认可。

当这些办法应用到整个接单系统和工厂生产计划系统时，其结果真让人感到吃惊。由于兰开公司现在能很好地了解自己的成本，因此就有可能公布所有实际订货的定价，从而消除兰开公司和配送商之间的讨价还价。而订单本身，一旦到了兰开公司，只需两天就可以被纳入到生产计划中去。

也许更值得人们注意的是，大部分计算机计划系统已不再需要。保留物料需求计划系统作为向供货方进行长期原材料采购之用，而逐日的生产计划则书写在销售办公室的大白板上。先将每一个生产日按节拍时间分成时间段，再把确定下来的订单写到白板上去。我们几次参观兰开公司时都看到，白板上距当日3天到两周以内的各时间段都被填得满满的。当然，除非订单已确定，否则是不会安排生产的。

企业里每个人都能见到的大白板，已被证明是对销售人员的重要鞭策，尤其是在满格变少、空格变多的时候。这是另一项精益技术可视化控制的典型例子。可视化控制就是把生产作业状况展现出来，使每位员工都能看到并采取相应的行动。

过程的最后一个步骤是，每天晚上把第二天要生产的包装机的有关情况复印分送到4个生产单元。这些情况包括每台机器的实际客户和约定的交货时间。对生产批量大的机器，交货时间一般为两天（从生产开始计）；对生产批量最小的大型包装机，交货时间一般为10天。原先的信息管理部门和它的7个专职人员都被取消了，因为厂内各部件的生产都在拉动作用下自动到达下一个工位。自动化的信息流动也被完全取消了，因为产品和信息如今已合二为一了。经过整改后的全部结果如图6-6所示。请将它与图6-2所示的复杂的迷宫式的传统订单流动过程相比较。

这一转变带来的主要问题是，工业设备的分销商和客户都不习惯于快速准时的交货。订货通常是根据原来的情况估测的，确定产品规格、把所做的改动通知生产厂家、并做出设备安装计划要花好几个星期的时间。有一个大家都知道的例子是，兰开公司根据订单，在一星期内完成了一项订货的生产并送了货，却发现客户非常恼火。他们说："我们还没想好怎么用它呢，你们就把机器送来了。我们先订货只是想保证我们的产品能排上队。我们认为还有时间重新指定一些选项，你们也会如往常一样很晚交货。可是现在你们一下子就做好了！"

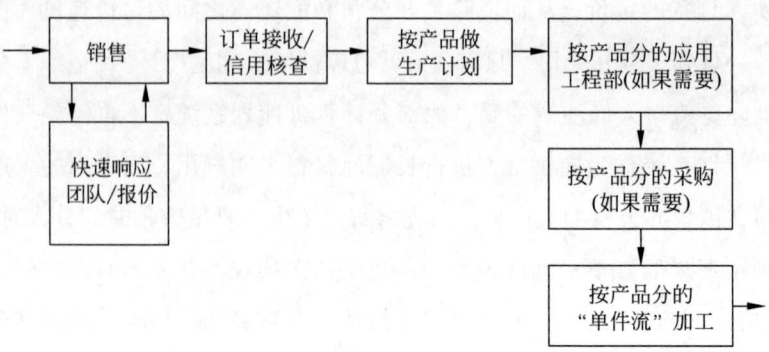

图 6-6　兰开公司新的订单流动过程

改革兰开公司的最后一步是重新考虑产品开发过程。帕特·兰开斯特从工厂的初期改革中领悟到，要像他所承诺的，在生产率大幅度提高的情况下，保证每个人都有活儿干，就必须大力发展业务。这就意味着要转为战略性考虑："我没时间去开拓一项全新的业务，也没钱买下任何主要竞争对手；相反，我所需要的是给我的产品注入新的活力，并拓宽产品范围。这样，我就可以在我所熟知的现有市场上卖出更多的产品。同时，我认为，对产品进行全面的更新设计，使其易于制造是非常关键的事。这样就可以进一步大幅度削减成本，显著改善产品质量，也能使客户有更多的选择余地。"

兰开斯特也知道，如果不像改造工厂和科室那样改造产品开发系统，那么，采用"批量生产"方式的产品开发系统，就要用好几年时间才能提供满足市场发展需要的产品。他希望像产品订货和加工过程一样，新产品设计也能做到"单件流"。他说："我们必须使从最初概念到投产的产品设计过程也是连续流动的。这就意味着整个过程不会由于我们组织机构中层级制的需要而中断，不再有为纠正设计错误而做的返工，也不会在生产转换过程中出现不顺利。"

兰开公司于 20 世纪 80 年代末和 90 年代初曾试验过组织开发团队，但是不太成功。公司的一些"重点"项目由一位特定的"指挥"负责推进，这位

"指挥"实际上是一位新的催活儿队员,为了推进他的项目,他会停下所有其他项目。另一方面,软弱的"团队领导们"又试图协调参与设计整个产品的众多位技术专家的各项活动,而每位设计专家都有自己的一份优先考虑事项表。团队领导们,无论是指挥还是软弱的协调人,都决不会对项目的最终结果负责。例如,客户是否喜欢这种产品?公司在产品生产寿命期内是否赚钱?于是,尽管有了"团队"这一新的术语,但还是没有人真正负责,也没有多少新的变化。

1993年,兰开公司实行了一套新的专职团队做法,由一位直接负责人领导,明确让他对产品在整个寿命周期内的成功负责。公司的年度计划规定了当年的重点开发项目,并且按重要性排队。一个专职专家团队被指派负责最重要的两个项目。该团队由市场营销、机械工程、电子工程、制造工程、采购和生产等各类人员组成,其中生产人员包括从工厂改善团队来的计时工人,一旦产品投产,这些工人将负责产品的具体加工。这些团队人员被集中起来,并被告知,他们要对指定的项目不间断地进行开发工作,直至全部完成。过去把工程部门搞得一团糟的那些乱七八糟的小项目如今被取消了(用兰开的话说就是"被除名")。正如工程主管所说:"那是我们过去怎么干也干不完的事情。"

兰开公司样机制作过程的改善表明,在所需要的技术技能都具备的情况下,优先重点项目的工作样机可以在一星期之内装出来,而过去得要3个月时间。由于团队中有将来实际生产这种样机的人员参与,因此也可以很快发现产品加工方面的问题;而这些问题是机械工程师和电子工程师们不可能想得到的。

专职团队的主要缺点是工作流不均衡,因此一方面有些队员有时不能得到充分利用;而另一方面,各个团队在开发过程的某一特殊阶段,因缺乏所需要的某些特殊技能人员而互相产生矛盾。这些问题是通过两种途径来解决的。第一,团队队员实际具备的技术技能要比原先工作所要求的技能广泛得多(不管怎么说,他们多少年来一直在默默地做着改善彼此设计的工作!),因此,为了解决某些特殊问题,他们能够很快学会另外一些更专业的知识。

而且机械工程师实际上也可以对加工制造工程师的工作提供帮助，反之亦然。这就意味着工作流不均衡的问题在很大程度上可以在团队内部得到纠正。

第二，事实证明，稍微细致一些的计划可以早在事先得知各项工作对某些专门人才的供需矛盾情况。这样，根据需要，把一些专家从一个团队派到另一个团队，然后再调回来，也可以解决工作流动不均衡的问题。

兰开公司新的产品开发系统的开发工作流程如图 6-7 所示，可与图 6-3 的迷宫样的流程相对比。

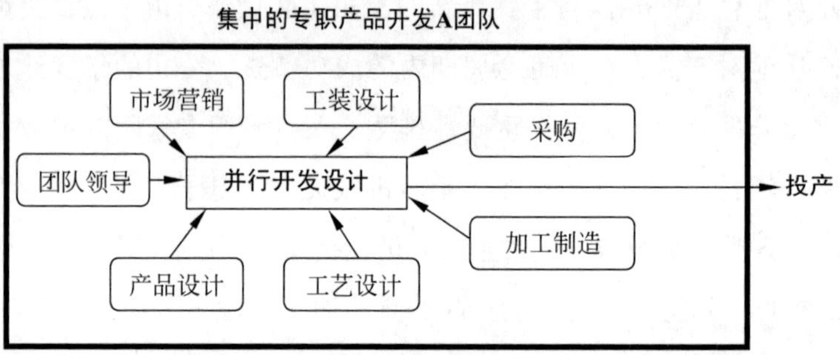

图 6-7　兰开公司新的产品设计流程

由新开发体系完成的第一种产品（S 系列产品）显示出这套做法的惊人潜力。这种产品仅用一年时间（其前一种产品所用开发时间为 4 年）便于 1994 年年中投产，而所用人工仅为原来设想的一半（请记住：这里没有因缺少人手或排队而造成的延误，不必再走回头路，也没有偷偷进行的返工）。而且，投产工作完成得比先前要顺利得多；客户反映的产品缺陷也比先前的新产品要少得多。

最终结果

在兰开公司由传统的"批量生产"作业法向精益生产转化的过程中，它们在业绩改进方面取得了一系列惊人的成绩（见表 6-1）。

然而，市场经济的任何业务都必须关注的一个结果，就是为使自己发展壮大赚取足够利润的能力。如果兰开公司的转变需要花费巨资用于新的投资或者减弱了公司满足客户需求的能力，那么，这些就只能是一场有趣的技术练习，而不是商业实践中的一场革命。

表6-1 兰开公司的精益转变

	"批量生产"（1991年）	流动（1995年）
新产品系列开发时间（年）	3~4	1
每台包装机所用工时数（小时）	160	80
每台包装机所用制造空间（平方英尺）	100	55
交货后每台包装机的缺点	8	0.8
在制品和成品库存额[①]（万美元）	260	190
全部生产过程时间	16周	14小时5天
供货时间[②]（周）	4~20	1~4

[①] 请注意，在此期间销售额翻了一番。如果兰开公司的销售额与库存之比保持不变，则1995年的销售额需要520万美元的库存来支撑。
[②] 供货时间指客户在得到订货之前所需要等待的时间。1991年供货时间大部分用于生产系统的制造过程，而1995年由于销售额激增，大部分时间用于等待空闲的生产时间段。

事实上，兰开公司为改革所做投资为零。移动并重新布置加工设备的工作，大部分是由那些在低效岗位无事可干的工人们完成的。各科室和开发过程的重新安排也是以同样方式进行的。每个工作步骤需要的计算机比过去少、需要的工作空间小，需要的昂贵加工设备也少。改革对客户的影响却是巨大的：兰开公司抻拉式包装机的市场占有率从1991年的38%猛增到1994年的50%。结果，公司由1991年巨大的营业亏损转变为1993年的巨额利润，1994年进而成为财务绩效领先的工业企业。

如"流"的工作

正如第3章讲到的，根据精益原则对工作进行重新考虑，就会产生潜在的和极度增大的心理感受上的"流动"。兰开公司生产单元中的每一位工人都能看到从原材料到成品机器这一整个工作过程的流动。节拍时间、标准化操作和可视化控制（包括贴出来的各项任务的工作图）马上就使人们对工作进展情况有一个了解。多种技能和岗位轮换使每位工人的技术技能都得到充分发挥，频繁反复进行的改善活动（如第5章"尽善尽美"一节所述）使工人们有机会积极参与工作设计。不断消除浪费，以及当采用更有效的工作方法后减少生产单元的工人数，意味着工作就是不断进行挑战。最后，极少有生产线中断或突然要求工人转到一个完全不同的岗位上去处理某种危机的事情了。

科室的情况也类似。接单的可视化控制使每一个人都清楚地知道兰开公司的经营状况，一位员工即可完成整套工作的新接单系统，还能够立即得到结果。科室的改善过程像工厂一样，把想和干、计划和行动合而为一了。

最后，对产品开发工作重新考虑之后，使参与某项目的每一个人都在同一地点工作，因而形成真正意义的信息反馈，使项目迅速完成（先前，兰开公司大部分的开发工作从未完成过，因为在那些复杂的产品开发过程尚未结束之前，市场情况又发生了变化。多年来我们在许多企业都发现过同样的问题）。雇员们对不断掌握新技能，并努力应用已有技能做出积极响应。每一个工作环节之间不再有停顿和矛盾，使人感到极大欣慰。

鲍勃·安德伍德在比较过去总结现在时说："过去我们一直生活在黑暗之中，而现在我们已来到阳光下。"

但是，把兰开公司说得像天堂一样美好也是不准确的。实际上，骤然来到阳光下会使人眼睛感到不舒服。将工作任务改组为连续流似乎能在日常工作中产生普遍的心理满足，但同时又使不断改善成为必需。"我们就是要使工作平顺进行，需要改善时就改善"，这是人们的口头禅；而显然，每一改善都有可能带来风险，至少在一定程度上是这样："兰开公司真的会履行不解雇多余工人的诺言吗？我对改善活动的贡献会被认可并得到奖励吗？"也许更重要的是，许多员工会问："改善对我的经历和发展意味着什么？在兰开公司发展壮大的同时，我自己是否也在向某方面发展，或者仅仅在某处徘徊呢？"

这些问题是企业一旦开始向精益思想跃进就必然面临的问题。我们将在本书第三部分的"建立精益企业的挑战"一节再来讨论这些问题。

最后步骤

兰开公司从批量生产的组织转变为流动的组织，还有最后一个转变步骤尚待讨论。1995年4月，当时52岁的帕特·兰开斯特自己担任了董事长的新职位，退出了公司的日常业务，并把总经理的职位转给他的儿子吉姆。现在帕特正开始再次考虑其产品对客户的价值这一新的创造性工作。

正如所发生的那样，兰开公司的精益转变，就一个重要方面来说是易于进行的，因为客户对现在的这一代押拉包装设备的性能、价格和售后服务都相当满意，也就是说，产品对客户的价值是不成问题的，因此，兰开公司可以有把握地跳过精益思想的第一步骤（见本书第1章）。

然而，具有讽刺意味的是，兰开公司是通过从一种产品的设计和生产过程中消除掉批量作业和与之相关的浪费使自己获得新生的，但这种产品的唯一作用却是包装成批的产品！因为押拉包装机的用途正是要快速高效地包装大型货盘的货物，把这些处于复杂的生产和销售链中的大批货物从一个企业运往另一个企业。

因此，帕特·兰开斯特已经开始着手一项新的战略性活动，研究在未来世界的小批量、单件流和就地生产条件下，包装机客户的包装特点。具有适当规模、适合于特定包装任务的包装机械可能是未来所需要的，为了给客户提供所要求的价值，兰开公司需要为此做好准备。

超越简单事例

兰开公司的例子是引人注目的。它反映出一个美国小企业在客户需求的拉动下，在追求尽善尽美的过程中，使价值流流动得比较平顺之后所产生的变化。更重要的是，其中根本没有什么不可思议的魔法，因此，任何小企业都可以遵循上述的转化步骤。

然而，兰开公司仅是一个简单的例子。帕特·兰开斯特是个有耐心的投资者，没有受躁动的股票市场的影响；他有权作为改革代理人"进行变革"；

兰开公司仅有一个厂，所以高层管理者有可能知道厂内每个人的名字；它的产品范围相对简单，实际上只有一个基本型号上的 4 种变型；公司工人们相对年轻，还没有兴趣参加工会，也无意与管理层闹别扭。

虽然世界上有许多像兰开公司这样的小企业（对具有专门技能和足够精力的个人或小集团来说，实行精益转变是一项极好的投资），但是几乎所有国家的多数工业活动都是由那些较为复杂的大型企业的工业活动组成的。那么，如何将精益革命贯彻到更大且更传统的企业中去呢？

第 7 章 | Lean Thinking

复杂事例

阿尔特·伯恩是康涅狄格州西哈特福德市人，每天都统辖着自己的"联合国"。他是线模公司的总裁兼首席执行官。这家公司总厂的工人来自 24 个国家，其中绝大多数人在外国出生，且有 30%的人不以英语为母语。

线模公司这些通晓多种语言的工人生产一系列被阿尔特·伯恩称为"伟大而平凡"的产品。这些产品包括：用于建筑物内有线传输功率、声音和数据等组合信号的电信管理系统，以及旨在保护精密电子装置免受电压波动影响的功率保护装置，如电流冲击保护器和线路调节器。

他们使用的生产设备非常简单，如注塑机、冲压机和滚轧机等；他们产品的市场是成熟且高度竞争的市场；他们的工会组织是一个名为"国际电子工人兄弟会"的美国传统工会。总厂始建于 20 世纪 20 年代，并通过毫无计划地在原厂基础上一个接一个地增建厂房逐年得到扩大，其结果使生产难以获得连续流和透明度。

总之，线模公司是"大烟囱"式美国工业的典型例子。它使用"低技术"工具生产"低技术"产品；有一支由参加了工会的人、国外移民、上了年纪的人组成的工人队伍；他们技术有限，又在破旧的工厂中生产。这是在过去 20 年的世界竞争中遇到极大困难的企业。

当阿尔特·伯恩在 1991 年 9 月来到线模公司的时候，这家公司正处于深深的危机之中：销售额下降，生产设备老化，几乎没有利润。4年以后，同样的工人队伍却使它的销售额翻番，工资增加，设备升级，进入了持续发展的轨道，并且获得很大利润。了解这一切是如何发生的，正是使美国工业精益化的直观教学课程。

"我们差点让自己'准时'死亡"

家族所有的线模公司自1900年起就是一个成功的电缆管线生产厂。20世纪70年代末，该厂由家族管理转为内行管理，用资深财务副总裁奥里·菲尤姆的话来说，他们还提出了"我们要向什么方向发展"的问题。由于电缆管线生意似乎没有什么发展潜力，因此线模公司决定开始进入生产电流冲击保护器方面的业务。电流冲击保护器的用途非常广泛，通常你桌下的地板上就有此类装置，用于保护你的个人电脑免受伤害。

要实现这一产品转变，最简单的途径是兼并。做过些调研之后，线模公司于1988年兼并了宾夕法尼亚州北费城的布鲁克斯电子厂（Brooks Electronics）。这家电子厂给线模公司带来的不仅是已有的市场地位，还有与爱德华兹·戴明的密切关系。总裁加里·布鲁克斯在20世纪80年代初就信奉戴明的全面质量管理，并与戴明先生结为朋友。他还让厂里的整个管理层，以及半数的工人都参加过戴明先生为期一周的研讨班。

布鲁克斯厂被兼并之后，线模公司也信奉了全面质量管理，而且线模公司的管理层不久也参加了戴明的研讨班。如奥里·菲尤姆所说："戴明的14点原则很适合我们的价值观，我们都很赞成这些原则。但是只有一个问题，戴明讲授的是所谓'管理的理论'（我把它叫作'变革的哲学'）；但是这一理论像其他许多好的管理理论一样，太缺乏操作性了。"

到1989年，线模公司准备在贯彻全面质量管理上下功夫，并派出负责经营的副总裁去日本工厂访问。这位副总裁回来后对准时生产（JIT）的做法非常称赞，并且立即着手削减库存量和减少生产批量，但他还是做不到针对线模公司的设备和厂房，通过减少换模时间，采用流动和拉动，达到均衡生产；

因为没人知道该怎么干。

奥里·菲尤姆回忆说:"我们的客户服务部门全乱套了!不久我们发现,我们的物料需求计划系统提前好几年就把高出起码需求50%的库存量当作安全库存量。我们还发现,我们对批量生产和堆积如山般库存的信赖,不仅意味着容许慢慢地调换工装,还意味着可以对工装修护漫不经心。如果发现安装在某机器上的工装有问题,在可用零件用完之前,可以有足够的时间将它送出去进行维修然后再取回来。我们的工装已损坏到十分严重的程度,而管理人员们对所发生的事却毫无察觉。"

1989~1991年,线模公司从赢利状态下滑为盈亏平衡。部分原因在于,公司不能按时交货,这笔销售生意就丢掉了,而总销售额下降的比例并不大。真正的问题是成本增加了,因为公司要支付加急运费,增加大量客户服务人员来向客户解释为什么交货要推迟,还要支付工装修理费用。菲尤姆先生不无讽刺地说:"由于做法不当,我们差点让自己'准时'死亡。"

1991年,在线模公司做了很长时间的总裁准备退休了。这对寻找一位能够真正实行精益系统的总经理是一个机会。菲尤姆回忆说:"你可能认为我们会简单地回到批量生产和大量库存的状况,但是在戴明先生以及精益思想基本原理的影响下,我们脑子里的某些东西已经得到永久性的转变。我们一点儿也不想回到老路上去了,相反,我们打算找到能够实行新生产方式的人。"

变革代理人

对阿尔特·伯恩来说,"顿开茅塞"的那天是在1982年。当时他在庞大的通用电气公司的高亮度石英灯分部工作,担任这个小业务部门的总负责人。他的一位主管生产的经理去丰田公司学习了一趟,带回来关于由准时生产促使库存减少的奇妙故事。此时,伯恩开始阅读所能得到的有关文献和书籍,然后亲自到丰田去了一趟,接着他就准备尝试一下准时生产。结果,伯恩和他的同事们把他们的在制品库存量从40天减至3天,这是准时生产在通用电气公司最初的应用之一。伯恩回忆说:"这看起来就像个奇迹。"

伯恩的问题不在于准时生产方式，而在于通用电气公司。他说："我讨厌那种'只顾一个月'的做法，想什么事都以短期财务状况为依据。而且，我相信永远也不会允许让我做下一步更难的创建精益组织的工作。我已经知道，在试图创建连续流的过程中，可能会出现'进两步退一步'的现象。我怀疑通用电气公司那种急功近利式的企业管理文化是否能够应付这种局面。"

于是，伯恩离开了通用电气公司，成为芝加哥气动工具公司（Chicago Pneumatic Tool Company）一个小组的负责人。这家公司是工业用小型气动工具的制造商。然而，1986年当伯恩刚到这家公司时，它就被丹纳赫公司接管了（我们在第6章提到过的公司）。不久，伯恩被指派负责8家丹纳赫所属的公司。

理 论 知 识

在由伯恩负责管理的几家丹纳赫所属公司中，有一家叫雅各布斯设备公司 [Jacobs Equipment Company，通常叫作杰克制动器公司（Jake Brake）]。该公司位于康涅狄格州的布卢姆菲尔德。公司负责市场营销的副总裁乔治·柯尼希泽克尔，[1]是精益思想极其热烈的鼓吹者，多次去日本（包括去丰田）进行考察和学习，还阅读了所有能找到的关于精益生产的书籍和文章。

1987年年底，当柯尼希泽克尔升任杰克制动器公司总裁后，与新的经营副总裁鲍勃·彭特兰[2]一起，开始调整各加工群的生产设备，取消搬运设备（这些搬运设备实际上是在搬运仓库），并建立起最初的以"单件流"方式生产货车发动机零部件的生产单元。他们开始获得戏剧性的效果。但是，无论柯尼希泽克尔还是彭特兰都认为，他们还未学到足够多的必要知识，他们还在不断寻找能够学到更多知识的途径。

1988年年初，柯尼希泽克尔注意到，在哈特福德研究生中心和附近的一个企业中正举行为期一周的以丰田生产方式为内容的研讨和改善活动。于是，他、彭特兰和伯恩三人决定去参加。研讨班的组织者是今井正明，他后来因《改善》一书而闻名于世；研讨班的教员还有日本新技术咨询集团的岩田义树、竹中垦和中尾千弘。这些人都是丹纳赫集团公司从未听说过的。

丹纳赫公司代表团听了新技术公司关于丰田生产方式的第一天介绍，发现这几位先生几年来一直作为大野耐一的弟子，在丰田供应商集团以及其他一些企业推广精益思想。代表们意识到了什么。于是，柯尼希泽克尔与教员们接触，想请他们参观一下杰克制动器公司。

鲍勃·彭特兰回忆说："我们以前从未遇见过日本式的'导师'，一点也没想到会遭到冷淡的拒绝。岩田只说了声'不去'就走开了。然而，乔治是个特别固执的人。他不断与岩田接触，先是在午饭时，然后是在下午讲课休息时间，然后是在当天课程结束时。但是，每一次他通过岩田的翻译提出这个问题时，回答都是那个粗暴的'不去'。第二天，乔治仍然在课前、午饭时和下午课间休息时去找岩田。终于，在第二天课程结束时，岩田和他的同事们同意与乔治共进晚餐，以为这样乔治也许就不会再提要求了。"

"就在我们坐下来吃晚饭的当儿，我把我们厂刚建起来的新的'单件流'生产单元（与第6章所述兰开公司生产单元完全相同）布置图拿了出来。我把它放在桌子上，岩田的面前，问他我们做得是否正确。岩田凝固般地沉默了好长时间，终于说，'要是我去你们厂，我叫你们做什么你们就做什么吗'？乔治和我回答说，'那当然了'。岩田接着说，'果真如此，请把这图收起来。让我安安稳稳地吃完饭，我今晚就去你们厂里'。"

他们晚上10点左右到了厂里，这些日本人一看新的生产单元，就宣布这全都"不行"。他们解释说，这个生产单元的问题很多：首先，布置上是反的（工序应该沿逆时针方向流动），所以必须立即重新安排所有机床。柯尼希泽克尔和彭特兰由于对这次参观没准备，而且他们也知道工会方面对这突如其来的改变会大为恼火（事实上的确如此）。但是，很显然，这是对"他们让我们做什么我们是否就能立即去做"的一次考验。于是，人人都大干起来，重新布置生产单元。到凌晨2点时，生产单元再次运行起来。效果的确大大好于从前。

柯尼希泽克尔初次领教了这群精益"先生"们"照着干就行"的想法，他知道自己进入了一个新世界。"我对在一定的时间内可能完成多大改善这一问题的全部看法，产生了根本性和永久性的变化。我还认识到，这些日本人对于丹纳赫集团来说，可能是一座'金矿'。"

柯尼希泽克尔和彭特兰猜测，他们已经通过了严格的考验，建立起一种咨询关系也就容易了。所以，当他们看到岩田在生产单元开始运行后就头也不回地离开工厂时，他们感到非常沮丧。岩田解释说，他所能做的就是这些事了；而杰克制动器厂的管理人员都是没有希望的"花岗岩脑袋"，提供进一步的帮助是超乎其能力之外的。

然而幸运的是，那个星期后半周在哈特福德地区的一个企业中所进行的改善活动，遇到来自企业管理层的顽固阻抗，他们拒绝做日本先生要求做的任何事情。到星期五，丹纳赫的代表团准备再一次请求帮助。这一次岩田先生的答复是，丹纳赫的管理人员对如何经营其业务毫无办法，但是，比起他遇到的其他美国管理人员来，至少还有些希望。但是，他和他的同事们还是说，他们的年纪都太大了，不能学习英语了；而且美国对他们来说也太遥远。

阿尔特·伯恩决定不放弃努力，并在不久之后安排了一次与他们在日本的会面。在那里，他第三次请求帮助。日本人终于同意做一周时间的试验，看看丹纳赫是否确实认真对待。

第一天的试验是在雅各布斯卡盘公司（Jacobs Chuck Company）进行的。这也是丹纳赫集团的一家子公司，位于南卡罗来纳州的查尔斯顿。它的产品是钻头卡盘，包括用于家庭工具箱中小型电钻上的钻头卡盘和用于工业电钻上的钻头卡盘。伯恩和雅各布斯的总裁丹尼斯·克拉拉蒙特原以为，这些日本人会先在厂内转上一小时，然后再对此发表意见。但是，仅5分钟以后，岩田、竹中和中尾就宣布，他们已经看够了。他们通过翻译说："这儿一切都不对头。你们愿意马上就进行调整吗？"

于是，两个小组被立即组织起来。一个跟着岩田在总装区工作；另一个跟着竹中和中尾在工业用钻头卡盘钢制壳体机生产单元工作。伯恩和克拉拉蒙特是跟着岩田的，可是不久就被雅各布斯的制造工程师们所打断。工程师们对竹中和中尾要求在午饭时间移动那些加工卡盘用的全部重型设备感到非常恼火。

克拉蒙特告诉工程师们，让竹中和中尾做他们想做的一切。午饭以后，他与伯恩一起来到机体生产单元，想看看到底发生了什么事。只见竹中和中尾挽着袖子手拿撬杠正干得起劲，他们把庞大的机床从各工作部门移出来，布置成适宜"单件流"生产的顺序；而雅各布斯的工程师们和其余的工人们都站在那里，张着大嘴，看得发呆。

此事的一层意思是，这完全是一个示范场所，这些日本来访者当然知道，他们正造成怎样不寻常的场面；另一层意思是，他们正尽力使雅各布斯公司从自己官僚主义的、部门分割的和"批量生产"的过去中摆脱出来。伯恩回忆说："他们通过在几分钟内亲自移动这些机器，展示了如何建立起连续流的方法，也让人们看到，几个坚决要干事的人到底能做出什么事来。可是多少年来，这些机器就从未被搬动过；雅各布斯公司的高级管理人员们更是做梦也没有想到自己要亲自去搬动它们。于是，不论丹尼斯还是别的工人们都不能再这样观望下去了。他们把自己的保留意见抛在一边，投入了工作。"

就这样，丹纳赫通过了考验。日本顾问们同意把它作为他们在北美的唯一客户，做深入细致的工作。"由于我们让日本的先生们进入了董事会，还有拉利斯兄弟的全力支持（拉利斯兄弟于1989年年中开始掌握精益思想），我们具备了所需的知识和权威，从而越来越快地推行精益思想。"

到1991年，阿尔特·伯恩已经在他的8个公司中全面引入了精益思想，并取得了惊人的效果。伯恩对另外5个丹纳赫的公司推行精益思想也起了作用。那5家公司是由约翰·科森蒂诺领导的，此人后来也成了精益思想的忠实信奉者。被伯恩称为"总裁的改善"的改革是促进人们思想产生变化的传递装置。这项改革要求所有丹纳赫所属公司的总裁和经营副总裁，每6周要亲自参加一个为期3天的改善活动。他们要亲自搬移机器，而且往往是在这样的活动中第一次了解了关于生产车间、订货和生产计划的真实情况（亨尼西工业公司是丹纳赫的一个下属公司，我们上一章提到的罗恩·希克斯就是通过在"总裁的改善"活动中的亲身体验，才从"花岗岩脑袋"转变为精益思想家的）。

然而，伯恩变得不满足了。像多数变革代理人一样，他想亲自管理自己的事业，但在家族控制的丹纳赫，他不可能得到最高职位。位于哈特福德另一边的线模公司，听说了伯恩在丹纳赫的工作情况，两者一拍即合。

线模公司的精益化

1991年9月，当阿尔特·伯恩来到线模公司的时候，他发现情况和他预料的一样，在生产运行、接单和产品开发过程中，实行的都是传统的"批量生产"的做法。从原材料到成品要经过4～6个星期；处理订单要一个星期；新产品从概念到投产，哪怕只是把现有零件重新组合一下，也要用二年半到三年时间，因此，每年只有两三种新产品投产。到处都是将不同部门和不同职责分开的厚厚的"墙"，不但阻断了价值的流动，而且也使人们看不见价值的流动。

伯恩很快认识到，通过采用精益技术，他可以用一半的人力和一半的场地，使公司保持与目前相等的销售额。在当时的财务状况下，他必须立即采取行动。他的第一个步骤是处理过剩人员的问题。

首先处理过剩人员和"钉子户"

1991年11月，阿尔特·伯恩宣布，"船员"人数过多，"船"要浮不起来了；因此，他为工厂的年老职工以及科室人员提供了慷慨的提前退休福利条件。尽管他认为只需要半数工人，他还是把裁员目标定在30%，因为他知道，一旦使产品开发系统正确运转起来，销售额的增长可以吸收那些留下来的过剩人员。

几乎所有符合条件的计时工人都接受了退休的建议，但科室人员却只有一小部分同意退休。因此，伯恩和他的人事副总裁朱迪·赛勒实施了组织机构的"层次精减"。他们把各项管理工作归为如下几类：

- 创造价值的工作（定义为线模公司把自己工作的成本传至客户的能力）；
- 不创造价值的工作（从客户的观点看），但目前是管理业务所必需的（如帮助公司符合政府法规的环境专家，此为1型浪费）；
- 不创造价值且不需要的工作（即为2型浪费）。

然后,他们又把管理人员归为如下几类:

- 能够创造价值的人员;
- 通过提高技能,能够创造价值的人员;
- 即使提高了技能也不能创造价值的人员(通常是因为不愿意改变他们对工作的组织形式的态度)。

经过多年创建精益组织的实践,阿尔特的结论是,大约10%的现有管理人员不能接受新的做法。"等级制度对精益思想有很大损害;而有些人看来就是不能对此做出调整。那么,就必须让这些'钉子户'到别处去另找工作了,世界上毕竟还有许多仍存在等级制的地方;要是留着这些人,整个战役就得失败。"

因此,上述前两类人员和前两类工作相对应,形成了新的组织结构(比较图7-1和图7-2),人员名册是全新的。凡是找不到有用的工作的人就以优厚方式解雇,这样,在阿尔特到达公司的30天内,新的组织机构和人员花名册就产生了。只外招了一位人员,即新的经营副总裁弗兰克·詹纳塔西奥。

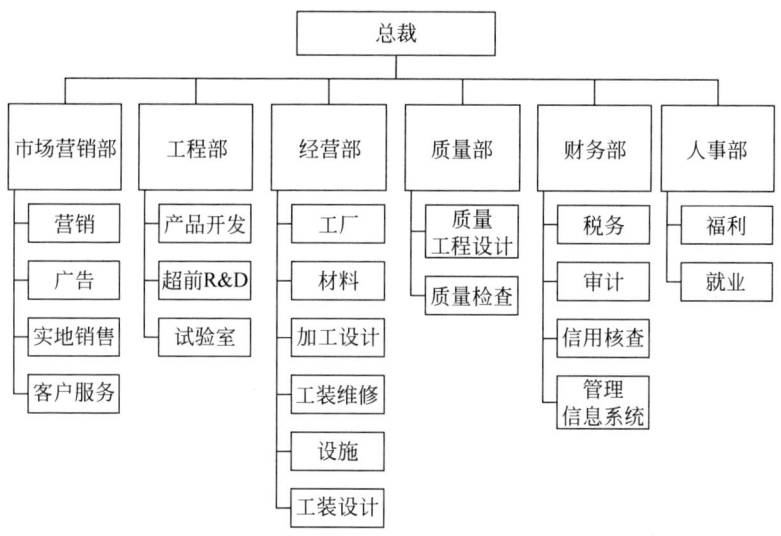

图7-1 线模公司旧的组织机构

朱迪·赛勒在回顾这件事时说,这对一个等级制度的家长式管理的组织机构来说震动很大,因为这种组织从来不要求谁离职。"尽管财务成本非常高，尤其是在我们没有多少利润的情况下，但是，阿尔特还是决定对离职人员实行慷慨的政策。同时，他也向人们讲清楚，将来大家都要以一种不同的方式工作，共同创造价值。"

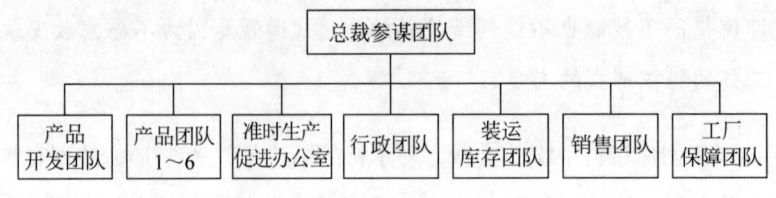

图7-2 线模公司新的组织机构

裁员工作完成以后，阿尔特·伯恩召开了母公司全体工作人员会议。他宣布，没有人会因为马上要开始的改善活动的成果而失去工作。他说："艰难的日子已经过去；现在我们都要学会如何不断地创造更多的价值，好让我们再也不过那种艰难的日子。"

伯恩实际上给了他的那些工会工人们工作保障，而不要求任何回报，只要求他们解放思想进行变革。他说："我敢说，99%的美国公司是不会这样做的。但是，消除人们对失业的恐惧确是实现精益转变最核心的事情。我们理应从人性的观点出发，而不是像某些公司官僚主义者那样去看待这个问题。要是我让你帮我把生产某种产品所需的人员从5人减至2人，而你这么做了以后，我就要接着解雇3个人，其中一个是你的亲戚，另一个是你的好朋友；那么，一个月以后假如我要求你对另外一个产品做同样的改善时，你会对我说什么呢？"

教会人们如何去观察

根据使丹纳赫集团的8个不同业务公司"精益化"的亲身经历，伯恩总结出，把某组织机构转变成精益组织的唯一最有效的做法是，首席执行官要亲自领导最初的改善活动。没有这样做，正是大多数美国公司一开始就失败的原因所在。一些首席执行官想委托别人进行改善活动，部分原因在于，他们对走出去到车间、技术部门以及接单和计划部门亲自进行改善感到胆怯。结果,他们永远也不会真正了解实际产生价值的地方所发生的变化。他们继续以陈旧、机械的方式进行管理;而正是这种管理方式扼杀了他们认为原本由他们发起的改善活动。事实上,大变革需要信念上的大飞跃,也就是说,即使"改善方法"看上去有悖常理,首席执行官也必须说"就这样干"。如果首席执行官们能把时间花在真正的经营活动中,了解到实际情况是多么糟糕,并开始看到改善的巨大潜力,他们做出正确决策的可能性就大得多了。

由于公司内除了阿尔特·伯恩以外,没有人懂得精益原则,所以最初的精益培训是由他亲自主持的,所用教材也是他自己编写的。参加学习的员工有150人。课程前两天的内容是讲解精益原则,紧接着是3天改善实习,以便员工们可以把刚刚学到的方法和技能加以运用(这与线模公司过去进行的改善活动大不一样,那些改善活动是作为全面质量管理的一部分来进行的。那时,改善团队每周碰头一次,每次一两个小时,通常是计划几星期或几个月时间内要进行的活动)。

然后,伯恩把他的管理人员和工会头头集合起来,在全厂及技术和销售部门巡视一遍,让他们看看那些不该发生的事。他说:"到处都是浪费,我的管理人员现在能够看到这一点了。我告诉他们,我们将要转变每一个过程,包括产品开发过程和接单过程,使之成为连续流,而且我们还将学会如何拉动这一过程。我还告诉他们,我要使他们得到世界上最好的帮助,来自岩田和中尾的帮助;这两位先生就要结束与丹纳赫的独家协议,然后准备为线模公司工作。"

反复改善每一个价值流

不久,许许多多为期一周的改善活动一个接一个地开展起来(一直延续至今)。这些活动几乎涉及每一位员工,因为对线模公司的每个价值流都要反复地予以评价,以期找出使其流动得更好、拉动得更平顺的方法。线模公司的看法是,在追求尽善尽美的过程中,每个价值流能够不断得到改善,而且也必须得到改善。同样重要的一点是，他们认为，改善活动可以很快见效。他们通常的说法是："如果三天之内你还没取得重大改善，你肯定有什么事情做得不对头。"一旦这种思想被结果所证实，而且员工们开始相信管理层关于不会由于改善而失业的保证，那么改善就会自行持续下去了。

再造生产组织，为价值流开辟道路

阿尔特·伯恩对线模公司的组织结构进行层次精简（见图 7-2）的结果，远不止是取消了那些可有可无的和虚设的工作岗位，从而不用再为此支付费用；更重要的是，通过对本公司 6 个产品系列建立专门的生产团队，打破了部门间的障碍，使每个人的努力都集中到价值流上。这样，工厂运营部门所属的采购、制造和计划（物料需求计划系统）、工程技术部门以及工厂中的各"加工群"（冲压、注塑、翻砂、喷漆、总装等）被取消了，每一个人都被重新分配到各产品团队，各团队都拥有生产某特定产品系列所需要的所有资源。

让我们以商标为"远程电力"（Tele-Powe™）的柱式插座为例（这些柱式插座是钢制或铝制的柱子，在敞开式的办公场所，从地板直顶到天花板，柱子的每一边都有很多电源插口和通信插口，许多附近的工作站都可以通过它接通电源和通信线路。这些柱式插座通常具有众多不同的形状、长度、插口规格和颜色。团队领导乔·康德柯要对电线杆产品从投产到整个生产寿命期间的一切负全责，包括自负盈亏。更重要的是，团队领导、生产计划人员、采购人员、工厂工程师、生产监督人员和生产辅助人员全都被安置在厂内，就在"单件流"生产单元中生产柱式插座的那些经过重新布置的生产设备旁边。

这个团队有自己的冲床、滚轧机和装配设备，因而可以做到自给自足。过去，装配工作要依赖于滚轧加工部来供应基座和上盖。尽管他们手头通常有大量存货，但还是缺少合适的基座和足够数量的上盖。当他们要求滚轧加工部对某一缺件增加供给时，得到的回答通常是："对不起。由物料需求计划系统做出的总计划要求我们此时生产另一项产品。所以，你们必须得等到下星期；要不，你们就去找上头吧。"如今，"远程电力"团队拥有他们所需要的所有设备，因而，再也不可能有借口了。

新的布置最初对"白领"人员是一个震动。他们原先往往是在远离生产现场的办公室里工作，以完全不同的眼光看待自己和"车间工人"。（线模公司不久后根据阿尔特·伯恩的一种信念实行了便装规定，即"领带会抑制通向大脑的血液循环，还会妨碍团队中的协同工作"。这是科室工作人员中的另一个问题。他们莫名其妙地觉得，他们的外表而非技能和贡献使他们显得与众不同。）按产品团队进行人员重新分配，对工作在加工群（如滚轧加工部）的工艺技术专家们也是一个冲击，因为他们长期以来积累了不少专业经验。然而，他们很快就开始喜欢这样的人员分配了，因为他们实际上第一次看到了价值在流动！

引进精益财务系统和"计分卡"

要使生产团队按照精益原则来工作，线模公司还需要丢弃传统的"吸收"标准成本的会计做法。这种做法按照批量生产的思想，根据工时和机时来分配成本。生产管理人员凭经验知道，要"吸收"掉所分配的间接费用，就必须将其分摊在尽可能多的机时和工时上。这种做法极力想使每个工人和每台机器都忙碌起来，通过生产库存来"凑数"，哪怕这些库存是一些永远也不会有人要的东西。

奥里·菲尤姆回忆道："阿尔特来了以后，立即宣布废除标准成本和差异分析法。我们考虑过'作业成本'，但我们知道这不能解决问题。尽管这种方法的倡导者会告诉你，这种方法是建立在'成本动机'之上的，但实际上不过是分摊间接费用的一种不同方法而已。从上到下仍有太多的总成本要加以分摊。我们决定采取自下而上的计算方法。"

新思想方法的关键是按照产品系列来组织生产，由每一产品团队自己进行采购，并且购买自己的全部工装。这样，将实际成本分配到每个产品生产线的简易成本计算办法就产生了。以"远程电力"电线杆为例，如今90%以上的生产成本来自该产品自身的成本分析，只有一小部分来自非团队控制的分摊额度。特别要提到的是，团队在厂内使用的所有面积的占地成本就属于分摊额度。但即使在这种情况下，团队也只承担它实际使用的那部分面积的费用，所以减少使用面积就可以降低成本。

标准成本会计办法的某些内容，由于财务报表的需要而保留在计算机里，如在制品库存的价值。但是，这些内容对评价某产品团队的业绩是不重要的，团队被告知要着眼于生产成本。同样，在由批量生产向精益生产转变的过程中，降低库存所涉及的财务问题，也不告诉产品团队领导，以免他们因此而干出错事。[3]

除了简单的盈亏计算，线模公司的生产团队还有一个新的"计分卡"，其中包含一些简单而定量的业绩指标：

- 产品团队生产率（用人均销售额来表示）；
- 客户服务（用按时交付产品的百分比来表示）；
- 存货周转次数；
- 产品质量（由团队造成的产品缺陷来表示）。

由于这些指标贴在显著位置，所以，团队领导和队员们随时都可以看到。此外，两种主要的改善方法也是显而易见的。第一，使产品在整个系统中流动得更平顺，即消除由质量问题返工所引起的回流，消除废品和在制品库存；第二，只生产客户实际需要的产品，因为生产率是用人均的最终市场销售额来衡量的（在制品库存量不计在内）。

为使所有人能同步工作，计分卡上还显示出一系列期望值。具体来说，团队领导及整个团队都期望：

- 每年减少50%的残次品，以产品质量指标表示；
- 每年提高生产率20%，按不变美元计算的人均销售额计；
- 100%准时交货；
- 使每年的库存周转次数达到最低20次的水平；
- 将直接工资中的利润份额增加到20%（关于直接工资，一会儿再解释）。

他们仍然要作"差异分析",但并不是基于与标准成本的差异。当性能指标趋势曲线开始偏离业绩目标时,整个团队就会一起来寻找造成差异的根源,而不是像原来那样设法"凑上那个数"。

降低库存

由于线模公司是私人持股的非上市公司,董事会了解正在发生的事情,所以,它在进行精益转变时所遇到的因降低库存而引起的一些财务问题,并未引起大的担心。但是,对上市的公众投资的实业公司来说,迅速降低库存却实在是成问题的事,值得我们在这里稍加解释。当企业从"批量生产"工作法向流动生产系统转变的时候,由于库存减少,突然有了大量可用现金。(这给企业提供了新的战略机会,我们一会儿会看到这一点。)问题是库存的减少使生产成本增加,在财务报表上就是这样显示的,从而轻易地将利润抵消了。

让我们举一个简单的例子。企业计算生产成本和利润一般用以下方法,如表 7-1 左列数字。

表 7-1　库存减少对赢利能力的影响结果　　（单位：美元）

	批量生产方法	精益生产方法
初始在制品库存	576 000	576 000
购置直接材料	924 000	637 000
直接人工	958 000	958 000
间接制造成本	465 000	465 000
小计	2 923 000	2 636 000
减去最终在制品库存	−576 000	−100 000
生产总成本	2 347 000	2 536 000
总销售收入	2 500 000	2 500 000
利润或损失（税前）	153 000	（36 000）
现金流量（税前）	153 000	440 000

现在假设新的"精益"管理使在制品库存一下子从 576 000 美元减少至 100 000 美元,其他数据都保持不变(当然材料购置费是减少了,因为大部分的产品是用手头已有的库存来生产的)。再看一下数据,如表 7-1 中右列数据,显然,试图"做好事"的新的管理方法使得公司从赢利 153 000 美元变

成亏损 36 000 美元（尽管现金流量大大增加）。

这一现象对公众投资的公司来讲是非常糟糕的，除非公司管理层事先主动对这一情况向股民做出解释。对此，除了进行解释外，唯一可供选择的方法是"大刀阔斧"地减少人员和降低成本（减少直接人工成本和间接制造成本），从而恢复短期赢利。然而，这会阻碍精益化的进程，如果精神紧张的工人们拒绝与精益化举措相配合，则会使引进精益思想成为完全不可能的事。

创建一个"精益"部门

为帮助产品团队进行不断的改进，阿尔特·伯恩新创了一个部门，叫"准时生产促进办公室"（JPO）。把旧的产品质量部、过去由人事部负责的一些人员培训工作以及公司不同部门的几位能力很强的人员都集中在这个办公室。由于有了这个办公室，整个线模公司的各项工作任务，一个价值流接着一个价值流地都能加速进行了。

产品团队领导和 JPO 共同评价产品价值流，并决定在什么时候进行什么类型的突破性改善活动或改善活动。然后产品团队的一位领导和 JPO 的一位协调员就被派往各改善团队（这种改善团队可能是从属于产品团队的子团队；也可能就是整个产品团队，或者是这个产品团队的一部分加上一些具有所需技能的外聘专家）。改善一旦完成，团队领导将回到产品团队中他原来的工作岗位上去，所以要由 JPO 的协调员承担完成后续工作的主要责任（为期一周的改善活动总是要产生一些后续工作）。

除了筹划和协调改善活动外，JPO 还要让每个人了解精益思想的原则（认识价值流、流动、拉动和对尽善尽美的无限追求）和精益技术（标准化操作、节拍时间、可视化控制、拉动计划，特别是"单件流"），并且定期反复给人们上课。正如弗兰克·詹纳塔西奥所说："这是一个巨大而严峻的挑战，尤其是对中层管理人员的挑战。他们会由于精益转换和去除所有安全网而感觉受到威胁。当心里感到拿不准的时候，他们会立刻把你带回到批量生产和建立库存的过去；除非你通过不断的教育，并结合不断进行的亲身改善活动来强调这些思想。"

为获得灵活性而提供铁的工作保证

正如我们前面说过的,阿尔特·伯恩知道,如果每一种产品的价值流都不断地被理顺,人们就会从价值流中不断地被剔除出来。那么,除非你能保证即使工人的某项具体工作被取消,他也不会被辞退掉,否则,阻碍持续改善的阻力就会经常发生。他也知道,在目前线模工会合同的工作规定中,限定了冲压工只能干冲压,喷漆工只能干涂漆,铸造工只能干铸造等,就不可能采用流动工作法,也不可能对每一项活动进行不断的改善。最后,他还知道,要使工人们把由于产品需求减少而造成的解雇和由于改善而造成的解雇区分开来,需要经过一段艰难的时间。因此,当第一批工人被辞退后,阿尔特就立即去工会,向所有留下的工人提出工作保证,条件是他们要以新的工作方式予以合作。

工会一开始对此是表示怀疑的。由于线模公司的前任劳工关系部经理是一个老式的强硬派人物,所以,工会认定管理层所提供的任何工作保证都一定会隐含某些不利条件,以至于莫名其妙地就完全改变了表面上的意思。然而,工会最终还是认为伯恩会履行诺言。

使阿尔特·伯恩难以理解的是,为什么哈特福德地区好多公司的管理人员甚至比他的工会更怀疑他做的工作保证。"人们总是跟我说,我做出铁的工作保证是在发疯。他们说,'如果出了什么问题或者是销售额下降了怎么办呢?'但我的观点是,管理人员在把人们撵走之前有五条防线:①减少加班;②让多余人员从事改善工作(以求未来之收益);③把一些我们本打算中止供货关系的勉强合格的供应商生产的零件拿回厂内自己生产(记住我们的设备现在是有高度灵活性的);④尽可能地全面减少一周总工时;⑤这是作用最大的,即通过新产品的研发来拓展业务。现在我们的雇员都非常明白生产过程的改善,只有那些长着'花岗岩脑袋'的人才会由于短期经营波动而解雇这些明白道理的工人。"

再造产品开发系统,为价值流开辟道路

阿尔特·伯恩在1991年秋季看到的产品开发系统,显然没有促进业务发

展的打算。负责技术的副总裁史蒂夫·梅纳德记得,当时有大约 30 种产品正在开发之中,进展都很缓慢。"在我们开发过程的各阶段之间都有很长的排队,我们的技术部中又有很多部门,而且都是以批量方式工作的。我们还有负责催活儿的人员。除了有时候有的项目能私下得到'总裁发话',从而作为急件处理以外,没有任何优先考虑。一般项目通过整个开发系统的时间为三年,但很多进度慢的项目中途就被放弃了。"

所幸的是,史蒂夫·梅纳德已经知道该怎么做了。1990 年秋,他从哈特福德大学的一次研讨班上得知,"质量功能展开法"和专职开发团队是最有效结合。这个研讨班由麻省理工学院的"制造与生产率实验室"主办,而"质量屋"[4] 概念的传播者之一,麻省理工学院的唐·克劳森教授则带领史蒂夫经过必要的步骤,在非常有组织的连续流开发过程中引入了"客户之声"的概念。

可是,当他回到线模公司时,正值高层管理人员忙于进行"全面质量管理"活动,没空顾及其他事情。他们告诉史蒂夫·梅纳德:"明年再说吧。"幸运的是,到了"明年",阿尔特·伯恩出现了。"第一次遇到阿尔特时,我问他,'你对质量功能展开法和专职开发团队怎么看?'他说,'两者都要立即做起来。顺便说一下,你的产品开发新目标现在是 3～6 个月,而不是 3 年'。于是,我们在一周内开始干了起来。"

史蒂夫·梅纳德于 1991 年秋季采取的第一个步骤是,开始正式进行有关"质量功能展开法"的内部培训,并请来顾问作技术支持。[5] 正像所有管理人员,无论职位多高,无论从事什么工作,都要参加工厂的改善活动一样,所有高级管理人员都参加了这次培训。阿尔特·伯恩的理论是,一个组织机构的每一位管理者都必须懂得这个组织机构的基本活动内容,尤其是产品开发、生产经营以及销售和生产计划等内容,而学习的唯一方法是大量接触各种系统化了的基本原理。

接着梅纳德和高管团队提出了一个明显的,但以前却被忽视的问题:我们到底在进行什么业务?为此,他们评审了正在进行的 30 种产品的开发计划,并将那些与公司的各项具体业务(远程电力,电力和数据管理,塑料产品等)无关的产品开发计划"除名"。事实上,大部分计划都被除名了。[6] 这就大大减少了项目数量，从而使留下来的项目得以重点考虑。然后，这些项目被列入产品计划，并写明投产的目标时间。

对那些认为值得继续进行的每一个项目，梅纳德都指派一个由市场营销人员、负责设计的产品工程师和负责生产的工装工程师组成的三人小组。这种小组被派去与建筑设计和施工单位的潜在客户直接对话，为的是要通过初步的质量功能展开过程提出一个概括的产品定义。譬如，他们通过向客户提出一系列"价值问题"，（如第1章中所述），然后得出结论说："我们真正需要的是能适应任何高度天花板的'远程电力'柱形插座，需要有多种颜色供应，而且让它们看上去不显眼。"

史蒂夫·梅纳德记得，刚成立这种小组时，线模公司的一些老资格的人很不理解。"他们问我，'为什么我们要带着负责工装设计的家伙去见客户？就专业化和分工的需要来讲，不是要求工装设计师设计工装吗？'很多人对从过去那种部门分割、按部就班的工作组织方式中所感受到的安全感，真是印象太深了。"

一旦确定了哪些产品要保留下来继续开发，一个真正的多功能团队就建立起来，负责用工程语言制定出详细的产品规格。这个团队集中在技术开发部的某个专门的地方，团队成员还包括：某产品系列（本节的例子是"远程电力"电线杆）的团队领导、生产计划人员、负责生产的工装工程师（原先产品定义三人小组的成员之一）和采购人员。这个小组要设法达到目标成本；而目标成本是由预计市场价格减去认可的毛利来确定的。

当具体的产品规格得到认可之后，这一团队就开始进行零件和工装的详细设计，而且还是要求达到目标成本。在开发过程就要结束的时候，整个团队把他们的桌子搬到工厂车间，和负责该产品生产的生产团队一起对工艺过程和标准工作操作进行研究。（请记住，他们从一开始就考虑到了产品的加工性能，因为最初的产品定义小组就有负责生产的工装工程师参加。）

1992年年中，线模公司新研发体制下的第一个产品准备就绪了。整个过程只用了6个月，工装成本仅为依据过去经验所作预算的60%。就在线模公司实际生产和接收订单方面的管理人员学习如何观察的时候，其市场营销人员、产品设计人员和工程师们也在学习如何听取客户的意见,如何使产品开发和设计过程流动得又快又好。[7]

整改接单过程

任何业务的第三项重要活动都包括接单、生产计划和发货。阿尔特·伯恩认为此项"业务过程"与企业的实际生产过程没有区别,也像每一项生产活动一样,要经过同样频率水平的突破性改善和改善过程。

像大多数批量生产的企业一样,线模公司的接单和发货与实际生产没有关系。在物料需求计划系统中,基于市场预测的总生产计划必须保证手头有足够的成品存放在大型的中央仓库里。订单一到,即可办理手续,用盘存货物发货。

订单的处理也采用批量模式,由客户服务总部负责。这个服务总部将一整天接收的订单都输入到计算机订单处理系统中去,晚上再成批地进行处理。如果库存有货,第二天早上发货部就会打印出发货提货单。在以后的两三天中,位于仓库的发货部就将所有的发货集中起来,送往线模公司的配送商处。

然而,尽管有大量的库存,客户订单要求的货物却往往没有,所以,只有极少数订货可以顺利发出。未发出的"拖欠货品"得过一段时间有货之后再发出。由于物料需求计划系统和批量生产的缘故,某一单件订货要等数周甚至数月才能发货是常见的事。此外,由于大多数订单都含有一些拖欠货品,所以需要一个庞大的客户服务部,对订单进行跟踪,并负责回答客户对所延误货品的询问。

这样的订单处理过程以及大型仓库所造成的最终结果是,即使所订的货在仓库里都有,也要用近一周时间来办理手续和发货。然而,大多数订单所要求的订货都要经过一段时间延期才能供货,整个系统也还存在很多出错的可能。于是,客户服务部发现要担任好他们的双重角色是非常困难的,既要使客户不对延期供货和发错货感到不满意,又要促使线模公司的其他部门做好工作。

若干改善团队对从接单到发货的一系列活动进行研究之后认为，从接单到发货的时间有可能从一个多星期缩短到一天以内。为能做到这一点，每天要按订单发货4次（而不是夜间发一大批），还关闭了中央仓库，腾出70 000平方英尺的空地。一接到订单，往返运输用的货车就到位于各产品团队生产过程终点的小成品货架取货。

当发货人从货架上取走零件，并把空零件箱推到返回斜道中时，就给了产品团队多生产这种零件的信号，而且是唯一的信号。（过去随时跟踪线模公司生产系统中各零件生产过程的物料需求计划系统承担的工作任务逐渐变少，只负责长期生产能力计划，以及向那些尚未实行拉动生产系统的供货商们订购零件。）

当线模公司开始从批量生产向"单件流"产品团队转化的时候，上述那种用人稍多但出错大为减少的新方式，经过大约两年时间才得以采用。过去按一个月生产批量生产的零件不久后就变成按天生产了。这要求许多机床在一天之内就换模20～30次，而不是原先的每周三四次。

电工行业中那些线模公司的竞争对手们，尽管目前正被迫也要达到线模公司那样的快速供货能力，但是他们的做法似乎是许多美国公司为获得"准时生产"所采取的做法：或者维持更大的成品库存；或者如我们在兰开公司看到的转成"极大柔性"生产系统，即提前准备出堆积如山的零件，以使总装生产能够对客户订单做出恰当反应。但是，这两种方法无论如何都不如真正的精益拉动生产系统。

将工薪和利润联系起来

线模公司过去所付的基本工资总是略高于哈特福德地区的平均水平。后来，公司试图在经营业绩好的条件下，通过利润分享计划（这个计划将15%的税前利润作为基金），对工人予以奖励，每季度以支票形式颁发；还向员工出让公司的股票，作为雇员对公司储蓄计划的贡献。可问题是，就在阿尔特·伯恩来公司之前，公司几乎没有什么利润，而且股票价格暴跌。此外，旧的批量生产系统使人们难以看到他们的个人努力与企业的成功之间有什么联系。

阿尔特·伯恩决定坚持现行的利润分享计划，同时要稳定地增加利润（"通过比竞争对手干得聪明"）；要向大家说明财务状况，让大家都明白能够赢利的道理。在实行"精益管理"的最初几年里，线模公司的利润分享部分从1990年占工资的1.2%，增加到1995年的7.8%。伯恩还坚决保证，要把利润分享的比例提高到占每位员工工资的20%。

改善供应商

在进行了大量的内部改进之后，线模公司的许多问题越来越明显地表现为外部的问题了。外购商品和原材料费用在公司整个成本中占很大比例；而且到目前为止，在改善供应商业绩方面尚未做过任何努力。相反，线模公司通常采购业务的重点是控制供应商的利润幅度。采取的办法是，对每种零件及每类原材料都实行竞争性的多货源订货。

改善团队迅速使供应商的数量大大减少下来，从1991年的320多个减少到1995年的73个。如果线模公司打算能够从容地与每位供应商一起改善其业绩，减少供应商数量就是必不可少的一步。下一步就是，必须从最重要的供应商开始，教会他们如何去观察。

1992年4月，线模公司的一个改善小组对赖尔森公司（Ryer-son）进行了第一次访问。这是一家大型钢铁加工企业，比线模公司要大得多，全北美都有它的生产企业。赖尔森公司供给线模公司大量卷钢；线模公司经过冲压或弯曲后用来制作许多产品的壳体。赖尔森公司采用了最先进的技术，以至于开始做得到每天向线模公司供货，即"准时供货"。然而，线模公司的准时生产小组却在赖尔森公司生产厂的背后，发现了他们早已预料到的事情：一排排整齐排列的卷钢，每一卷为向线模公司供货一天的量；以连续50天的供货量为其一次性的巨大生产批量。他们的准时生产不过是把库存移来移去，因为他们不知道如何进行小批量生产。

因此，线模公司小组来到赖尔森公司大型钢材切割机工作现场。这套切割机要用两个班的时间才能从一种切割形式调整为另一种切割形式。当然，这就是大量的卷钢摆放在发货区的原因。不久之后，换模时间就从两个班次降低为大约30分钟了，赖尔森公司的生产开始逐渐适应线模公司每天供货的需要了。

更可喜的是，从赖尔森公司和线模公司两方面的立场看，由于不久以后赖尔森公司为其他所有客户的生产都是以真正的"准时生产"为基础的，从而使成本得以全面降低。当然，线模公司希望赖尔森公司能做点什么，作为对线模公司为其解决困境的回报。线模公司与赖尔森公司议定了一系列特殊服务，如赖尔森公司同意延长不涨价时间，在这段时间内他们自行消化材料成本的上涨，以及对某些用量少的钢材增加供货次数。由于线模公司对关键供应商的主动态度，线模公司、赖尔森公司和赖尔森公司所有其他客户的经济状况都相当不错，这是精益思想的一次三连胜战绩。

制定一项发展战略

阿尔特·伯恩指出："我们的生产系统及其需求是我们战略的基础。"由于在采用批量生产方式的组织中应用了精益思想，大量的资源——人员（包括工程师和管理人员）、场地、工装、时间（更快地投入市场）和现金——被解放出来。这就使迅速发展成为可能，也成为必要。迅速发展是可能的，因为其手段是由公司自身产生出来的；迅速发展是必要的，是为了提供工作机会来支撑就业保障，而这是精益系统运行的社会基础。最后的结果是，线模公司沿着三条道路快速发展起来。

对精益组织来说，发展的一个重要手段是重新考虑还有哪些事情能够以连续流的方式来完成。我们认为，许多企业试图要做的事情太多，特别是想控制供应商的"关键"技术；但是许多企业，如阿尔特·伯恩来之前的线模公司，在实际生产方面却做得太少。因为，按他们的想象，规模经济要求从那些使用巨大的、批量生产设备的集中管理的工厂里购买很多商品，再把这些商品以大批量供给许多客户。

电线组件是一个很好的例子。线模公司的产品需要大量的电线组件，即导线和插头，用于把电流冲击保护器和功率调节设备与电源相连接。过去，这些电线组件是由专业生产厂批量生产的，并且向这个行业里许多类似线模公司的企业供货。可问题是，随着销售趋势的变化，线模公司的生产不断遭受缺少合用电线组件之苦。如当只需要白色电线时，线模公司手头有的可能却是褐色线；当客户需要 15 英尺长的导线时，可能手头有的却是 12 英尺长的。解决这些问题通常要花 2～4 个星期，因为电线组件供应商实行的是批量生产方式。

当伯恩来到线模公司时，他问道："为什么我们不能以和我们的最终产品完全相同的速度，并以连续流的方式生产电线组件呢？"结果，当线模公司的设备工程师考虑电线组件生产的经济性时，他们发现，由于采用了小型简易的电线组件生产设备，并将这些设备纳入最终产品的生产工序中去，节省了费用和时间，不仅解决了由需求变化引起的手头没有合适的电线组件的问题，而且降低了每套电线组件的成本。这样，线模公司开始自行供应所需的电线组件了。毕竟，线模公司有足够的空闲场地，足够的富余人员，以及可用来购买或制造必要的简易生产设备的资金。

任何想要精益化的生产厂家都需要更全面地看待上述问题，对每种情况都要问一问："我们可以把哪些生产活动直接结合到'单件流'生产过程中去？"这样做的结果还可以大大减少供应商数量，从而更易于对留下的供应商进行改进。

线模公司的第二条发展战略是尽可能买下具有相关产品生产线的小型企业（这些企业是采用批量生产方式的）以此来增加公司产品的供货范围。线模公司通过第一次降低库存的活动（在前两年的综合改善活动期间），产生了 1100 万美元现金；用这笔款项购买了 5 家企业，从而增补了能产生 2400 万美元销售量的产品生产线。

实质上，线模公司是将 1100 万美元的浪费（以库存形式）转化成 2400 万美元新的销售额。况且，1100 万美元库存还需要大约 110 万美元的仓储费用（假设资金成本和库存成本为 10%）；而对 2400 万美元销售额来说，如果营业毛利按 10% 计算，则可产生 240 万美元收益。350 万美元的收入差异，对线模公司这样规模的公司来说是相当重要的（其年销售额为 2.5 亿美元）。同样重要的是，由于这 5 家企业的产品生产线与其现有生产线是互补的，因此，线模公司的销售人员一下子就可以向客户提供系列范围更完整的产品了。这将有助于提高公司的总体发展速度。

线模公司从其所有业务中（中央仓库除外，因为它被整个取消了）解放出大约 50% 场地的事实极大地促进了兼并活动。虽然阿尔特·伯恩的宗旨是保持并提高现有的管理，但购买这几家企业的原因仍有可能是，家族管理人员不再能够成功地经营这些企业，因而想卖掉。这为公司提供了巩固加强的机会。

例如，买下的两个企业合并到位于费城的布鲁克斯电子公司。兼并之前，这 3 个公司分别独立经营，使用面积共 11.4 万平方英尺。现在，联合经营使得总销售额显著提高，而仍坐落于布鲁克斯公司原先的 4.2 万平方英尺上。其库存减少了 67%，联合经营所需的雇员数减少了 30%，多余的建筑物也已卖掉了。

实际上，阿尔特·伯恩和线模公司正开动着一台精益"真空吸尘器"，清扫着电信管理行业"批量生产"思想的世界。线模公司的"真空吸尘器"每吸上一个批量生产者，就会吐出足够的现金用来购买下一个批量生产者！由于线模公司需要通过发展将闲置资源利用起来，所以，这一过程能够而且必须无限地重复下去（我们在第 11 章里将说明，任何行业中首先采用精益思想的企业，能够而且必须完成同样的业绩）。

线模公司发展战略的第三个也是最后一个内容是，利用新的产品开发系统，以及我们前面讲述的专职团队和质量功能展开法，快速推出新产品。例如，第 1 章中讲到的新产品系列使销售额增长了 140%。这一方面是由于开创了一个新的市场区域；另一方面是从那些尚未准备好用超过线模公司新产品推出速度的竞争对手手里巧取部分销售额。

所有这三条战略主要有赖于引入到生产、接单和产品开发过程中的精益技术。的确，快速引入这些技术是线模公司的一项基本战略。阿尔特·伯恩记得，在原先的工作单位，他总是想尽快应用这些技术，但是他的那些老板们却总是对大规模长远"战略性"计划感兴趣，认为这是应该优先考虑的事情。"就我的想法来看，老板们这种想法完全是倒退。在每一项业务活动中引入精益技术应该作为任何公司战略的核心，因为精益技术为公司产生并维持利润的增长提供了机会和资源。利润的增长是全世界的战略制定者们的一贯追求，但却难以获得，因为他们公司的业务不能按照他们的战略去进行"。

五年后的成绩记录

我们在第 11 章将要看到，建成完整的精益系统雏形至少需要三年时间，另外还需要再用两年时间，使足够多的员工们学会观察，这样，整个系统就成为自保持系统了。线模公司从 1990 年年底到 1995 年年底，五年来的业绩是对精益思想潜能一个很好的检验。其结果是相当惊人的。

先从产品开发说起，产品投入市场所需时间已逐渐减少了 75%，即从 24～30 个月减少为 6～9 个月。每年可推出 16～18 种新产品（1991 年仅为 2～3 种新产品），而工程设计人员数却保持不变。

这一结果在某种程度上要归功于几项新的计算机辅助设计技术（CAD），但不包括在降低产品投入市场时间和提高生产率之前的 1990～1991 年已采取的那些技术。正如本书始终强调的，先进的硬技术是有用的，而且在许多情况下是非常重要的；但是，如果不能与一个能充分利用这些技术的组织机构有机结合起来，这些技术的功用是很有限的。由于把产品设计放到"单件流"中去，并由一个专职的、多技能的、集中办公的团队来承担，而且工作不中断，线模公司不仅消灭了产品开发过程中的逆流和返工现象，同时还降低了制造成本，并以准确瞄准客户需求的产品极大地促进了销售额的提高。

通过对接单、生产计划和发货过程进行重新考虑，也产生了同样的结果。过去的批量工作系统，需要一周多的时间才能完成某一普通订单的接收、处理和发货，而现在只需不到一天的时间。目前的延误订单数不及 1991 年水平的 1/10，而且随着线模公司对其 6 个产品团队实行的拉动运行系统的进一步完善，这一数字还会继续减小。接单失误几乎完全消灭了；并且，比原来小得多的客户服务部工作中出现的供货路线错误或问询不答问题，由原来的10%降为不足1%。

实际生产过程中的结果也完全如我们所料。生产某给定数量产品所需的工厂面积已减少了50%，生产率每年增长20%。线模公司内部从接到原材料和零件到成品发运出去所用时间从4~6星期缩短到1~2天。库存周转次数从1990年的3.4次增加到1995年的15.0次。

为使上述结果成为可能，线模公司不断减少所有机床的换模时间，并使各产品系列的所有生产活动都转化成"单件流"。例如，具有大型先进模具的冲压设备，过去要用2~3小时进行换模，现在仅用1~5分钟；滚轧机的换模，1991年时要用8~16小时，现在仅用7~35分钟即可完成；注塑机械的模，1991年时要用2~4小时，现在由一名员工手工操作2~4分钟即可完成。结果，使设备从一种产品的生产转换到另一种产品的生产，过去一周只进行2~4次，而现在每天都要进行20~30次。

由于积极贯彻"单件流"生产方式，1991年时需要5~8人的操作，现在只需1~3人。由于在最大的和最复杂的组装作业中采用"单件流""准时生产"和"全面生产维护"，使得生产率在3年内提高了160%。而且，"单件流"还有助于减少残次品，1993年减少了42%，1994年又减少了48%，1995年再减少了43%，几乎达到线模公司每年减少50%的长期目标。同时，标准化作业、节拍时间和可视化控制还大大减少了事故和工伤，与1991年相比，这几项的减少均在一半以上。

对产品开发、订单接收和实际生产过程，同时进行改善的结果是，人均销售额翻了一番多，从1990年的9万美元增加到1995年的19万美元。但是，我们以上引用的情况和数据是相对于线模公司原来的业绩而言的。在市场上真正有价值的指标是销售额、利润和市场份额。所幸的是，1990~1995年期间，线模公司的核心业务——电力管理系统业务（只计精益"真空吸尘器"开动之前所拥有的部分），在萧条的电子设备市场上，其销售额却翻了一番多；包括新增业务在内的整个企业利润，增长为原来的6倍。更重要的是，公司的业务发展，包括兼并相关企业的步伐，正在逐步加速，符合线模公司关于在可预见的未来，每 3～5 年使销售额翻一番的发展战略。

上述所有指标概括如表 7-2 所示。这是精益管理下的线模公司的业绩记录。

表 7-2　精益管理下的线模公司

	1990 年	1995 年
人均销售额（万美元）①	9	19
一般产品生产通过时间	4～6 周	1～2 天
产品开发时间	3 年	3～6 月
供应商数	320	73
库存周转次数	3.4	15.0
所需面积（系数）	100	50
销售额（系数）	100	250
营业利润（系数）	100	600
利润分成（占直接工资的百分比）(%)	1.2	7.8

① 请注意，线模公司在生产制造方面的纵向一体化程度是大大提高了，因为像电线组件和插座等产品已从供应商那里拿回来自己生产。这样，如果算上线模公司直接管理下的价值流部分，则人均创造价值数的增长幅度更大。

对问题更严重的企业怎么样呢

线模公司的经历是不寻常的。它在极短的时间里完成了转变，而且有种种迹象表明，它正迅速发展为工业巨人。更重要的是，在我们为写本书进行调查期间，我们在全美发现了与线模公司有着相似经历的几十家中型企业。

比起兰开公司来，线模公司是一个更大的挑战：它的工人年龄大、技术技能单一；核心业务市场萧条；老的管理层与工会组织有顽固不合作思想。但这就能是对精益思想的一个公平试验吗？毕竟，线模公司只有 1400 名员工，经营活动主要在两个相邻的国家内（美国和加拿大）进行，它的产品和生产技术也相对简单。对面临最明显的经营管理挑战的老大工业企业怎么样呢？对那些有着成千上万员工、全球化经营、具有深藏于各职能部门的复杂技术以及复杂的零件系统供应网络、采用批量生产方式的公众投资企业又怎么样呢？精益技术能够在同样的时间框架里产生同样的效果吗？我们现在来看看普惠公司，这实在是对精益思想的一次严峻考验。

第 8 章　Lean Thinking

严峻的考验

1991年6月1日，马克·科兰从康涅狄格州哈特福德市的联合技术公司（United Technologies Corporation）总部，驱车穿城来到位于东哈特福德市的普惠公司总部。普惠公司是联合技术公司最大的子公司，也是世界上最大的飞机发动机制造商。联合技术公司董事长鲍勃·丹尼尔刚刚给了马克一项新任务；这任务对于有着公司审计主任和降低成本能手个人背景的马克·科兰似乎是很理想的。

普惠的问题看起来是组织结构上的问题，而且很严重，但还不至于令人绝望。作为世界上最大的军用喷气发动机制造商[1]（20世纪80年代军用喷气发动机业务占其业务总量的1/3），普惠当时正面对着冷战结束的现实。于是突然间，大量的军事发动机业务看来可能会不复存在了。

但在短期内，公司军事业务方面的损失被商用发动机订货的激增所抵消。作为占有世界商用飞机发动机市场最大份额的公司[2]，普惠平步青云，1990年在军用和商用产品销售额达到创纪录的70亿美元的基础上，创下营业利润10.1亿美元的纪录。然而，商用发动机业务的需求周期是急剧波动的，任何熟悉这一点的人都知道，这一销售水平是不能长期保持的。事实上，备件订货量已经出现下跌。因此，普惠的新任主管经营的执行副总裁马克·科兰的任务是，要在这样一个拥有5.1万名雇员的大型公司中，为业务规模永久性缩小约 10% 的形势做好生产运营方面的准备，而且要在商用订单增长结束之前准备好。

然而事实上，马克·科兰根本来不及做这一切。后来的事实证明，1991 年 6 月是普惠公司历史上产量最高的一个月，其"工时"数（普惠对生产活动的传统考核指标）达到年度 1100 万小时。不久，随着世界性经济衰退的到来，曾于 1989 年达到 1662 台最高纪录的商用喷气发动机订货开始急剧下跌，1993 年跌到只有 364 台的水平。

对普惠的财务状况更为不利的是，各航空公司都使用库存的喷气发动机零件进行飞机维修，而不是从普惠公司订购新备件。1991 年秋天，普惠的备件订货快速下滑，到 1992 年时仅为 1989 年最高纪录的 63%。这对飞机发动机公司来说是毁灭性的打击。因为按飞机发动机行业的惯例，新发动机的售价通常要打很大折扣，为的是在获得市场份额的同时，为他们高利润的、垄断性的备件业务建立起大规模的客户基础，所以备件业务占公司利润的很大比例。

更糟糕的是，普惠及其两个国际竞争对手——美国通用电气公司和英国劳斯莱斯公司此时都被为开发下一代喷气发动机所做的总计 30 亿美元的高额支出困住了。这是些推力从 8.4 万～10 万磅的"巨型发动机"，将用于波音 777 飞机，也可能用于计划中的 600 座的空中客车 A3XX 型飞机（其中第一个产品是普惠的 PW4080 型发动机。这种发动机于 1995 年 6 月开始装上波音 777 飞机，进入航空公司服役）。

由于新型发动机的产品开发周期为 4 年，而获得订货后，实际生产一台发动机所需时间，即供货时间为 18 个月，因此，普惠无法对市场的急剧变化做出反应。于是，花在 PW4080 上的资金被套住，还有许多正在生产中的发动机，突然间成了客户们不再需要的产品了。此外，航空公司还发出明确信号，20 世纪 90 年代它们需要的是低成本的而不是高性能的发动机，并且设计时间也不能长达数年之久。

1991 年上半年普惠的利润仍保持在 1990 年的最高纪录上。但是市场的变化是非常惊人的：一年之内，普惠的经营结果突然下降了 13 亿美元，最终导致 1992 年亏损 2.83 亿美元。科兰回忆说："就在我到这里来时，原以为可能变糟的事情突然间真的发生了。我意识到，我们不能简单地通过降低成本来对付 10% 的销售量的减少，我们需要对整个业务进行重新思考。"

幸运的是，在这危急关头，联合技术公司的几位主要高级管理人员，包括科兰、商业及工业集团总裁乔治·戴维，以及开利公司（Carrier）的总裁卡尔·克拉佩克都已经熟悉精益原则了，主要是通过偶然发生在哈特福德的事情了解这些原则的；在那里，阿尔特·伯恩正在稳步地应用这些原则。此外，科兰具有的一大优势是，他在来普惠之前没有经营工作的经历，因此也就没有传统的批量生产方式的经营管理人员的偏见。他决心把贯彻精益思想作为挽救普惠的最佳途径。

试图这样做意味着严峻的考验。因为，如果普惠能将这些原则迅速应用到一个对产品质量有极严格的技术性能和生死攸关的高标准要求的、大型公众投资的高技术组织机构中去，再加上线模公司所有的麻烦，那么简直可以说，所有美国企业都能应用这些原则了。

从美国系统到批量生产 [3]

普惠为人们提供了一个从批量生产到精益生产转化的很好的例子，因为它曾经非常热衷于建立最终威胁到其生存的超大批量生产系统。这家公司还两次经历了像我们在兰开公司看到的那种从灵活的初建企业变为陷入困境的批量方式生产者的过程。

普惠公司，最早是由弗朗西斯·普拉特和艾莫斯·惠特尼在美国南北战争之前创建的。这两位"北佬机械工"在塞缪尔·科尔特的兵工厂作为内部承包人时学到了手艺。兵工厂于 1855 年开办，位于康涅狄格州的哈特福德。他们两人生产用于科尔特手枪和步枪的单个零件，自行雇用工人，但使用科尔特的厂房和设备。

最重要的一点是，普惠还自制了近 400 种加工设备和量规、量器，那是为达到科尔特使枪支生产全部机械化的目标所必需的。在这种生产中，所有零件都是可互换的，而且不再需要手工"修整"。[4] 相对于欧洲系统，这种方法被称为"美国系统"。欧洲系统的做法是，所有零件都要一件一件地经过手工修配，以使每一零件与已有的零件相配合，最后形成一件完整的产品。

当普拉特和惠特尼于 1860 年离开科尔特，创建普惠公司时，他们带去了关于加工生产活动的一整套基本思想。直到最近，这些思想一直在公司中占据着主导地位。他们认为，最理想的作业方式要求人们制备一些能对某种特定零件进行专门加工操作的专用设备；可能的话，还要以高速和大批量方式进行生产。进而，他们认为，各部门进行同类型加工任务的机床应该集中放置。据此进行简单推理，就要求每台机器专门用于生产某一种零件，而且要先生产出一批之后，再转产另一种零件。换句话说，他们制造了为人们所熟悉的批量生产方式所需要的精密机械；而且，多少年来，他们都是按照这些原则来组织自己的工厂的。

此后的 65 年中，普惠从一个在这两位创始人直接管理下的小作坊，发展为非常成功的大型企业。在它那负责各特定工艺（铸造、钻孔、攻丝、热处理）的不同部门中，普惠为金属加工业生产出用于车床、磨床、铣床、切割机和镗床的零件。他们还首创了用来检验零件精确度的高精度量具，这些量具与他们生产的加工设备一起出售。多年来，普惠的机床越来越复杂，能适应更精密、更复杂的加工任务。另外，冶金技术的发展，使得对预淬火金属的热处理成为可能，这样，零件可以直接加工到最终尺寸，而不必担心接下来的淬火步骤会影响产品的互换性。然而，不管怎样，关于生产的基本理念却并未改变。

鹰的起飞[5]

赖特航空公司位于新泽西州新不伦瑞克。1924 年夏天，弗雷德里克·伦施勒从赖特航空工程公司总裁的位置上退了下来，因为给企业投资的银行不支持他关于风冷星型发动机的想法。风冷星型发动机是一种比刚投产的旋转式"赖特旋风"大得多的发动机。[6] 伦施勒认为，这种大型发动机将使军用飞机的液冷设计发生转变，同时将首次使商用发动机的经济性成为可能。

在美国空军的鼓励下，伦施勒寻求新的财政支持，并于1925年初与哈特福德的普惠公司取得了联系。后者当时业务不景气，因而有多余的厂房和设备。而且，伦施勒注意到，哈特福德地区有很多能熟练操作普惠生产的各种类型的机器设备的"北佬机械工"；而这些设备正好也是生产飞机发动机所需要的。[7]

伦施勒想在普惠公司扮演70年前弗朗西斯·普拉特和艾莫斯·惠特尼在科尔特军工厂那样的角色。为此，他制定了一项计划，要利用普惠公司长期来已树立起的品牌名称及其在精密机械方面享有的世界声望，在普惠公司内部再建立一个公司。他打算从普惠公司的所有人那里借款100万美元（作为回报，也给他们新的普惠飞机公司50%的股权），[8]并利用普惠闲置的厂房和设备生产新的发动机。所有这些条件都于1925年7月达成协议。于是，伦施勒又回到了飞机发动机制造行业。

1925年时，飞机发动机的设计过程仍然是"进行试验发现错误"的过程，即先造出发动机样机，然后对其进行试验直至出现故障，然后对出故障的零件进行强化设计，再对新的设计进行试验。伦施勒知道，成功的关键是聚集这个行业里最有经验的工程师，迅速拿出能与"赖特旋风"机型相比的增大型变型机型，而且要一次试验成功。不久，他说服赖特公司的几位高级工程师加入了他的普惠公司，组成了新的设计团队，并取得了令人瞩目的进展。

仅用了9个月时间，普惠的6名工程师和20名工匠（包括伦施勒在内一共30名员工）就设计出新的黄蜂牌发动机（共约2000个零件），他们采用了关键的工艺改进措施以减轻发动机重量，[9]并制出3台样机，做好了让有可能买的人进行试验的准备。试验表明，"黄蜂"的功率（425马力）比"赖特旋风"风冷发动机高出50%，重量却只有650磅，而同样功率的"柯蒂斯自由"牌液冷发动机重量则为1650磅（后者当时是美国军方使用的标准设计）。

接着，军用和商用客户的订单源源而来。到1929年，普惠公司在规模不大却发展迅速的飞机发动机业务中，成为世界领先者。由于普惠发动机的可靠性好，很快建立起信誉，并以"福特三发动机"式飞机为开端，被选做下一代商用运输机发动机（公司标识是以"普惠——可靠的发动机"英文字样环绕着一只美国白头鹰。从一开始这一标识就贴在他们的每台发动机上，并逐渐为世界范围的航空旅客所熟悉）。1992 年，伦施勒买下普惠机床公司的全部股权，并在东哈特福德建立了新的公司总部和大型生产设施。[10]

一开始，普惠的三项主要活动：新产品设计、接收订单和产品生产，都是在极其简单的组织机构中高效完成的。实际上，最初为美国海军生产的 200 台"黄蜂"发动机，设计和其后的生产活动都是在一个大房间里由一组技术高超的机械工人在与产品工程师小组的直接交流中完成的。

到 20 世纪 30 年代初，由于发动机的生产量从几十台增加到几百台，因此似乎有必要进行像兰开公司那样的组织机构演变。于是，公司的每一项主要活动都建立了相应的部门，如销售部、工程部、样机制作和试验部、质量控制部、采购部、生产部和售后服务部。而每一部门针对每一项专门的工作还分成许多车间，如生产部门包括：热处理车间、喷漆车间和总装车间。只要普惠只有一个正在开发的产品（即继"黄蜂"之后的"大黄蜂"，功率增至 500 马力），而且只有"黄蜂"这个正在生产的产品，其组织系统就会运转良好，而不必进行跨部门管理。

然而，到 20 世纪 30 年代中期，普惠所提供的产品范围扩展到包括 300 马力的"小黄蜂"和 800 马力的"双黄蜂"，还要同时进行一系列新型发动机的试验，因此，必须采取新的措施。于是，一个新的职位产生了，这就是"项目工程师"。他受工程部主任和生产部主任的领导，任务是协调某产品系列（如"黄蜂"）在设计、生产和为客户飞机安装发动机的过程中，由许多不同的部门和车间所进行的各项活动。[11] 项目工程师仅仅是一位协调人，而没有专门的人手或其他资源，用现在的话来说，仅仅是一个"无足轻重的"项目经理。[12] 但是，这在当时是一次了不起的观念上的飞跃，远远超出了当时单纯的职能组织和普通的管理实践。实际上，由项目工程师监督整个价值流这一概念，已经预示了本书所描述的精益原则。

在普惠成长的 20 世纪 30 年代，对生产厂进行变革也是很必要的。最初，普惠的所有金属切削设备如：车床、钻床、铣床、撞床等，都相对较小，都可以依实际的工作流动顺序来排列。[13] 例如，1936 年时，在东哈特福德工厂的气缸车间是这样组织的：

……紧接原材料检验和试验部后面的第一个车间就是气缸车间。主走道的一侧在生产钢制气缸筒，另一侧在生产铝合金缸盖，还要把气缸筒和气门座、衬套、气门导管等其他小零部件装配到气缸盖上。这样，当气缸准备离开这个部门时，就可以直接送到成品库去了。……再配上所需要的配件，有近 50 种不同的气缸设计。生产设备是按顺序排列的，以使原材料按直线行进。当然，对某一种气缸来说，并不是所有的机器都要用上。[14]

用于生产主连杆和活塞连杆、曲轴箱、曲轴、活塞、摇臂轴和气门导管，以及凸轮的车间也大致如此。所有这些看起来都很像我们在本书见到的生产完整部件的生产单元。很显然，普惠的经营管理人员当时至少具备了流动的起码概念："……生产安排是相当简单的。原材料通过火车或货车运到车间或工厂门前，然后经过不同的制造部门，到达位于后部的成品库房。"[15]

然而，连续流仅局限于装配过程，以及那些用简单机器进行的生产活动，这也是很明显的。还有一些专门的用于加工镁材料及硬质钢合金材料零件以及用于进行热处理、喷漆和抛光的车间。由于每一完整部件的大部分零件或多或少需要进行这样的处理，所以多数材料都要从一个车间到另一个车间来回移动。

此外，还设有一个包括中央储存区、工具间和检查站在内的复杂系统。人们认为，质量检查应由技术人员来完成，与基层工人无关；技术人员只受他那个部门的主任领导，而不受生产部门主任领导；而且通过对工具、卡具和在制品的集中存放，可以实现对生产更加严密的控制。上述看法意味着，在各主要生产步骤之间或在为下一项工作做准备期间，每一个零件以及每一个工人都要到达中央储存区。

最后，公司坚决认为，许多缺陷只有通过整机的运转试验才能发现。因此，整个工厂后部是一排试验间。每台发动机都要连续运转 8~13 个小时，然后全部分解，检查零件，必要时还要更换零件，然后再重新装配起来。此后，发动机还要再连续运转 5~12 小时，如果没有发现什么问题，就可以出厂了。[16] 我们将会看到，这最后一道安全网形成了这样一种思想："装配、修补，直至弄好"。这种思想在普惠一直延续到1994年。

很显然，尽管1936年时，普惠只有相当简单的工厂布置和产品系列，但还是必须付出艰难的努力才能使产品经过整个生产系统的生产过程。为此，建立了"短缺货物清单"和"跟踪推进"系统（也作"急件单"和"催活"系统）。总经理助理还希望告诉他的下属们，有助于这套工作方法的"高技术"已经出现了：

指出这一点可能也是有益的，即所有的短缺货物清单和生产计划单都是在库房的电动穿孔机[17]上用打孔资料卡形式做出的。打印出来的这些清单，立即被分门别类地送至生产计划部和跟踪部。这是对车间生产实行有效控制的一项重要因素。[18]

总之，普惠第二次走上了从精益作坊到大型批量生产企业的蜕变道路。在这第二次转变中的主要创新是，对安装在各专业部门的复杂设备越来越重视；而这种重视又得到了引导产品从原材料到最终商品的整个过程的自动化信息管理系统的支持。

本应成为组织机构方面重要变革的"项目经理"制，却未曾如计划的那样成功。到1939年，总工程师霍布斯向他的上司打报告说："显然，我们的项目工程师制自建立以来，实际上并未起到应有的作用。"[19] 相反，在产品开发机构中，项目工程师只是一个无足轻重的管理人员。虽然在中央信息管理系统的催促下，产品能尽可能顺利地经过销售、计划、生产和安装等过程，但却没有任何个人或团队对整个进展情况全面负责。

第二次世界大战是形成批量生产方式的动力

第二次世界大战期间，[20] 当订单从数以百计源源增加到成百上千时，普惠使生产厂完成了向批量生产发展的最后跳跃。技术工人的缺乏，意味着服务于战争的新机床得设计成专门用于某种具体用途的设备，从而对操作者的技术要求很低。随着分工越来越细，车间的数量增加很快，每个车间被指派负责一项很专门的工作。此外，由于订货量大，所以通常可以使某一机床专门用于加工某一种零件，也许可以持续几年不变，因而不大需要对设备进行频繁调整。此时，在制品数量、产品在生产系统中的行程、生产终点试验部的返工量，以及管理的复杂性都增加了，但发动机产量增加得更多。在当时的战争年代，发动机产量是人们考虑的唯一重要因素。

毫不奇怪，到战争结束时，工人的心理已经发生了变化。新工人不再是高技能的、半独立的工匠，而是些接受了很窄的专业训练、分派给大都可以互换的工作，并处于严格管理控制下的人。传统工会组织是很少为普惠老一代工匠们讲话的，但是到1945年，不同的心理和不同的工厂现实造就了一种新的环境，使得"国际机械工人协会"轻易赢得了组织起来的工人的选举。[21]不久，作为管理层制定的劳动分工的直接反映，工作规则和发表意见程序的混乱状况出现了。

第二次世界大战带来的第二个重要结果体现在产品开发上。由于设计越来越复杂，而且要在基本结构不变的星形发动机上获取越来越大的功率，因此就需要非常专门的技术分工。其中主要的专业技术人员包括：负责开发新材料的材料科学家、致力于重量和耐久性问题的结构工程师、处理通过和围绕发动机的空气流动及其阻力问题的空气动力学家，以及能够设计出每台发动机所需要的上千个零件，并把它们连接起来的机械工程师。上述每一类专家都在庞大的普惠工程部中形成了各自独立的部门。

到战争结束时，普惠的"黄蜂王"发动机已成为单曲轴四排36气缸发动机。它采用了进气增压和废气涡轮增压，从而使功率到4600马力（相比之下，普惠最初的9缸黄蜂发动机只有425马力）。当时，"黄蜂王"与柯蒂斯赖特公司（赖特航空公司和柯蒂斯航空公司合并后的企业）开发的涡轮复合式发动机一起，同时成为有史以来设计出的最复杂的纯机械装置之一。[22]

喷气推动的鹰

在第二次世界大战期间，美国政府要求普惠和柯蒂斯赖特致力于它们所熟悉的往复活塞式发动机的设计和制造领域；而其他一些原先没有飞机发动机制造经验的美国企业（如通用电气、西屋和爱立信）则在喷气发动机方面取得了领先地位。到战争结束时，普惠显然成了一个在没有前途的技术领域中的世界领先者。更糟糕的是，这种技术与真正有前途的喷气涡轮机技术毫不沾边。

1946年，普惠公司作了一次不可避免的大冒险：放弃对活塞式发动机的研究。它试图以一种双轴、轴流式喷气发动机来超越其喷气时代的新竞争对手们。这种发动机比任何原先想象的发动机都大得多，也复杂得多。而柯蒂斯赖特却继续在活塞式发动机上下工夫，它的涡轮复合式发动机在20世纪50年代初用于道格拉斯DC-7机和洛克希德超级星座机上。但是，当喷气式飞机很快将最后一轮活塞式发动机飞机取而代之的时候，柯蒂斯赖特只得退出了这一行业。

虽然喷气发动机与活塞发动机的工作原理不同，但所要求的技术技能，有许多却与普惠现有的工程部门所具备的相一致。现在，材料科学家关心的是处理好发动机受热部件的过热问题；结构工程师关心的是复杂的涡轮机械的振动问题；空气动力学家关心的是流过压气机和涡轮转子叶片的气流问题；机械工程师关心的仍然是组成整台发动机的上千个零件的详细设计问题，只不过这些零件现在是做旋转运动，而不是往复运动。但最大的区别是，如今知识本身是高度严谨的，而且需要付出的努力也大得多。[23]

由于所需要的知识本身变得神秘起来，普惠的各项技术职能分工变得越发深入而壁垒高筑。随着各专业职能之间隔墙厚度的增加，产品开发中的项目工程师吃尽了苦头，两臂交叉两手分别指向相反的方向的"普惠式敬礼"增多了，所有设计和制造方面的问题都被推给其他部门。

至于生产系统，喷气时代并未对它产生显著影响。高度专业化的机床，再加上于20世纪70年代新增加的非常巨大的专用设备，如电子束焊机和熔融焊机，都一起放置在各部门的车间里，把零件按批量提供给最终发动机的组装工作台。发动机在发货之前，还要进行多方面的试验和"调整"（返工修正）。通常的笑话是：一般零件在普惠工厂的生产过程中所走过的路程比它为航空公司服役所走过的路程还要长。但是看来没有更好的办法。

普惠公司 1946 年向喷气发动机的转移，带来了 1952 年它们在技术上和商业上的胜利。以普惠 J-57 发动机为动力的八发动机的美国 B-52 型轰炸机于当年进行了首次飞行。对 J-57 稍加改动并重新命名的 JT3 型发动机，在 20 世纪 50 年代末，包揽了最初的四发动机的波音 707 机型和道格拉斯 DC-8 机型所用发动机 100% 的销售额。接着，它们又很快推出了全新的 JT8D 发动机，成为世界上全部三发动机的波音 727 和两发动机道格拉斯 DC-9s 机群，以及最初的两发动机波音 737 机型的动力。到美国军方于 1970 年给了普惠公司一项合同，把它作为 F15 和 F16 战斗机所用 F100 发动机的唯一供应商时，普惠公司已经完全主宰了全球的飞机发动机业务。实际上，到 60 年代末时，普惠占有的世界商用喷气发动机市场份额，就已达到令人吃惊的 95%（除去苏联集团），而且在美国军用订货中占近 50% 的份额。

在实现行业支配地位的过程中，普惠公司及其组织机构在批量生产厂家的传统特征方面进行了一些微调，并使之得到了强化巩固。在实际生产中，各项生产任务都经过仔细的划分，并使用专用机床成批地加工那些需要较长供货时间的零件。在产品开发过程中，无足轻重的团队领导人要穿过各专业职能间厚厚的隔墙，协调各项工程工作。

事实上，这一套做法对普惠所处的环境来说，即便说不上是完美的，至少也是够好的了。这是因为，几十年来，飞机发动机都是由正规的航空公司或军方订货的：前者竞争的是服务而不是价格；而后者感兴趣的是飞机在战时的性能如何，采购价格只是第二位的考虑因素。此外，材料科学和空气动力学分析方面的发展，意味着每一代新产品都能够在性能上获得重大改进。因此，只要普惠的技术深度能够使它生产出来的产品在性能上优于竞争对手，其他诸如设计和生产产品的时间过长、成本过高，以及有时新产品在首次投入使用时性能欠佳等问题，都可以忽略不计。

在这样的黄金时代，普惠新产品设计规格的确定基本上是逆向进行的。高级工程师们决定下一代产品将采用什么技术，并确定使用这些技术的发动机结构。然后，他们再计算出总的生产成本和销售价格。可是，投产后并不能严格按照计算出来的成本进行生产，相反，在总裁办公室的盈亏报表上，成本是逐渐上升的。到了这一步，做什么都晚了。

到了 20 世纪 80 年代，当飞机机身生产商使得每种宽体机型可选装两三种发动机时（普惠发动机、通用电气发动机和劳斯莱斯发动机），生产成本问题更加混乱不清。因为发动机行业的做法是，对新发动机给予越来越大的折扣，最终可远远低于成本。[24] 这种做法是基于一种希望，即可以通过销售备件，特别是通过涡轮叶片的销售，使利润得到弥补，因为发动机生产厂对这些备件和涡轮叶片具有专利权。例如，在 JT8D 发动机的运营寿命期内，航空公司购买备件的金额很可能等于当初购买发动机价格的五倍。在这种情况下，喷气发动机公司的加工部门很容易在成本重要性的问题上被搞糊涂了，因为发动机毕竟是以比任何可想象的生产成本低得多的价格售出的。

这种成熟的批量生产系统的最后一个特点，是获取订单的独特方法。由于发动机的供货时间，也就是实际生产一台发动机所需要的时间为 24 个月，而一架完整飞机的供货时间为三年，因而导致了战后喷气式飞机订货的巨大波动[25]（见图 8-1）。

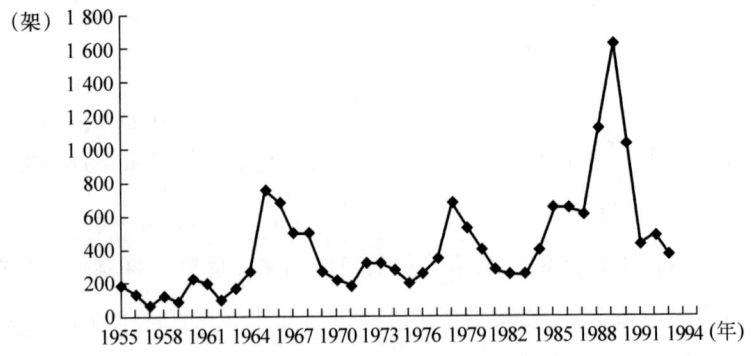

图 8-1　商用喷气式飞机订货情况

当航空运输工业从衰退开始复苏时，飞机客户会为他们可能不需要的飞机和发动机签约订货，目的是保证他们在批量生产的队列里占个位子；尽管销售部门对那些大宗订货总是提供特殊的待遇，即使在销售额增长的情况下也不例外，目的是要保持市场份额，并保护备件基地。当经济萧条时，这类订货可能会突然消失，但军用订单的激增通常会抵消民用需求的不景气。而且，自1980年以来，当新发动机供货数量下跌时，备件购买量通常会增加（见图8-2）。

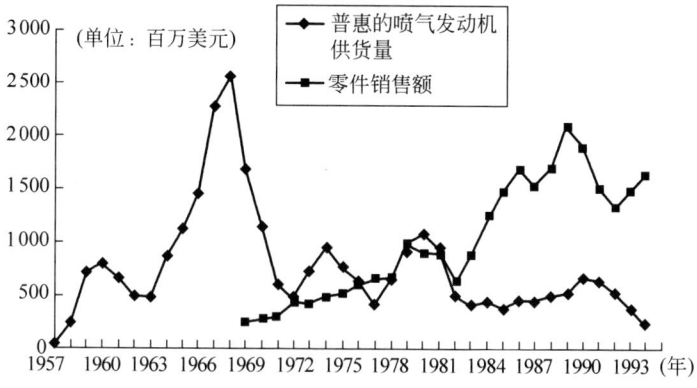

图 8-2　喷气发动机供货量和备件销售额

结果，直到1990年，普惠的员工人数比订单数更稳定（见图8-3）。虽然存在周期性的裁员，但是时间可能很短，而且，普惠的雇员们，特别是那些有几年工作资历的人，很容易认为他们总会有工作的。

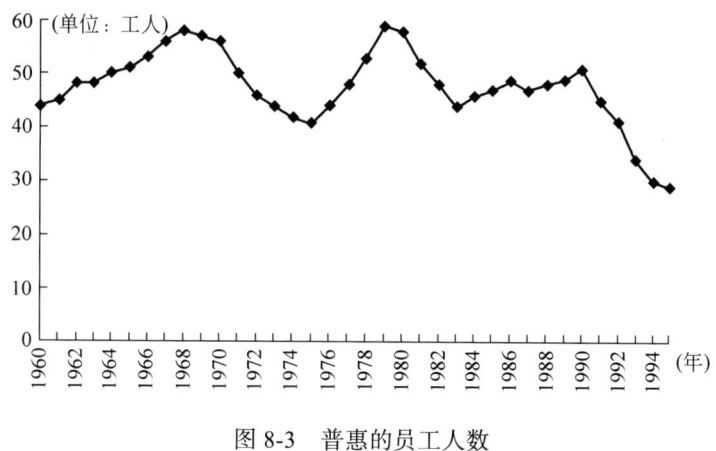

图 8-3　普惠的员工人数

鹰的第一次坠落

一些大公司，如IBM、通用汽车公司和普惠等，在最终大祸临头之前，总会得到（但却常常忽略）许多关于世界已经变化了的警告。对普惠来说，1991 年军用和民用市场的同时衰退并非是对它的第一声警铃。早在 1984 年时，由于普惠未能解决 F100 发动机操作上的一些问题，使得它的军用客户非常愤怒，以至于他们把通用电气公司引进来作为自己的第二家供应商，并把几乎占美国军方业务一半的 F16 飞机发动机供货业务交给了通用电气公司。[26]

与此同时，普惠公司推出了与波音 757 配套的 PW2037 发动机，激怒了航空公司客户。这种发动机的油耗优于竞争对手劳斯莱斯的 RB211-535 型发动机，而价格也是有竞争力的；但是它的机械故障率非常高，在使用期间往往导致取消航班。作为 PW2037 的项目工程师，弗雷德·黑泽回忆说："我们好像棒球场上年迈的击球手，虽然能够清楚地看见球，却不能以足够快的速度挥动球棒击中它。在 PW2037 与商用客户见面的前一年，我们就知道它存在什么问题，并且夜以继日地解决这些问题。但是，我们的组织机构如此迟钝，跨部门的交往如此困难，以至于我们就是不能按时把问题解决。"结果，普惠公司最先搞出了一种优良的发动机，但在推力为 40000 磅级发动机的市场上，至多只占有了一半的业务量。

最后，普惠对喷气发动机市场的需求趋势做出了非常错误的判断。他们认为，大型双通道飞机是主要的发展方向，而且还不愿放弃其当时销售得最好的 JT8D 发动机，因而未能开发出用于 727 和 737 的 JT8D 发动机的换代产品。在 20 世纪 80 年代初，波音公司为使 737 适应新的需要，决定加长机身，用来装载更多乘客，还要求对系统进行更新；但是普惠公司此时却拿不出具有现代化的高涵道比技术和低油耗比的发动机来。由美国的通用电气公司和法国的斯奈克玛（CFM）公司组成的一个联合企业却拿出了这种发动机，因而拿走了当时已成为世界上销售得最好的波音 737 的大部分业务。后来，当空中客车公司推出 A320 型飞机与 737 相抗衡时，100～160 座的单通道喷气发动机又占据了当时飞机市场的最大份额。[27]

是较精益而非精益，是必需而非足够

在 20 世纪 80 年代中期，普惠所有的主要产品种类突然间都面临着竞争，市场占有率开始全面下滑。此外，由于飞机设计从四发动机向两发动机转变，整个行业的发动机供货量下降。但是，普惠的管理部门对此并非漫不经心，他们引入了在当时看来极其重大的三项改革措施，作为对事态的反应：一项是关于生产方面的；另两项是克服产品开发和产品生产之间分歧的。

1984 年引入实际生产系统的重大改革，是使工厂的活动"集中化"，即生产流程线和生产单元都是按所生产的零部件类别进行组织的。改革前的普惠工厂结构，经历了三次热战（第二次世界大战、朝鲜战争和越南战争）和一次冷战，是许多孤立的零件生产车间的杂乱组合，一个车间生产的零件和隔壁车间生产的零件没有什么关系。有一个值得注意的事实：一个零件在厂内移动的距离（不算在工厂之间移动的距离），经测算总计达到 18 英里。

1984 年，普惠对其生产设施进行了重组，使每个厂负责某一大类发动机零件的生产。其中，大型的诺斯黑文厂主要生产涡轮叶片，绍辛顿厂主要生产转子和轮盘，米德尔敦厂负责所有的总装工作。各厂内部的各项生产活动还要再进行重组，即在工装设计允许的情况下，把每一大类零件[28]的实际生产步骤进行分组，并按合理的顺序排列起来，形成一个"流动的生产线"。请注意，这恰恰是普惠负责生产的总经理助理卡尔顿·沃德在 1936 年描述过的概念。

最后，每一小类零件的生产，如 JT8D 发动机的高温涡轮叶片的加工，安排在一个"生产单元"中进行，生产单元的负责人要知道整个生产过程的成本情况，还要根据总生产计划，对按成本和时间进度的零件生产全面负责（总生产计划由庞大的计算机物料需求计划系统做出）。

到 20 世纪 80 年代中期，普惠的管理层意识到，由于喷气发动机已经是成熟产品，用同样的设计原则来解决某类零件面临的"标准化"问题就是合理的。例如，对制造高温涡轮叶片用的铬合金，为什么不规定出相同的等级，而偏要无休止地在合金成分的微小变化上搞来搞去，仅为得到微不足道的性能改善呢？然而，普惠负责设计各类零件的工程师们显然就是在这么做的。

由于他们不停地改进设计，以追求新颖的和更佳的解决方案，而不管所获得的性能改善多么微小，所以他们的做法在工程理念上自然会远离客户。结果，对几乎完全相同的零件却可能要求使用完全不同的生产方法，因而不能在共同的流动生产线和共同的生产单元内，使用相同的加工设备进行生产。

公司的管理层开始确信，许多新颖设计不过是名称新颖而已，而产品开发成本和生产成本螺旋上升却使公司付出大量的钱。为此，他们组织了一些"跨部门小组"[29]，这些小组对普惠发动机上广泛使用的每个零件和每道工序进行评估，如对涡轮叶片进行评估，然后商定出用于零件设计、材料选择和工艺技术等方面的"规范"。如果某工程师想要采取一种不"规范"的新设计方法，他就有责任使有关小组确信这种新设计方法的优越性。实际上，这一评估系统极大地减少了新颖提案的数量，从而降低了成本。

到20世纪80年代后期，协调作用较弱的项目工程师系统产生的不良后果也是显而易见的。因此，普惠通过采用由美国空军在主要防务承包人中推行的"集成产品开发"（IPD）的新做法，发展了原有的项目工程师的做法。其基本思想是，组成跨部门的集成产品开发团队，解决发动机开发过程中各部门之间出现的重大矛盾。这一概念很符合全面质量管理的思想。这也是普惠公司于20世纪80年代后期采用的一项"计划"，普惠公司称之为"质量提高"计划。

虽然上述三项改革的效果非常显著，但却还不够。例如，1995年6月进入航空公司服役的PW4084新机型投入市场所需时间，从旧时没有集成产品开发的项目工程师制时的五年，缩短为增加了这一做法后的四年，工程小时数也相应地减少了。这时，尽管新的工厂布局极大地减少了零件在生产系统中移动的距离，但是，在所谓的流动生产线中每一生产步骤的前后，仍堆放着大量库存，因为每台设备都要在两次调整之间生产出大批零件。一个工人仍被指派负责一台设备，通常只是等在那里看什么地方出毛病。此外，很多设备由于非常庞大而且专用性强，不能放到流动生产线上去。更糟糕的是，自从集成产品开发的这套做法于1984年形成以后，就始终在一步步倒退（正如在20世纪30年代发生过的一样），因为普惠的管理人员不准备随着加工步骤和零件设计的不断改变对庞大的加工设备进行重新排列。结果，尽管用精益方法实际生产一台发动机所需时间仅为几个月甚至几周,但普惠从最初订货和原材料到发货所需的实际生产时间,即发动机供货时间,从传统的 24 个月缩短到 20 世纪 80 年代末的 18 个月以后,就停滞不前了。

1991 年的普惠毫无疑问比 1983 年精益多了(1991 年时,对同一零件在厂内的运动距离进行了测算,发现只有 9 英里,而非原先的 18 英里)。尽管采取了一些流动措施,而且由于普惠所有事务都在一个大房间内进行,集成产品开发有可能恢复对一些工程问题进行协调,但是,工厂布置看上去还是和 1936 年卡尔顿·沃德领导下的情况差不多。进行上述改革步骤仅仅是必要的,而且注意到这些也是非常重要,因为它们为以后所要求的改革步骤提供了重要基础;然而,普惠还是未能精益到足以在危机来临时幸免于难的程度。

1991 年创造出的危机

当普惠所熟悉的世界于 1991 年年底结束时,出现了可以理解的观念混乱,对该怎么办的问题也出现了大量分歧意见。

一种想法代表了产品工程师的愿望,主张实行技术战略,迅速推行下一代技术。这就是高级内涵涡轮风扇式发动机(ADP),它在发动机的前端采用一个很大的带有双向叶片的风扇。这种叶片在拉动飞机前进时,可提高燃油经济性,在飞机着陆制动时,可改变叶片的倾斜方向,使空气向相反方向流动。[30]

然而,由于喷气发动机的发展已相当成熟,所以对这种发动机性能的最乐观的估计是,燃油消耗量可以节省 6%～8%,但却要以大大增加机械复杂性为代价。它不仅不能加快客机的飞行速度,也许还会给航空公司的维修增加难度。此外,实际生产这种高级内涵涡轮风扇还需要若干年时间,关键在于新的轻型复合结构的开发,这种结构应能够容纳大量的叶片,以防在飞行中有一片或几片叶片损坏脱落。[31] 尽管这种技术是人们多年来追求的一项颇具吸引力的技术选择(尤其在能源价格上涨以及美国政府对开发此技术提供资助的条件下),[32] 但是,它几乎不可能在尽可能短的时间里使发动机性能有足够大的改善,以挽救普惠公司的命运。

另一种想法代表了财务规划人员的愿望，主张为普惠公司的所有主要部件寻找承担风险的外国伙伴，从而逐渐缩小公司的规模。这些部件包括：最前端的大型风扇；紧接其后把空气压进燃烧室的压气机；使压缩过的空气与燃料进行混合并被点燃的燃烧室；回收从燃烧室排出的燃气能量的涡轮（它通过一根在发动机中央的轴，把能量送回到发动机，推动压气机和前端的风扇工作）；尾喷管；使发动机外表面呈流线形，装有反向推力器，并收集损坏叶片的吊舱；以及一些附件，如燃油和发动机控制系统。

如果采取这种做法，普惠将成为把零件组合在一起的"系统总成厂"，但几乎不需要自己进行设计和生产了。由于许多外国企业愿意参加产品的部分生产，以此作为进入发动机整机生产的途径，因此找到那些愿意支付巨大开发成本和资金成本的外国合作者很容易。此外，在新的发动机计划中增加外国企业，将有助于处理外国军方和外国国有航空公司大宗购买的政治问题。普惠的问题是，存在一种危险，即在那些渴望发展航空工业的外国政府的支持下，普惠的一个或几个风险共担的合作者可能会将普惠取而代之，成为将来的系统集成者。的确，这种做法有可能轻易导致非自愿退出的结果。

第三种想法主张根据精益原则，从实际生产活动开始，对普惠公司内部的三项主要活动——新产品开发、销售和接单过程，以及实际生产过程——进行重新思考。这种想法从立足公司现状开始，快速大幅度降低成本，对客户呼声做出更积极的反应，然后再考虑下一步要做的事情。这就是1991年秋天，马克·科兰在普惠公司生产制造方面实行的战略。

从大到不太大，从"流程"到流动

普惠显然存在过多的将来不再需要的场地、工装和人员，因此科兰的第一个步骤就是处理这种情况，虽然这并不能使生产率有所改进。1991年12月科兰宣布，普惠1100万平方英尺生产场地中的280万平方英尺要关闭，停止使用。

接着他又宣布，要利用精益技术，尽可能使每个产品的生产都成为连续流，从而在今后四年内，使成本降低35%（按不变美元计算），使实际生产的供货时间从18个月大幅度降低为4个月。他请来了鲍勃·德阿莫，这是联合技术公司总部的一位精益思想家。在20世纪80年代中期，鲍勃作为哈利-戴维森重建者的参加者学习了精益原则，现在是新建的"持续改善办公室"的负责人。德阿莫直接对科兰负责，他的任务是全面研究普惠的生产系统，制定一项计划，使每项生产活动都包括在某种形式的连续流的生产单元内。这就是普惠最早的突破性改善活动。

然后，科兰开始着手大力缩减普惠的供应商队伍，这样就可以帮助为数不多的具有长期供货关系的供应商们改善业绩，科兰还派出"过程改善团队"协助进行这项工作。

工作难度是非常大的。普惠的计时工以及中层管理人员一般都为公司工作了一辈子，还有好多是普惠员工的儿子甚至孙子辈的人。几十年来，他们目睹了发动机业务的兴衰，他们宁愿把目前的状况看作是新的经济周期，因此认为危机一定会过去，情况会像以往那样继续下去。

此外，鲍勃·德阿莫正在推行的思想，对工人们已经熟悉的一切提出了挑战。例如，德阿莫要求在紧凑的生产单元内对机床进行重新排列。这样，一位工人可以照管两三台甚至更多台设备；而普惠多少年来实行的都是每位工人只负责他自己的那一台设备。鲍勃还批判了普惠关于设备"越大越复杂越好"的看法，认为这是直接违背精益思想的。而且，当新系统建立起来以后，普惠不能保证任何一位计时工或管理人员都有一份工作。

马克·科兰记得当时的情形很像是一次入侵，一小队人登陆后艰难跋涉，试图仅依靠他们新思想的力量取得对一大片土地的控制。"工作的确非常非常困难。到1992年春天，我甚至怀疑鲍勃和我会取得成功。虽然每一位管理人员都在谈论进行一次飞跃，但实际上却什么也没有发生。"

幸运的是，科兰得到了来自上层的必要帮助，而且运气也不错。乔治·戴维刚刚升任联合技术公司的总裁，并且完成了精益思想的学习。他对精益思想的学习是由于在1991年受到了阿尔特·伯恩的推动，当时阿尔特·伯恩在定期的联合技术公司全体经营公司[33]总裁会议上发表了演说。戴维回忆说："阿尔特·伯恩给我们提了一个非常简单的问题：为什么我们需要这么多的人，这么多的生产场地，这么多的加工设备，这么多的库存，来做这么少的事情呢？他认为，与最高水平的精益公司，如达纳赫公司和丰田公司相比，我们对资产的管理是非常失败的。我对他指出的我们工作中浪费的例子感到非常吃惊。"

"于是，我在1991年秋季时仔细看了他在线模公司的做法，结果是令人意想不到的。多年来我作为经营部经理，对工程问题比较了解，却从未管理过工厂。当我看到阿尔特·伯恩，岩田义树和中尾千弘在线模公司的车间里亲自做改善时，我有所领悟了。"所以，当马克·科兰不久后告诉戴维关于他在普惠推行精益思想所遇到的困难时，戴维马上建议，要派遣像岩田和中尾那样的援军。

然而有一个问题。当时新技术咨询公司正准备签订为通用电气的飞机发动机集团工作的长期协议。当戴维得知这一消息后，立即亲自去见了正住在康涅狄格州锡姆斯伯里一家宾馆的岩田和中尾，并带回与他们达成的转而对普惠提供帮助的一项多年协议。如戴维所回忆的："我非常激动，因为我们急需他们的知识，并且终于在最后一分钟把他们从通用电气那里夺了回来。"

仅有精益知识是不够的

中尾最初对普惠进行的突袭是在1992年5月，就像当初他参观雅各布斯卡盘公司一样，不过是示范性的。在此后一星期的时间里，普惠在康涅狄格州大型的米德尔敦工厂又进行了一系列活动，使所需要的人工、场地和加工设备均减少了75%。不解的唠叨没有了，大范围的不断改善活动开始了，而且推动了德阿莫的最初想法更进一步、更迅速的发展。正如马克·科兰后来说的："我们的精益导师的主要贡献是，永久地改变了我们对什么是可能做到的事情，以及在多长的时间内做到这些事情的看法。"

然而，当时新发动机市场与备件订货市场一起都开始滑向谷底，其中备件订货从1991年开始就持续暴跌。就在德阿莫努力理顺现有价值流的时候，工作任务量在一天天减少，从1991年6月到1992年7月保持的1100万小时的年生产小时数最高纪录，降为1992年12月的880万小时。

此外，由于没有建立起对新的紧凑生产单元的支持系统，所以很显然无法维持正得到改善的各项独立的运作效果。鲍勃·德阿莫的"持续改善办公室"既没有资源也没有权威来处理每一次改善活动结束时出现的松懈结果。这个办公室也不能对那些流动生产线管理人员提供如何保持已取得的进步，以及如何进一步改善的日常指导。更使人不安的是，许多管理人员越来越明显地人为抵制新建立起来的系统。结果，经过一周闪电式的改善所取得的惊人成果，很快随着管理人员和工人们返回老路而丧失殆尽。

最后，销售额的加速下滑表明，不仅是工厂规模和计时工人数量，而且整个业务结构都有问题。整个普惠急需进行一次重新思考。

第二个变革代理人

乔治·戴维此时非常关注普惠所面临的危机，因为它已开始影响到整个联合技术公司。历史上，普惠既是联合技术公司最大的经营单位，也一直是最大的赢利单位。尽管其他业务部门业绩良好，但普惠公司利润的突然下降，使得母公司——联合技术公司的利润和股票价格也随之下降。

1992年秋天，当戴维进行了慎重考虑以后，决定需要第二个"变革代理人"来接替现任的普惠公司总裁。由于普惠公司的现任总裁在普惠公司干了一辈子，所以不可避免地反映出普惠公司传统的做事方法。时任开利公司总裁的43岁的卡尔·克拉佩克，显然是一位候选人。戴维知道，克拉佩克懂得精益思想，而且会以不可抗拒之势克服一切障碍，去取得成功。戴维毫不夸张地评论说："克拉佩克是当今世界上最不留情面的管理者。"

到现在，我们已经听说了许多关于管理人员第一次领会精益原则时，如何"顿开茅塞"的描述。克拉佩克很早就受到了精益思想的启蒙，那是在他被指派大规模推行精益原则前整10年。从通用汽车学院毕业后，作为工业工程师的克拉佩克（并在普渡大学攻读同一专业的研究生之后），在通用汽车公司被委以越来越重要的经营管理工作。1979年，他在31岁时成为通用汽车公司历史上最年轻的总装厂经理之一，管理着密歇根州庞蒂亚克市拥有5000工人的庞蒂亚克总装厂。

他一上任就发现，庞蒂亚克厂给人印象最深刻的一个特点是大批量待装上车的发动机成品库存。事实上，1979年开始的严重经济衰退中，庞蒂亚克厂存有3个月的发动机供货量。这给工厂带来了无尽的麻烦，也使克拉佩克想到，如果能在实际需要的时候才进行发动机的生产和运送，就可以使工厂业绩得到极大的改善。

为此，他制订了一项计划，先把库存的发动机清理掉，然后由就在附近的密歇根州弗林特发动机厂，按照需要每隔30分钟供一次货。这种想法一经实行就非常成功，并且对工厂运营的许多其他方面产生的积极影响也显现出来。克拉佩克于是开始考虑如何推广这一基本的精益原则。可是，灾难降临了。有一次，从弗林特厂发送的发动机未能运到，造成整个工厂停工，工人们提前4小时下班。于是，通用汽车公司的高级管理层要求搞清楚，他怎么能让工厂在完全没有缓冲库存的情况下运行呢！克拉佩克受到上级的严厉谴责，而且面临被解雇的危险。

通过向更高层领导的呼吁，克拉佩克被允许继续留任，但是，他突然懂得了许多管理人员以前及后来得出的结论：在这样的组织机构中是不可能逐渐引进精益和流动概念的，因为这种组织的高级管理层不懂这些概念，而且其组织结构也不能为此提供保证。当正在奥的斯电梯公司（Otis Elevator）的乔治·戴维打电话向他提供一个职位的时候，克拉佩克也正准备转到一个较易于进行变革的机构中去。

也许转到奥的斯工作最幸运的一点是，奥的斯位于哈特福德。当克拉佩克于1987年首次听说了丹纳赫公司的杰克制动器和其他子公司的事以后，他很感兴趣。但是，奥的斯80%的"制造工作"是在建筑工地进行的，即电梯要在建筑工地进行安装，如何在这种情况下应用精益原则还不很清楚。

1990年，当克拉佩克离开奥的斯电梯公司成为开利公司总裁时，他接管了一个真正的制造企业，企业几乎近100%的成本发生在开利公司工厂内部或者其供应商内部。根据在庞蒂亚克的早期经验，克拉佩克准备接受精益思想。因此，他与阿尔特·伯恩商量办法，并聘请岩田和中尾以及他们的同事提供帮助。他们很快就开始把以部门为单位的批量作业，转化为生产单元的"单件流"作业，并且取得了很大进展。

1992年秋天，当乔治·戴维打来电话时，克拉佩克表示愿意去，也能够去，但并不热心。克拉佩克回忆说："乔治·戴维打来电话说，'你得去普惠'。当时我们开利公司正在推行重大举措，而这些举措不过是精益转化过程的一部分。我说我想留下来。我还说，'我是从通用汽车公司来的，不想再回到通用汽车公司去'。我的意思是，我不想回到在已经完全改变了的世界里，仍试图按照旧有习惯行事的、高度部门分割和有僵化的等级体制的机构中去。但是戴维指出，'你不再像过去在通用汽车公司时是一个中层管理人员了，到普惠你将是总裁。如果你不想让普惠成为通用汽车公司，你就把它变成丰田，甚至超过丰田！'我实在是无可选择。于是，我去了普惠。"

克拉佩克于1992年底到了普惠。他知道他必须制定一项关于重组整个公司的大型计划，并且要尽快实施。一项新的市场趋势分析表明，新发动机的销售实际上已经出现停滞，工厂工作负荷到1994年将降到540万小时，比1991～1992年的最高纪录降低了50%，并且以后不会有很大反弹。然而，多层次的、部门分割的公司结构，以及所有相关的管理费用都没有变化，而且什么东西都不能轻易地穿过不同职能和不同部门之间的高墙。而且，普惠试图自己做的事情仍然太多。

克拉佩克的第一个行动，就是加速进行已由科兰开始的评价活动，来决定普惠公司应该从事哪些生产活动。结果，钣材成形，发动机钢质涡轮盘的制造，齿轮和齿轮箱的制造都包给了供应商。

下一步是将喷气发动机的2000多个零件分成7个产品类：转子和轴、涡轮叶片、燃烧室及壳体、吊舱、锻造压气机叶片、压气机定子组件，以及一般的机加工零件。旧的以工厂为基础的组织结构被废弃了，代之以新的"产品中心"系统。每一个产品中心负责一类零件的生产，另外第8个产品中心负责总装。每个产品中心都有一位总经理，对科兰负责。与此同时，对过去由经营部门和工程部门负责的集中采购、质量保证和零件细节设计等职能，也进行了重组，其中的大部分雇员被分配到各产品中心。这就意味着，要停止使用公司的一大部分场地，还要将整个生产活动中相当大的部分从一处移至另一处。结果，以转子为例，所有与之有关的生产活动，都在康涅狄格州米德尔敦工厂的一个大房间里，以近乎连续流的方式进行。

克拉佩克面临的一大问题是，需要立即削减大批人员，还必须废弃康涅狄格州的许多设施。正如克拉佩克所说："我们的3种大型发动机、6种小型发动机，以及发动机备件一周的产量完全可以装进我的办公室里，那么，我们为什么还需要1000万平方英尺的生产和储存场地呢？"

此外，普惠的工会不得不接受像多种技能、岗位轮换、操作多台机器以及在各厂之间不断改变从事的工种和活计等概念，以便适应变化的价值流。相比之下，直到1992年，所有的计时工都只照管一台机器，当机器运转时，工人们只是简单地看着，偶尔测量一下零件。工人们那时被局限于指定的工作范围内；而工作范围是通过把所有工作分工成1151种工会认可的工作种类来决定的，每一种类工作约有10个计时工。工作的分配是在资历的基础上，通过复杂的"提升权力"系统来进行的。如果工作模式稍加调整，就会引起几十甚至几百个工作再分配。

乔治·戴维和卡尔·克拉佩克在1993年春天，与国际机械师协会和康涅狄格州政府进行了一系列高层谈判之后，终于达成了协议。最终的协议内容包括：计时工人数要永久性地削减（整个普惠公司的人数从1991年的51 000人减少到1994年年底的29 000人）；工作灵活变通、积极参与定岗工作和发展标准化工作将成为新的工作规范；州政府将帮助对下岗人员进行再培训。作为回报，普惠答应，只要达到生产率改进的宏伟目标，就不会把更多的工作机会提供给供应商或在其他州的普惠业务部。

拔掉钉子户

在解决了缩减规模和劳动管理问题以后，克拉佩克和科兰面临的第二大问题是，普惠现有的管理人员或者不能，或者不愿管理新的产品中心。在1993年8月宣布的8位新任产品中心总经理中，虽然有3位是外来人员（都具有在通用电气公司生产单元的工作经验），而且知道该怎么做，但许多老资格的普惠人似乎理解不了。

这个问题分两种类型。在诺斯黑文涡轮叶片制造厂，资深的普惠管理人员的确全身心地投入到变革之中，并尝试了一项将批量生产转变为"单件流"生产的雄心勃勃的举措，但是他们完全不具备攻克难关获得成功的技术技巧。未如期交货的订单数迅速增加，客户们开始大为不满。

按照普惠的惯例，遇上这种麻烦的管理人员是要被解雇的。[在零件厂管理人员中流行的一句口号是："按时发货，你就是好样的（哪怕你发的是破烂货）。"] 然而，马克·科兰决定注入一种新的思想，那些诚心诚意尝试用新的更好的方式进行管理的人员，不会因为失败而受惩罚。于是，他把这位管理人员调往公司的其他部门，而另外找到埃德·诺森，请他来实施精益转变。埃德·诺森是通用电气的一位前任经理，对精益管理有广泛的经验。

另一类问题是，一些总经理完全拒绝变革他们的管理方法。1994年春天，当中尾千弘走进米德尔敦厂总装大厅时，又进行了一些示范。他迅速环顾四周，然后告诉装配厂的总经理，组装一台发动机的时间要从30天减少为3天，所需的场地必须减半，所需的人工要减掉2/3，手头的零件库存和发动机库存要减掉90%以上。还有，这些大型发动机的组装要从工作台式组装变为连续流动的移动轨道式组装，而且必须立即开始。

这位总经理和他的副手们争辩说，对于在普惠这样复杂的机构中的如此复杂的产品，完全不可能这么迅速；在这里，要使用技术高超的工匠来纠正远在生产上游出现的错误。他们答应要制定一项长期规划，然而显然不会很快发生什么变化。此后不久，他们就被请出了普惠；另一位外聘的鲍勃·韦纳就任了新的总经理。

1991～1994年的三年中，普惠管理集团的高级管理人员从72人减少到36人，其中只有17人从1991年起一直在公司里。事实证明，要使这样高度成熟的机构实现精益转化，有必要替换掉相当比例的管理人员，这要比我们考察过的其他类型企业的比例大得多。

调整两项主要活动

普惠的实际生产有两项基本活动：一项是用铸、锻件毛坯加工零件；一项是把这些零件（以及许多其他由供应商提供的零件）组装成完整的发动机。因此，如果我们看一下埃德·诺森改革涡轮叶片加工的情况，以及鲍勃·韦纳改革总装生产的情况，我们就会对普惠接下来所发生的实际转变有清楚的认识。

10亿美元的房间

埃德·诺森所管理的康涅狄格州诺斯黑文厂是一个巨大的房间，房间面积有1000英尺×1000英尺，从前门可以很方便地环视整个房间。1991年在这个房间里，普惠的1350名员工使用600台先进设备，生产了价值10亿美元的喷气发动机涡轮转子叶片和导向叶片。[34] 由于喷气发动机整机通常以低于成本的价格出售，近来有些甚至几乎白送；又由于需要经常更换的导向叶片和涡轮转子叶片（在喷气发动机行业中通常称作"剃刀片"）的售价数倍于实际生产成本，所以埃德·诺森管理的房间的情况在很大程度上决定了普惠公司能否生存。

1993年时的问题是，诺斯黑文厂的成本非常高，以至于普惠公司不能靠"剃刀片"业务积蓄足够的利润，以支撑其"剃刀"（喷气发动机）业务。更糟的是，在努力向精益方式转化的同时，诺斯黑文厂未能按计划如期交货，延误的订单数量剧增，普惠公司的现金流量也受到了严重影响。所以，当埃德·诺森于1993年8月首次踏进这间房间时，摆在他面前的是生死攸关的艰巨任务。

像我们遇到的许多其他人一样，埃德·诺森"顿开茅塞"是在20世纪80年代初期。那时他在通用电气飞机发动机集团（GE Aircraft Engine Group）工作。在那里，他第一次尝试了"单件流"生产。虽然他取得了初步成功，但最终还是离开通用电气到了英特汽轮机公司（Intel Turbine）。英特汽轮机公司是一个小企业；它的业务是为航空公司维修厂修复损坏的涡轮叶片。但是，英特汽轮机公司缺乏超越狭窄市场门类所需的技术基础和资金来源。所以，当马克·科兰于1993年夏天给他打电话，保证他在诺斯黑文厂推行精益方法的绝对自由时，埃德·诺森欣然接受了邀请。

埃德·诺森第一次看到的这间房间，是按1984年的生产流程布置的，但是零件设计和加工工艺的改变，总是首先碰上庞大的、不可移动的加工设备。因此，不管1984年形成了什么样的流动，到1993年时都已成为由一个个"水坝"围成的一潭潭"死水"。此外，他还发现了令人震惊的质量问题。在许多工序中，一次加工合格率不足10%。这些零件总是一遍又一遍地在生产系统中循环，因此，如期完成生产计划是不可能的。

对此，诺森立即采取了一系列措施（我们希望这些措施已为我们所熟悉）。他对公司人员作了评价并且决定，他所需要的工人不会超过这1350名工人中的60%。同时，他对流动生产线管理人员作了调查，发现其中的大部分管理人员，绝不可能在他所计划的那种环境下工作。于是，在一次性的人员削减和管理人员的迅速更换之后，形成了一支他认为可给予保障的职工队伍，以及可领导的管理小组。

诺森采取的下一个步骤是：为整个涡轮转子叶片和导向叶片业务绘制价值流图，重组作业单元，使每一产品系列的价值流能够很好地通过；重新设计每一台设备，使其能由工人们在任何时候轻易地移动。[35] 然后，就该把这些设备按加工步骤的顺序排放到生产单元中。这样，就可以在尽可能多的情况下，保持"单件流"生产。

所用措施见效迅速，效果惊人。在以后的两年里，零件延误供货的现象从8000万美元降为零，库存减少一半，许多零件的生产成本也减少一半，劳动生产率几乎翻番。总之，和我们预料的一样。然而，下面就到了面对超大装备问题的时候了。

超大装备的遗迹

精益思想家们把所有那些体积太大而不便移动、需要按批量作业法使用的机器都称之为"超大装备"（他们也用同样的词来形容中转机场、中央计算机系统或中央工程部门，即所有要求批量操作，又不能随着价值流的改变而移动的东西）。由于持续的改善活动和工艺要求的变化，需要经常移动机床设备，因此，超大装备是有害的，是另一种形式的浪费。

诺斯黑文厂的超大装备价值 8000 万美元，是由 12 个豪耐－布洛姆叶片磨削中心组成的综合加工中心。1988 年，当普惠试图以高技术超越竞争对手时，在德国订做并装备了这一加工中心。他们的想法非常简单：用世界上速度最快和最先进的设备，使涡轮转子叶片根部的磨削加工完全自动化。

在 20 世纪 80 年代后期以前，诺斯黑文加工叶片的办法是，把每一叶片依次放到 9 台磨床上，全部加工时间为 84 分钟。这道加工工序的目的是把每一叶片根部磨平，使之很贴合地嵌到支撑它的涡轮盘里去。这一加工方法属于劳动密集型，需要直接工人照看机器，不断测量工件和往机器上装卡零件。此外，还需要辅助工人把零件从一台机器处运到库存地，再从库存地运到另一台机器处，而处在下游"流动"系统的另一台机器却相距很远。

新的加工系统采用 12 个大型磨削中心，带有 12 根运动的轴。每个磨削中心都可以完成过去要由 9 台机器完成的加工步骤，而且仅在 3 分钟内即可完成一个叶片的磨削。而且，加工中心装卸工件的工作由机器人进行，工件由自动导向车（AGV）运进或运出仓库。不需要任何计时的直接人工或辅助人工。

但是，还存在问题。如果使用标准卡具，就会在叶片的某些位置用力过大，即磨床把叶片卡得太紧了，以至于使叶片损坏。因此，有必要用低温合金把叶片包覆起来，仅露出要加工的部位，这样使卡紧力均匀地分布在整个叶片上。进行叶片包覆工作所用的带有一大桶液态金属的机器、昂贵的模具和较长的换模时间，决定了这是一个批量加工过程。所以，必须把包覆好的工件运到库存地，等布洛姆设备需要的时候再运出来。运送工件工作是由自动导向车和自动提存系统（ASKS）来完成的（顾名思义，这种自动提存系统在概念上与丰田的芝加哥仓库系统是一致的，如第 4 章所述）。

还有另外一个问题：在磨削加工完成后，要把低温金属从叶片上除去。为此，要采取若干复杂步骤来保证合金被完全除去（一旦装到发动机上，即使是残留微量的合金，都会造成叶片上的热点，从而加速叶片损坏）。其中包括用 X 射线和使用有腐蚀性的化学物质的原子吸收过程，来化验合金的微量元素。这最后一个步骤还会由于放射性酸的采用，引起严重的环境问题。上述整个加工系统的布置如图 8-4 所示。

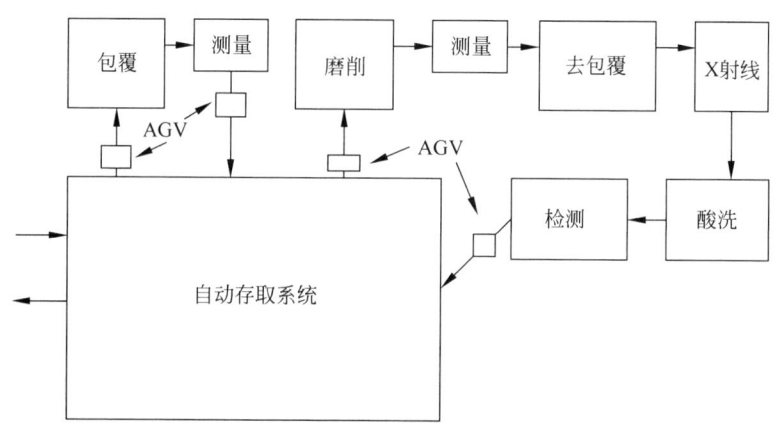

图 8-4　叶片自动磨削中心

还有一个问题是，布洛姆磨床从一个产品系列生产转为另一个产品系列生产时所需要的换模时间。换模时，需要把自动磨削工具一层一层地拆下来，所以每一次换模需要 8 小时。显然，这一系统的设计者考虑到了长期加工一种产品的可能性，即可进行完全自动化的批量生产；但实际上普惠需要的是多样化小批量叶片的生产。较长的换模时间阻碍了多样化小批量生产，而要求每种零件都得是批量生产。

最后，大量计时的直接工人和辅助工人都被有技能的技术人员替换下来。这些技术人员负责看管控制整个加工过程（共有 2000 个参数）的复杂的计算机系统，排除出现的故障。1993 年秋天，当埃德·诺森到来时，共有 22 位技术人员照料这一加工中心的各种需要，比老的手动系统所需要的直接工人人数少不了多少。

然而，新系统9道工序中的8道，再加上自动导向车和自动提存系统，都不增加任何价值；而且3分钟的磨削时间，却伴随着10天的批量生产时间，也就是说，从包覆低温合金工序开始到去掉包覆工序结束共需要10天时间。这一复杂的设备还是敏感多变的，即使在漫长的学习曲线终点，达到80%的产品合格率亦属不易。这就是8000万美元投资带来的令人失望的结果。

我们讨论布洛姆磨床的目的，是要举例说明那一整套已经过时的思维方式。采用上述加工系统的两个目的，一个是加速实际的磨削过程（你可以把它想成一个漫长过程中的"点速度"36）；一个是由于单位小时的人工成本"高"，需要削减掉所有的计时工。而这两个目的都忽略了一个基本点：有意义的是平均速度（考虑价值流的长度）和单位小时人均创造的价值（下一章我们讨论德国"技术"时，还要讲到这一点）。

最初，诺斯黑文厂试图围绕磨床中心来进行生产，他们把涡轮转子叶片加工的磨削步骤放到"幕布"之后，以使其不会干扰其他加工过程的"单件流"生产。但这是很困难的，因为整个过程的绝大多数成本是由磨床中心引起的，而且磨床中心不稳定的性能阻碍了其他部分为获得均衡流动的努力。因此，磨床中心需要退役了（见图8-5）。

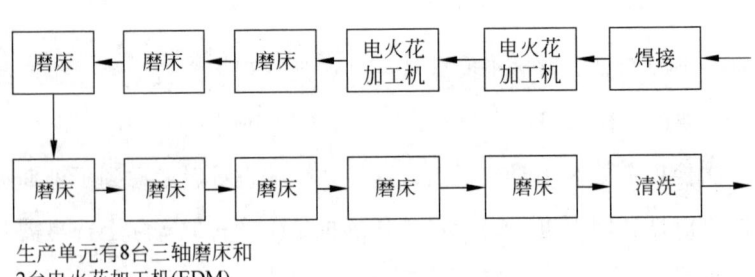

图 8-5 精益叶片磨床系统

到1994年下半年，诺斯黑文的工序制定小组得出了问题的答案。他们建议每一布洛姆加工中心由8台简单的三轴磨床来代替，简单的三轴磨床使用精巧的可快速更换的卡具，可把叶片牢牢地固定在磨床上，而不需要对叶片进行包覆。[37] 每个生产单元有一名工人负责用手工把工件从一台磨床移至另一台磨床，规范自己的工作，测量工件检验质量，在不超过两分钟的时间里，为下一种零件的生产更换磨床夹具（在游动换卡具助手的帮助下），以及在任何需要的时候做任何需要的事情。

虽然实际加工时间从 3 分钟增加到 75 分钟，但整个过程所需要的全部时间却从 10 天减少到 75 分钟，由更换卡具引起的停工期减少了 99% 以上（因为 9 台设备的每一台设备，在为即将生产的新零件更换卡具时，都是及时进行的）。在制品的数量从大约 1640 个减少到 15 个（每台机床上一个正在加工的叶片，再加上一个等待加工的和一个刚好完成的叶片），所需场地减少 60%。每一新的生产单元的投资不到 170 万美元，而整个生产成本却可以降低一半以上。结果是：没有了包覆；没有了自动导向车；没有了自动贮存仓库；没有了除去包覆以及由此造成的环境公害；没有了计算机控制室及其技术人员大军。最佳的精益思想，如表 8-1 所总结的。

表 8-1 精益加工和"超大装备"加工的对比

	自动化的磨床中心	一步接一步的生产单元
场地／产品生产单元面积（平方英尺）	6 430	2 480
工件运动距离（英尺）	2 500	80
库存量（生产单元平均值）	1 640	15
批量大小（叶片数）	250	1
生产通过时间（循环时间之和）	10 天	75 分钟
环境	酸洗和 X 射线	无酸洗和 X 射线
换模停工时间	480 分钟	100 秒
每叶片磨削成本	1.0X①	0.49X①
新叶片加工成本	1.0X①	0.3X

① 准确的数字属公司专有资料。表中数字的意思是叶片磨削加工成本削减了一半，新叶片的加工成本减少了 70%。

当被称为"一步接一步"的（日语意思是"装载装载"）第一个新生产单元于 1996 年年初投入运行时，诺斯黑文厂就开始以高工资的资深工人、"简单"的设备和第二次世界大战时期老式（但很整洁）的建筑物，在成本和质量方面形成世界上无可匹敌的优势。

上述事实引出了埃德·诺森战略的最后一个步骤。他知道精益思想会不断地解放出更多的工人和资源。如果他不打算不断拿出解雇通知单,并不断向他的职工队伍解释为什么在没有显著好处来保障他们工作岗位的条件下,他们还应该继续全身心地投入公司工作的话,他就必须迅速找到越来越多的工作岗位(埃德称之为"使希望永存")。

一个办法是把供应商的工作拿回来。特别是,如果把这些生产活动纳入到诺斯黑文厂会得到更加连续流动的生产时,就更应如此(必须知道这只是单向的过程。一个企业不能为适应其需要把工作拿过来,然后为适应新的需要,又交出去,因为此时供应商已不存在)。第二个办法是与普惠公司承担发动机大修工作的其他单位合作,进入涡轮转子叶片修理行业;这是又一个采用"批量生产"思想并等待精益去唤醒的领域。这两种办法在 1995 年都进行了很好的筹划。

连续流动发动机

在埃德·诺森改革涡轮叶片加工的同时,鲍勃·韦纳从 1994 年 7 月被任命的那一刻起,就极力在总装车间引进精益原则。由于鲍勃·韦纳原来是埃德·诺森在通用电气飞机发动机公司的副手,所以毫不奇怪他所采取的措施与埃德·诺森完全相同:一开头先把人员削减到可长期维持的水平上;把不能调整自己以适应新系统的管理人员替换掉;规范生产工作,处理质量问题。这些是使工作连续流动起来的前提。

韦纳和他的小组在研究了形势以后认识到,中尾千弘三天装成发动机的目标是可以实现的,只是需要一项很大投资,把总装车间和在另一所建筑中的检测工作单元[38]合并到一起。然而,他们发现,仅通过引进模块式组装,他们就可以在 1996 年年中,使整个组装过程的时间从 30 天减少到 10 天,还可以大幅度降低所需人工(所谓模块式组装,中尾称之为"鱼头"系统;一些已经完全装好的准备在生产中心进一步组装起来的主要部件代表"鱼骨")。关键是要把发动机放到运动速度难以察觉的运动轨道上,还要消除由于上游的产品质量和完成时间问题所引起的逆流和返工现象。这个新系统把部件模块及所用工具成套地送达总装工人,这样工人们就不必浪费时间去"寻宝"了。这个系统还为总装工人在总装线旁安装了简单的个人计算机系统,显示总装配图和每一工作步骤的操作说明。

同时发生的质量危机

要克服的最后一个问题是同时发生的质量危机。1993年,客户对飞行中发动机熄火率的抱怨使普惠应接不暇,这个指标是飞机发动机工业最主要的质量指标。确有几个航空公司威胁要取消未来的订货,甚至要到法院进行索赔;而且看起来,普惠某些发动机的飞行熄火率是通用电气和劳斯莱斯公司水平的7倍。

从某种程度上说,这似乎是不可能的。因为1992年时,普惠的质量保证部有2300名雇员,他们对所有可以检验的问题都进行检验。但另一方面,显然20世纪80年代的质量运动是非常失败的。质量保证部已经成为典型的公司爱唠叨的"保姆"。为了达到生产目标,他们对生产工人进行检查,以确信工人们并没有在质量问题上偷懒。当然,这也给质量保证部带来了非常消极的不良声誉。

这还意味着,生产工程师们很愿意把所有出现的质量问题都交给各个材料检查委员会(MRBs)去处理,在首次发现问题后,材料检查委员会要用很长时间来判定,被质量检验部检验为不合格的零件是否准许发货。20世纪90年代初期,普惠每年要开66 000次材料检查委员会会议。但是,90%的情况是,零件最终"就这样"被允许发货,因为人们认为那些偏离标准规格的误差并不重要。这就是耽搁很长时间后,数小时的会议对问题的评价结果。

对上述问题的一个解决方法,是在一位新负责人罗杰·切瑞康尼的领导下,彻底改革质量保证部。罗杰长期以来都是普惠的产品工程师,没有质量工作的经历,也没有思想包袱。只有150名雇员仍留在这个部门,其余人员被分配到工厂各业务单位,直接解决出现的质量问题。

另一个解决办法是再一次依靠乔治·戴维,他实际上曾经两次受到精益思想的点拨。第一次是遇到阿尔特·伯恩之前好几年。在20世纪80年代，他曾任奥的斯电梯公司总裁，同时也是一家与松下公司合资的日本–奥的斯公司的董事长。1990年，由于松下宣布，它认为合资公司的产品不能再使用他们的"National"商标，使戴维面临危机。

"松下公司的领导给我打电话时指出，几年来我们的产品故障频率要比竞争对手日立公司和三菱公司的产品高出四五倍。拿到几年来我们的产品在日本市场的使用报告后，我知道我们之间的关系出现了裂痕。我还知道，如果奥的斯不能在日本与日本企业进行竞争，我们在任何其他地方最终也要败给他们"。

幸运的是，松下派来了伊藤让。伊藤让是松下电子公司的质量问题奇才，这次被派来帮助解决日本奥的斯的质量问题。"我们需要他的帮助，因为我们决心要使我们的产品成为最好的，可我们不知道该怎么做。事情就是那么简单"。

伊藤建议成立了质量问题特别工作组以后，"回叫率"（电梯行业的行话，意思是每年要求修理故障电梯的紧急电话的次数）开始大幅度下降，最终低于日立和三菱公司。戴维说："毫无疑问，是伊藤君一手挽救了我们和松下公司的关系，同时使一个美国企业有可能在日本市场上成功地战胜最好的日本企业。"

此后不久，伊藤就从松下公司退休了；于是乔治·戴维恳求他专职服务于奥的斯。1992年，当戴维到联合技术公司升任总裁时，他又把对伊藤的任命扩大到整个联合技术公司。最后，他甚至说服伊藤把家从日本搬到哈特福德联合技术公司总部附近。

当伊藤开始帮助解决联合技术公司的生产制造问题时，他所用的技术显然是基于流动思想的。他利用"回叫率图"来观察流动生产被打断的次数，采用严格的"根源分析"和纠正措施。之后，他总能发现，连续流和良好的质量是同时获得的。

"就在普惠在客户层面上反映出的质量问题开始形成危机的1993年，我知道伊藤的质量思想和新技术公司的流动思想有一个很好的结合点。我认识到，这两者的结合将是不可战胜的。因此，我请伊藤全力投入帮助罗杰·切瑞康尼在普惠的工作。"

把目标对准引起飞行熄火的根本原因后，伊藤把注意力集中在普惠生产系统中普遍存在的倒流问题。例如，在诺斯黑文厂，某生产工序一次加工合格的比例从10%很快上升到几乎100%。

实际生产的最终结果

到1995年年中，普惠已经完全改进了整个实际生产系统。近140年形成的批量生产以及"修修补补直到合格"的思想消失了，整个公司完全转变成强调一次质量合格没有倒流的流动组织。

原先负责推动所有零件调动的物料需求规划系统，如今被指定负责尚未精益的供应商的长期生产能力计划和供货时间较长的零件供应；而这些零件流经每一模块中心和最终进入总装线的过程是用简单的拉动系统进行调整的。

公司内有80个作业单元，每个作业单元负责一个部件模块中的一大产品系列，这些作业单元在组织结构和设备布置上都进行了重组。作业单元的负责人有一个很简单的计分卡，上面有分配下来的很小一部分成本（这种系统和我们在第7章中看到的线模公司的做法类似），他们被告知要通过改善活动降低成本。生产工程师和质量专家本身也进行了再分配，也就是说，他们的办公桌从楼上的厂办或工程总部，搬到了各生产单元内或紧邻生产单元的生产现场。

最后，普惠公司的全部7000台机器都移动过了（有的还移动了多次）。到1995年年底，整个公司的每一道生产工序都至少进行过一次突破性改善和持续改善，目的是为每种零件都创立起真正无在制品库存的、连续流动的生产单元。同时，由伊藤推动的在质量观念上的一系列改进，导致每道工序都取得了"合格证书"，即对工序进行了重新设计，对工装进行了重新调整。这样，无返工逆流的一次合格的质量可以绝对得到保证。

结果，供货时间从18个月降为6个月（近期目标是4个月）；原材料、在制品和完成品三者的库存减少了70%，而且还在继续减少；过去用于储存各生产步骤之间零件的大型中央仓库关闭了；交付质量保证部处理的质量问题减少了一半以上（目标是到1996年底取消质量保证部）；尽管生产量减少了50%，但典型零件以实际美元价值计算的单位成本降低了20%。上述最后一个指标大概是最重要的指标，因为在过去批量生产的日子里，在这种条件下的单位成本会上升 30% 以上，普惠公司也许会被兼并或被迫退出这个行业。

成本降低 35% 的最初目标，是在 1991 年危机刚开始时制定的。这一目标依然有效，只是由于需求的萎缩直至 1996 年中期才开始恢复，所以需要用再长一点的时间方可实现。此外，在普惠本身的成本大幅度下降的同时，占到普惠整个生产成本一半以上的协作成本，也必须彻底改善和改善到与普惠同样的程度。在很多情况下，这包括对整个行业进行重新思考，就像第 5 章介绍的玻璃的例子那样，才能从铸造和锻造追溯到基本金属的整个生产过程，都引进节约时间和成本的改进以及质量的改进。

不能倒退之点

普惠公司精益转变的关键时刻出现在 1994 年春。尽管生产这一上游环节得到稳步改进，但发送给客户的发动机出现的问题，意味着这一改进并未使外部世界看到。旧的管理层不情愿采取新系统，加上在生产上游各处出现的错误，使得普惠只能有 10% 的发动机按时交货，这是历史上的最低点。

马克·科兰后来回忆道："那年春天，我曾感到奇怪，为什么在我们的努力成果并未显现出来的情况下，我仍然可以保留我的职位。但是回想起来，道理很简单：和美国企业的多数高管不同，乔治·戴维和卡尔·克拉佩克完全懂得我正在做的事情。他们认识到，伴随着前进的步伐，还有后退的现象，问题是要保持绝对稳定的方针。"

1994 年夏天，总装作业新的管理层一经安排就绪，伊藤的质量措施便开始产生效果，总装作业拉动系统开始代替公司范围的物料需求规划系统以后，一切都迅速改变了。而且，新的管理人员争着要求从鲍勃·德阿莫加强了的"持续改善办公室"得到更多时间的帮助，普惠因此可以保持住每周闪电式改革所带来的成果。然而，这是通过三年多艰苦的工作，才达到完全不可能倒退回去的程度。

下一步飞跃

1995年，卡尔·克拉佩克的注意力开始转向，因为周转速度慢和向内型的产品开发和工程系统产生的变化是非常有限的。虽然新的产品中心已完全建立起来，但此时的组织机构图看起来还是乱糟糟的（见图8-6）。任何新产品计划都是一个复杂的矩阵，包括责任不同而又独立对上负责的产品开发团队（又称推进中心）、分布在7个部件中心的核心技术，以及分布在8个产品中心的细节工程设计和生产制造。

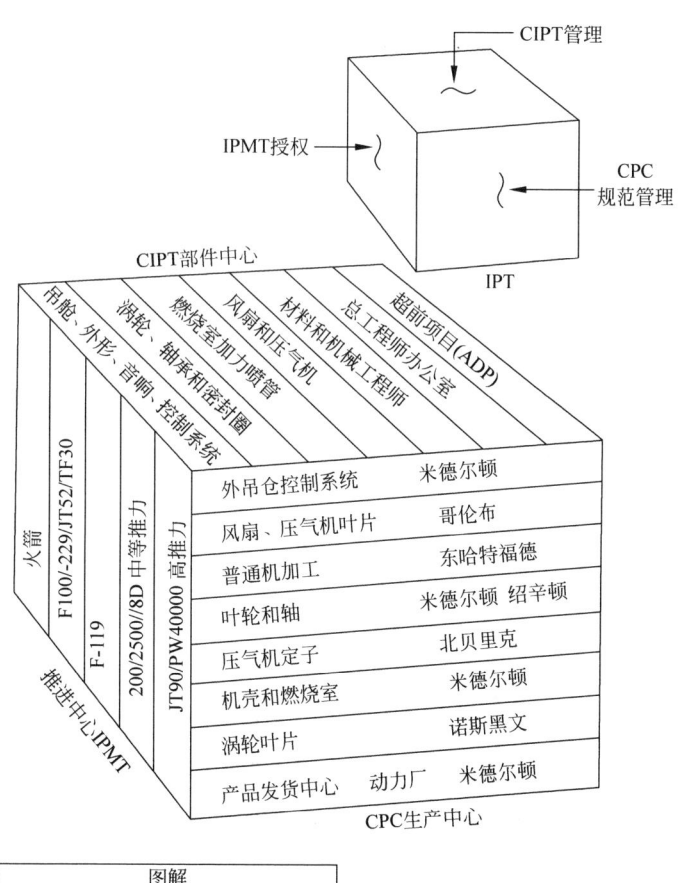

图8-6　1994年普惠公司的组织机构

简单地说，开发一个新产品意味着要在推进中心确定产品总体性能（推力、重量、油耗、产品成本），在部件中心进行每一主要部件的工程设计和生产制造，在产品中心进行组成每一部件的单个零件的工程设计。项目在三大方面组织之间基本上要经历两次交接；而每一方面组织都只对总裁负责。混乱状态和高成本是可以想象的。

从1996年初开始并用1996年一年时间来实现的解决方案是，建立更强有力的推进中心产品团队，其中包括专职的部件设计工程师。留在部件中心的设计工程师被重新分成两个部分：一个是小型工程部门，负责开发新的设计方法和设计技术，同时负责维护设计标准和工程系统；另一个是由现有的产品中心演变而成的新的模块中心。这样形成的"精益组织"如图8-7所示。

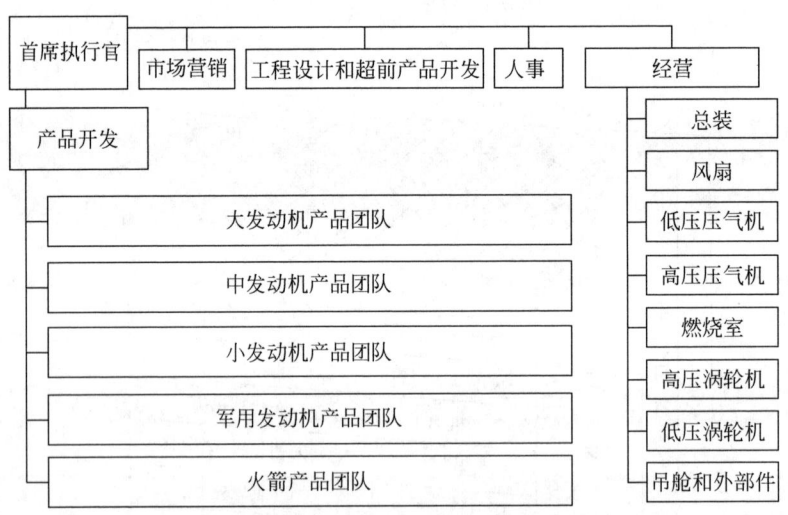

图8-7　1996年普惠公司的组织机构

模块中心的业务是基本独立的，由副总裁或总经理主管，负责现行生产和为新产品开发提供保证。每一个模块中心能够对组成喷气发动机的7种模块之一进行完整的工程设计和生产制造，其中包括：风扇及其壳体、低压压气机、高压压气机、燃烧室、高压涡轮、低压涡轮和尾喷管、吊舱及外部附件。这些模块将非常及时地发送到总装作业、试验和发货模块中心，在那里立刻组装起来，并发至最终客户。

发生上述变革的同时（毫无疑问一开始会存在很多问题，就像实际生产过程一样），普惠又开始重新思考销售和售后服务问题。随着产品开发时间缩短为两年，产品供货时间降到目前4个月的目标以下，有必要消除由销售淡季后接下来的销售波动；这种波动使得普惠公司无法按稳定的生产计划运行，即使是在最终客户需求稳定（即航空公司乘客英里数非常稳定）的情况下也是如此。

教训和下一步骤

普惠的实践对那些想要创建精益组织的美国管理人员有什么启发吗？最明显的启发就是从你现在正在做的事做起。不要考虑你的工人不知道什么、缺乏教育以及他们的年龄。不要考虑你的工会组织过去存在的障碍，以及需要好的季报"数字"。这些障碍主要存在于你自己的头脑里。

相反，你要把你创造价值的活动排列成连续的价值流，在削减大块成本的同时，改进质量。如果你具备精益知识，这一过程就会很快完成，而且不需要对新设备和新厂房进行大量投资。庞大的普惠生产系统做到这一点用了3年时间，提供的可能是最艰难的试验。由于成本降低，为新措施提供了可用资源，所以很容易寻找下一步要做的事情，包括提高工人的技术水平。[39] 的确，与现有业务完全不同的成本结构，通常要求一种完全不同的战略，不同于如果保持原有成本结构所追求的战略（例如，普惠如果保持它1992年以前的成本结构，就不可能想到竞争发动机大修业务）。

当然，对普惠来说，为转变成符合精益原则的企业所做的努力还不够，还有很长的路要走。尽管实际生产过程产生了很大转变，但是产品开发过程现在不过是有所改进，市场开发和销售系统也只是将要精益化。

即使这些都做好以后，战略性的问题依然存在，例如，飞机发动机业务本身的生存能力，公司是否需要在世界范围内部署其业务，以便更好地适应各销售市场的需要。[40] 回答这些问题的有效途径是重新思考关于普惠是否从事生产业务或服务业务的问题，而且生产成本的大幅度下降再加上精益思想，使得普惠有可能从独立的修理企业和面临困境的航空公司那里，拿走发动机大修和维修业务。例如，流动的观念可以使普惠工厂在一夜之间完成整个发动机大修成为可能吗？如果是这样的话，飞机就不再需要停运，航空公司也不需要保存大批备件以及相当数量的备用发动机了。

总之，从现在从事的业务做起，普惠在使客户得到满足的同时，还大幅度降低了成本。结果，在销售额持续下降的情况下，经营业绩还是从1992年和1993年分别亏损2.83亿美元和2.62亿美元，反弹为1994年和1995年分别赢利3.8亿美元和5.3亿美元。普惠为完成全面引进精益原则的工作赢得了时间，并且具有决定下一步做什么的极大的自由度。

精益思想对其他工业企业又如何呢

我们现在已经非常仔细地考察了具有不同历史长度、不同规模和不同复杂程度的美国企业，从具有简单的工艺技术、20年历史、400名员工和7000万美元销售额的兰开公司，到具有复杂技术、140年历史、29000名员工和50.8亿美元营业额的普惠公司。同样的原则被应用于每一类情况，它们都取得了巨大的实际效果。

但是其他传统工业国家的大型工业企业怎么样呢？我们的前一本书有大量的德国读者，但在德国管理人员和工人们中间对它有很多怀疑。由于我们那时没有提出德国精益实践的例子，因此，在理论上还有可能主张需要用某种其他方法来使德国工业恢复新生。我们现在就来看一个德国的例子，这个例子将说明，上述理论是完全错误的。

第 9 章 Lean Thinking

精益思想和德国技术

1994 年 7 月 27 日，德国斯图加特市保时捷公司（Porsche）的总装大厅里发生了一件不寻常的事情，一辆毫无缺陷的"保时捷·卡雷拉"轿车开下了生产线。等候在巨大的调整区的身穿蓝色制服的工匠们可以歇一会儿了，因为 44 年来，这是他们第一次无事可做。这是自保时捷目前的总装线或更早的批量总装系统开出的第一辆没毛病的汽车。[1]

保时捷董事长魏德卿（Wendelin Wiedeking）和他的同事们，在努力将精益思想引入真正的工业体系，实际上是德国工业传统最主要的标志之一的汽车工业的过程中，这第一辆完美无缺的保时捷汽车（从此以后将会有很多）是一个小小的但却非常清晰的里程碑。当然，这种努力并非易事，而且在建立完整的精益系统方面还有某些工作尚待完成；但有一点是明显的，那就是完全可以完成。而且，有证据表明，当精益概念与德国工业传统的强大实力相结合，即当精益概念具体体现在优良的技术（德语叫作 technik）上时，一种极具竞争力的混合体制就会形成。

从贫穷到富有的初步成功

保时捷公司于 1930 年由费迪南德·保时捷创建。费迪南德是一位传奇式的奥地利工程师，他后来设计了德国大众汽车公司（VW）的甲壳虫轿车。[2]早先，保时捷是戴姆勒公司的技术主任（直到合并建立戴姆勒－奔驰公司为止），后来他觉得自己干更好些，于是他在德国建立了第一家独立的汽车工程咨询公司。

在20世纪30年代及战争期间，保时捷是一个小型工程企业，但却享有很高的声誉。它常被要求去处理最棘手的问题，并要求提出完全不同的解决方案。其中，甲壳虫的设计是最著名的，但除此以外还有很多其他例子。

战争结束的时候，年轻的费里·保时捷在极其困难的经济条件下，从他父亲手里接管了企业。当时，曾经接受过保时捷咨询的一些大型企业正在垮掉；汽车需求也由于战后经济混乱而严重萎缩。然而，年轻的保时捷不仅计划着继续进行工程咨询业务，而且还决定开始轿车的生产，所生产的轿车冠以"保时捷"的名字。他很快在奥地利靠近家族祖传住宅的一个叫作格明得的村子建立了一个小生产厂，并于1948年在那里手工制作了第一个"保时捷"车型的第一辆产品，叫作"保时捷356型"。以后的3年里，工匠们又制作了46辆这种型号的车子，主要使用手工工具。

不久，情况就很清楚了：如果保时捷想成为"真正的"轿车公司，就需要迁回斯图加特，以便靠近供应商，同时，也使工程咨询业务靠近最可能的客户。1950年春天，公司在斯图加特郊区祖芬豪森的公司新址完成了第一辆保时捷356型车，现在的保时捷公司从那时起正式成立。

最初的保时捷公司是非常简单的，只包括一个工程部和一个生产部。生产部有一个小的机加工车间，负责加工和组装零件，改进用于356型车的VW基本型发动机。车身的制造和喷漆，是由位于附近的一个传统的车身生产厂罗伊特厂（Reutter）完成的。然后，利用保时捷小小的装配车间中的固定装配站，把车身装到底盘上去；而底盘在很大程度上是用大众公司甲壳虫的零件组装而成的。最后，产品经过检验、试运行、调整和修理，直至合格，然后发运。

不久，增设了一个赛车小组，用手工制作某类独特的赛车，通常是在两次比赛之间的一周内进行。工程咨询业务也得到了很大发展，除主要为大众公司工作外，也为其他轿车公司工作。因而，即使在保时捷公司的轿车制造业务开始赢利并获得了巨大发展的时候，产品工程师们也继续在企业占主导地位。

到20世纪60年代初期，保时捷公司已经逐渐用自己设计的零件代替了大众公司原有的零件及其发动机。然而，356型车的设计逐渐变得陈旧了，而且也很难向公众解释，为什么356型车已不再仅仅是换了车身和改进了悬架的大众牌车。所以，在1964年，356型车被完全新型的911型车所代替。[3]

就其发动机和车身部件来讲，新车型是完完全全的保时捷车，车身的制造也从罗伊特厂接了过来。由此，保时捷正在变成一个集成化程度和复杂程度高得多的公司。到1969年，当保时捷决定与大众公司合作推出一种低价位轿车产品的时候，情况就更是如此。914型车于1976年被924型车所代替。924型车使用了很多奥迪汽车公司的机械部件，其中包括由保时捷重新设计过的发动机。这个车型是在内卡苏尔姆的奥迪生产厂进行组装的。

1977年增加了第二个向高一级扩展的车型928，同时还在祖芬豪森的组装大厅内增设了新的移动组装线。1991年，继924型和944型之后的1968车型的生产从内卡苏尔姆移至祖芬豪森；自此这条新组装线就担负起整个车型系列的生产。

这样，保时捷公司稳步地发展成了一个专业汽车生产厂。到20世纪80年代中期，在里根时代和日本泡沫经济的全球经济繁荣条件下，保时捷公司的赢利相当可观，因为其产品已经成为当时挣大钱的年轻企业家和投资银行家的一项基本拥有物。1987年，保时捷公司的8300名雇员在祖芬豪森共生产了2.2万辆911型和928型车；此外，奥迪厂还生产了2.6万辆944型。轿车销售额和工程服务营业额总计达到20亿美元。

保时捷：一个典型的德国企业

我们通过对20世纪80年代末之前的保时捷公司的迅速简单回顾，说明了德国成功的工业资本主义的典型模式，特别是成功的中小型（德语叫作

Mittelstand）工程企业的典型模式。这些企业在德国经济中具有很强的实力。保时捷公司作为典型的德国企业的第一个原因是，通过建立一系列控股公司，保时捷公司的控制权继续牢牢地掌握在家族人手中，一直传至保时捷家族的第三代。正如费里·保时捷在回忆录中点明的："如果我是为了投机的目的而建立一家公司，并最终卖掉它，那我在一开始时就会给它另起一个名字，因为我不愿意出售自己的名字。"[4]

1972年，费里·保时捷断定，保时捷家族和皮耶希家族（他姐姐结婚后的姓氏）的下一代中没有人可以接替他成为总经理，所以公司管理权转到专业人员手里。但是，保时捷和皮耶希家族仍继续关心这一企业，就像关心他们在奥地利泽尔与西伊的祖业一样，把它看成是一个永恒不变的企业，把自己看成是这个企业的管家。公司账目上有大量从短期利润里拿出来的储备金，但那是作为一种应急需要，以便在面临困境时保持企业独立用的。

保时捷作为典型的德国企业的第二个特点，是它极其重视产品本身，产品的卓越性能是企业最关心的问题。掌管美国企业的人一般都具有财务工作背景，能够轻松自如地应付公共股票市场；日本的高级管理者都倾向于，具有在本企业多种部门工作的经历；但是保时捷的高层（德国一般都如此），却是优秀的产品工程师。他们坚信，一个企业有了由最好的工程师设计出来的最佳产品，就会在长期的竞争中取胜。是的，甚至该企业的法定名称似乎也表达出这层意思：费里·保时捷博士荣誉工程师公司。

1969年，保时捷的产品工程师们从祖芬豪森搬到魏斯阿赫河，距斯图加特祖芬豪森工厂23公里以外的农村。保时捷的所有工程咨询工作，新车型的设计以及为保时捷或别的公司的新产品制作样车的工作，都是由产品工程师在这里完成的。对魏斯阿赫河的大量投资，以及由此产生的在产品工程师和工厂生产人员之间的距离，都说明了在保时捷公司什么是最重要的东西。

能说明保时捷公司是纯粹德国企业的第三个特点，是其完全按部门安排且等级分明的组织结构图。每一项重要活动都是在各自的组织单位中进行的；每一项重要决定都要通过各管理层逐级上报。职务升迁也要按照部门的等级制度来进行。

对于需要很多部门参与的活动，如一项设计、一个订单或一个具体产品，一般是通过把这些工作从一个部门或职能机构依次传给下一个部门或职能机构的方式进行的。由于该系统"批量生产"的特点，延误时间的事常有发生。

保时捷组织结构的一个特殊之处使其僵化程度远在德国的一般水平之上，而这一特殊之处又是由其作为工程咨询公司这第二项业务内容决定的。汽车公司和大型零件制造商经常需要在很专业的技术问题上得到帮助；解决诸如悬挂动力学、发动机振动或最小重量车身结构等问题所需的知识，要求每个部门都具有深厚的技术储备，能随时出售给其他外部组织。这就意味着，魏斯阿赫河的专家们由于可以靠对外提供工程服务为保时捷赚取巨大利润，常常可以忽略在保时捷自己的轿车设计业务中所需要的跨部门的合作。

保时捷的供应系统还表现出德国工业的另一个普遍特点。尽管像大多数中小型公司一样，保时捷自行制造许多零件，但到 20 世纪 80 年代后期，它还有 950 家供应商。这也就是说，每一个供应商给 9 名公司雇员供货；还需要一个庞大的采购部来管理这些供应商。他们之间的协作关系一般都有很长的历史，很多都可以追溯到在斯图加特开始生产汽车的 1950 年。他们彼此合作得很好，以至于保时捷有时会救助一些濒临破产的小供应商。

从另一角度看，这种协作关系是内向发展和阻碍变革的。保时捷主要关心所购零件对汽车性能的贡献，而非其成本、供货频率和供货可靠性，以及残次品的百分比。显然，保时捷要对进货进行 100% 的检验，还要有一个巨大的仓库，来防止供货出现混乱。总之，保时捷缺乏帮助其供应商改善生产管理所需要的技术技能，而且保时捷所需要的零件数量对于较大的供应商来说，只占供应商销售额的极少部分。此外，各位采购代理人和供应商销售代表之间的长期关系，发展成"别找麻烦"的行为方式，使得变革难以进行。

20 世纪 80 年代后期的保时捷，最显著的特点恐怕是其"技艺文化"。在这一点上，它远远超过梅赛德斯-奔驰公司以及其他基于工程基础的大型德国企业的水平。从很早时候起，保时捷就重视其工匠的技术技艺。很多身怀技艺的工人都从一些大型企业迁至保时捷，作为对这些企业引入工作周期短的、无须技艺而又高速的、批量生产作业方式的一种不满的反应。结果，保时捷工厂的技术技能水平真是非同一般。同时，它与其他大型德国工程企业不同的是，其花名册上几乎没有新移民。80年代后期，保时捷发动机车间近80%的雇员和总装车间近54%的工人都完成了严格的德国三年制学徒课程。也就是说，保时捷工人解决技术问题的能力大概在世界上无可匹敌。这些工人具备深厚的材料知识和单项操作知识，例如，用什么方法加工铝，用什么类型的机器切削钢，用多大的机床运转速度，以多大的速率给机床进零件等。[5]

保时捷的工匠们也是按照等级制度分层次组织的，就像公司的其他人员一样。在每一个生产单元，基层工人受生产小组组长（德语叫作 gruppen meisters）领导，生产小组组长受工长（德语叫作 mteisters）领导，工长又受工段长（德语叫作 ober meisters）领导。正如费里·保时捷在他的回忆录中记下的，1960年时，在生产活动中，每5名雇员就有一名要参加监管工作。[6] 车间内工匠技艺等级制度的特点还意味着，保时捷实行德国式团队工作（通常叫作自治小组工作）是非常晚的。这个概念是在保时捷于1991年深陷危机之后才首次开始尝试的。

保时捷管理人员强调较长的工序工作时间（一般为12～15分钟），而工人们也乐于看到完成一个产品的大部分过程。在早些年，一位工人甚至有可能组装一整台发动机并在上面签上字。这种工作方法，尽管不标准，但对大多数保时捷工人来说，却是很理想的工作方法。

不幸的是，大多数的这种工匠工作都是浪费。由于一开始工厂并不直接参与产品设计，所以保时捷的设计总是性能虽好，但制造工艺性却非常差。对此，技艺工人们不但不表示反对，而且坚决承担起制造那些设计难度大的零件的任务，通常的办法是，要用很长时间来调整和装配零件。

同样，人们认为供应商提供的许多零件有毛病；到货晚，甚至零件总数不对，都是正常的事情。20世纪80年代后期，20%的零件要晚到货3天以上；30%零件的到货数量不对；每100万个零件中有10 000个残次品无法使用。相反，如表10-1所示，丰田公司在日本的第一层供应商的到货，每100万件中只有5件残次品，99.96%的零件准时到货，到货数量完全正确。在100位检验人员的帮助下找出残次品零件，然后用大量加班人员设法补上所缺的零件，这正是保时捷采购人员的工作内容。

在喷漆车间，人们都认为，"一次通过"的质量不会很高，因为要消除沾污是非常困难的，而技术高超的喷漆专家最终可以把车身油漆到可接受的质量水平。最后，当1977年装备了移动生产线以后，操作方法变成了：先快速把所有零件装到轿车上；车下线后，把整个轿车作为一个系统进行检验，然后通过高技能的故障检修和返工工序来纠正问题。最终生产出的产品，正如客户所反映的，在低缺陷率方面达到了世界级水平。因此，高技能工作被定义为这样一种能力：在很长的工作周期内，操作专用设备，诊断异常情况，并根据不同情况逐一采取不同的纠正措施。

这种方法也用于产品开发过程的后期，即制造工程师拿到产品设计后，或者考虑如何进行制造，或者默默地自行修改设计。正如拥有保时捷车的人所知道的，最糟糕的事情是，保时捷几乎不考虑维修便利的问题，因为维修服务部的意见完全没有在系统中得到体现。结果，一种全新的高技能职业就在世界范围内产生了：保时捷机械师。

保时捷的这种技艺传统，对许多工人具有极大的吸引力，因为操作周期长，还因为有不断使工人们的重要技能得到检验的机会。这种技艺传统对许多管理人员也具有吸引力，因为他们不必去处理那些非常棘手和令人心烦的事情，如解决在生产上游造成问题的原因，并从根本上纠正这些问题。

出 现 危 机

保时捷公司靠着深厚的技术基础，为市场的某一特殊需求提供最佳性能的车辆，也就是比较驯服而适于日常使用的真正的运动轿车。因此，无论是大汽车公司还是小型特型车生产厂，都难于向保时捷发起挑战。对生产量大的汽车公司来说，他们对销售量太小的问题颇感头痛，保时捷生产量最大的944车型，最高年产量只有3.3万辆；而豪华的911型车，年产量从未超过2.1万辆。对很小的特型轿车企业来说，倒是可以仿效保时捷的产品思路，而且也可以在小批量的条件下做到费用低廉，但是它们却缺乏必要的产品技术。

这些产品技术是保时捷的咨询工程师们经过多年才积累起来的。

然而，保时捷的特殊地位也使它具有某些弱点。第一，任何车型改动事实上都是"拿公司打赌"的事情，因此长期以来，公司的管理层曾由于怕犯错误而变得小心谨慎。例如，本来计划用928型车代替911型车，但当客户不愿接受928型车的前置发动机和后轮驱动设计时，911型车就只好与928型车一起无限期地继续并存下去。另一个重要弱点是，20世纪80年代时，大多数有财力购买并期望购买保时捷的是北美人，但是，保时捷的价值几乎100%是在斯图加特市内或斯图加特市附近创造的。

由于上述弱点的缘故，保时捷公司从繁荣的1986年进入到1987年之后的噩梦般的年代。1986年时，保时捷达到售车50 000辆的最高纪录（其中62%在北美售出）；而从1987年开始，由于马克对美元的比值上涨，销售额逐年下跌。到1992年时，保时捷在全世界只售出1.4万辆，在北美只售出4000辆，而不是当年的30000辆（表9-1给出了保时捷公司历年产量）。

保时捷和皮耶希家族对销售额下跌的最初反应是犹豫不决；他们希望这不过属于市场上临时的骤然增减。然而，到1989年，下降趋势仍在继续；于是，他们招来了一位新的高级管理人员，并把市场营销的重点放在恢复销售额上。尼克斯多夫计算机公司的市场营销经理阿尔诺·博恩，应聘作为公司的新董事长，他集中精力对车型系列给予重新思考。

表9-1 保时捷轿车历年产量[①]　　　　　　（单位：千辆）

年份	祖芬豪森				保时捷其他厂			保时捷总计
	911	928	968	合同[②]	小计	912/914	924/944[③]	
1965	3	0	0	0	3	6	0	9
1966	4	0	0	0	4	9	0	13
1967	5	0	0	0	5	6	0	11
1968	8	0	0	0	8	6	0	14
1969	13	0	0	0	13	4	0	17
1970	14	0	0	0	14	23	0	37
1971	14	0	0	0	14	16	0	30
1972	15	0	0	0	15	25	0	40
1973	15	0	0	0	15	28	0	43
1974	10	0	0	0	10	17	0	27

(续)

年份	祖芬豪森				保时捷其他厂			保时捷总计
	911	928	968	合同②	小计	912/914	924/944③	
1975	9	0	0	0	9	9	0	18
1976	12	0	0	0	12	1	20	33
1977	13	2	0	0	15	0	22	37
1978	10	5	0	0	15	0	22	37
1979	11	5	0	0	16	0	21	37
1980	10	4	0	0	14	0	15	29
1981	10	4	0	0	14	0	18	32
1982	12	5	0	0	17	0	20	37
1983	13	4	0	0	17	0	31	48
1984	12	5	0	0	17	0	28	45
1985	16	5	0	0	21	0	33	54
1986	18	5	0	0	23	0	31	54
1987	17	5	0	0	22	0	26	48
1988	13	4	0	0	17	0	9	26
1989	14	3	0	0	17	0	10	27
1990	21	2	1	0	24	0	4	28
1991	17	1	3	5	26	0	0	26
1992	10	1	5	4	20	0	0	20
1993	8	1	3	2	14	0	0	14
1994	16	0	2	2	20	0	0	20
1995	18	0	0	1	19	0	0	19

①表中的产量数据与文中给出的销售量数据并非完全一致,因为产量的调整在相当大的程度上滞后于销售量的变化。
②保时捷为梅赛德斯-奔驰组装500E豪华轿车,还组装了四轮驱动的奥迪80旅行轿车。
③924型于1983年被944改进型所替代。

资料来源:保时捷公司。

博恩努力的结果,主要是在"保时捷到底应该是什么样的车"的问题上引起了一场激烈的长时间的争论。人们提出了一些分歧很大的不同构想,从恢复"买得起的"保时捷车型,如914型和924型车,到超高级豪华型四门车,再到更注重性能的像"法拉利"那样的双座跑车,即沿着1987年959车型7的成功继续下去。但是,不管怎么说,由于保时捷产品开发系统按顺序开展工作的特点,开发出新产品尚待5年或5年以上的时间。

因为中等价位的944型车,从1987年以后出现暴跌,而对较高价位的

911 型和 928 型车的需求，直到 1992 年一直还算稳定。所以博恩的结论是：中等价位的市场应该留给日本，新的保时捷产品要把重点放在高端市场。换句话说，保时捷应该实行典型的市场退让战略。公司最终于 1990 年决定，开发全新的发动机前置、后轮驱动的双门和四门车型，并于 1996 年代替 911、928 和 944 车型，从而使保时捷产品达到更豪华高档的价位。

此时，最重要的事看起来是要把生产成本削减大约 30%，来对付美元和马克之间的汇率调整。然而，公司内部似乎没人能胜任此项工作。不久，38 岁的魏德卿，一家汽车零件制造商格利科公司的董事长的到来使问题得到了解决。魏德卿对保时捷公司及其存在的问题都有所了解，因为早在 10 年以前，在他到格利科之前，曾是保时捷公司喷漆和车身车间的经理。他在格利科取得了巨大成功，很快升任董事长，并且表现出进行巨大变革的非凡能力和勇气。

变革代理人

魏德卿于 1991 年 10 月来到保时捷。当时，销售额下滑严重，利润也从 1990～1991 年度微薄的 1000 万美元下降为 1991～1992 年度的亏损 4000 万美元，销售额为 15 亿美元。也正是在这个时候，日本的汽车公司向德国的豪华轿车发起了进攻；而我们在麻省理工学院的研究成果——《改变世界的机器》一书也在此时向德国人揭示出，他们在重要的生产率方面落后了多远。

然而，保时捷的问题根本不是日本问题的"克隆"。因为，即使是日本"最运动的车"，如丰田公司的超越轿车（Supra）和日产公司的"300ZX"，从非赛车的那种两门轿车的角度上说，也与保时捷纯粹"非运动轿车"相差好几个等级。保时捷的基本问题是成本：它的汽车实在是太贵了，使得 20 世纪 90 年代的客户难以负担得起。此外，突然变得明显的事实是，日本最好的企业，如丰田公司，生产一辆"准保时捷"所用的时间、人力、库存、设备和场地，都仅为祖芬豪森厂生产一辆真正的保时捷所需数量的极小部分。因此，如果能采取正确的方法，保时捷的成本和生产时间都可以得到大幅度削减。

魏德卿把受他直接领导的人员召集起来，让他们非常仔细地阅读《改变世界的机器》一书，并安排了第一次对日本的研究考察。他记得，他受到的第一个震动是，他们参观的日本汽车公司很乐意给他们看所有的东西。"日本汽车行业中没有人把我们看成是重要的竞争对手，所以他们很开放。这对我们的自我形象真是很大的打击"。

这队人回来后情绪很沮丧。他们说："我们看得出来我们是远远落后了。对于落后的原因，我们也有一些笼统的认识，但是我们缺乏解决生产率问题和产品一次作业质量问题的方法，而且我们也不知道该优先考虑什么。也就是说，当你在每一项竞争指标上都落后的时候，你怎么开始行动？又从哪儿开始呢？"

正在此时，也就是1992年初，世界经济衰退影响到保时捷豪华汽车的销售额。在祖芬豪森，1990～1991年间已有所回弹的汽车产量，突然间减少了23％，从2.6万辆减少到2万辆，整个公司的亏损急剧上升，突破了1.5亿美元，而此时的全部销售收入才不过13亿美元。

尽管越来越感觉到危机的来临，魏德卿还是继续对日本进行了一系列考察，到1992年年中，共进行了4次。参加考察的除了管理人员外，还包括车间的工人和劳资协议会（金属制造工会）的成员。他强烈地意识到保时捷公司内思想的片面性（即我们认为保时捷不比一般的德国工程企业差）和对外开放的必要性。

以前，保时捷的经营管理人员很少出国，而且一般是着眼于高技术的机械设备而不是管理。这是基于这样一个前提，即外国公司在管理方法上的发展不会适合于德国。普通工人和工会领导们从未出国考察过，他们抱着一种信念，认为保时捷所有的错都在于市场情况恶化，以及某些错误的产品决策。

进 攻 计 划

随着这些访问的进行，魏德卿决定采取大胆的举措对公司进行重大改革，而且必须直接得到日本专家的帮助。他知道，这一决定在保时捷是非常不受欢迎的。他已经有一位顾问在作改革计划，他在访问日本的时候还见到了改善研究院的今井正明。[8]1992年5月，魏德卿邀请改善研究院为保时捷工作，以此作为有4大步骤的战胜危机总攻势的一部分。

这次总攻势的第一个步骤是把经营管理人员从6个层次减到4个层次（见图9-1），建立了4个成本中心和3个支持部门（见图9-2），以明确责任。管理人员的数量减少了38%，从1991年7月的362人减少到1992年7月的328人，又减少到1993年8月的226人。在新的系统中，日常业务工作分派到各成本中心；而支持部门的工作重点是发展零件供应商队伍，建立质量系统和计划改进活动。

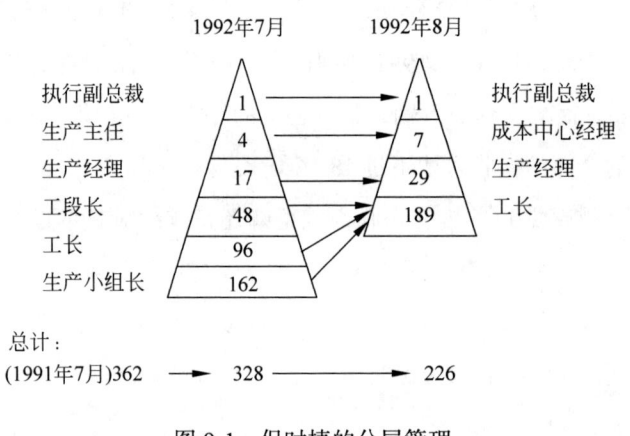

图9-1　保时捷的分层管理

与此同时，魏德卿与保时捷的劳资协议会就工厂车间新的团队结构进行了磋商。原来的各生产部门分别有25～50名员工，他们要受好几层头头的领导，现在这些员工被分成两三个团队，每团队有8～10名工人。每组团队直接由一名工长负责（工段长和生产小组长的岗位被取消了，见图9-1）。

魏德卿的第二个步骤是"质量攻势"，目的是向工人们说明保时捷质量工作的真实成本，并制定出另外的质量工作方法。说明成本最有效的做法，是比较缺陷一出现即被发现并得以纠正的成本，与在生产线末端、在工厂最后的汽车调整区以及到客户手中才发现并被纠正的成本。如果一个缺陷在其产生的组装线现场即得到纠正的成本为 1 马克,在生产线末端才被纠正的成本估计即为 10 马克,到工厂最后的汽车调整区时才纠正为 100 马克,到享有担保的代销商那里时为 1000 马克!这一结果对保时捷工人来说,是出乎意料的。他们在自己的生产单元内,从不向工作下游观看,因而看不见由他们的错误造成的后果。

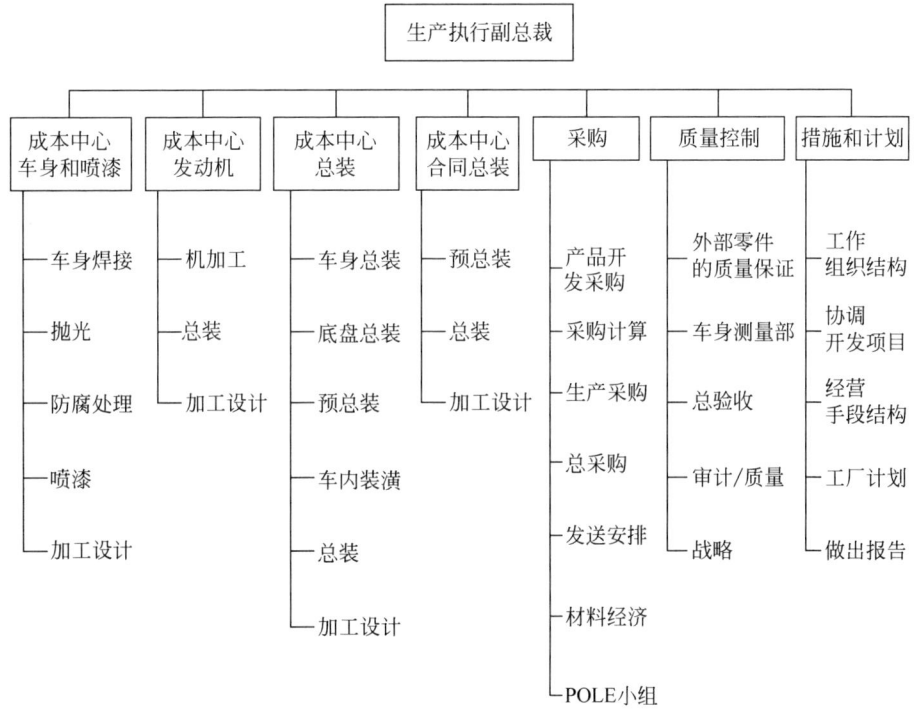

图 9-2 新的生产组织机构

于是,建立起了缺陷检测和记录系统。这样,每个生产单元内的人都可以随时看到出现错误的位置,并了解为此所采取的措施。

魏德卿的第三个步骤是建立新的建议制度。工作团队成员会由于提出改进质量和生产率的建议而受到奖励。工长会立即对建议做出评价,并负责很快施行。以前,工人提出的建议要送到专门的助理咨询部门处理,但这些建议要么再也见不到了,要么过了很长时间以后才能见到,以至于当初提建议的工人已调到另一个岗位去了。结果,每年人均提出的建议只有 0.06 项。

在新的制度下，每年人均提出建议的数量已增加到 12 项，这在欧洲和欧洲拥有的企业中都是最高的。对比来看，精益企业研究中心于 1993 年对欧洲汽车供应商的调查发现，德国拥有的汽车零件企业每年人均提出的建议不到 1 项；英国拥有的汽车零件企业也不过人均 2 项。与此同时，在日本的日本汽车零件企业据报人均建议为 29 项。[9]

魏德卿总攻势的最后步骤是策略部署发布法和可视化控制系统，叫作"保时捷改善过程"，或简称为 PVP（德语的改善为 Verbesserungs）。这个过程从 4 个方面为各成本中心及其各工作团队制定可以量度的月目标和年目标：

- **成本**：用减少加工和组装所需工时数，以及减少返工数、废品数和机器停工时间来衡量。
- **质量**：用每一部件或每辆车一次作业的缺陷数和每辆车在最后路试时发现的缺陷数来衡量。
- **物流**：用对分销商的准时交货情况，或对下一道生产作业准时交送零件的情况，以及降低库存水平的情况来衡量。
- **积极性**：用人均建议数、场地管理、缺勤数、事故数、实行 PVP 车间情况和每个团队的培训小时数来衡量。

1993 年年中，当这套做法大张旗鼓地开始实行之时，正值 911 卡雷拉（Carrera）车型正式投产，[10] 每一工长领导下的团队都赞成根据这些指标给出的月目标和年目标，并有责任实现这些目标。他们把工作成绩贴在他们生产单元的显著位置，使得每个通过这里的人都能看到团队是否正在实现这些目标。这与先前的做法是完全不同的，原来的业绩指标是由高层管理人员严格保密的，而且所有关于改善的提议都来自助理咨询部。

随着培训的进行，各成本中心和工作团组到了采取决定性步骤去实现其目标的时候了；但是，此时魏德卿又一次感到缺乏信心。他需要对他那些以技艺为中心的工人们的思维过程和思维习惯进行彻底的变革，但是他和他那些直接部下们只是在理论上知道怎么做，他们从未实际建成过一个精益系统，而且公司的情况如此糟糕，以至于他们经不起任何失败。魏德卿决定，保时捷必须采用休克疗法，请他在日本考察期间曾接触过的新技术集团（Shingijutsu）插手改进活动。在魏德卿做了多次单独拜访和长时间的商谈说明保时捷的状况已经很严峻后，岩田义树和中尾千弘同意了接受这一任务。

日本导师的到来

和往常的情况一样，中尾千弘对保时捷的造访是一次戏剧性的绝妙表演。当他于1992年秋天第一次来访时，他坚持让魏德卿立即陪他去总装厂。他在走过大门时看见堆放的存货，便大声问道："工厂在哪儿？这里是仓库？"当人们确证他所看到的的确是发动机总装车间时，他断言，如果这儿就是工厂，保时捷肯定赚不了钱。当人们告诉他，保时捷实际上每天的亏损都在增加时，中尾宣布，发动机总装车间以及许多其他地方必须进行一场大强度的改善活动，而且要立即进行，确切地讲就在当天。

这在保时捷当然不是正常的行动，因为保时捷的所有变革都是在数月以前仔细计划好，还要与劳资协议会协商。工作内容的任何变化以及任何机床位置的任何移动都必须事先进行协商，因此，在突破性改善和改善活动中属正常的"马上就干"的工作方式，在德国是不合法的。

对一个陌生人，一个不讲德语而是通过翻译进行沟通的日本人来说，这样在大庭广众面前大声地对生产部门的头头（博士工程师）喊叫，也是不正常的行为。最后，他宣布第一次改善活动的参加者，除了基层工人以外，还必须包括所有高级管理人员。这也是不正常的。

车间的第一个反应是震惊，随后是强烈不满。劳资协议会也只是非常不情愿地同意了这一改善活动。许多保时捷的工人难以相信，甚至不可能相信：问题在于保时捷公司内部，而不在于外部的市场。更令人难以置信的是，对跑车一窍不通的日本工程师竟然能对他们有所帮助。

在劳资协议会同意日本顾问进行试验后，它做出规定，保时捷的工人们要同时在各自的车间进行改革，以此来说明，如果变革真的是必要的，公司的长期雇员也可以很好地完成变革，而不是外人才能做到。

对发动机装配车间做的第一次突破性改善目的非常简单，即消除堆积如山的库存，同时，使工人不必把每天的大部分精力花在寻找零件上。然后，使从接收零件到发动机总装再到汽车总装的流动都非常迅速，没有停顿，没有废品，没有因纠正缺陷造成的回流。

为此，必须确定从什么地方开始。所以，第一次为期一周的改善活动的目标是，把零件存放架子的高度降低一半，从2.5米降为1.3米，为的是把发动机总装车间手头的库存量从平均28天削减为7天，同时还使车间里的每一个人都能够彼此看得见。(其基本思想显然是要"降低水平面"，这样，妨碍零件快速连续供应的潜在困难就会暴露出来，也就可以针对消除库存和加速流动采取下一步措施了。)

当团队制定出行动计划时，关键的时刻就到了。身穿蓝色保时捷工作服(所有的生产工人都穿这种制服)的中尾，递给威德金一把圆锯，让他到车间走道去把货架都锯成1.3米的高度。当时的措施和计划部负责人，现在的供应商发展集团负责人曼弗雷德·凯斯勒回忆说："这是前所未有的时刻。在历史上，高级管理人员从不碰工厂的任何东西，更没有人如此直接和快速地采取这么激烈的行动。"

一周结束，削减库存的任务完成了第一步(不再有存放28天零件用量的地方了)，工作的效果是巨大的，而且是完全看得见的。与此同时，由保时捷内部人员所组成的团队，在他们各自平行开展的工作方面却几乎没有什么进展。由此，他们得出结论，他们完全应该参加下一次在顾问指导下的改善活动。

发动机总装厂进行了很多项改善活动，如图9-3、图9-4和图9-5所示。这些图描绘出发动机总装厂，从改革开始前的1992年秋天，到精益系统完全形成的1993年底，所经历的改革过程。在此期间，库存场地从占总装场地的40%减少到0，手头存放的零件用量从28天减少到接近0，而且只需用28分钟即可把发动机总装厂的零件组装成发动机，并送到汽车总装车间。

装配一台发动机所需的成套零件，先在组装车间楼下的配料区被组配到一起，然后以与组装发动机完全相同的速度，用小推车送到楼上的总装区

第9章　精益思想和德国技术　199

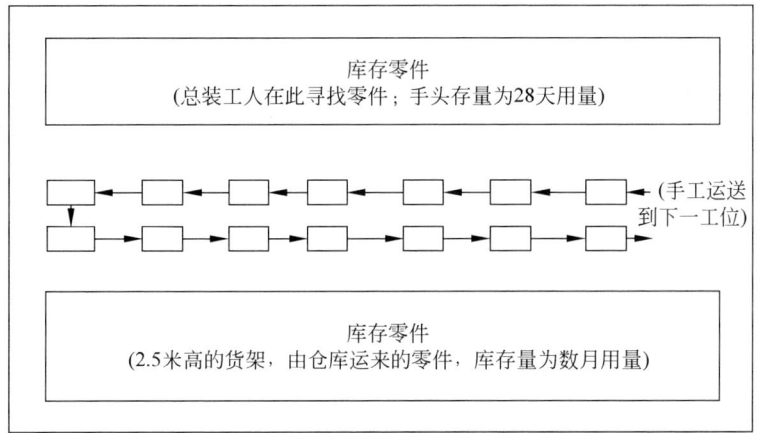

图 9-3　1992 年 10 月的保时捷发动机总装厂

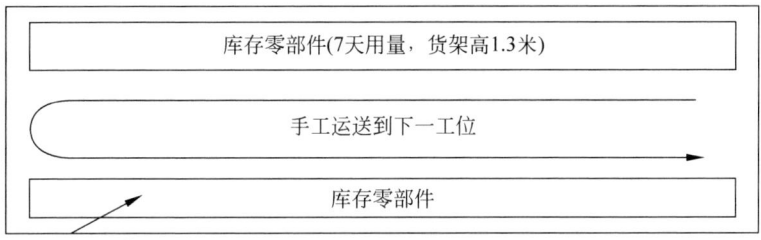

图 9-4　1992 年 12 月的保时捷发动机总装厂

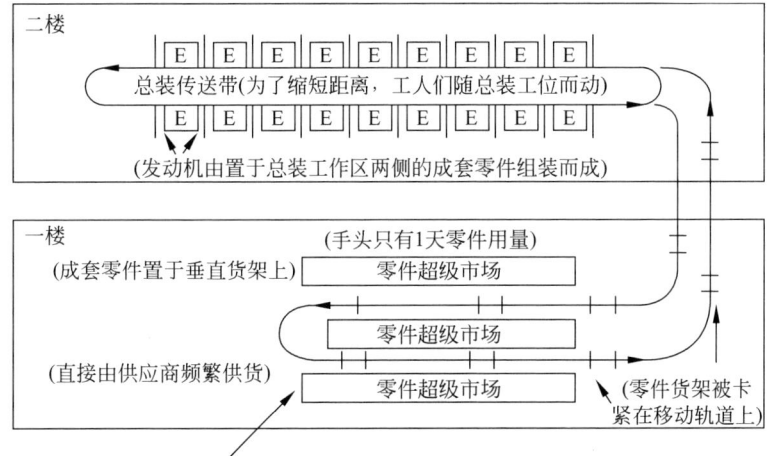

图 9-5　1993 年 12 月的保时捷发动机总装厂

(成套零件本身是一个防错装置，因为手推车上的零件是严格按照装配顺序放置的。任何遗漏的零件会马上被发现[11]）。同时，与主要的供应商之间还建立了看板系统，这样，所需要的零件就按一定的频率间隔，被直接送到配料区。保时捷过去用于存放接收零件的大型自动化的中央仓库空出来一部分，空出来的场地可用于放置维修配件。

与此同时，改善活动也在喷漆车间、车身焊接车间、发动机加工车间、底盘组装车间以及汽车总装车间开展起来。日本顾问们每隔一个月要对所有6个改善团队进行一周的视察，检查他们的工作。星期一早上先召开分析会议，下午为各团队提出一份工作计划建议。

由于这些日本顾问以及其他的日本先生在近30年来每周都进行着同样的活动，总是看到同样的情况，因此，能够马上指出超越团队的最初计划进行进一步改善的机会。正如威德金回忆的："只有把精益思想实际应用到真实的情况中去，才能学会去观察。因为中尾以及我们的其他日本顾问都长成了2.0的视力，所以我们才能够以几倍于我们的正常速度来进行学习。这是非常惊人的。"

6个团队的工作计划都商定好后，各团队，包括高管人员、生产工人和后勤人员都投入了工作，他们制作必要的设备、移动机床、重新布局、制定标准化工作，并使整个活动固定下来。在进行改善活动的同时，通常是可以不耽误生产的，因为可以在晚上或午饭时间移动机器。到星期五，该是对改善活动进行总结的时候了，要听取6个团队的汇报，制定继续进行改善的往后的活动安排（通常是很长期的），还要庆祝一下。

经过两年时间，在日本顾问指导下的车间，那些有计划成立的和补充成立的保时捷改善团队，都逐渐获得了在没有外来帮助的情况下，参加工作团队进行改善活动的经验。后来采取的一项政策是，不仅要任何时候对工作团队成员所提出的改善建议立即付诸实施，而且每个工作团队每3个月还要就其工作内容进行一次为期一周的重大改善计划。这些活动反过来又成为各工作团队达到定量改善目标的关键，而这些工作团队又是保时捷改善过程的一部分。

处理就业问题

如果魏德卿没有勇敢地面对并处理好就业问题，他是不会取得很大成功的。首先，通过决定将968车型的总装工作从奥迪厂拿回来，解决了部分问题；然后，又通过与奥迪和梅赛德斯公司订立合同，外包部分超小批量车型的组装，解决了部分问题；另外，把具有专门技术的多余出来的工人分派长期从事改善活动，也可解决部分问题。例如，在喷漆车间，一些技艺精湛的油漆精整工被分配到改善小组，通过寻找产生问题的根源，来消除喷漆过程中弄脏表面的问题，从而使生产线末端的整修量大大减少。当产量再次增加的时候（如果保时捷想要生存下去，就一定得这样做），这些工人又会再次需要去从事喷漆工作。

然而，祖芬豪森厂的产量从1991年的2.6万辆降到了1993年的1.4万辆，而且除非推出新车型，否则连续几年也不大可能恢复到20世纪80年代的水平。此外，保时捷自行设计和制造的零件系列显然太宽，以至于批量出奇得小，而成本出奇得高。这些零件应该从那些为轿车大公司提供类似产品的企业去购买。如果这样，显然保时捷的人数简直太多了，难以养活。

于是，从1992年的年中开始，一度进行了为期3年的人员调整，削减人数为2500人，使得人员数量水平符合公司的长远需要。其中，有些工人享受特殊的退休待遇，其余的人给了一大笔解雇费。根据保时捷工人的年龄分布情况，每年人员的自然淘汰率为3%，因此，在今后10年内，如果还没有找到产量的新增长点，则不用解雇，人员数即可自然减少30%。

正像我们在本书中引用的所有例子中看到的，在削减人员的同时，公司管理层对工人们做出了权威性的保证。公司管理层对劳资协议会承诺：尽管每个人的工种会不断变化，尽管销售额的下降可能会使公司被迫采取解救自己的又一轮行动，但是不会有人由于引入精益思想的定期的保时捷改善活动而失去工作。最初，这一保证的期限是1991～1993年的三年，后来又延长了三年，到1996年。

工人和工会的反应

最初，工人和工会都由于精益思想对他们的能力和作用的不尊重而感到非常恼火。因为精益思想的基本点是，传统技艺多半是浪费。例如，纠正本不该发生的错误；来回寻找那些本应就在手边的零件和操作工具；由于缺乏对如何做好工作的仔细分析而造成的无效劳动；调整机器时，工人等在一旁所浪费的时间，工人们本可以学会自己调整；等待缺货的零件；由于"批量生产"作业法造成到处都要有存货。

精益思想的另一个要点是，劳资协议会应该通过参加改善活动与管理人员一起直接参与解决问题。"不插手"的抵触态度是完全不适应德国经济新形势的；这种态度认为工作和生活条件完全可以通过讨价还价从管理人员那里得到保护。

所幸的是，精益思想还包含肯定过去的要点，即能够为"后技艺"年代重新定义"技艺"的概念。随着保时捷的雇员们参加了一个又一个的改善活动，许多人开始认识到，存在一种更高形式的技艺，那就是要不断地对工作组织和价值流动给予重新思考，消除浪费，同时积极地预见并防止团队上下会出现的新问题（关于"技艺"的另一种看法是，中尾千弘是21世纪的理想型技艺工匠）。因此，在改善活动以比只有管理人员参与的任何时候都快得多的速度进行的同时，直接生产工人和工作团队也参与了许多传统上属于"管理工作"的活动。

像保时捷这样的企业在这种情况下的特殊优势在于，工人们在各种重要的加工操作技术方面训练有素。多种技能、岗位轮换、对根本原因进行分析、预防性维护和改善等，对具有这么一套高超技术的工人来说，都是更有意义的活动。中尾曾夸赞工人们能够提出一些甚至连他也想不到的独创性的办法（下面我们对此还要再讲）。总之，保时捷过去是、现在仍然是一个技艺型公司，只不过现在的技艺已经成为进行快速的根本性的持续改善活动的新的精益技艺。

整顿供货队伍

由于目前保时捷产值的近 80% 是从零件供应商那里购买，而且这一部分的比例还在提高，因此，教会供应商如何去观察，显然与教会保时捷雇员如何去观察同样重要。许多供应商近来同意按"准时生产"供货，但是保时捷的调查发现，各供应商总是依赖于大型仓库来进行"准时生产"供货。主机厂虽然要求进行频繁的小批量供货，但并未对供应商的生产方法产生什么影响。原因很简单，因为大多数供应商对如何进行小批量生产一无所知。

鉴于保时捷的资源情况，以及大多数供应商产量中只有一小部分是供给保时捷的，所以要教会 950 个供应商如何去观察显然是不可能的。因此，第一步是开始将零部件供应队伍减少到 300 家企业，办法之一是使许多零件标准化，并舍弃用量小的选择件。在这 300 家企业的队伍中，大约 60 家供应商被认为是关键系统供应商，通常可以使原先的那些直接供应商成为这些企业的第二层次的供应商。

保时捷于是成立了一个供应商改善团队，叫作 POLE 团队（来源于比赛用词，意思是比赛开始时处于领先位置），其目的是在为了生存的竞赛中获得"领先位置"。该团队着手对一些最重要的供应商进行改善活动，这些改善活动与保时捷内部当时正在进行的改善活动完全相同。他们先从最愿意接受精益思想的那些供应商开始，例如座椅生产厂基波－里卡洛，然后利用在这些企业取得的初步成功，激励那些不大情愿的供应商也加入进来。这样做的目的是，在保时捷的拉动下，使生产用原材料连续地流经各供应商，同时，极大地减少残次品零件数量（1991 年时，每 100 万件中有 1 万件残次品），保时捷也不再需要派出 100 名工人来对这些零件进行入厂检验。

对供应商进行改善的经历都是一样的。POLE 团队的负责人曼弗雷德·凯斯勒回忆道："每次我们到供应商工厂时，他们的管理人员都坚持他们没有什么要改善的。他们不耐烦地说，'其他主机厂的供应商发展团队已经来过了，我们已经做出反应，把一切都理顺了。你们实在没有必要再来了'。"于是，

POLE 团队要求其管理人员进行保时捷式的"准时生产"游戏。[12] 这是一种很简单的游戏，让五位高级管理人员分别在生产过程的 4 个阶段中承担工作任务，折叠和包装三种颜色的纸盒（游戏的描述见图 9-6）。

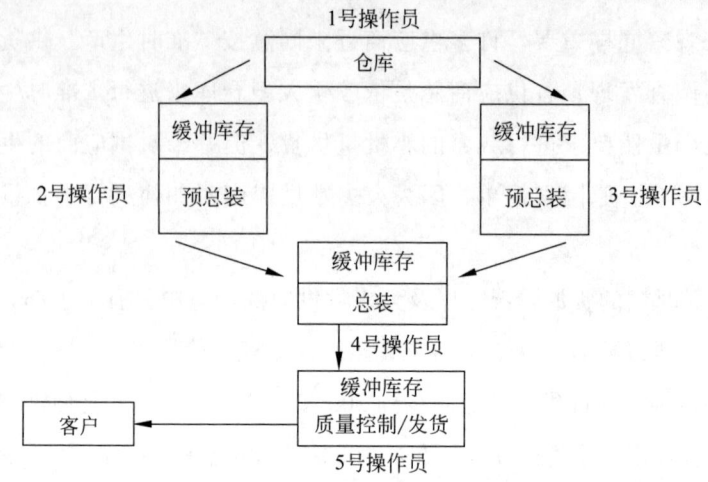

图 9-6　保时捷的"准时生产"游戏

游戏要求第一个人把大量未折叠的三种颜色的纸盒捆起来，并送到两个预总装工位，所送数量是根据某客户订单而定的。一个预总装工位负责折大盒子，另一个预总装工位负责折小盒子，他们折完以后都要用一个橡皮筋把盒子勒紧，然后把这些盒子向前传给总装工位。在总装工位，第 4 位操作员打开大盒子，把小盒子装进去，再写好标签，折好放在小盒子上面，然后盖好大盒子，用一根橡皮筋勒紧。随后盒子被送到质量控制和发货工位，第 5 位操作员打开大盒子，检查标签是否已放入并写好，还要在标签上签名盖章，再把标签放回到小盒子里；然后把大盒子盖上，勒上橡皮筋，送往客户。

操作员们被告知，根据客户订单并以自己的工作步调来生产三种颜色的盒子。不久，每位操作员都猛干起来，先生产某种颜色的盒子，再生产另一种颜色的。然而，山一样多的盒子很快在第 4 位操作员面前堆积起来，因为他的工作量较其他操作员大一些。

此外，客户宣布要更改订单，要求首先得到的那种颜色的盒子，恰好是团队放在最后生产的。于是，颜色不对的盒子被推到一边，堆起更大的一堆，以便生产所需要的颜色的盒子。

然后，这一 5 人小组被问道：什么地方有问题？对此应做些什么？回答总是这样的："第 4 位操作员是工作瓶颈，我们要在总装工序增加一个人，还要在第二和第三道工序之间建一个仓库。"

而 POLE 团队的建议却是，5 位操作员应试行拉动机制，即某一时刻只生产 5 个盒子，而且只在下游操作员要求生产的时候才生产（即拉动）。结果，使操作员们感到惊异的是，整个生产过程平顺起来，只在第二和第三道工序之间有少量积压。之后，他们的游戏又进行了两轮，把生产批量减少到三个，再减少到一个，最终获得了非常平顺的流动，而且没有任何库存积压。

然后，POLE 团队问，如果客户要在三种颜色的盒子中间任意改变订单，又怎么样呢？供应商的管理人员承认，这是他们工作中最头疼的事情，并预言混乱就要出现。当然，由于没有盒子堆积在库里，所以，从一种颜色盒子的生产转换为另一种颜色盒子的生产就是很简单的事情了。

当供应商的管理人员还未醒过味来的时候，POLE 团队已从游戏转为实际，他们建议把完全相同的技术引入到生产保时捷零件的过程中。"为什么我们不从今天就开始对某一零件的生产采取一系列措施呢？"于是，POIE 团队会在那里待上一两个星期，消除所有他们能发现的浪费，规范生产过程，并制定接下来的改善步骤，从而使这一新的工作水平得以保持。从一开始，POLE 团队就与供应商管理人员达成一项协议，即要确切计算所节约的费用，并平均分成三份：一份给供应商，一份给保时捷，一份间接地给保时捷的客户。

在某些非常棘手的情况下，请中尾加入，用来产生震动效应；但一般来说，保时捷团队都能够自行开展工作，并且总能得到这样的成绩：所需人工减半；从原材料到成品零件所需要的供货时间减少 90%；彻底消除在制品库存；质量得到极大改善。在 6 人小组结束两周的全日制工作时，也就是全部成效都显现出来并引起广泛震惊的时候，POLE 会指出，所有保时捷的系统供应商都必须建立自己的 POLE 团队，要针对保时捷的所有供货进行消除浪费的活动。当然，接下来这些供应商应该对他自己的供应商进行同样的工作。

经过整整两年全力以赴的努力，到 1995 年底，保时捷已对其 60 个最大的供应商中的 30 个以及部分第二层次供应商，都进行了连续数星期消除浪费的活动。由于许多并非保时捷供应商的公司，在听说这项活动后也提出要求，所以保时捷现在开始进行"保时捷咨询"，即概念上类似于北美的恩福集团所进行的对外咨询业务。这样，保时捷不仅是一个世界级的产品技术顾问，而且有希望成为世界级的精益思想顾问。

整顿全盘管理

在精益转变的成果开始出现在实际生产过程时，还有一些事情也开始发生了，就像我们曾在其他公司（如兰开公司和普惠公司）看到的一样。在保时捷发展历史上，一直主宰企业的产品工程师手中的权威，开始转移到经营管理人员手中。监管董事会突然发现，得到显著改善的正是原先认为并非企业成功关键的实际生产过程。库存减少的成效尤其惊人，从而节省出保时捷迫切需要用于投资新产品计划的现金。

因此，监管董事会又迈出了在过去的保时捷不可想象的一步。经营经理魏德卿被提升为管理委员会主席，并要求在整个公司范围内推广同样的做法。

魏德卿 1992 年 8 月上任就职，立即就调配所有高级管理人员到新的岗位，还劝说许多人退休。他认为，这些高级管理人员都是"钉子户"，就像过去曾发生过的那样，他们长期的工作经验以及对保时捷一贯的极度忠诚，总会阻碍他们掌握新的思想方法。

整顿产品计划

整顿产品计划的首要步骤是整顿车型战略。原先的产品计划是要从中档价位车型退出，只生产超高性能、比 928 型更大更高档的轿车；因为保时捷曾被认为不能在提供性能适当的中价位普通轿车（非运动轿车）中获得赢利。但是，现在的成本显然可以大幅度降低，而且保时捷所追求的分割市场退让战略会使它能与宝马、梅赛德斯、奥迪，甚至日本公司相竞争。

魏德卿决定，保时捷公司必须集中全力在它自己创立的特殊市场定位上（他宣告："让我们制造原创产品，而不是复制品！"），生产两款新型双座运动车。这两款车的价位和性能水平各不相同，却有大约 40％的通用零件，其中包括发动机缸体。这就是于 1996 年秋天推出的，代替 968 型车的中价位车"Boxster"和将于 1997 年推出的 911 型的更高档后继车型。

由于保时捷定位的这一市场显然是容量有限的特殊市场，所以其产品战略的第二部分即是为德国轿车大公司承担开发和生产小批量的双门双座轿车，敞篷汽车，甚至豪华厢式车的工作。（有几个项目正在讨论之中。）

虽然当本书发行的时候就会弄清楚，但现在还不可能知道，这个"拿公司打赌"的决定是否是正确的战略。然而，这确是一个非常清楚的战略，它化解了公司在保时捷"是"什么样的车的问题上令人无能为力的迷茫。

整顿产品开发系统

这个新战略能否成功，就像一个滚动的骰子，不可避免地超出了魏德卿的控制范围。但是，魏德卿能控制的是新车型的开发方法。因此，这些新车型便真正成为保时捷长期以来"较驯服的非运动轿车"传统的最佳补充，但是在最短的时间里，以尽可能低的工程成本、工装成本和生产成本被生产出来。

这是传统的保时捷开发系统永远也做不到的事，所以，当时广泛征求了意见。魏德卿很快就得出了结论，他认为宝马公司于 20 世纪 80 年代后期采取的新开发系统是最可行的。这要求为新产品指定一位强有力的产品团队负责人（新开发的产品基本上是每个产品两种车身造型选择）。这位负责人直接向魏德卿汇报工作。

现有的各职能工程机构仍然保留，部分原因是因为，这对提供不同范畴的工程咨询服务是有利的。这样，开发团队的大多数成员在形式上仍然是各工程部门的成员。但是，新的项目经理赖纳·斯罗克被授予很宽的权限。他与每一工程部门的头头签订合同，决定哪些工程师被派往某个项目多长时间，防止为满足咨询工作需要的变化，不断在各项目之间调动工程师所造成的对项目的危害。然后，从1993年夏天开始，团队被集中起来，并责令在三年之内开发出新的保时捷轿车的第一款变型车（原来的开发周期名义上是五年，但是经常长于这个时间）。

开发团队中新增的重要人物包括：从生产作业部门来的实际负责造车的生产负责人；负责选择供应商和签订零件购货合同的采购人员；设计加工设备的工装工程师；以及帮助零售商进行售后服务的售后服务部门人员。通过这些人的一道工作，开发团队为这第一个易于制造、易于维修的保时捷产品，努力进行产品设计、整套生产工具设计和整套制造方法设计。其中，保时捷的产品工程师仍然是重要人物，因为汽车首先必须具有卓越的性能，但现在的开发团队是着眼于全局的，甚至包括了售后服务这一传统的保时捷盲点。

业 绩 记 录

1991年夏天，任何理智的旁观者都会断言，位于斯图加特市的保时捷公司即将死亡。它或者退出跑车生产业务，继续作为一个工程咨询顾问，或者走捷豹、法拉利、阿斯顿-马丁、兰博基尼、绅宝和莲花的道路，即放弃独立，把自己交给一家针对大众化市场的轿车生产大公司。然而，保时捷掌握了精益思想，从死亡边缘起死回生。

象征公司新生的指标，如果以业绩记录形式表示出来（见表9-2），是令人吃惊的。

表 9-2 保时捷精益转变的业绩记录

	1991 年	1993 年	1995 年	1997 年①
所需时间②				
从概念到投产	7 年	—	—	3 年
从焊接到成品车	6 周	—	5 天	3 天
库存③	17.0	4.2	4.2	3.2
人工④	120	95	76	45
缺陷⑤				
A：供应商供货	10 000	4 000	1 000	100
B：下线汽车（指数）	100	60	45	25
销售额⑥	3 102	1 913	2 607	—
利润⑥	+17	−239	+2	—

① 由作者根据保时捷的设计、生产和开发计划，推测出来。
② 这个时间指从冲压第一块车身板开始到成品车发货为止的时间；以及从开始承担新车型开发任务到造出用于销售的第一辆车为止的时间。
③ 手头普通零件的存货天数。
④ 组装一辆保时捷 911 型或其变型产品所需要的直接和非直接工时数。请注意 911 型的设计在 1991 年和 1995 年之间并未改变，所有生产率方面的改进均归因于重新思考工作流动情况，并消除工作中出现的错误。由于新车的设计目的包括减少组装工时，所以，1995～1997 年的改进，大多应归功于车型的重新设计。
⑤（A）每 100 零件中的残次品零件数；(B) 在总装线末端，每车存在的缺陷数。
⑥ 单位为百万德国马克，摘自保时捷年报。

简而言之，经过五年时间，保时捷把主要的生产率指标提高了一倍，同时使供应商的残次品零件数减少了 90%，厂内一次作业缺陷数减少了 55%。到 1997 年，经过仅仅三年的开发，保时捷即可投产两款制造性能极好的车型，并将所需生产场地减少一半，将从原材料到成品车所需要的供货时间，从 6 周缩短到 3 天，将零件库存减少 90%。

下一个挑战

保时捷取得的业绩是显著的，同时它也是我们所研究的德国企业中在精益转化方面业绩最大的。然而，正像我们所举的每一个例子一样，重要的是要看到前面的道路上还有许多挑战。保时捷的产品开发系统是在原有机构基础上杂乱无章地拼凑而成的，我们愿预言，一旦危机过去，公司将需要在建立专职产品团队方面作进一步的努力（就像福特汽车公司在"金牛座"车成功之后的情形一样，如果各工程部门再次坚持它们的权力，则保时捷在1997年之后会面临倒退的巨大风险）。

同样，业务成本中心是一个良好的开端，但是保时捷现在才逐渐认识到需要一个更正规的"改善办公室"（我们称之为精益部门），用于吸纳那些由于改善活动的继续而不断闲置下来的多余人员。

可能最重要的是，保时捷对销售汽车、管理售后维修配件和制定总生产计划的一整套方法，才刚刚开始进行重新思考。典型的情况是，公司的市场营销部在路德维希堡，正好在位于斯图加特的生产机构所在地对面。按照目前的这套做法，市场销售部对生产计划的调整每年仅五次，而且是在实际生产前四五星期把订单发放到生产部门。所以到1996年，当第一个新产品准备就绪时，目前这套做法的内在问题将再次出现，同时保时捷对它的要求十有八九也会超过它的能力。

最后，保时捷对第一层供应商所做的工作是值得称赞的，是我们在西方人拥有的企业中看到的最好的和最系统化的工作。然而，大多数的保时捷供应商才刚开始进行它们自身的精益转变；保时捷供货队伍的最上游的原材料供应商甚至还完全没有触及。

因此，保时捷要完成精益革命还将面临不断的挑战。这场革命是从魏德卿，作为变革代理人来到保时捷的1991年开始的。依我们的经验，在一个企业中，要使转变彻底完成，不再有倒退回去的可能，至少需要五年的时间（到1996年秋天）。此外，还需要再用五年时间，将新的思维方式推广到企业的每一个部分，推广到下游的零售商系统，以及沿着价值流一直推广到上游的原材料部门。

对德国传统的暗示

德国工业具有很多独特的优势，正如我们前面把保时捷放到德国工业的背景下时所看到的那样：

- 目前德国企业仍能得益于一个稳定的注重长期发展的工业金融体制。尽管由于世界竞争局势严峻，以及第二次世界大战后创办的中小型家族式企业，出现了所有者兼管理者的接班问题，这一体制已经遭到了一些破坏。
- 高管人员认为产品本身是竞争中最重要的因素。目前他们正努力纠正过去那种用工程师对价值的定义来代替客户对价值的定义的倾向。
- 他们与供应商之间的关系是长期的、靠得住的，尽管在一些大型企业（如大众公司）中有一些由危机引起的例外。
- 在制造企业中，无论是工人还是技术人员，都具有世界最高的水平。正如一位丰田的高管几年前告诉我们的："我真正害怕的竞争对手是德国人，如果他们学会如何彼此交流的话。"

然而，缺乏彼此交流正是德国人的一大弱点。正如人们在其教育体制中所看到的，各类等级的教育重点都是技术操作上专而窄的专门技术，而非尽量把各类技术工作聚拢到一起的横向体制。这反映在他们那窄如烟囱的晋升道路上，也反映在充满许多极小部门（部门在德文里意思是"隔开的"）的组织机构中。这些部门要向上打数层报告才能到达可解决部门之间分歧的地方。

同时，在工厂的领班体制中，25人一大组的工人们直接受车间负责人领导，而车间负责人要通过等级制度把问题上交才能解决，这种体制与小规模的工作团队是完全不同的。应该让工人们把注意力放在横向的沿价值流的一系列相关活动上，还应当让他们做一些与管理工作有关的非直接生产工作，包括质量保证、设备维修、更换工装卡具、开展标准化工作，以及不断改善工作。

德国人的第二个弱点，是偏好能进行批量生产的大型设备。例如，我们经常看到在巨大的喷漆间——传统形式的——给放在庞大喷漆架上的小零件涂漆。他们这样做是以灵活性为理由的。"我们也不知道什么时候就得要油漆大部件，所以我们要按照能够进行这种灵活操作的办法进行建设。"机器的初始投资成本和保持机器总是满负荷所需要的连续成本（机器的前后工序总得有库存），在单件喷漆成本的简单计算中被忽略了。同时，德国的管理人员认为他们的设备能够对市场变化做出反应，从中得到的安慰，也使他们对这些成本视而不见。

德国人的第三个弱点是，在对产品作精心改善和多样化设计，并把它们与反映到产品价格上的成本进行权衡的时候，总是用产品工程师的愿望来代替客户的愿望。尽管质量变化可以是免费的，但精心改善和多样化设计几乎总要引起成本的增加，特别是当产品的设计没有注意考虑制造的工艺性时，情况就更是如此。因此，认真听取有关意见，保证产品设计中包含的是客户想要的东西，而不是设计师们乐于制作的东西是十分必要的。

例如，我们中有一人最近观看了一次拆卸后视镜的事情，发现日产公司在英国桑德兰组装的米克拉（Micra）车型的外后视镜设计只有 4 种零件并提供 4 种颜色选择。但是大众公司的高尔夫车的外后视镜却提供 4 种完全不同的设计，每种设计又包含十八九个零件（由那些追求极度精细的产品工程师们所规定），同时每一后视镜又有 17 种颜色选择。结果，日产公司的生产系统只需处理 4 种规格的后视镜，而大众公司却要对付 68 种，而每种的零件数又是日产公司的 4 倍之多。[13]

德国人对成本和多样化、成本和精心改善之间权衡利弊的考虑，早就预示了近来在北美已经流行起来的"大众订制"趋势。[14] 但是，正如我们看到的，问题是像颜色、装饰等小的改善，甚至一些大的改善，如轴距的小量增加等，往往都超出了客户能够注意到的程度。额外的改善很可能是件好事，但是只有让客户注意到并认为划得来的时候，才真是一件好事。（虽然产品多样化和精心改善的真实成本甚至连产品工程师也不知道，但是，只要他们有倾听客户意见的愿望，就可以营造出一种单向的交流，即多为客户考虑。）

无论如何，直到不久前，德国人的那套做法还是很有竞争力的，原因是上述每条劣势都被一条相应的优势所抵消：

- 工厂的技术水平很高，因此能在每个问题出现时马上加以解决，而不必对生产系统中最初产生问题的部位进行调整。交到客户手里的最终产品通常都是质量极好的，尽管成本也非常高。

- 产品开发工程师的技术水平很高，因此他们可以对上游工程师完成的设计加以改善，而不必与从事上游设计的专家们讨论他们设计中出现的问题。同样，到达客户手里的最终产品能够出色地达到预期的产品性能。当然，这也是以高成本为代价的。

- 企业各专业技术部门的技术基础非常深厚，所以通常有可能用增加产品性能特点的办法来抵消其固有的高开发成本和高生产成本的问题。在有些情况下，这会导致很快地放弃某部分市场（如在机床行业中），而他们在其余的高端市场部分进行的发展（如我们在普惠例子中提到的叶片磨削设备），也足以让德国企业忙碌并从中获利了。

- 德国的机床制造水平很先进，因此，德国人的高工资可由于计算机集成制造技术（CIM）的突破性进展而被抵消似乎是许多年来的现实情况。计算机集成制造技术能够把高度灵活的生产操作和材料的自动供给相结合，从而基本消除直接人工。但是这一减少工作岗位数量的目的，造成了与劳工工会之间的摩擦，工会对此的反应是力争通过继续减少每周工时数来尽可能补偿工作岗位数量的减少。然而，这似乎只是一个过渡性问题，因为最终结果将是，造就一支完全由具有高超技能的技术专家组成的德国劳动大军；他们制造出的产品具有外国竞争对手无法比拟的性能特点。

然而，在20世纪90年代，这些抵消劣势的诸多优势均被世界环境的变化所打破。在马克大幅度升值的背景下工资上涨；东亚的企业已经对传统的德国非大众产品市场发起了进攻；近代工厂自动化的局限性也终于明朗起来。[15] 总体上讲，德国人的产品无论对外国人还是德国人来说，都贵得难以负担了。

结果，恐慌情绪和宿命论情绪接踵而来。例如，戴姆勒-奔驰公司的新董事长尤尔根·施伦普最近哀叹道："德国再也别想生产飞机了。"为了寻求较低的劳动力成本，一些最大的企业都已经把零部件的生产以及总装生产移出了德国。与此同时，工会开始提出用降低或取消工资增长来换取生产岗位数量的稳定。

上述的反应是可以理解的，但却是错误的。德国人在德国不能再做的事情是，以传统的德国人的方式制造飞机、汽车或其他产品；德国企业可以做的事情，是教会他们的员工如何就恰当的价值定义、价值流的识别以及通过流动和拉动消除浪费的问题，进行相互沟通。当德国的工人和工程师学会了观察和倾听的时候，他们的企业就可以进行不断的、革命性的、以追求尽善尽美为目的的改善活动，而且能比世界上任何人都做得更好，正如前面那位丰田高管所惧怕的那样。最后的结果将是，由于客户认可的实际成本降低了（以不变工资计），在德国的销售额会增长，而出口机会也会重新活跃起来。[16]

于1993年建成的欧宝公司爱森拿赫厂（Opel Eisenach），大概是德国引进精益思想的第一次尝试。但这个厂子毕竟是一个孤立的厂，而且是由美国拥有的企业在东德建立的、人员经过挑选的新建工厂。正像20世纪80年代在北美和英国建立的新型日本轿车厂一样，它不足以证明传统的企业也可以采取这种新的做法。兰开公司、线模公司和普惠公司证明了精益思想在美国是可行的，尤尼帕特公司也开始在英国证明这一点。同样，保时捷也是一次真正的检验，是第一个证据，证明典型的德国企业也可以改变其基本行为，把最佳的日本式思想和最佳的德国式思想结合起来，从而产生好于上述任何一种思想的思想模式。

随着其他企业都效仿保时捷的做法，还会出现另一种好处：目前对"德国人的工资是否太高"，以及"生活水平下降是谁的错"等问题的争论，将让位于针对某种产品清楚地分析其价值和价值流的努力。然后，随着浪费被消除，经营管理具有了透明度，每个人都能够看到，在最终客户定义的产品价值和设计制造这种产品的成本之间是否还存在差距。

如果大部分浪费都消除了，而成本还是超过价值，那么，这时的问题就是：德国人给自己付的工资是否太多了，以至于不能在德国生产某种给定档次的产品。到了这个时候，问题就容易讨论得多了，因为，争论不再沿着完全对立的方向进行，诸如"管理人员是否从工人身上榨取金钱"，或者"工人们是否对其雇主提出了过分的要求"等，而是争论关于成本和价值之间透明了的关系。正像我们20世纪80年代对美国汽车工业的直觉看法一样，我们认为真正的问题很可能将被证明，是浪费太多了，而不是工资太高了。在精益化的德国，即使在给客户的价格大幅度下降的时候，仍可以保持高工资，把目前成本不断提高，产量不断降低，失业不断增长的螺旋式发展状况，完全扭转到相反的方向去。

德国和日本

把精益思想应用到整个德国工业是可以做到的，而且我们预言，这一定会做到。但是，这需要艰苦的工作和一定的时间，还要加上几项对组织机构性质的其他变革。关于这一点，我们将在最后一章进行讨论。相比之下，许多观察家有一种假设，认为30年前就具有了完善的精益思想的日本企业，已经完全掌握了精益思想，几乎没有什么事情可做了。事实上，这是完全错误的。我们现在要转向世界第三大重要的工业传统组织，来考虑一下当今时代的困境。

Lean Thinking | 第10章

大丰田，小昭和

大野耐一于1984年首次访问昭和制造公司（Showa Manufacturing Company）的古河铸造厂时表现出惯常的外交本能。快速巡视工厂之后，他让总裁山本彻夫把古河厂经理请来。川部刚到来时，大野问："这里是你负责吗？"川部承认是他。于是大野吼起来："这里的经营情况真丢人。你根本不称职。山本君，立即开掉这个人！"

山本知道，川部对古河厂的状况所负的责任与昭和公司的任何其他人是一样的。这个厂的管理是按照昭和公司管理工厂的通常做法进行的，不好也不坏。于是他建议，与其解雇什么人，还不如让大野来厂做"导师"，告诉他们怎样才能把事情做得好一些。

72岁的大野已从丰田公司退休，但仍担任丰田自动织机和丰田合成这两家丰田集团企业的董事长。作为上述交换的结果，他与山本和川部之间建立的关系，一直延续到他1990年逝世，并且终于导致这一典型的日本制造企业发生了彻底的转变。自从1984年以来，昭和制造公司所发生的事情是令人感兴趣的，因为它清楚地说明，精益思想在日本的普及情况，以及完全掌握精益原则，为什么无论对日本企业还是对美国和欧洲的企业都同样困难，但也同样有益。他们还特别强调那些日本企业乃至丰田公司尚待完成的任务。

昭和的危机

1983 年，散热器和锅炉生产厂商，昭和制造公司，庆祝了它的 100 周年纪念日。这家企业在日本市场上一直非常成功，20 世纪 60 年代时，甚至还被选定为东京的帝国饭店建造全新的供暖系统。然而，自 1979 年第二次石油危机之后，世界发生了变化，昭和也开始了奋力挣扎。由于日本企业削减发展计划并考虑更现代化的取暖设计，对这个厂生产的工业产品的需求量骤减。同样令人不安的是，由于公司对其 750 名核心员工所实行的传统的日本式承诺，昭和公司的成本结构似乎也陷入了困境。

昭和最初做出的反应在处于同样环境的日本企业中是非常典型的。为了筹措现金避免解雇人员，昭和卖掉了它位于市中心的办公用房和主厂房那值钱的不动产，并开始把生产设施重新安置在附近比较便宜也比较现代的地点，以期获得效益。它还增加了产品品种，生产用于桥栏杆上的装饰铸件。同时利用日元的疲软，开始实行向美国出口铸铁锅炉的计划。

1983 年，昭和原先位于拥挤的福冈城内（位于日本最南部的岛屿九州的最北端）的办公和制造设施全部移到了郊区的宇美和古河新厂区；工厂管理人员盼望着时来运转。然而，下滑仍在继续，新厂的生产系统实际上与旧厂的完全一样。铸造、清洗、冲压、焊接、喷漆和总装等加工群均是以批量作业模式运行的，更换工装期间有很长的工作间歇。这种做法导致了堆积如山的零件在被运往下一工序之前要先放进中央仓库。尽管有手拿急活儿单子的催活儿人员在催促，订单也要花数月的时间才能走完整个生产系统（这是一种很熟悉的情况，我们看到的每个企业在精益思想到来之前都是这个样子）。此外，出口的初始成本很高，而且增加装饰铸件生产又使昭和陷入了与建筑行业中声誉良好的大企业的竞争之中。

就在这时候，山本彻夫决定，他必须采取果断的行动，他要与大野耐一取得联系，请求他的帮助。

这可不是一个简单的决定，因为大野是以粗暴无情著称的。他完全不能容忍天才人物，他似乎觉得自己周围全是笨蛋；他们所期待的只能是已成家常便饭的责骂,为的是他们很少能理解的失败(中尾千弘是大野最得意的学生之一,他与这位导师共同工作了 20 年,从不记得得到过大野对其工作的任何形式的称赞,但他却记得几乎每天都受到责骂)。而且,大野也许根本不同意提供帮助。到那时为止,他还从没有正式同意过对丰田集团以外的任何企业提供帮助。

另一方面,大野显然是一位天才人物,他是 20 世纪最卓越的工业思想家,他已经把丰田公司变成为世界上最能干的制造业组织。所以,如果仅仅是忍受辱骂的问题,那么山本认为,与获得的回报相比这一代价是值得的。此外,山本是大野的同辈人,又是福冈地区一个高尔夫俱乐部的总裁和麻将牌高手,他认为可以通过充分提供这两项大野最喜爱的娱乐活动,而诱使大野超出丰田公司的圈子。或许,他还能在这个过程中转变大野对昭和职工们的轻蔑态度。

1983 年下半年,大野接受了去福冈商会发表演讲的提议。山本作为他的接待人抓住机会邀请大野第二年初来参加一轮高尔夫比赛,并顺便浏览一下他的铸造厂。正巧,大野此时也在考虑为他的一些副手们做些什么,这些助手包括丰田合成企业的岩田义树和太平工业公司的中尾千弘。大野已经老了。这些副手们担心,一旦大野走了,他们会由于大野与他在丰田的同事之间尽人皆知的冲突,而处于十分不利的地位。

这些冲突曾在 20 世纪五六十年代大野在丰田内部推广丰田生产方式,以及 1965 年以后在供应商中推广这一系统的"不抓俘虏"攻势(take-no-prisoners campaign)期间一再发生。到了 1978 年,当第一、二层的供应商大都完成了生产系统的转变时,大野对丰田已不再那么重要了,他被免去了执行副总裁的职务。他作为丰田自动织机和丰田合成董事长的新职位听起来很重要,但实际上,大多是礼仪上的工作,以此表示对他过去工作成就的认可,同时也使他与丰田集团的核心——丰田汽车公司保持适度的距离。

昭和的邀请立即提供了解决诸多问题的可能性。它将在丰田系统以外的传统的批量生产企业中,为大野提供一块继续试验他的思想的场所,还将为他那些忠诚的部下们离开丰田集团,成立一个叫作新技术的咨询公司提供机会[我们一会儿将会看到,他当时已经有了建立另一个组织的想法,即新生产系统(NPS),几年以后他和另一些忠实信徒们建立了这一组织]。于是,大野看了古河铸造厂,发出了他那著名的咆哮,然后平静地说"好的",他和他的同事们将承担使昭和精益化的工作。

最初的努力

我们遇到的许多美国人和欧洲人似乎都认为,精益思想不管怎么说还是对日本人来得更自然些(这些人总是认为所有的日本企业都是精益的,而且已经精益了几十年。这是又一个完全错误的看法,我们一会儿将要说明这一点)。当大野和他的同事们在昭和的铸造厂首次进行改善活动时,工人们的最初反应是对实际情况的最好描写。

大野一上来就断言,如果转为小批量生产,而且只是生产下一生产步骤所要求的东西,就有可能把一般零件的库存量从3个月减少到几天。产品进入市场的时间因而也可以减少为目前水平的几分之一。他说,这样就有可能使劳动生产率提高一倍,使目前生产所需的工作场地面积削减一半,而且这些改善可以在资金投入为零的情况下迅速完成(读者们无疑会承认,这在精益转化中是很"正常"的数字)。

然而,昭和的工人对此却表示完全怀疑和抵制。这些工人大多是已干了多年的铸造工人,他们完全"知道",若他们加倍苦干,这些目标也许有可能实现,否则就根本实现不了。生产管理人员的看法稍有不同,例如,仍在为与大野的初次相遇而感到懊恼的工厂经理川部认为,适合于产量大的汽车工业生产的方法,对产量小的铸造生产和锅炉生产来说是不适用的。

但是,由于大野和他的追随者得到了总裁山本的全力支持,所以,至少必须尝试这些做法。他们进行的第一个项目,就是改造蛇形管的生产和装配过程,如图10-1、图10-2所示。他们通过建立包括各工序(管切割、散热片冲压、胀管、清洗、钎焊、泄漏试验、组装)在内的生产单元,把整个生产过程从批量生产变成"单件流"生产。昭和工具车间自行设计的加工设备取代了换模较为困难的高速加工设备（最后在整个公司内总共有 300 台这样的设备），使生产单元从一种蛇形管换模至另一种蛇形管，只需几分钟时间就可完成。然后，这个生产单元的产品被直接供应给简化了也缩短了的总装生产线。

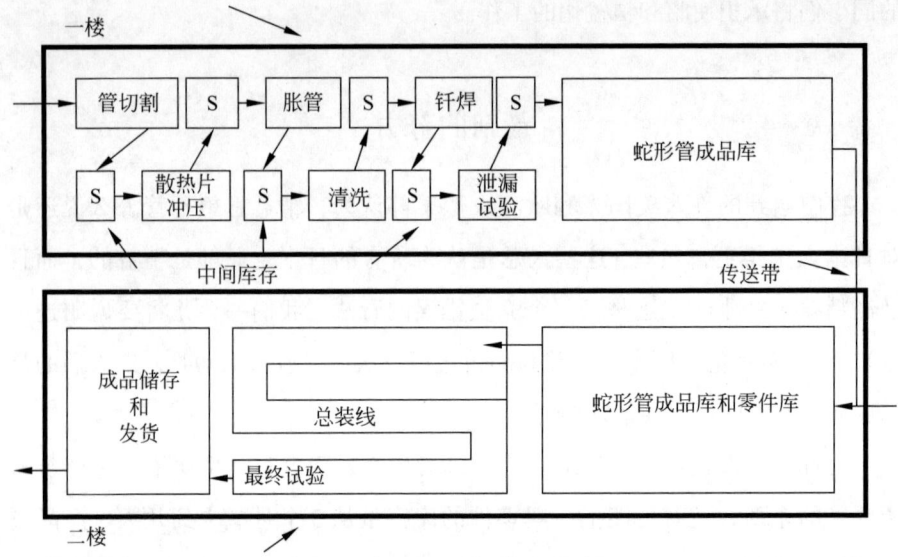

图 10-1 1984 年夏天昭和的蛇形管生产

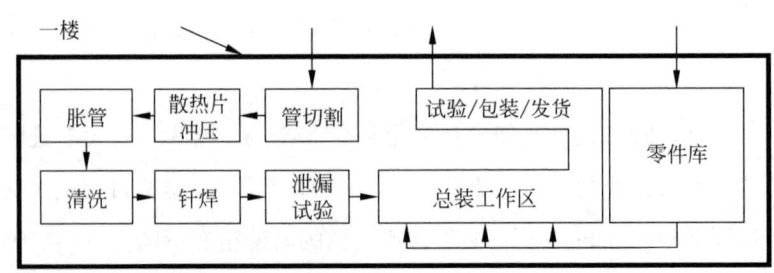

图 10-2 1984 年夏天昭和的蛇形管生产

尽管工人们持怀疑态度，而且几乎在每道工序上都与大野等人有不同看法，但是，在不到一个星期的时间里，却有可能使所用工作场地减半，在制品的库存减少 95%，人工减半，生产蛇形管的生产时间缩短 95%（此外，质量也得到了显著改善）。与改革所产生的效益相比，所用投资和时间是微不足道的。

对于昭和这样老牌守旧、几十年来生产率水平没有任何提高的组织来说，这些数字是非常令人振奋的。而这也正是大野所保证的事。随着突破性改善活动一个接一个地进行，用"单件流"方式代替了"批量生产"方式，这些成果不能不引起昭和工人中哪怕是最消极人员的关注。川部是原管理层中怀疑最甚的人，随着态度开始发生转变，他甚至也愿意担任新的职务，做新成立的生产研究部负责人。他负责改善企业的每一项活动，并逐步成为公司自己的大野。

由于川部[1]对新的改革充满热情，所以在以后的三年中，工厂的各项活动至少都经过了一次重新思考和改善。最后，为了追求尽善尽美，每一项活动都经过了至少10次改善。于是，生产率大幅度提高，库存量降低到原有水平的1/4，生产给定数量产品所需要的场地面积减少了75%，如图10-3所示。

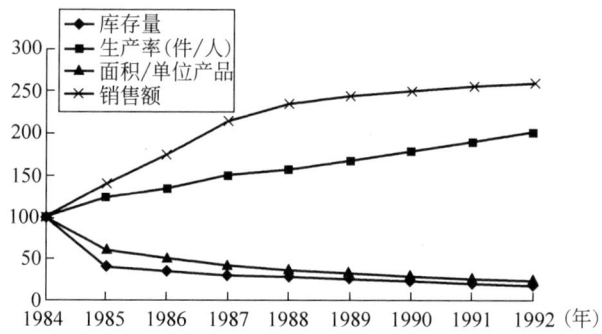

图10-3　昭和的销售额、生产率、所用场地和库存（1984～1992年）

资料来源：昭和公司"昭和生产系统的运行背景"，1993年，第5页。

结果，昭和终于从严重亏损中走出来，并有了一些赢利。然而，由于市场萎缩，昭和产品的售价还在持续下降。虽然赢得了思考的时间，但显然，仅靠降低成本是不能产生足够大的效益的。

一个思想矛盾

昭和所面临的一个重要问题，也是如今许多日本企业所面临的问题，就是其市场战略与其新的生产方法不相适应。昭和已经知道如何在4天之内生产出一台锅炉（原来是16～20个星期），如何完全按照具体订单进行生产，而不必支付很大的额外生产成本，而且他们还期望向美国市场销售一些标准产品（销售到美国所需的时间为3个月），以此来克服其在日本市场上的劣势。在如此长的时间和距离下，按客户要求订做或对市场做出快速反应是不可能的。更有甚者，当出口的努力刚刚进入最活跃状态时，日元就开始稳步上涨了。而且很快日元升值一倍，对美元的比价从1985年2月的260∶1上涨到1988年2月的129∶1。

显然，如果一个高度柔性化的企业，孤注一掷地看待世界另一侧的标准化产品业务，那么，显然是什么地方出了问题。因此，总裁山本开始对昭和的整体战略和产品种类进行重新思考。他的结论是，即使能打垮一些竞争对手，昭和传统的铸铁锅炉产品除了更新需求之外，也别无选择（记住，要使其核心工人有活儿干，还要获取精益变革的全部财务效益，它必须在不变价格条件下，尽快使销售额翻番）。他还认为，要想让通过很长供货路线的出口业务有利可图是不切实际的幻想。

因此，山本决定，昭和应该调转方向退回来问一问，自己的关键技术和能力到底是什么，怎样才能使这些技术和能力适应日本国内消费者中的新需求。当他观察繁荣的日本经济时，似乎很显然的是，日本人本身无论在公共财产还是在私人生活方面都消费不足。因此，最有前途的发展机会是生产那些支撑国内消费者新型高质量生活方式的、产量小并由客户订做的商品。然而，昭和现有的组织机构不适合于这一新的工作任务。

支撑精益化的新型组织

1987年，山本打破了有104年历史的集中控制式的公司结构，代之以新的横向产品团队，每个产品团队负责某一范围的新型系列产品。他们的系列产品最后的范围发展为从专门设计定做的样式新颖的"模型"桥铸件（如公园里的桥），到专用的产量小的空调设备。还设立了其他一些业务部门，分别负责：为建筑行业专门设计定做的货车车身；用于公共建筑的特种铸铝件（特别是雕塑品）；为飞机发动机和核工业专门定做的特种合金铸件。一个尤为重要的创举是建立了"环境产品"部，负责生产家用空气过滤系统以及家用浴盆加热过滤系统。家用浴盆加热过滤系统可使浴盆内的水在一天 24 小时之内保温保洁（为生产一种可折叠置于日本公寓楼房背面的自动停车传送带而建立的业务部门由于不成功而被取消了）。

每个产品团队都有它自己的一套营销、产品设计和工程以及产品生产办法；他们在昭和的办公和生产区租用适量的场地。于是，集中进行"批量"作业的老昭和，包括它那老一套的营销、设计和生产办法，很快被淘汰了，代之以针对每一产品系列的专门化的连续流团队。这些团队雇用了昭和公司的绝大部分人员，只有一小部分工人还留在很小的集中控制部门，其中包括：生产计划、财务、供应商发展和物流、人事、质量保证（处理客户意见）等部门，当然也包括负责对每项活动进行不断改善的"生产研究"部。

在新的一套做法中，大部分成本都直接来源于各类产品，只有很少部分是根据总管理费用分摊的，这样就有可能了解某产品系列是否产生着足够多的利润。结果，对每个团队的负责人都可以根据其最终盈亏情况给予评价。团队负责人被告知，要不断更新产品系列，并随时准备撤掉不赚钱的产品。

在 1984～1995 年，昭和 100% 替换了原有的产品系列。在此过程中，他们淘汰了 2/3 已经过认真反复改善的产品和生产任务。昭和的现任总裁水口奎二指出，对于生产定制产品来说，快速进入或退出产品的生产是很"普通"的事情，但对 1987 年以前昭和集中控制的组织形式来说，却是绝对办不到的。而且谁也不知道哪个产品赚钱，哪个产品拖企业的后腿。

从硬改善到软改善

每一产品团队的目的都是要在产品设计、接收订单和生产过程中引入"单件流"，这在兰开公司、线模公司、普惠，以及保时捷都是这样做的。由于各生产环节很快都得到了突破性改善（随后还进行了改善和再改善），所以，对生产调查部来说，有可能也应该逐渐超出生产厂范围，去促进对产品开发和接收订单过程的重新思考。

第一个步骤于1991年开始进行，为了充分利用昭和公司承担订制任务的机会，对效率已经很高的设计过程进行重新思考。显然，要定做锅炉、桥栏杆、购物中心的天顶等产品，就需要使客户从一开始就能直接介入到产品设计中来。但是位于遥远福冈的昭和公司，没有方便的技术手段来做到这一点。因此，川部（7年以前还是一个典型的实行"批量生产"作业方式的铸造厂经理）承担了一项为期三年的项目，开发交互设计（即客户参与设计）软件，以使客户和昭和的设计师们能够一起看着实景来决定产品规格和订单内容。这一软件于1994年投入使用。

与此同时，昭和又对其锅炉的生产技术和所用材料进行了重新思考，转为使用不锈钢材料和自己设计的新生产设备，从而不再需要工人在锅炉里面进行焊接。由于使用了新设计和新生产方法，昭和公司这一最成熟又最成问题的产品系列的成本降低了30%。

最后因素：重新思考订单接收和生产计划

1993年，当山本彻夫从总裁位置上退下来担任董事长时，昭和公司基本上完成了从批量生产向精益生产的转变。留给新任总裁水口奎二（他来自大公司住友贸易公司，这家公司负责销售昭和的很多产品）的最重要的组织机构方面的改革是，重新思考订单接收和生产计划方面的问题。在进行这项工作的时候，他受到了美国人"流程再造运动"的启发，而最终却比"流程再造"更进了一步。

1993年，正如水口所看到的，昭和能使几乎所有产品的实际生产时间不超过一星期。但是，接收订单却要预先几个月就开始，建筑行业尤其如此，因为完成某项工程所需的诸多产品，是由其他批量生产企业提供的，这些产品的确需要数月时间才能加工完成。之所以如此，部分原因在于，客户直到最后一分钟还在不停地更改订单。况且，昭和是通过集中控制的生产计划部来管理订单的，他们在把这些订单送到各产品业务部门的设计和生产组之前，按批量作业方式处理（和修改）订单。由于时间紧迫（订单需要几星期时间来处理），以及从一个部门到下一个部门的许多次倒手，开始投入生产的产品订单有时显然是不合理的（例如不可能实现的技术规格），因而需要花很多钱进行返工。

一种简单的办法是，建立一个由具有多种技能的工人参加的高效的订单计划部门。这个部门一次只处理一份订单，而且关照这些订单顺利通过整个系统。然而，这种办法还是保留了中央计划部门，因此，水口认为还不够精益。于是流程再造团组取消了计划部门，而把安排订单的任务交给了各生产团队的营销小组。

当某企业的订单需要纳入到生产计划中的时候，要求产品团队要从后往前排（根据节拍时间），使订单与发货 4 天之前的可利用的生产空档完全对应。这正是我们在第 6 章中讲到的兰开公司所采用的做法。

在这套新做法中，带有错误信息的订单是绝不能经过设计师和工程师传下去的（相当于"错误预防"的计划进度安排能保证发现所有的错误）。同时，必须让客户们懂得，昭和只需用 4 天供货时间，就能使产品备好待运。所以一旦到了开始生产的时间，再确切地说明所需要的东西，然后反复修改订单是毫无意义的。还必须像兰开公司那样，让客户知道这一难以理解的事实：昭和现在是严格按计划发货的。

关于昭和订单接收和生产计划这套做法的最后一点是，它对价值流上的每一个人都是公开而可见的，这些人包括：客户、分销商、昭和产品团队以及部件和材料供应商。虽然只有产品团队才能够更改电子计划板上的内容，但是每一位对结果感兴趣的人都可以随时通过计算机系统查看订单情况。这是可视化控制发挥作用的又一个例子。

作为一家大型贸易公司长期以来的高管人员，水口奎二在担任昭和总裁时充分意识到，世界市场是由很多部分组成的，其中有些市场可以提供很好的机会。因此，他认为昭和应该制定一种新的服务于日本以外市场的新战略。但是他决定不使昭和的新全球战略重复过去的错误。全球战略的第一个步骤

(1995年)是在中国建立一个子公司,但是这个步骤的目的与许多日本、欧洲和美国的企业完全不同。

新的昭和子公司首先要进行专门的针对性设计,然后为中国国内市场生产这些昭和产品。大多数生产是在中国某地进行的,在生产过程中坚决采用精益技术,以便向中国客户快速供货。这样做的目的是要利用在销售市场上进行专门设计和生产的做法,同当地客户发展牢固关系,以便充分发挥精益企业的优势。他们不打算把昭和产品从日本出口到中国去,也不打算把产品从中国返销日本或出口到其他市场。将来,在昭和有可能获得的任何重要市场上,都会有它自己的服务于那个市场的设计和生产系统。全世界共同分享的将是一整套技术能力以及对管理生产、产品开发和订单接收至关重要的精益技巧。

最终结果:精益的成功

经过10年的发展,到1995年,昭和公司终于获得了在精益战略推动下向精益原则转化所带来的全部回报。如图10-4所示,自1984年以后,昭和公司很快提高了生产率,减少了所需场地和库存量。虽然这些步骤止住了给公司带来威胁的亏损,并给公司赢得了必不可少的时间来考虑下一步做什么(就像普惠公司和保时捷公司所经过的步骤一样),然而到1991年时,由于其产品的市场不景气,企业仍没有获得适当的收入。

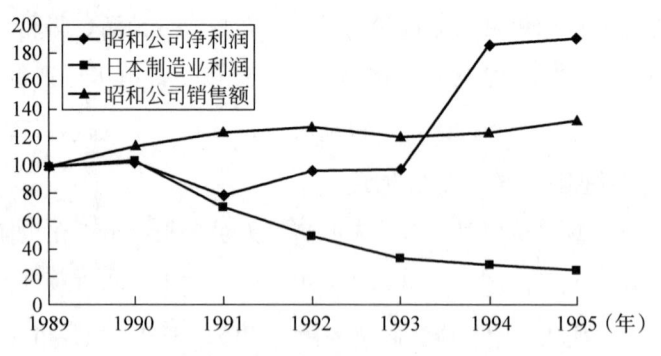

图10-4 昭和公司的销售额和利润(1989~1995年)

1991年以后，当新的业务部门逐渐找到了他们的市场，产品开发和订单接收过程也得到改善以后，昭和开始起飞了，而此时正是依靠出口的日本经济的其他部分开始进入长时间不景气的时候。当典型的日本制造业的利润（1033家最大的企业）自1989年后下降了70%的时候，昭和公司却在滞胀的日本国内市场上销售出了100%的产品，同时与1989年相比，利润提高了近100%。

在这个10年的前5年中，尽管日本经济不景气，公司销售额本身却增长了近33%；但是总裁水口制定的目标是，到2000年，随着日本经济的恢复，以及公司新产品的面市，在日本的销售额的增长幅度要达到50%。那时，如果昭和再次投入一场突破性改善运动，再次考察价值流的每一个部分，那么，昭和公司将仅以现有的办公和生产场地、现有的人员达到这一目标。同时，昭和将在中国试行其"精益全球化"战略，也将在其他合适的地方实行这一战略。

日本的其他企业如何

昭和的精益转变看上去似乎是以蜗牛爬行的速度进行的，对那些熟悉商务书籍中所介绍的奇妙事情的读者来说，更有这种感觉。据这些书籍介绍，任何企业只要遵循作者的简单指点，就几乎可在一夜之间得到整顿。人们会说，肯定有捷径，而昭和公司也肯定是日本采用精益思想较晚也较慢的企业，是穷乡僻壤的局外人。

事实上，昭和可以进行得更快些。他们最终采取的办法，包括重组高度专门化和集成化的产品团队、产品定制系统、新的订单接收和生产计划技术等，没有哪项是他们在1984年时不知道的。如果昭和处于一个比日本更急于从资本获得利润的社会，一个愿意承担人事后果的社会，昭和或许可以进行得更快些（请记住，像日本的大多数企业一样，昭和的第一条经营原则就是除非马上破产，否则绝不解雇工人。那么，如果人员数保持不变，在不景气的产品市场上，改善财务业绩的速度就受到内在的限制）。当然，管理层人员如果决心要走得快些，那就能够走得快些。这一点我们在第11章中还要讲到。

然而，在日本的中小型企业中，昭和采取精益思想的时间并不算晚。事实上，昭和是九州第一批完全掌握了精益思想的企业中的一员，并且我们还有足够的证据（我们一会儿将看到）说明，目前大部分日本经济仍未精益化。当我们回顾传播精益思想的奋斗过程时，我们可以通过精益思想在丰田的起源，来找出大部分日本企业仍未精益化的原因。

丰田的精益状况

1984 年，当大野耐一第一次来到小小的昭和制造公司时，刚好是大丰田结束 35 年来在全日本的丰田集团内传播精益思想进程，并开始在全世界传播精益思想的时候。这后一个过程是从新联公司在加利福尼亚的工厂开始的。

在实际生产中有两个基本的精益概念。一个概念是自动化设备和生产线制动。这样，无论什么时候发生错误，都不会有不合格零件传下去打断下游的流动（丰田称之为自动化）；另一个概念是拉动系统，即只生产实际需要的零件（丰田称之为准时生产）。这两个基本概念是由丰田佐吉（丰田集团的奠基人）和他的儿子丰田喜一郎（丰田集团的分支机构丰田汽车公司的第一任总裁）于 20 世纪二三十年代系统阐述的。然而，把这些实际生产概念联系起来并应用到实际中去，却是大野耐一和他的弟子们在 20 世纪 40 年代后期开始做起来的。与此同时，丰田又率先提出了关于产品开发组织，协作链管理和从客户接收订单等工作的一系列思想，所有这些最终形成了完整的丰田系统。严格地讲，丰田公司只是在 1950 年面临极度危机时才能够实现这一历史性的跨越，彻底贯彻这些思想。

"……不服输的好处"

大野耐一在回顾 20 世纪 80 年代时指出："即使是还有一点利润的公司也不会采用丰田生产方式。他们就是做不到。另一方面，也有一些濒临破产却彻底贯彻了丰田生产方式的企业；他们知道，即使他们失败了，也不会失去

太多……这就是不服输的好处。"²

当然，亏损的丰田在战争刚结束时，的确没有多少可损失的东西，而且大野是不服输的大师。1948年，当大野被提升为丰田发动机制造部的经理，并突然获得了进行改革的权力时，他看到的是那种所有同一类型的机器都集中在一个地方的、典型的批量生产方式。车间状况比想象的糟糕得多，因为其他给发动机车间供货的部门很少能准时供货，而要来就来一大批。因此，发动机车间在前半个月干等着所有必需的零件到齐，后半个月就得猛干，以完成每月的生产定额。

大野来后不久就形成了一些最基本的看法。首先，他注意到，工人们的大部分时间只是在看着机器运转，因此，在质检部的检验人员发现之前，许多不合格的零件可能已经生产出来了。他想起了丰田佐吉的自检型织布机（大野把它叫作"你眼前的试验室"）。这种织布机有一个测量纺线张力的装置；如果线断了，织布机开始织有疵点的布，织布机就会立即自动关机。受这一思想的启发，他很快设计出一套简单的限制开关以及通过或不通过办法。这样，一旦装好零件，机器就可以不用人工干涉自动完成工作；如果机器自己检测出工作中出现了错误就会立即停机。把这些简单装置加到传统的机床上后，一个工人很快就能操作几台机器，同时还可以进行质量检查，只在给机器装料（就像安装在普惠公司的一步接一步生产线那样）或处理故障时才出手干预。

大野的第二个看法是，"尽管你有一大堆库存，却总是缺少某一种零件"。他认为，只有让每道加工工序不断地去上道加工工序取回下次生产所需要的准确数量的零件，问题才能够得到解决。他们进而又做了一个死规定：上道工序的生产量绝不能超过下道工序刚刚取走的数量，于是，初步的准时生产系统就形成了。1953年著名的看板卡的引入，使这一系统最终形成，同时使信息平顺回流的速度与产品前行的速度相同。工装的快速换模是于20世纪40年代后期初次尝试的，用于使上道工序能快速地适应下道工序的需求，但是直到60年代后期，更换特大工装的突出能力才得以彻底完善。

大野的第三个看法是，机器应该从加工群移到生产单元。在那里，根据零件生产所需要的确切顺序，把机器布置成马蹄形。大野注重的是被加工对象的需要，而不是要维护机器、工人们的传统技能和工作方法，或规模经济传统思想的需要；他把精力集中在价值流上，并最终完善了"单件流"的概念。还应注意的是，引入"单件流"之后，在很大程度上消除了对厂内准时生产联系部门和加工群的需要。此外，通过增加或减少生产单元的工人数，丰田公司可以提高或降低生产速度，使之与市场的"拉动"完全同步。

大野的这些看法和行动标志了在第二次世界大战之后的年代，丰田公司与其他日本企业（包括其主要竞争对手日产公司）的基本分歧。许多公司或者注重越来越大型的高速机床，把这些机床集中于一个加工群，并用物料需求计划加以连接；或者注重精密的、自动化的生产线和总装线，这些生产线和总装线把几十道加工工序连接起来，并越来越多地应用机器人，从而减少人工数量。后一种做法被人们看作是"高技术"的批量生产方式。这些方法对于进行大批量的主要用于出口的标准化产品的生产是很好的。然而，这类商品如今日趋减少，而且，高技术的批量生产方式，当面对一个把连续流引入到价值流全程的机动灵活的精益生产者的时候，往往会成为失败者。

创造性的危机

大野最爱说的一句话是："常识往往是错误的。"他把他的一生看作是努力推翻常识（例如，批量生产效率最高的信念），并找到更好方法的一生。然而，他的火爆脾气以及他关于"常识"即错误的与众不同的想法，使他注定会与他的同事和工人们发生冲突。自从他发现一个工人可以看管多达15台机器并为它们上料，并进而认为这些机器需要按照生产工序的顺序进行一次又一次的重新排列，而置传统技艺于不顾的一刻起，他和工人们之间发生冲突的可能就产生了；自从他认为上游部门应该恰好在下游部门要求的时刻做恰好是下游部门所要求的事情的一刻起，沿着价值流的各位管理人员的生活和工作也都发生了永久性的变化。

就在发生了这些变化时，与大野的提高生产率运动同时出现的却是1949

年销售额的大幅度下降。尽管生产一定数量汽车所需要的工人数已经迅速减少，美军占领当局为渡过通货膨胀难关所采取的"道奇紧缩路线"还是带来了经济萧条中的销售额暴跌。与若干年后的昭和公司不同的是，丰田公司没有足够的财力储备，不能在不减员的情况下幸免于难，因而面临着严重危机。而且，许多一线工人和他们的直接管理人员（同属一个工会）对大野的新生产方法极为不满。传统技能类工种，如焊工和机械师，以及许多后勤工种，如质量检查和设备维修，都因新生产方法而受到被取消的威胁；而管理人员也发现，随着缓冲库存不断减少，使生产过程高度同步是非常困难的。

1950年年初，危机临头。丰田公司宣布要解雇2146名员工，占全体雇员的1/3。剩下的工人举行了长达两个月的罢工，直到总裁丰田喜一郎同意承担管理层未能保护工人这一责任，并离任为止。但是，他的离任并没影响采用精益技术。因为大野还在，同时公司和工会之间的新协议明确规定，大野的工作方法要成为工作准则。作为获得生产活动上机动灵活性的交换条件，协议还对留下来的工人作了终身就业保证，而且承诺将来不会有人因为生产过程的改善而被辞退。

丰田的缓慢行进

使丰田公司感到幸运的是，1950年6月罢工结束时，正好朝鲜战争爆发。丰田公司突然得到了大量订单，为在朝鲜的美国军队制造载货卡车，于是，财务危机过去了。然而，由于丰田的高级管理人员谁都不想再面临解雇人员带来的打击，因此，问题立即变成，如何在不大量增加人员的条件下提高产量。这正是大野懂行的事情。

可是，大野要通过亲身示范来教导他的直接下属们，并且由于他的想法通常是不直观的，所以，如果不亲自试一试，就很难领悟和接受（直到现在也依然如此，正像我们一再看到的）。结果，那些没有在大野直接指导下的管理人员和生产工人仍对大野关于"推翻常识"的思想表示怀疑，而世界上也没有其他人遵从这一思想。因此，丰田生产方式在丰田公司内推广的速度相当缓慢。

只是到了 1953 年,当大野升任发动机、变速器和总装厂总经理时,这些措施才同时得到全部采用,像线上停车显示系统这样的技术也才从发动机车间(于 1950 年首次在发动机车间采用)传到总装线上。只是到了 1960 年,当他接管新的元町厂时,丰田才试图让公司以外的供应商进行准时生产供货。的确,直到大野 1978 年退休,丰田公司内丰田生产方式的发展是与大野的生涯直接相连的。他不仅发明了这么多的"知识",而且是无情的"变革代理人"。我们认为这是在我们研究过的每一个成功的企业里必不可少的三个角色中的两个(第三个角色是持续的影响力,是由总裁丰田英二来扮演的。丰田英二是喜一郎的侄子。在大野与其他丰田管理人员的争吵中,他一贯支持大野这位世界上具有最苛求和最难相处性格的人)。

相应的改革

丰田生产方式的发明和完善是一个惊人的成就,但是在 20 世纪 40 年代后期,在大野对生产工厂进行重新思考的同时,总裁丰田喜一郎还建立了主查制产品开发系统、丰田供应商集团和丰田营销系统,其中每一个都是对新型生产系统的补充。

因为丰田公司决定不以许可证形式生产外国轿车(直到 20 世纪 50 年代以后,其他日本汽车公司都一直是以许可证形式生产外国轿车的),所以,它需要一个具有坚强领导的卓越的产品开发系统。中村坚也被选作丰田公司第二次世界大战后第一个"全新的"、重要的"皇冠"车型系列的第一位真正强有力的总工程师(主查)。这一车型于 1955 年投产。当总工程师办公室于 1953 年建立时,中村以及其他三位选出的总工程师成了强硬人物。他们组织得力的工作班子,并指挥他们的设计工作在一个技术部门相对薄弱的企业中迅速推进。[3] "皇冠"车型在日本市场的全面成功和采取短的 4 年换型周期的决定,对丰田的主查制度起了特殊作用。这一制度在以后的 30 年中很好地适应了公司的需要。

由于丰田的银行把 1950 年的危机部分归咎于由销售部门对市场的乐观估计所引起的过量生产，所以这一危机对丰田还产生了另一种作用：银行要求建立一个独立公司，叫作丰田汽车销售公司（于 1950 年 7 月成立）。这家公司将买下丰田汽车公司的所有产品，然后再分销给客户。从理论上来说，丰田销售公司会阻止过量生产，因为库存会记在它自己的账上。虽然银行家们对此持怀疑态度（因为丰田汽车公司控制着丰田汽车销售公司），但是这种安排的确给了英明的神谷正太郎（在丰田汽车销售公司担任了 25 年的总经理）更大的操作余地，使他能完善其"终身客户"销售系统，并认真考虑如何缩短订货周期，使之更接近生产制造日期，从而不会生产出不需要的汽车来。

在引入主查产品开发系统和平行销售系统的同时，丰田公司极大地背离了基于纵向一体化的传统工业实践。从 1949 年建立日本电装、爱新精机和丰田合成等独立公司开始，丰田公司把自己迅速分解了。通过把原先的公司内部部门转化成独立的附属企业，狭义上的丰田公司本部平均对每辆车增加的价值，从 1937 年的 75% 减少到 20 世纪 50 年代后期的 25%，甚至 50% 的总装工作也包出去做了。

执行这种激进政策的原因很难准确确定。日本电装、爱新精机和丰田合成最初由母公司收回股本并脱离出去可能得到了美军占领当局的支持，因为美军占领当局反对集中工业控股（丰田的工业集团在 1947 年被认定为不可接受的工业集中，应该在几年之内予以解散。但是这一命令从未执行）。但是，即使在占领当局放弃了它的解散运动之后，丰田公司继续进行的分解过程，以及后来日本电装及其他第一层供应商的分离出去，显然是因为丰田公司的管理者们想要分散风险，并得到外包零件生产工资基点较低的好处。

但是不管造成这种状况的原因是什么，丰田喜一郎似乎不可能完全预见到这种集团结构的积极作用。这种集团结构是要在集团内各企业之间形成永久性的关系，而这些企业的工资和行政费用依赖于各企业自身的业绩，而不是整个集团的业绩。这种用于与紧密的附属公司打交道的相互作用方法，后来被用于丰田供应商协会的全部 190 名成员企业，从而形成了一种与人们以前所见过的任何协作关系模式完全不同的模式。

这一集团结构也恰好成了对大野的目标成本概念的极大支持。所谓目标成本，是先由位于金字塔顶的丰田汽车公司决定某部件对客户的价值，然后回过头来与供应商一起，解决如何削减足够多的成本，使零部件的生产既达到目标成本，又获得适当利润的问题。我们一会儿将要看到，削减成本的最佳方法几乎总是采用丰田生产方式（TPS）。

随着丰田集团协作成本的降低，190家成员企业后来发现，它们向丰田以外的那些不懂得精益生产原理的客户供货，可以赚多得多的钱。不久，丰田公司开始向除日产公司以外的其他竞争对手收取"交叉津贴"。而对日产公司，丰田禁止其核心供应商向其供货，直到1994年为止。

完善生产环节改革

20世纪60年代中期，大野终于把他的思想推广到丰田公司内部的全部生产厂。下一步理所当然应该是，使丰田的所有供应商开始实行准时生产供货。然而，随着按照看板信号的供货频率逐渐增加，丰田公司发现，它的供应商是依靠成品库来进行几小时一次或每天数次发货的，成品库中装满了提前准备好的一小堆一小堆的零件。这一小堆一小堆的零件来源于大的生产批量，因为供应商不知道怎样进行小批量生产，以补足每天几次被丰田公司从库里取走的零件数量。

因此，在1969年，大野指导了一个由他亲自训练过的直接下属组成的新组织，叫作生产研究办公室［现在叫作经营管理咨询部（OMCD）］，目的是要在丰田公司的42家最大的和最重要的供应商中建立起互助小组。这些公司分成6个小组，每组由7家组成，并由其中一家公司出任小组负责人。要求这些小组每月都要在经营管理咨询部的技术支持下，在小组成员企业中，进行一次重大的改善活动。每一家改善活动的结果都要由另外6家公司的高管人员进行检验，他们的任务是要就如何进行进一步改善的问题提出建议。然后，又要求这些供应商建立他们自己的经营管理咨询部，开始进行使每一项活动都精益化的工作。丰田公司通过要求每个供应商每个零件每年都要不断降低成本，来拉动供应商的转变进程向前发展。

1973年以后，当发展处于短期停滞，而丰田仍然要求在不断降低成本的基础上不断降低零件价格时，丰田第一层供应商认识到有必要通过在第二层供应商中传授丰田生产方式，来降低第二层供应商成本。按照这种方式，到20世纪70年代末，丰田生产方式沿着供货链得到了广泛传播。

完善平行化改革

正像在丰田的实际生产系统中全面推广精益原则非常困难一样，事实证明，要在其他业务中进行这项革命更加困难。例如，虽然丰田汽车销售公司从丰田公司拿到订货的时间逐渐缩短到10天，但却仍然保留着一个很大的成品车库。直到1981年神谷正太郎从董事长位置上退下来（当年81岁），丰田公司才按精益逻辑做事，并把丰田汽车销售公司和丰田汽车公司合并组成丰田汽车公司。1982年以后，丰田在日本国内市场的成品车库存几乎降为零（直到1991年一直是这样的，1991年后的需求萎缩暂时改变了这种情况）。[4] 目前大部分汽车都可以在客户订货的大约一星期之内造好并供货。[5]

长期以来的事实证明，维修零件的销售是违反精益思想的，而且直到20世纪80年代初，丰田公司才在其国内服务维修网点采用精益技术（正如第4章中讲到的）。在那之前，服务维修网络都一直使用传统的批量生产式仓库，尽管该库存是由世界上最精益的生产厂家供货的。

最后，丰田公司于20世纪50年代伴随皇冠车的开发而建立的最初的主查系统，随着产品数量的激增，状况越来越糟了（甚至1966年花冠轿车问世时，丰田也只有三个汽车产品：皇冠、花冠和倒霉的"国民车"——大众）。到1991年，丰田公司以19种不同的"底座"（汽车行话，指在外覆盖件和内装饰件之下的车体基础结构）为基础，共提供39种轿车和货车车型。

问题在于原先意志坚强的主查让位给了比较官僚的人物，且随着企业知识的逐渐积累，技术部门变得更专业化和更强硬了。由于主查处于企业中的深层位置，因此越来越难以听到客户的声音，在对产品的整个开发进程进行拉动时常常踌躇不决。而且，也没有适当的机制来向主查报告各部门彼此的工作。因此，尽管有几乎完全相同的现成零部件可供使用，或有正为另外的新车型开发着的零部件可供使用，但许多用于新车的零部件设计还是从头开始。这样，到1991年，当泡沫经济结束的时候，所得到的结果是：开发成本过高，10多年来新产品从开发到面市所需的时间没有缩短（停留在大约42个月），以及对客户需求的极大误解。

为此，到1992年时，丰田公司把产品按照不同底座重组成三个小组（即前轮驱动轿车、后轮驱动轿车和轻型载货车），这些小组由具有高水平专业工程才能的、真正有影响力的项目经理来监管（事实上，丰田现在的这一组织系统，看起来与北美的克莱斯勒的系统惊人的相像，虽然丰田不愿意承认这一点）。其目的是，着眼于有共用部件的产品系列，而不是单独的一个个产品（每个产品还有其自己的总工程师）；把工程技术资源集中用于底座小组；理顺与生产连接的整个设计流程，从而使新车从概念到投产只需经过27个月。这正是我们在成功的精益企业中一再看到的产品开发系统的特点，只是丰田公司采取这种产品开发系统的时间较晚。

今日之丰田

当我们完成我们的前一本书《改变世界的机器》的时候，也就是1990年，丰田公司已经成为世界上卓越的生产组织，而且我们相信，它现在依然如此。虽然《改变世界的机器》一书关于数据收集的规定使我们那时不能区分出某一公司或某一生产厂，但是，对我们所做的几乎每一项最佳业绩调查，如工厂情况、产品开发时间和所用人工（即使在1992年重组之前）、供货链情况、销售等，丰田公司总是位居第一，即使与其他日本企业相比，也是遥遥领先的。从那时以后所做的调查（汇总于表10-1）表明，世界范围内的生产率水平和质量水平相当接近；但是，丰田公司及其在日本的零件集团继续保持其优势地位。

表 10-1　汽车总装和零件生产的相对业绩水平（1993～1994）

	丰田① （在日本）	日本 （平均）	美国 （平均）	欧洲 （平均）
劳动生产率（丰田=100）				
总装厂	100	83	65	54
第一层供应商	100	85	71	62
产品质量（供货缺陷数）				
总装（每100辆轿车）	30	55	61	61
第一层供应商（百万分之一）	5②	193	263	1 373
第二层供应商（百万分之一）	400②	900	6 100	4 723
供货（延误率）				
第一层供应商	0.04②	0.2	0.6	1.9
第二层供应商	0.5②	2.6	13.4	5.4
库存（第一层供应商）				
小时	无可用数据	37	135	138
库存周转次数（次/年）	248②	81	69	45

①丰田公司的数据中，总装厂生产率和产品质量、第一层供应商生产率是作者根据行业资料估算的。其他组数据来源于《国际汽车计划》（IMVP）和安德森（Anderson）数据集。这些数据没有提供单个公司的成绩，只给出了各地区的最好、最差和平均成绩。

②这些数据是由加迪夫商学院的彼得·海因斯计算得出的，与其他组数据相比，该数据采用的是不同的产品组合。由于所选用的样本零件的"市场笼子"不同，会带来业绩数据的一些差别；但是我们认为这一差别是可以忽略不计的。

资料来源：总装厂数据：John Paul MscDuffie 和 Frits Pil 所著的《制造业绩效的地区一致性：关于精益企业的第二次报告》（*Regional Convergence in Manufacturing Performance：Round Two Findings from the International Assembly Plant Study*），麻省理工学院《国际汽车计划》研究报告，剑桥，马萨诸塞州，1996。

　　　　供应商数据：尼克·奥利弗、丹尼尔 T. 琼斯、里克·德尔布里奇、吉姆·洛、彼特·罗伯特、贝蒂·塞耶所著的《世界制造业竞争力研究：关于精益企业的第二次报告》（*Regional Convergence in Manufacturing Performance：Round Two Findings from the International Assembly Plant Study*），伦敦：安德森咨询公司，1994。

　　　　丰田供应商数据：彼德·海因斯所著的《在日本和英国的丰田配套系统》（*Toyota Supplier System in Japan and the UK*），精益企业研究中心研究报告，卡迪夫，英国，1994。

显然，《改变世界的机器》是丰田公司关于产品开发、生产制造、协作链管理和客户关系等问题的一整套思想。但是，仅在这一个公司及其供应商和分销商中全面推广这些概念，就用了35年时间；况且，丰田在整个进程中也偶尔彷徨不定，致使精益思想从丰田产品价值流的一端贯穿至另一端的进程至今尚未完成。

20世纪80年代后期，当大野及其同代人离开丰田公司的时候，丰田公司开始考虑一种可能性：也许应该采用较为自动化的生产方式，也就是采用高技术的批量生产方式的某些做法。位于丰田城附近的田原厂是一个试验实例。那里引入了相当高水平的自动化总装生产设施，并于1989年投产了一个新车型。然而，丰田公司很快就和通用汽车公司的罗杰·史密斯一样，得到了同样的教训：只有当工厂以百分之百负荷运行，且所用的直接技术支持和高技术工具的成本低于省掉的直接人工成本时，高技术的自动化生产才是有效的；而田原厂在这两个方面都不够格。

在丰田公司的另一个厂，1991年建成的位于九州的九州厂，由于汲取了上次的教训，该厂的总装生产恢复到相当低的自动化水平，但对总装线进行了重组，使得相关联的组装活动（例如电气系统的组装）完成后即在集中区域进行检验。这就使工人们能够得到随时反馈，知道每一项工作是否都很好地完成了。这是建立"流动"的心理意识的关键。

就在最近，在经过改造并于1994年重新开业的元町厂，丰田公司解决了其生产系统的一大问题，即原系统不能评价每个生产岗位所需要的实际人工数量，就连评价某给定循环时间内人工数量的可行性也做不到。通过该厂要求工作团队准确确定每一动作引起的疲劳和紧张程度，然后把每一工作岗位的这些疲劳和紧张程度归纳起来，使得丰田第一次能够客观地谈论所需要的人工数量。这又使得公司能够让所有工作岗位都有可比性（也可调整年龄较大和体力有问题的工人的工作强度），而且使公司能够答复那些不断宣称丰田公司（更多的是指丰田生产方式）要求工人遵从不现实的工作节奏的批评家们。[6] 如果发现了不可接受的紧张和疲劳强度，工作团队就对工作进行改善，即对工作进行重新设计，并开发出简易的操作辅助装置。

倾入大量研究力量所进行的这项工作，无疑得到了丰田公司的认可，因为在将来的某个时候，丰田公司需要使各项生产任务有大致同等水平的直接劳动力投入。这样，当进入到21世纪的时候，那些经常被预言要"吹灯拔蜡"濒于死亡的工厂仍将是"灯火通明"。

元町厂的RAV4车型还考虑到这样一个事实：减少零件数量和简化制造

过程，要比通过自动化或加快工作节奏来降低成本都有效得多。例如，RAV4 的车身板在冲压车间最多只需要冲压三次即可完成，而其他的丰田车型一般都需要 5 次。从冲压 5 次改成 3 次使工装的使用量减少了 40%，还极大地增加了冲压车间单位时间的生产量。RAV4 上的其他零件也进行了简化。结果，丰田估计，与以前最近似的产品相比，甚至在同时降低总装自动化程度、生产工装成本，并稍微降低工作节奏的条件下，组装 RAV4 所需要的人工大约减少了 20%。

至于整个价值流，丰田的第一和第二层供应商都是按照丰田生产方式来管理其生产厂的，而且从 20 世纪 70 年代后期就开始这样做了。但是生产小零件的第三层供应商，其情况各不相同，有的略好，有的则不行。至于近来的日元震荡能否形成一种把丰田生产方式全面推广到最上游的零件生产价值流中去所需要的危机，我们将拭目以待。

更令人关注的是，大多数原材料供应商（如钢材、铝材、玻璃和注塑用的树脂等）仍停留在批量生产阶段。占整车制造成本 2/5 以上的这些企业，都处于丰田集团的作用范围之外，且其中有许多企业还对丰田公司希望他们调整思维方式的要求表示抵触。例如，日本国内只有 3 家玻璃厂；直到 1994 年，政府始终允许他们形成紧密的"生产能力"卡特尔（联合企业），来控制定价和行业新进入者。因此，毫不奇怪，用于汽车的铸压玻璃的生产批量为汽车一个月的用量，这在玻璃行业属标准生产批量，对于钢材、铝材和塑料树脂的生产来说，这样的生产批量也很普遍。

精益企业研究中心的彼德·海因斯通过一项简单计算，说明了这一问题对丰田公司的重要性。[7] 据他估计，1994 年秋天沿丰田价值流发生的制造成本为：丰田自身 22%；第一层供应商 22%；第二层供应商 10%；第三和第四层供应商 3%；原材料供应商（直接对丰田和各层供应商的总和）43%。在西方，原材料费用大概不足制造成本的 25%，但是由于丰田公司逐渐通过四个层次的供应商削减供应商成本的工作进行得非常有效，而对原材料成本还未进行过这样的工作。所以，如今丰田公司实实在在的成本削减有赖于改变原材料供应商的思维方式和行为方式。

最后，丰田公司的进攻型销售方式是 20 世纪 50 年代的一项重大的突破，但是自此以后却几乎没有什么发展。因为通过门对门销售满足客户需求所需要的工作步骤和投入的人力，形成了高满意度－高成本的销售系统，而丰田公司需要的却是高满意度－低成本的销售系统。如果要在丰田公司出现一个真正精益的销售系统，则需要进行另一个飞跃（将在第 13 章中阐述）。

因此，即使是世界上最精益的丰田公司，也未能对每一个产品系列，在从原材料到成品车，从订货到供货，从概念到投产等各环节中，消除所有产生不必要的时间和人力浪费，以及产品缺陷的成因，从而成功地建立起一个精益企业。本书的第三部分将对这最后一个飞跃的方法提出建议。

精益思想在丰田公司之外的传播[8]

由于丰田公司开创了全套精益技术，因此，似乎其他的日本企业能够以比丰田公司快得多的速度应用这些技术，然而，这并非事实。在 20 世纪 50 年代，日本的电子企业独创了强项目管理制和短产品周期制，这对于他们通过把商品化电子二进制码组合成智能产品，并以多品种和快速更新的产品源源投入市场的谋生战略来说，是必不可少的。但是，似乎只有总部位于京都附近且是中部工业工程协会（大野曾断续担任过该协会总裁）会员的三菱公司实行过丰田的生产实验。[9]

在此期间，另一些日本企业也同时取得了惊人的进展，不过是沿着与此互补的另一条道路和开始于一个不同的起点。它们逐渐发展了美国人在第二次世界大战结束时传进来的最初的统计质量控制概念[10]，使生产工厂处于"质量圈"中。所谓"质量圈"，是采用了 7 条质量工具和戴明的"计划－实施－检查－行动"的解决问题循环。不久他们又在每一个实际生产过程中试行了最初形式的策略部署发布法和质量改进管理法。几年之内，全面质量控制（TQC）以及全面质量管理（TQM）就在日本的整个工业界得到了广泛应用。[11]

由于受日产公司获得 1960 年戴明奖的刺激，丰田公司在采用大野思想的同时也开始并行采用全面质量控制，并且获得了 1965 年的戴明奖。至此，无论是质量控制还是连续流动，都作为跨职能活动，直接由丰田公司的最高领导层负责。结果，丰田的真正优势在于，只有它把全面质量控制和丰田生产方式结合了起来，从而做得比别人更出色。[12]

在发生第一次能源危机的1973年以前，在日本，乃至日本的汽车行业中，没有人对丰田的独特做法给予太多关注。当大多数企业在经历了数年的稳定增长之后开始亏损，而丰田公司却通过避免生产不需要产品和不断降低成本，在不景气的市场上继续获得丰厚利润的时候，丰田精益系统的优势才凸显起来。

当时，已经掌握丰田精益系统许多基本内容的三菱汽车公司，迅速全面实施这种做法；马自达公司也把丰田生产方式作为其1974年后重振雄风的重要支柱（也正好使福特公司从1979年开始，间接地从马自达公司学习了丰田的精益系统，当时福特公司掌握着马自达24%的股权）。日产公司、本田公司以及其他的日本汽车公司也开始各自进行努力，但结果各不相同。日产公司是最明显的例子，它发现靠丰田生产方式很难自愿地放弃使各项活动逐渐自动化，从而减少人工和对紧密协调关系需要的战略。结果，在20世纪60年代初期享有与丰田大致相同的市场占有率的日产公司，后来却逐渐落在了丰田的后面。

大野认识到，丰田生产方式不能很快传播的主要原因是它需要进行亲身教授。但是具有丰富经验的人，除了到丰田供应商那里去以外，是不会离开丰田公司的（为丰田公司做顾问同时也为许多其他企业工作的新乡重夫是一个重要的例外）。因此，当大野于1978年考虑退休的时候，他认定，最有效的方法是让他的一些最忠诚的和最有才华的信徒组成对外宣传机构。

其中第一家机构叫作"新生产系统"[13]，或NPS，是由他最亲密的信徒铃村菊男负责的。大野的想法是组织一个由一系列汽车工业外围的日本企业（包括零售业）的总经理组成的组织。这个组织中的企业都直接面向公众进行销售，而且都不是竞争对手。这些企业同意以丰田汽车公司在1969年以后把丰田生产方式传播至第一层供应商的同样模式，进行亲身的改善活动。大野是他们"最出色的顾问"，铃村是常务负责人。正如我们所看到的，大野在成立新技术咨询公司上也起了作用，这家公司在 20 世纪 80 年代中期是一个较传统的咨询机构。

公正地说，到 20 世纪 90 年代中期，日本的大部分制造企业及其许多第一层的供应商都完全懂得了精益的概念，而且大都至少有了一些贯彻精益概念的榜样。然而，在对日本进行考察时，我们对他们在贯彻精益概念的程度上的参差不齐，以及一些大型公司仍把希望寄托在高技术的批量生产这一完全不同的概念上的显著事实，还是感到震惊。

例如，我们最近访问了一个技术先进企业所属的一家大型生产厂。当时，那个厂子正在为对付日元升值而竞相削减价格昂贵的人工。加工群中为生产复杂产品而进行的冲压、机加工和喷漆部分是完全自动化的，机器人把各加工工序完成后的零件整齐地码放到货台上，然后由自动导向车运到自动存取中心。从那里，自产的和外购的零件被自动地运往完全自动化的总装线，总装线可随时调整用于 100 多种变型产品的卡具，然后通过"取－装"机器人再进行一个个的组装（这个厂子里仍有 3600 名雇员，但却没有一个是直接生产人员）。这个厂年产 750 万件产品，其中 50% 用于出口，它在一个房间里用一条总装线生产的产品供给世界 1/6 的需求。将来，该公司希望把中国作为廉价的产品分组件的供货源，这些分组件目前是由当地的第一层供应商提供的。

显然，把精益技术和高技术的批量生产相结合是可能的。例如，我们刚刚提到的企业，就把"全面生产维护"（起源于丰田集团的日本电装公司的另一个概念）和自我管理工作团队（团队只包括技术服务人员，因为工厂没有直接生产工人）的概念应用到其完全自动化的生产系统中。然而，在大多数应用战略上存在一个基本问题，即在优化价值流的一个微小部分的同时，却忽略了其他方面产生的成本以及给客户带来的不便。这显然是一个普遍情况。

为了获得与这种自动化程度相适应的生产规模，通常需要仅由一个厂来供应整个世界。但是客户希望的是，在他们正好需要的时候获得他们正好需要的东西，而这通常又是即时发生的。因此，批量生产和精益生产是不能和谐共存的。我们相信，几乎在任何情况下，在产品销售市场范围内，配置较小型的、自动化程度低的生产系统都将会获得较低的总成本（算上后勤费用和当产品到来的时候却没人再需要而只好丢弃的商品成本）和较高的客户满意度。

当人们观察像昭和那样的较小型的日本企业时，情况更加错综复杂，其中的许多企业仍基本属于批量生产者（昭和公司于20世纪80年代后期在福冈地区与另外10家企业组建了一个"自助小组"，其中的许多企业都在应用精益技术方面取得了很大进展，但是附近的许多其他企业却继续走在他们传统的道路上）。

在日本，离产品生产制造过程越远的企业，他们的做法看上去就越接近于（甚至还不如）世界其他地方的做法。以一个很重要的例子来说，正如我们在第4章讲到的，在丰田公司开始采用精益思想之后，其分销系统仍然在很大程度上实行多层次的、批量生产的工作方式（奇怪的是，国际上对日本销售网络的争论，一直集中在它拒不接纳外国生产者的问题上。我们从未见过对各层次所从事的实际活动的效率方面的评论，而这方面的问题看来是整个日本经济的主要障碍）。

最后，关于服务业。很显然许多日本企业，例如国内航空公司，为客户提供了高水平的服务质量和高水平的客户满意度，但使用的却是批量生产作业方式，从而注定了他们的高成本。

因此，40年之后的今天，由于日本有一些最佳的生产制造活动，日本经济要比大多数国家精益，但仍然精益得不够，甚至其最精益的生产制造活动也还有许多方面完全不精益。这样，在我们考虑世界现状和日本未来时，精益方式的意义就变得很清楚了。

小昭和，大丰田：日本今日面临的挑战

我们认为，世界已经发生了根本性的变化，精益技术正迅速地传播到所有地区，随着美国人对世界经济控制的结束，货币也进行了彻底的调整。

因此，小昭和留给甚至包括大丰田在内的日本其他企业一些有意义的经验教训。这就是，昭和公司重新把力量集中在日本国内市场上，生产那些能

满足日本新出现的需求（包括公共需求和个人需求）的多样化产品。它的精益生产系统加强了精益订货和产品订做能力，从而在客户正好需要的时候提供给他们正好需要的产品。直接生产成本也许高于在斯里兰卡或者布基纳法索（如果技术上可行的话）的生产，但是总成本（包括后勤费）却较低；而且其低成本、高质量、特别订做和即时供货的结合是无人能比的。同时，昭和还正在其他主要销售市场上建立起从头到尾的完整的生产系统。

这当然不是唯一能想到的调整途径。对日本企业来说，适应世界经济改变的另一个办法是，成为技术上的改革者，开拓出无人能复制的新型产品（这样，全世界就都得来买这些产品，无论其成本多高，也无论等待时间多长，因为否则就没有）。这可能会保护日本企业只在一地即可服务于整个世界的能力，尽管其后勤成本非常高且客户也不能专门订货。然而，正如我们将在第12章较详细解释的，日本制造业企业在掌握精益技术方面曾优于国外竞争者的潜在原因（个人取得成功的关键基于公司而不是基于部门，技术部门相对薄弱），使得日本企业很难成为技术的领先者。在这方面虽然有些企业会获得成功，但多数会失败。

对企业来说，第二个解决方案是把自己"挖空"，即从国外进口其产品所需的大部分零部件，然后在日本用高技术的批量生产方式进行组装，并不断把组装的最终产品出口到世界市场上。正如我们在本书各章中都能看到的，这里存在的问题很清楚，即欧洲和北美的企业都在加紧考虑如何在产品销售地区内实行精益生产的问题（的确，丰田通过在北美和欧洲的直接投资，已经成为最有效的教员）。再说一遍，批量生产和精益生产通常是不可能和谐共存的。这种战略终究会是一个失败的战略。

日本生产制造业企业的第三条出路是，积极地在各主要地区复制精益系统（其中包括产品开发、订单接收和实际生产）的同时，在日本国内市场上寻求新的发展。很显然这是一个成功的组合方案。在这方面小昭和事实上是丰田的榜样。

非常重要的下一步骤是在日本的分销系统和服务系统中应用精益思想。否则，从把制造产品以很高利润销往国外转到服务于国内新需求的经济重新定位，会引起生活水平的急剧下降。的确，对这一下降的担心显然已经阻碍了日本政府的政策制定者们把日本企业推向这一方向，而我们认为向这一方向的发展是必不可少的。

一样的步骤

现在我们结束了环绕世界的长途跋涉，我们从北美到欧洲又到了日本。在每一站我们都发现，包括丰田公司在内的所有企业，在掌握精益思想时都面临同样的挑战，而且管理人员也必须采取同样的步骤。因此，我们准备在下一章把这些步骤以及如何尽快采取这些步骤的方法总结一下。

Lean Thinking | 第 11 章

行　动　计　划

我们希望读者已经学会如何从浪费中识别价值，并愿意应用精益思想来改变自己的企业。但是，如何马上着手开展工作呢？我们从考察世界各地成功转型的例子中懂得，正确地采用一系列具体的步骤和规划能取得最好的结果。关键是要找到一些具有适当知识的领导人，从价值流本身开始，迅速地在日常工作中创造出令人瞩目的变化。然后，这种变化的范围就会稳步地扩展至全部组织机构和经营程序。一旦形成这种局面，而且这一过程在公司里达到不可逆转的程度，就到了打破单个公司界限，开始着眼于整个价值流的上、下游来做整体优化的时候了。⊖

开 始 起 步

最困难的显然是从克服现存于现有组织中的惰性开始起步。为了迅速产生使你的机构不能小视的效果，你需要一位变革代理人，还需要掌握精益知识的精髓（可以由多人掌握）、某种类型的危机作为变革的杠杆、一个价值流

⊖ 在准备本章时，我们深深感激弘公司的总裁乔治·凯尼格塞克，因为他允许我们使用他的经验和他未发表的文章 "*Lean production——The Challenge of Multi-Dimensional Change*"（1995）。由于凯尼格塞克现在在不同行业的很多组织中贯彻精益技术，他的观点是很有价值的。

图，以及对你的创造价值的活动迅速进行彻底改善的决心。

寻找一个变革代理人

也许这个变革代理人就是你自己。我们希望你是一个中小型企业的管理者，就像帕特·兰开斯特一样。但是，也许你是一个大企业的高级主管，可能没有时间或机会亲自领导这场战役，你便需要一个首席执行官或执行副总裁或你的子公司的总裁来引入必要的变革。这些人可能还需要一些做具体工作的人来协助。有时你的企业内部会有若干人选适合这些工作，但通常需要到外面去寻找像魏德卿、卡尔、克拉佩克或马克·科兰这样的人。

尽管具有开拓精神的人物并不是随处可寻的，但是，通过 50 个公司的调查，我们看到，在企业中完全可能找到合适的变革代理人，并且通常不需要费很大气力便可找到。一些未能成功启动精益转换的企业总经理们往往告诉我们说，问题在于缺少能承担挑战的合适人选。然而我们通常会发现，正是这些高层管理人员不愿意进行真正的改革。

获得精益知识

在起步时，变革代理人并不需要非常详尽的精益知识，而需要有应用这种知识的意愿。从哪里能够得到精益知识呢？

在北美、欧洲和日本，有许多地方可以学习精益知识。许多精益企业本身正在不断进行改善，它们乐于与来访者尤其是它们的客户和供应商一起来进行改善活动。例如，恩福集团在过去 4 年内进行的"三天改善"活动中，就邀请了 500 多名外围公司的经理参加。而且，现在也有了大量的文献资料，有些资料在说明各种精益技术如何应用方面讲得非常好。[1]

由于大多数变革代理人对精益概念并不熟悉，需要相当多的时间去掌握这些概念，因此通常马上就需要额外的帮助。一些公司特别需要如兰开公司的罗恩·希克斯或普惠的鲍勃·德阿莫那样的内部人员，作为专家迅速对各种产品的价值流做出评价，并发动突破性改善和改善活动。在我们的研究过程中，我们对日本和北美有那么多掌握了精益技术，却无法在他们现在的组织中实施这些技术的经理感到吃惊。在欧洲,这样的人员也在增多。这种情况使你可以利用这些精益专家。[2]

即使你找到了一个或多个具有必要知识的经理,他们很可能仍然需要外界的帮助,以使你的企业迅速向前迈进。许多咨询人员声称具有精益文凭,其中有些人相当优秀;但有几种情况要多加小心。应当避免使用这样一些咨询人员:任何同精益思想的根源没有联系的人;主要依靠研讨班及脱离现场的课堂指导的人;或者想要带一大队低级咨询员为你作改善工作,却对你的状况完全不能做出有条理的分析说明的人。同样,那些采取大量唐突的出击来迅速修正某些活动——如同变戏法一般——而没有兴趣与你一起脚踏实地地做工作,来组建一个能长期持续精益概念的机构的咨询人员,最终也不可能给你真正的帮助。这种类型的活动——通常只是以简单地迅速减少人员为目的——已经使流程再造运动受到嘲讽,也使得许多这样的流程再造项目在咨询人员一离开之后就失败了。

另外,你也不大可能找到可以传授所有有关知识的咨询人员。在产品开发中应用质量功能展开法、在生产车间引入精益技术以及创造一个自助型的供应商协会,这些都需要不同的技术;因而许多公司都会发现,它们需要一批具有各类专门知识的咨询人员。

全世界的公司都在利用的一个咨询人员来源,就是现在60多岁的一代日本人;他们曾在20世纪五六十年代帮助开创了精益思想,并且在混乱中创造了秩序[例如伊藤让,他从松下公司退休后,现在在整个联合技术集团(United Technologies Group)中传授精益质量技术]。不管他们退休了多少年,他们似乎具有为消除浪费而不懈努力的天性。如这一代日本人以前的大野和新乡,他们不断地指导改善运动,直到他们去世。他们从来没想到过要放慢步伐。

我们听到许多西方公司以不能利用这样的资源为借口为自己开脱——两种最常见的情况是,第二次世界大战后的一代日本人通常只能讲日语;其次这些精益工作的先行者们要求太严(这一点是向大野和其他战后日本奇迹的领导者学来的),而在其委托人不能完全按照他们要求去做时又缺乏灵活性。

但这仅仅是一些借口，我们研究过的许多变革代理人在经过小心探索和一段时间学习如何在工作上相互磨合之后，与日本导师建立了很成功的关系。通常是，在一项安排最终确定之前，管理人员提出若干需要解决的问题。例如，联合技术公司的乔治·戴维曾6次要求伊藤去联合技术公司工作，直到他最后同意；乔治·凯尼格塞克也曾多次请日本顾问们到他的工厂参观，直到他们同意参与工作。对于真正的导师，变革代理人愿意请他参加工作的程度是唯一最重要的事情。

遇到一位不会讲你的语言的导师（因此需要一个翻译）甚至可能是一件好事，因为这时就特别需要不寻常的沟通本能：这不是一个顾问在兜售一种立竿见影的点子，而是一个人在改变你关于你的企业经营的全部思维方法。同样，当学生不能实践其诺言和发挥潜能时，老师如果不提出强烈抗议，他就是关心自己的收费甚于关心学生进一步的提高。

关于精益知识的最后一点是非常重要的。变革代理人和你公司的全部高级主管掌握精益知识必须达到这样的高度——将精益思想变为他们的第二本能，而且应当尽可能快地做到这一点。如果变革代理人没有充分理解精益思想，这场变革便会在第一次挫折中搁浅（变革必然会有第一次挫折）。因此，所有的人必须真正理解有关流动、拉动以及尽善尽美的各种技术，获得这种理解的唯一途径是不断参与改善活动，继续下去，直到达到确实可把精益技术传授给别人的水平。与此同时，变革代理人必须让公司的其他高管人员也来参与，这样，每个人为掌握精益思想的力量所必备的知识，就可以降到最低限度。

通过抓住危机或创造危机来寻找一个变革杠杆

我们还没有发现一个机构在没有遇到危机的情况下，会愿意在短期内实行必要的步骤来全面采用精益思想。因此，如果你的公司已经处于危机之中，一定要抓住这个宝贵的机遇。请记住，你在降低成本和减少库存方面，用半年到一年时间可以取得惊人的成绩；但是要建立一个在没有变革代理人时仍能持续精益事业的机构，将需要5年时间。

20世纪90年代，大多数北美、欧洲和日本的高级管理人员开始明白，即便是大公司，在危机到来时也比他们以往想象的更脆弱和易于出问题。[3] 然而，在任何既定时刻，大多数企业并不处于危机之中，而且往往就某一部分来讲，还可能经营得非常出色。作为变革代理人，即使你很清楚精益思想对于某个企业防止未来危机十分必要，你怎样才能进入这个表面上安全的企业（例如20世纪80年代的IBM）并且引入精益思想呢？

一种办法是选出这个企业中某个正处于危机中的下属或分支机构，并集中全部精力，应用精益方法解决它的问题。[4] 理想情况下，这个分支机构应该是拥有一系列产品的经营单位，但它也可能是单独的工厂或一个产品开发机构，甚至可能是一个工厂的一条生产线或者一个具体产品的开发小组。这也是企业的中低层领导可以造成精益突破的一个途径：把精益思想应用于你自己那个陷入麻烦的单位或工厂，或者使一个处于危机中的单位得到转变。那么，一旦这个单位出现了明显变化，其他单位的领导就会应邀来"取经"，并把这些思想带回去。

即使你的企业中没有处于危机中的下属单位，如果你能找到一个精益的竞争者，那就仍有出现明显变化的机会（我们站在公司顾问的角度，常常希望丰田公司从事多种经营，从而能成为我们客户的竞争者）。例如，我们最近碰到一个例子：一家典型的批量生产的公司竞争力很一般，但尚未对其生存构成威胁；其主要竞争者的一个小业务单位最近进行了精益转变，取得了显著效果。通过集中精力研究这个非常好的实例，我们可以在客户的相应部门引入重要的变革，然后启动全公司变革的进程。

另一个办法是找一个精益客户或精益供应商。20世纪80年代末期，英国尤尼帕特集团（Unipart Group）的约翰·尼尔开始改造他的企业，他的战略要点是要成为丰田和本田在英国的供应商。他知道这两家日本公司对尤尼帕特业绩的要求远高于任何一家欧洲客户。他明白，日本客户不仅会给他带来危机，也会提供帮助，引入精益方法来解决危机。

对于真正勇敢的管理人员，还有一个改革杠杆是可以利用的，即有意识地制造一些条件，使公司若不采用精益行动便会出现危机。例如，我们研究过一个制造厂，它的供货期很长，机构设置复杂。这个厂最近要销售一系列重要的新产品，初步定于两年后供货，而产品价格则设在只有企业尽快采用精益方法大大全面降低成本时才能赢利的水平。这显然是一条高风险的途径，但如果变革代理人真想造成危机，很多种途径都可以做到。

暂时忘掉宏伟的战略

我们遇到许多已经真正处于危机中的公司，但它们对这种情况的反应大抵只是做一些战略分析："我们是否处于最适合我们的业务活动中？我们是否应该卖掉一些陷入困境的业务部门（卖给或许不知道这些业务部门有问题的买主）再买进一些新业务部门（从或许不了解其业务部门价值的卖主那里买来）？我们是否应该增加开发经费去开发一种无人能仿造的产品？我们是否应该和其他公司结成战略同盟以形成协同配合？我们是否应该与竞争对手合并或发动一场接管活动以获得规模经济并降低竞争程度？"

这些公司中有些确实处于无机会发展的行业，但是把问题归罪于这种行业而不反躬自问，这太容易了。如果你能在产品开发、销售、生产计划和经营中迅速消除浪费，你就会很快发现，一旦你从根本上改变了成本基础，缩短了产品供货时间和新产品投入市场的时间，增加了你公司的灵活性，你的业务前景就会大为改观。即便是在一些业务部门存在严重结构问题的情况下，在其中推行精益活动也绝对是有益无害的，因为这样做只需极少的投资（请记住：如果需要大量投资，你便不是在变得精益）。即使你的销售量和售价不变，成本下降也意味着你经营效果的改善。你还赢得了时间去思考（代价并不高）。事实证明，即使非常精益的企业的业务（像昭和公司的带传送带的停车场）也不可能总赚到足够的利润。

绘制你的价值流图

一旦你有了领导权，有了相关知识和紧迫感，便到了验证你现在的价值流，并按照产品系列一项活动接一项活动，一个步骤接一个步骤地绘制价值流图的时候了。

许多在业务活动中采用了流程再造办法的公司可能认为它们已经做到了这一点。但实际上它们只做了一小部分。比较典型的情况是，流程再造方法专注的是信息流而不是生产经营或产品开发（因为在这些以往以部门为单位的办公活动中，职能性阻力是相当低的）。流程再造活动很少超出本公司范围去涉及供应商和分销商的经营活动，甚至在它们对成本和供货时间已经有重大影响时仍然如此。并且，即使是在一个狭义的商业活动过程中，重点也往往放在精简整体活动而不是针对具体产品系列的需要。

在我们最近参观的其他一些公司，我们从一进门时就被告知，由于引入了生产单元，也采用了产品开发专业小组，他们这个公司已经"精益"了。用典型的保时捷公司供应商的话说，就是："我们已经没有更多的事可做了。"然而我们几乎总是发现，他们迄今的成就，只是像浪费海洋中的小岛。例如，我们最近考察了一个计算机公司，它的计算机工作站总装方法是连续流的生产单元，每个生产单元生产一个系列产品，而不是采用以往长长的总装线组装所有产品。总装所需的时间和人力有了实质性的降低，新方法也更具柔性。但是，机构内部出现了问题，而且上游供应商常规配件的供应需要8周时间，因而，这个工厂仍然依靠预测而不是确切的客户订货来决定生产，而预测往往又是错误的。当然，这个问题仅仅是精益技术应用中价值流方面的小问题，特别是仅仅在一个厂的某个部分流动出了问题，解决这种问题时不要求对内部和外部供应商做什么调整。

因此，我们可以再次强调，看一下各个产品整体的价值流。你的客户只对他们拿到的产品感兴趣，而且他们一般用整个产品（常常是高质量加上好服务）来确定价值。他们对你的机构或你与你的供应商、分销商之间的关系不感兴趣，他们也绝不会去关心你的工作安全保障。市场经济社会以这样的法则判定一个企业的生存和成功：出色的工作和为客户所需要的服务，而不考虑企业自身的利益。

尽快开始重要的和看得见的行动

如果你作为变革代理人可以简单地下令实行一种新办法："我们今天早上

就开始组织所有创造价值的活动，并使它们流动起来。然后，明天我们就要引入拉动。"这种情况只能说是太妙了。不幸的是，这可不是行得通的办法。相反，你需要尽快启动一个具体活动，比如说，制造和装配产品 G。你必须让所有的人：一线生产工人，各层管理人员和其他你希望能接受精益思想的高级经理，你的先生（内部或外部的）和你自己都参加到这一活动中。通常，尽管不是所有情况都如此，你最好以一个实际的生产活动作为开始，因为这种活动的变革易于为人们所看到。

我们劝告人们从一项业绩很差、但对公司十分重要的具体活动来启动变革。这样的话，你禁不起失败，改善的潜力就非常大；而且你会发现，你会调动起连你自己也不知道自己具有的资源和能力去保证成功。

要求立竿见影

精益技术的重要特点之一是反馈及时。改善工作组和全体工作人员应该能够看到他们面前发生的变化。这对于在职工中建立精益流动的心理感受和在你的企业中创造变革的动力是十分必要的。

因此，不要搞一个太长的实验计划。你的价值流图要能在一两周内就拿出来。你也不必去模拟一些假设情况来看看结果如何。我们曾研究过一个公司，它甚至开发了一个复杂的计算机模拟软件包，用来预测如果一个单台设备在生产系统中移动到某处时带来的影响。由于预测总是不确定，这家公司从未移动过任何东西。

最后，只要不是非用比照他人的办法才能推动企业，就不要在这一方法上多费时间。在我们的前一本书中，我们曾经大力宣传过行业比照的做法，书中曾描述过在某一行业中最为出色的比照做法，而且对于那些完全懈怠的公司，比照是他们应该迈出的第一步。然而，如果你已经掌握了精益思想和精益技术，你就应该干脆通过画出价值流图来确定你周围的浪费，并立即开始去消除它。假如比照的做法妨碍你们立即行动，它本身就是一种浪费。

一旦你投入工作，如果对那项有问题的活动所做的工作在第一周中没有获得显著的成果——通常应该是所需工人减半，在制品减少 90%，工作场地减半和缩短90%的生产交货期——那么，要么是你找错了先生，要么你就不是一个称职的变革代理人。确定是哪个问题，并立即采取相应的行动解决！

当你取得了初步效果之后，邀请你公司各部门的人员并向他们通报。就正在进行的变革交流意见的最好方法是，让他们直接到现场看一看所发生的变化。

一旦你得到了动力，尽快扩展你的变革范围

我们已经发现，集中精力解决一个具体生产中特别困难的活动，迅速产生一些人人可见的显著成果是很重要的。然而，一旦第一回合的改善胜利在握，就到了将一个产品系列价值流的不同部分联系起来的时候了。

举一个简单的例子，一旦你学会了如何将产品G的制造和装配从批量生产状态转换到流动状态，便到了学习拉动的时候了，要通过将上游工序转变成流动状态来学习，也要通过建立一个平顺的计划和一个正式的拉动系统来学习。当你做这些工作时，由于这些技术的目的是暴露并消除所有类型的浪费，则必然会发生倒回去寻找前面各步骤问题的情况。只有当流动停止时，你才能发现下一个问题并着手解决。

一旦你在生产车间启动了流动和拉动，便是开始对订货系统进行改革的时候了。办公室里的突破性改善，不像在车间里移动机器那样容易看到变化，但是重要性是相同的。应当从与你刚刚在车间里进行的变革活动有直接联系的科室开始行动。也许可以用这种方法：让科室职员参与早期的车间突破性改善工作周。在车间里，他们可以照常工作，但却暗自问道：你为什么要这样做？当他们领悟了精益方式的基本原理并看到其潜力之后，他们将对科室工作提出同样的问题。一旦建立一个"桥头堡"，便可以在你的全部活动，包括销售、正式接单和生产计划等各方面开展改革工作。

在你开始将拉动引入生产和接单的同时，你就必须开始考虑每个产品系列开发产品中的流动和拉动问题。这是一个特别有用的例子，因为对于大多数企业来讲，利用闲置生产资源增加销售额的最快方法是加速生产那些在线产品。在我们研究的公司中，一般都会看到，它们能够在常规产品和下代产

品的开发时间上，比以往节约 3/4 的时间，同时能够降低制造成本，提高质量，也提高客户满意度。在每个例子中，他们都能大大提高销售额（并不增加成本），而且为他们多余的员工找到工作。

当你逐步推进，使你的精益转变超出具体生产环境时，你更会觉得需要把精益思想的逻辑用于不同的精神状态和情况。仓库和零售方面的员工，即便态度非常积极，最初也感到很难明白流动和拉动在他们工作领域中如何应用。他们毕竟没有实际"生产"任何东西，而且在以往的好多年里一直在抱怨生产者没有按时完成工作。

例如尤尼帕特公司的工业分部，几年来一直接受丰田供应商的产品开发小组为其英国工厂提供的帮助。但是尤尼帕特却发现，很难找到将精益思想应用于其仓库和分销业务的入手点。只是在近来参观了在第 4 章曾描述过的丰田零件分销中心之后，尤尼帕特的管理人员才感到"豁然开朗"，才知道该如何把精益概念应用在其为罗孚（Rover）和捷豹（Jaguar）服务的配件分销方面。

例如，当他们理解了生产过剩这种浪费在仓储活动中变为了"供货快于必需速度"，也理解了拉平订货是创造流动的必要前提时，他们就取得了很快的进步。在第一个突破性改善工作周，他们腾出了足够的场地和人力，承接了一项新的为一家激光打印机大制造商分销维修配件的大宗业务。

创建一个组织机构，引导你的价值流

许多没有充分理解精益思想的领导者，在最初"突破性"实践活动中取得可喜成绩之后，往往得出一个错误的结论。他们会说："我们已经把一项活动搞精益了。现在，我们需要的只是在所有的活动中重复我们已经做过的事情。我们将在很短的几个月内精益化。"但实际上，他们仅仅处于开始阶段；下一个飞跃将是创建一个能引导你的价值流动，并使之一次次免于淤塞的组织机构。你还要策划一个能充分利用所有被腾出来的资源的可行战略。

这样做需要你按产品系列重新组织你的企业，明确每种产品的负责人，并且创建一种真正强大的精益促进职能，这种职能会成为你积累经验的宝库；

这样做也需要在你的公司员工中形成一致的做法，并产生免除那些极少数从不接受新方法的管理人员职务的愿望；最后，这样做还意味着树立一种意识：可以接受追求正确目标过程中暂时的失败，但永不为变革中的成就所满足。

按照产品系列和价值流重组你的公司

正像我们在本书开始指出的，一个企业或组织的正确目的，是确定和引导产品系列的价值流，以使价值可以顺利地流到自己的客户。当你从你的实际生产、接单和产品开发中找出各种毛病时，按照产品系列和价值流来进行重组显然就是使你继续取得变革成就的最好方法。等你把工装设备调整为适当规模时，便会看出，你拥有的大部分人力和物力可以用于一些专门的产品系列。

这便意味着要确定你的产品系列并重新思考你的机制，在一些有关单位中重组市场营销、产品开发、计划、生产和采购等活动。做这件事的正确方法将随企业性质、产品销售量或客户的数量和类型而有所不同。但是基本思想可以应用于大多数企业。精益企业的组织机构图开始看起来像图11-1的情况。

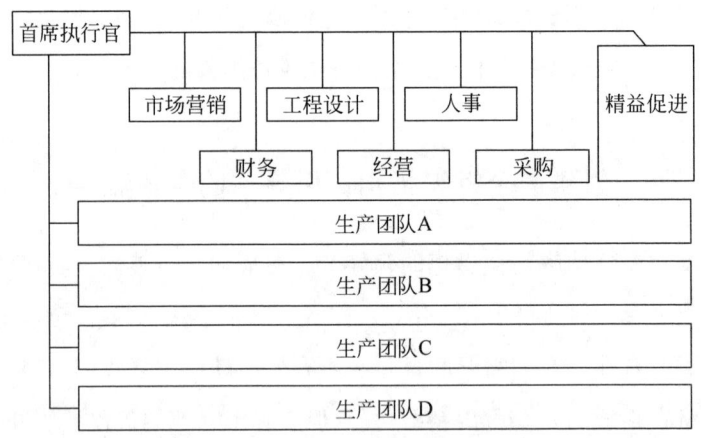

图 11-1　精益组织的样式

图 11-1 中各个方框的大小与每一个部分的雇员人数多少成正比，明确显示出，产品系列工作团队的人员在企业中占绝大多数。相比之下，位于上端的各职能部门就大大缩小了。

创建一个精益促进机构

你的先生需要有个地方能坐下来（尽管优秀的先生并不常常坐在那儿）；你的价值流图绘制者需要有个地方集中；你优化出来的多余人员也需要有地方去（这即是图11-1中"精益"机构尺寸较大的解释）。你的改善团队需要后勤支持；你的经营管理人员也需要不断进行精益方法的教育，并对他们的工作定期进行评价，确保不出现倒退。简言之，你需要一个常设的精益促进小组，而它应直接向变革代理人汇报工作。

更好的想法是将质量保证部门和精益促进部门结合在一起。这样，你企业中加强质量、提高生产效率、减少供货时间、节约工作场地和其他一些经营活动都可以同时予以考虑。

在启动精益工作时，经常遇到的一个问题是，经营管理人员认为你的质量保证专家和精益专家让他去做不同的事情。事实上，两方面专家说的是让他做同一件事——消除在源头等待的各种错误的浪费，使价值可以顺利地流动起来——但使用的是不同的专门术语（例如普惠公司的埃德·诺思顿记得："伊藤在我的右耳边叫喊一件事；而岩田似乎在我的左耳边叫喊不同的事。我感到沮丧，也被搞糊涂了。直到弄清了术语内容我才明白，他们说的是一回事。"）。因此，从一开始就注意到使用"标准语言"，使每个人都使用同样的术语，以及质量部门和精益部门的团结一致，是一种极好的投资。

从一开始就要处理好多余人员

我们凭经验估计：当你将一个纯粹批量生产的活动转换成精益技术时，你最终不需要或只需一点儿投资就能减少3/4的人员；当你把一个"流动"的生产线——就像保时捷公司中亨利·福特式的生产线——转变为精益技术时，你就能减少一半人力（主要通过消除非直接活动和返工以及调整生产线不平衡等方法）。这个工作是做在你的精益开发系统重新思考每个产品之前，因此无须太多努力即可做到。同时，在产品开发和订货接单过程中，从批量生产转换到流动，将会使你的机构用同样的人力和一半的时间做双倍的工作。

这样，如果销售额保持不变，你便有了多余的人员。对此你将如何处理？你必须做的事情是坚决把多余人员从不需要他们的地方调走。如果不采取这一步，便不可能获得和坚持良好的业绩。但是该如何处理这些人呢？

正像我们已经指出的，许多企业直到危机深重时才开始考虑精益思想。如果你的航船真是在沉没（就像第8章中的普惠公司），一些船员就得上救生艇，否则会一块儿丧生。你必须面对这样简单的事实。应当做的是正面对待这个问题，用正确的方法估计需要的人数，并使人数立即达到这种水平。然后你必须保证没有人将来会因引入精益技术而失业，而且你必须信守诺言。

你切忌做的事是不断地实施折磨：随着你在组织内对一项项活动的推进，要求你的员工削减他们的岗位，但却看不到何处是尽头。正像我们试图解释的，精益世界的改善永无止境。在各项具体活动中，工作岗位总是在减少。你的员工会用微妙而有效的怠工来反抗他们称之为"自私的"生产方式。这时各种改善将不可能持续。

如果你还没沉没，那是你有福气，但也面临着一个问题。你能保住工作岗位，却很难让人们做出改变。正确的方法是，集中处理特别棘手的活动，为变革积蓄动力，同时把在这些活动中不再需要的人员送到精益促进部门或组织机构中的其他地方去。随着时间的推移，当你证实了没有人因为引进精益技术而失去工作，而且实际上每个人的工作保障性都增强了，职工们就会变得越来越合作和积极。反过来说，一次失误，也就是说你保证工作的承诺只要有一次不能兑现，就得要若干年才能弥补。

策划一个增长战略

我们有时接触到一些管理人员，他们已创下适当利润，但把精益技术看作一种在"学习新典型""世界级竞争力"等借口之下，通过尽可能多裁员来提高利润的巧妙方法。我们总是对具有这种心态的管理人员们说：别那么干。你们可能在开始时会节约一些钱，但绝不可能持续精益事业。

一种较好的方法是策划一种增长战略，以吸收剩余资源。具体要做的事情要依各公司情况而定，但精益企业里的事情比较好办。一些人打算通过增加产量直接达到节约成本的目的（这即是恩福集团启动时的最初战略，全部销售额在五年内增长三倍，人数却维持不变）。一些人打算用加快开发在线生产产品项目来刺激销售和扩大市场份额（线模公司是这样做的）。其他人可能关心缩短产品供货时间，准确地按计划供货，使产品外形准确地适合客户要求，再次增加传统产品的销售（如兰开公司）。还有一些人打算把产品的高质量进一步转为优质服务，从而为传统产品加强分销和服务活动（这是普惠刚刚进入时的路子）。一些企业打算将上游企业组合起来，把原先分散的生产活动加强成"单件流"（如我们在第3章玻璃工业中引证的）。从根本上讲，多数精益企业要为它们现存的生产线做所有这些事情。

然而，这样仍然不够。你可能需要再增加一个战略，但策划这个战略最好是在你的思想和企业管理方法改变之后，而不是在解决问题之前猛打猛冲。一旦你看到了精益技术能在你的企业中做的事情，复审了每个产品系列的全部价值流图，你便可以企划你要做的事情了。

在我们考察过的精益企业中，常常发现它们能通过坚持它们学到的东西（一般是相关的经营方针），而得到一定的增长和利润（昭和是一个例外）。而且它们还发现，它们能用从减少批量生产方式库存中解放出的大量现金，作为支持他们收购其他业务的资金。

需要扩充业务范围至它们原来不熟悉项目的企业可以这样做：为每个新产品系列建立产品团队，并且根据预期不断评价团队的业绩。这种方法的优点是不用改变企业基本结构即可增加或减少产品系列。

拔掉钉子户

在所有企业中，我们都曾看到过，总有一小部分管理人员完全不能接受新观念，其数量一般不到10%。这些习惯于一系列明确的命令并且必须掌管某些事情的等级制中的人物，特别成问题。

在我们考察过的每个成功转变中，变革代理人在回顾他们的经验时，总希望他们要能尽快调走那些不愿合作的管理人员就好了。当然了，这种事听起来有些严厉，但都是直接的经验教训。一小部分管理人员会较快地接受精益概念——用营销术语说是"早期采用者"——而大部分人可能迟疑不决。问题在于，极少数从不前进的管理人员，他们提供与早期采用者相反的信息，而且还特别容易突出精益事业进展中的所有失误。这种结果会瓦解大量中间者的斗志，并且危及工作的成功。

需要再次重复的是：当你开始精益过程时，多数管理人员和职工并不理解你要做什么；但如果你保证不失业，他们自然会采取积极态度。要迅速采取行动调开那些不想给新观念一个公平试验机会的管理人员。

改善之后，再改善

在对一项活动的初次改善结束时，要告诉生产线的管理人员和工作团队：三个月以内我们将重新再做一次。关键的问题是，要让你的员工一开始就明白，工作业绩没有顶峰，永远存在着改善的余地。这意味着经常要移动每台机床和调整每个工作岗位。

在精益转变的早期，精益促进部门在计划成功的改善活动中要起带头作用。然而随着时间的推移，改善成为生产团队的领导们和一线员工们最重要的工作。你必须灌输这样的观点：管理工作不再是在稳定状态中保持工作运转和防止变动。相反，管理是要消除这些变动的根源（这样，这些变动将永久消失，而管理者也不必再去救火了），同时改善业绩将无止境地呈现周期性飞跃。在对经理们进行评审时，业绩改善多少应成为考核的关键。

进两步退一步，可以；止步不前，不行

当普惠公司的涡轮叶片厂充满活力的总经理开始做一项原理上正确，实际上却过分积极的工作时，精益转变中的一个重要关头出现了。这时马克·科兰把这位经理和他的助手们重新安排到普惠的其他工作岗位上，而未将其辞退（辞退是过去这种情况下经常采用的方法）。马克·科兰发出了一个十分重要的信息：追寻正确目标过程中的错误不等于失败。

与此同时，科兰把另一个部件中心的总经理作为精益转换中的钉子户解雇了（这个总经理的工作并不比过去差）。他发出了另一条补充信息：不改善

你的基本经营状况是不可接受的,因为失败的风险太高了。把这两条信息结合起来就是变革代理人的关键任务。

建立鼓励精益思想的业务系统

一旦你已经得到了动力(在转变的最初 6 个月),而且重新思考了你的组织(也许又要用一年时间),你便走上了一条通向精益转换目标的漫长道路。增加一些步骤使新方法自身能得以维持是十分重要的。一旦你克服了最初的惰性,大量改革提案将像滚雪球似地膨胀,你便要建立一种机制,以决定哪些十分重要,需要马上去办;哪些要待条件成熟后再办。你也需要创造一个新办法以保持成绩并鼓励人们继续去做正确的事情。你也需要使你机构中的所有事情透明,让每个人能看到要做什么事情和如何改善。此外,你还需要一种向每个员工(包括沿着你的价值流客户们和供应商们的员工)进行精益思想教育的系统方法。最后,你要系统地重新思考你的设备。设备范围包括从工厂庞大的机器到计划调度用的计算机系统。重新思考的目的,是要找到适当规模的技术,它可以把单个的产品系列直接插入到价值流中去。

利用政策实施

我们一直试图强调,在你需要马上开始工作的一个批量生产的企业中,你需要"立刻干起来"。开始起步并显示出一些显著的成果。然而,根据兰开公司一次启动多个精益活动的教训,一旦启动起来,各项活动将沿着一定的途径而不依据人们的期望运行。因此,使用策略部署发布法那样的工具就极为重要了,以便在整个机构内对你的公司每年可望完成的三四项精益任务取得一致意见。一年完成三项任务的例子有:产品系列重组、引入精益会计系统、将每一项主要生产活动改善四次和突破性改善接单与生产计划等。

你的年度策略部署发布法的一个甚至更主要的任务,是识别出那些你目前还不可能做好而一些部门又非常想立即展开的任务。你必须公开承认,这些任务是重要的,但应暂时往后放,直到第二年或第三年,待条件成熟后再开始做。

创建一个精益会计系统

虽然更多的企业也已经向作业成本法靠拢，但许多企业仍然采用标准成本会计方法。前者已经比后者前进了一大步，但你能够采用更先进的方法。你真正需要的是价值流／产品成本法，它包括产品开发和销售以及生产和供应的成本。这样，所有参与价值流的各方可以看得清清楚楚：他们的集体努力是使得成本比价值高呢还是相反。

一旦你按产品系列来组织企业，并且缩小了上层的传统部门，对产品分配而不是分摊成本便变得相当容易了。这样产品团队的领导和成员便可以看到他们所处的位置。你自己的财务小组可以指出如何去做（你不需要顾问帮助）。但我们仍竭力推荐，在开始改善活动的最初几周，让首席财务官介入，以利工作的启动；然后提出一个简单的问题，哪一种类型的管理会计体系可以使我们的产品团队领导人总是去做正确的（精益的）事情？

你还需要一种财务会计系统来做你的损益报告书，这是一项不新奇的工作，就像将有潜力的老旧库存做资产评估一样，但你不必也不应将这个报告出示给产品团队领导者。而且，你将需要用大约一年的时间，从你现在的系统逐渐转换到新的精益方法，以免造成混乱。

为与你公司的业绩有关的人员支付报酬

价值是由消费者决定的，而理想的工薪方案是付给每位员工的报酬与其增加的价值严格成正比例。但实际上，这样做有着不可逾越的技术问题。而且在许多情况下将成为工作量巨大的无用功。

我们已经发现，在精益企业中，计算报酬最简单和最便宜的方法一般反而是最好的方法。这意味着，按照员工的素质，付给他们市场上认可的工资。例如，无论装配工人，还是有级别的产品工程师，除了得到与公司利润直接挂钩的奖金之外，都拿相应领域的平均工资。由于精益企业比一般企业的利润高，奖金便成为全部收入中的重要部分（例如，线模公司建立了一个奖金为基本工资20%的目标。该公司预计，相对于哈特福德地区同行业其他公司的利润水平，它至少也要高出 20%）。

当你考虑奖金方案时，很容易看到实际上全部的报酬付出并不太大。这表明了一个事实：在精益系统中工作，主要的激励是工作本身提供的正反馈和对精益流动效果的心理感受。

我们经常向从事制造工作的员工问及关于实行超产奖和按产品系列调整报酬方面的情况。两种办法各有道理，从平衡的角度来说，我们对哪一种意见都不支持。超产奖确实是旧时代计件工资的遗留物，在今天有时也用来处理那些工作节奏难以纳入精益系统的工作。事实上，这种节奏每分钟的努力是相同的；区别只在于精益系统实际上在各个层面上为员工们识别和消除了所有的非生产性怠惰时间。因此，一开始时会感觉精益工作好像比较辛苦；但经过一个适应周期之后，当人们开始习惯于浪费的减少时，他们常常反映说这种有节奏的工作比以前轻松多了。在任何情况下，试图用钱买动你的员工实行精益系统都是方向性的错误，应当做的是强调新工作环境的正面效应。

在技术上精益会计法可以把各个产品系列的奖金分开处理，但我们同样认为这不是个好办法。在精益系统中，工作任务是由工作团队自身十分仔细地评价过的。做到了每个节奏都不浪费时间。纵观一个企业，每个产品系列内部的工作节奏将十分相似。而且，由于经营变革的需要，有时在精益促进机构中经过一段间歇之后，当有业务变化的需要时，也会频繁地重新分配员工将他们从一个产品系列调到另一个产品系列。市场竞争条件不断变化，如果奖金在各个产品系列之间有差别，那么在重新分配人员时，将会产生一系列矛盾。

实现透明度

比照他人的做法通常会浪费时间，你可用这些时间做更好的事情。但对内部的业绩，特别是你改善的速度，比照是十分重要的。而且，建立一块记分板也很重要，它向与价值流有关的每个人准确实时地显示所发生的事情。这并不需要复杂的工作和太多的投资。在参观精益企业（如保时捷）时，我们总是为它们如何能将经营状态和改善的轨迹用简单的图示和过程状态板显示出来感到惊讶。许多这种工作需要语言和数学方面的技巧来理解，并对发生的事情给出一个清楚的观念。

向每个人传授精益思想及技能

高水平的管理人员应该学会听取最基层的员工的意见，因为他们对如何完成工作知道得最多，这已经成了公众的一致看法。不幸的是，这个常识只对了一半。这些基层员工也许确实知道许多有关完成他们本身孤立的工作所需要的高难度技术知识（包括所有由低水平保守的工作程序带来的完成产品生产所必需的偏差）；但这些基层员工和一线管理人员一般不知道如何从水平方向思考全部的价值流和如何去拉动它。他们一般也不了解消除救火行为的根源分析方法。因此，如果今天你要求基层员工执行精益技术，或是要他们今天就永久性地解决问题；那么，当他不能正确工作而使你感到幻想破灭时，你可能一下子就需要很多建议。

为了得到关键性的精益技术，你的员工需要培训，但这是一种特殊的培训。琼斯最近与英国的尤尼帕特集团一起工作，重新思考了整个技术培训，并立刻紧挨着价值流建立了一个"尤尼帕特大学"。尽管近年来许多企业已经在校园中建立了一些公司"大学"（最出名的也许是摩托罗拉大学），但这些大学的学生大都在专职教员指导下进行脱产学习。在尤尼帕特，教员一律是一线管理者（这意味着他们必须自学经营技术。在西方企业里，高管人员极少有掌握各种技术者），而且教授的技术都正好是在精益转换下一步工作中急需的。

这样，精益学习和策略部署发布法可以完全同步进行，及时提供精益知识，并且通过这种方法加强管理者的责任，全体员工也会去做好工作。每个人都学到了同样的解决问题的方法，每个人都体验到不断学习的直接好处，尽管他们在多年前就已经脱离了正规教育。随着时间推移，在培训上的投资也能够直接与企业经营中的改善效果联系起来。

把"工装"调整到适当规模

说到"工装"，我们不仅仅是指生产设备，也包括信息管理系统、测试设备、标准系统，甚至组织系统。例如，某个具体工作部门，如回收账款的部门，也可被看作是一种"工装"。

你可以从你最开始的突破性改善活动中重新思考你的"工装"，但你主要的"超大型装备"将成为一个重大而又不能立即解决的问题。首先，你得打破管理人员们的旧有成见：大、快、复杂、专用、集中的"工装"效率才高。当然这是批量生产思想的基础。取而代之的是，对每一项活动都要回过头向其上游问一问，什么样的"工装"可以使某个既定产品系列的生产平顺、无延误、无回流地流过系统，并且，还要问一问哪类"工装"可使我们迅速转换产品，因而无须按批量制造。

当你思考这些问题时，你会惊奇地看到，如果采用一点创造性思维，许多现存的"超大型装备"便可变得较为灵活了。你还会进一步惊奇地发现，两个单一功能的小机器一般会比一个全能型大机器便宜得多。最后，你更惊奇地看到，你的许多新"工装"可以在你的公司内部制造。由于使用的是精益技术释放出来的剩余人力和剩余材料，其成本会非常低（抛开工业设备销售目录，考虑你的废品堆）。你考虑得越多，就越明白你能用你已有的专用设备，用换模来完全克服"超大型装备"的瓶颈和停滞，提供最好的价值流。然而，解决你的主要"超大型装备"并且以适当规模的工装完全代替它们，这差不多只能在你已经干了几年最出色的工作以后才能进行。

完 成 转 型

当你全速前进时，你的组织已经重整，也已经有了适当的业务体系（也许经过了三四年的艰苦努力），你正顺利地朝着完全转型推进。最后的一步是弄清你的供应商和分销商是否跟随你的领导。你尽可能按消费者的需要创造价值，自动地并且从下至上而不单单从上至下推行精益思想。

说服你的供应商和客户也采取上述步骤

今天的企业很少有在全部成本和供货时间方面让自制品占 1/3 以上比例

的。丰田公司在 1949 年开始重新整合，最终使其内部"成本增加值"从占全部成本的 75% 降至不足 25%，从而成为全世界的楷模。因而，你此时还只是沿着通向精益之路走了 1/3 或 1/4 的路程，除非你能使你的供应商和客户公司也沿着精益之路达到你的水平。

对供应商和客户们使用激烈的无礼语言或互相攻击都没有好处。你可以激怒他们，也可以挤榨他们的利润，但由于他们不知道怎样去做，这些战术一般对减少他们的成本和供货时间不起什么作用。而且随着时间推移，他们便会另找他人合作，或者减少产品开发和销售渠道方面的投资。

唯一可行的办法是把你的促进小组派到他们那里去，实际整顿他们的生产、产品开发和订货系统（要在产业中寻找更宽的发展方向，并且让你的精益思想不断在新形势下显露出来，使你保持一个敏锐的精益思想者的形象，这才是一种比较好的办法）。但在你整顿好你与供应商的活动和与下游企业有关的活动之前，不要做这件事。一旦条件成熟，就要尽快去做，绝不接受任何借口。"我们已经很快地做了，我们知道你们也能做。现在该这样办了。让我们继续前进"。

要使这种方法可行，显然你需要精选你上、下游的合作者并准备和他们长期合作。当你帮助他们时，不要收费，而要在如何分享节约方面达成协议（保时捷和其供应商决定三方分享节约成本：其中供应商得 1/3，保时捷得 2/3，同时保时捷同意将其所得的一半以降价的方式让利给消费者）。通过提高质量和缩短供货期，同样也很容易得到回报。

需要指出，在这个"收益、收益再收益"的情况下，你的供应商还有一个额外的"收益"。他们在所有活动中学会了如何降低成本和缩短供货时间，但有些可能不需要把节约返还给其他的客户，那些客户仍然陷于短期的市场基础的思维中。这就是丰田公司及其日本供应商在 20 世纪七八十年代变得传奇般富裕的原因。这些供应商在向丰田学习了以后，以比丰田更高的价格向所有丰田的直接竞争对手（日产公司除外）供货，他们的价格在供应商行业中，比批量生产方式的竞争对手低，从而使他们的业务获得稳定增长。

最后，一旦你的供应商和下游客户开始改善他们内部业绩，就坚持要他们将新创立的过程改善小组送去整顿他的供应商和下游客户（要记住，你的供应商和下游客户通常不会比你们的关系更密切）。设定不断降价和提高产品质量的可靠目标，使他们不能松懈。

把你的第一层供应商聚在一起成立一个协会互相学习是个好办法。丰田长期以来一直都在进行这种活动。[5] 第一层供应商会愿意确定一个短一些的第二层供应商的单子，这样第一层供应商的全部供货就可以集中在少量的第二层供应商上（克莱斯勒最近在北美率先开始做这件事）。类似地，处于实际生产流末端靠近消费者的装配企业可能也需要与其他具有精益头脑的装配厂合作，以对付那些非常不听话的"批量头脑"的原材料供应商，向它们展示正确的经营方法（代表你的供应商以低价大批量购买原材料似乎是一个相当容易的途径，但这种做法只是从原材料公司身上榨取利润，除非有人告诉它们如何以不同的方法管理企业）。

发展全球精益战略

有些公司可能很幸运地靠在一个地方完成所有工作就能存在。例如，保时捷可以向全世界销售适量的精品轿车，而它的设计、计划、生产都集中在德国的西南部。法拉利在意大利北部可以做同样的事情。它们产品的秘诀使这类公司免于倒闭。此外，比较分散的市场，也使其能够承受由于汇率变化和消费者偏好改变引起的某些出口市场的反复变化。世界市场作为一个整体将提供一个足够稳定的市场需求。

另一些公司可能就愿意保持小规模。例如线模公司，它的产品在欧洲或亚洲似乎不大可能或不必有大市场。而兰开公司很幸运地利用出口机会获利，但他们只把这种发展当作一笔意外之财而非重要的业务。利用他们在转型中释放出来的资源，这些公司在其本土市场上有许多增长潜力。而且在未来，也有条件扩展业务至相关产品以吸收资源。

然而，还有许多其他公司需要全球市场和生产，如汽车、电子、宇航方面的公司和它们的第一层供应商。这些公司采用精益思想就要寻求与许多今天正在推行的战略十分不同的战略。

许多人最初认为，精益技术主要是降低成本。实际上，精益思想提供了一种可行的方法以降低成本，同时也缩短了产品供货时间和上市时间，改善了产品质量，准确及时地按消费者要求供其所需。它也通过专业生产小组，使小规模设计、订货、生产和发送货物成为可能，而无须支付规模和投资成本的"罚金"。

由于许多产品具有世界市场潜力，正确的全球战略是在每一个主要的销售市场发展一个完整的设计、接单和生产系统。这就使与消费者沟通非常容易，也使按照精确的技术要求迅速进行设计、生产和发送产品成为可能。把对应全球的"高技术"批量生产集中在一个地方——也就是我们在第 10 章中考察过的那样的例子——和一个远方设计与生产系统，试图为沿着复杂的价值流的每一项活动找到最低工资成本的做法，决不能达到这些综合目标。这些替代战略是以牺牲整体为代价，去优化某一条价值流。

将自上而下的领导转为自下而上的主动性

最初，工序改善小组是自上而下进行工作的。因为，此时急需改变雇员们思考问题的方式。通常是由过程改善小组直接提出一种更好的方式。然而，一段时间之后，过程改善小组将更注重使每一位生产线管理人员都成为先生，使每一位员工都成为主动的工序工程师。改善小组进而只负责处理那些非常棘手的问题，也就是在生产线管理人员仍需外部帮助来解决的问题。这就是丰田生产管理咨询部门如今承担的工作。

精益思想中的矛盾之一是，这种思想本身极端反对等级制并倡导民主。每一位工人都自查各自的工作，变成多面手。通过改善活动，定期对工作过程重新设计，管理的各个层次被永久地剥去了。工作透明度使得公司业务的各个方面都向每一个人敞开，让每个人看清。然而，要使足够多的员工改变他们传统的思想方式，就要给予"严厉的"指导，因为员工们是被命令去干那些看起来完全是疯狂的事情。

因此，在推动组织进行精益转变的过程中，有一种转变非常关键，即管理人员必须成为教练员而非专制的暴君，然后员工们才能成为积极主动者。

这一转变是使企业成为自我持续型企业的关键。有一点要注意的是：如果你是变革代理人，你可能成为最大的问题。我们遇到过不止一位变革代理人，当下面在很大程度上具备了自我持续能力的情况下，他自己却还想继续从上面指挥变革。这就容易形成一种消极态势。

对此，一种解决办法是改变你的行为；另一种办法是干脆离开。我们遇到过许多最好的变革代理人，他们在变革一个企业的若干年内似乎都工作得非常好；然后，他们把最高管理权交给比较习惯于守成的高级管理人员，自己转到另一个仍然充满"花岗岩脑袋"的企业中去。

五年承诺的必然结果

每当遇到一位要对其企业实行变革的未来代理人时，我们都要提一些简单的问题：你愿意很努力地工作并接受"进两步，退一步"的做法吗？你愿意连续整五年坚持这项艰苦的工作吗？推进所有这些变革步骤，一般需要这么长的时间，正如表11-1所总结的那样。

表 11-1　实现精益飞跃的时间框架

阶段	具体步骤	时间框架
开始起步	寻找一个变革代理人 获得精益知识 寻找一个变革杠杆 绘制价值流图 开始彻底改善 扩大变革范围	第1年的前6个月
创建一个新的组织机构	根据产品系列和价值流进行重组 创建一个精益促进机构 制定针对多余人员的政策 策划增长战略 拔掉"钉子户" 灌输"尽善尽美"的思想观念	第1年的后6个月，第2年全年

(续)

阶段	具体步骤	时间框架
建立鼓励精益思想的业务系统	创建精益财务系统 把支付工资与企业业绩相联系 实现透明度 开始实施策略部署发布法 引进精益学习 把"工装"调整到适当规模	第3年和第4年
完成转型	将这些步骤用于供应商/客户 发展全球精益战略 将自上而下的改善转变为自下而上的改善	第5年

尽管，如果变革代理人指挥坚决而且原来已做过所有步骤的个别企业（如线模公司）的变革可能完成得快一些，但这段五年的持续时间通常也是必要的，因为必须要让包括高层领导在内的大多数人学会看到价值和浪费之间的区别。在所有人都开始自动地应用精益思想，由下层和中层人员推动整个企业向前发展之前，让普通管理人员有一个包括倒退在内的足够长的体验期是非常必要的。只有到了所有人都能自动应用精益思想推动企业变革的时候，变革代理人才能领先潮流而不掉队；也只有到这个时候，精益思想的全部经济利益才会显现出来。我们相信，从此往后将不再会出现倒退，而且变革代理人此时甚至可能转向新的挑战了。

如今在世界工业界有许多冷嘲热讽——源自近来的快速改善"规划"，即业务流程再造。然而，越来越多的管理人员似乎懂得，真正的变革以及形成坚实的基础需要时间。我们相信，通过与你们的对话，大多数人会愿意面对挑战。因为你们确信，在虚无缥缈的东西过后，确实还存在一些真东西。我们这本书的主要目的就是说明这一点。

如果你真的下决心要做变革代理人，而且你也有一个好的导师（或者是你自己变成导师），我们保证你会获得不寻常的东西。我们在前几章中所介绍的变革技术，在世界上很多不同的工业领域都进行了试验，实践证明是成功的。

当然，即使是有着卓越业绩的企业，也可能由于某些非人为因素而导致失败，如与产品有关的某种意料之外的环境问题；客户口味的巨大变化；新技术的出现使客户对老产品突然完全不再需要了（如家用干衣机出现后的晒衣夹，晶体管出现后的电子管）。然而，有了精益工具箱，你在所选择的业务活动中取得成功的机会就会大大上升。

下一个飞跃

就像引进精益思想迫使所有运营部门的问题和浪费表面化一样，当你应用这些思想时，新的组织结构中的问题必然出现。如果你缩减你的组织中曾经被看作重要升迁途径的传统部门，许多员工就会开始对诸如他们的前途如何和他们是否有一个"固定的位置"等问题感到忧虑。如果你此时坚持在产品开发活动和生产活动中安排较多的员工，你可能会为他们的高超技术技能感到惊讶。那些工程师们是保持了领先的技术能力呢，还是仅仅反复应用他们已经掌握了的技术呢？

也许最引人注目的是，当你消灭了公司内部价值流存在的库存和浪费时，上游企业和下游企业，包括供应商的供应商、分销商的零售商的成本和业绩问题会越来越引起你的注意。因此，对他们提供技术性帮助是必要的。但仅仅这样仍很不够。不久你会发现，为了沿着通往精益之路继续前进，你有必要以一种新的方式同整个价值流的所有参与者共同努力。

我们认为，为了能够着手处理这些问题，需要组织机构作最终的一跃，这是连丰田公司都尚未做到的，我们称之为精益企业。我们将在本书第三部分对此进行阐述。

第三部分

精益企业

Lean Thinking | 第 12 章

流动的渠道，渠道的流域[一]

人们有时问我们：这里有什么新东西？你讲的哪些是我们从未听说过的？这是个非常好的问题，它的答案也很简单：我们正在把具体产品的整个价值流毫不客气地摆出来，重新思考职业、职务、职能和企业的各个方面，以便能正确地确定价值，并在客户拉动的时候，在追求尽善尽美的过程中，使其沿着整个价值流连续地流动起来。

这是一件非常值得做的具有创造性而又能带来效益的事，但不是件自然而然的事。在大多数情况下，人们大都首先考虑自己要有个工作，而后才考虑职务升迁。由于我们的职务升迁经常是通过部门和职能机构进行的，我们也就会留心这些组织结构中的利益。许多高级经理因其公司的业绩而受到奖励，尤其是公司赚了多少钱。值得注意的是，没有人留心关注整个价值流的运行，而这才是唯一与消费者有关的事。

在前面各章中，我们提出了一种解决工作岗位问题的建议方案：一开始就取消那些为公司继续生存所不容的工作岗位，然后对剩下的工作岗位给予保证。这不是一个最好的方案，因为一些经理只看几乎就在手边的现实，大

[一] 本章的概念首次详述于詹姆斯 P. 沃麦克和丹尼尔 T. 琼斯的文章《从精益生产到精益企业》（*From Iran Production to the Lean Enterprises*），载于 *Hamard Business Review*，March-April，1994，第 93-103 页。

量工作岗位的减少是不可避免的。但至少这种正确的方法既简单又易理解。而且，当有较多经理掌握了精益思想时，就可能在危机出现前采取矫正行动，从而使多数工作岗位得到保证。实际上，我们可以肯定，当精益成为人们普遍接受的思想时，工作岗位的总数将会增加。与之相比，职务升迁、职能部门和企业的"问题"则要复杂多了。

精益企业

我们在考虑这些问题时已想到，首先是创造一种能观察总体的新机制，即一个价值流的渠道。我们称之为精益企业，并且已经在前文中的若干地方稍有涉及，现在我们需要对其做详细的描述。

精益企业的目标十分简单：首先，为消费者正确地确定价值，避免沿价值流的各个企业的通常倾向，即从对自己有利的角度出发对价值做出不同的评价（例如，制造商认为其物质产品是消费者最关心的；而独立的销售和服务公司则认为，客户最看重的是对客户负责的态度等）。其次，确定一个产品从概念到问市，从订货到发货，从原材料到客户手中的成品，及至整个使用寿命需要的全部行为。再次，消除一切不产生价值的行为，并使产生价值的行为按消费者拉动的连续流方式进行。最后，分析行为的结果并再次开始评价过程。[1] 把在产品或产品系列的生命周期中不断进行这种循环作为日常工作的一部分，实际上是"管理"的核心任务。

精益企业的机制也非常简单：那是一个沿价值流的所有企业都参与的、在各成员企业"精益职能部门"的技术人员协助下定期进行迅速分析，然后采取快速出击改善行动的会议。显然，要有一个领导者，并且从逻辑上说，应由产品的主机厂担任，因为它将所有的设计和部件组成一件完整的产品（如普惠公司、保时捷公司、昭和公司等）。然而，参加者必须相互平等，并将浪费作为共同的敌人。

结束工业冷战

正如我们描述过的，精益企业似乎是这样简单明了，以至于很多读者会认为这种类型的分析肯定发生在日常实际中，尽管从名字上看很抽象。但事实并非如此。部分原因是，大多数经理在应用整个价值流时，并没有认识到流动和拉动在消除浪费方面的潜力；而更根本的原因是，共同分析对某个产品的开发、订货和生产或一项服务所必需的每项活动，需要各个公司的成本有透明度。这里没有隐私。于是出现了一个不可回避的问题：一个具体产品价值流上的各个公司打算赚多少钱（利润）呢？

从历史上看，沿一个价值流排列的企业之间的关系，有些像冷战期间美国和苏联的行为。为了防止世界破裂，有必要保持某种最低程度的合作（于是有了"热线"和根据对第三方国家的不确定意向搜集到的情报达成的默契协议，如不结盟国家），但这一运作的设想是，双方均可以利用对方，但任何方法都不得相互损毁。价值流的参与者们的行为常常与此十分相似：只在使产品得以产出所必需的最低水平上进行合作，但希望其他合作者别管自己在怎么做（也别管成本是多少），从而使自己得到更多的利润。例如，各公司都希望通过一些发明，使自己的经营成本骤降而获得一大笔利润，同时价值流上的其他公司都不知道，从而也不要求分享利益。

没有人会认为只要双方突然决定相互"信任"，地缘政治冷战就会停止。然而人们却常常听说，供应商及其沿价值流的客户有可能通过慷慨的互相"信任"——一个没有操作意义的词汇——在某种程度上结束工业冷战（请问问你自己，当市场条件改变和原来赢利的生产线突然亏损时，这种"信任"能持续多久？靠消费者最近的企业会立即要求上游企业为其降低成本，而不考虑它们是否已经消除了浪费。例如，通用汽车公司和大众公司在其最近的危机中对供应商的所作所为，就绝不是建立在公平行为可操作定义基础上的取得协商一致的行为）。

因而我们建议，所有的当事人自愿地就一系列关于它们未来联合行动的原则问题进行谈判，然后设立一个机构互相确认每个企业都要遵守的原则。

这时，冷战的状态才能结束。在精益企业的情况下，这有可能是如下一些原则：

- 必须共同确定每个产品系列的价值，其依据是根据消费者的价值期望确定的一个目标成本。
- 所有沿价值流的企业都必须能从与这一价值流有关的投资中获取适当的回报。
- 所有企业必须协同工作以确认和消除浪费，从而达到每个企业都认可的总体目标成本和投资回报目标。
- 当成本目标达到后，所有企业将立刻进行新的分析，确认残余的浪费并且建立新目标。
- 作为联合调查浪费的一部分，各参与企业有权检查沿价值流有关的每个企业的每项活动。

精益企业本身具有检验机制，并在整个产品生命周期内持续发挥作用。这可能是一个很短的时期，如迅速变换的娱乐业中一个为期两年的电影制作；这也可能持续几十年，如克莱斯勒公司首创的汽车"底座"团队，它定期提供与老产品十分相似的新的微型厢式车，而这种车的大多数零件来自同一供应商。

我们最近也在试着创办我们自己的精益企业，与本书提到的若干公司一起沿着漫长的价值流辨别每项活动。我们知道，即使每个企业都表示非常愿意这样做，做到这一点也非常不易（一个简单例子能说明需要解决的问题。一家远在价值流上游的公司要在新技术方面投资以改批量生产为小批量生产。由于大部分好处由下游企业获得而所有的成本由上游企业承担，因而必须寻找一些办法让前者对后者进行补偿）。但是我们也知道，这样做对于企业整体的奖励是非常大的，包括对处于价值流终端的客户也是如此。我们还确信，这种机制可以被进一步完善。

轮换职务

简单看一下第 11 章的精益企业机构图（图 11-1）就可以看出来，当精益企业被创建来引导价值的流动时，会有越来越多的沿价值流的各企业员工直接参与价值流周围的价值生成工作。许多先前需要的间接人力干脆消失了，同时各部门中的大多数人员也都组织到这一工作中来。

对许多人来讲，这是一种令人不安的发展。因为构成职务的通常方法——即需要较高技能水平和较宽权限从而有较高报酬的职务等级——已经被向上推到那些"职能"部门去了，如工程、销售、采购、计划、质量审计、集中的信息系统和会计等。

在大多数情况下，如果员工被分配到专门的产品团队，在价值流中运用他们的技能，他们开始可能会"搞不清头绪"也搞不清"我是干什么的"（"我受的是电气工程师训练，但我的大部分时间似乎是用在与专业无关的整体协调工作上"）。尽管实际工作要比先前各部门互不相关的批量生产方式有益得多，但缺乏令人信服的进步，又丧失了已经掌握的技巧，这还是会令人感到沮丧。

而且，如果企业的职工逐渐失去其优势，只是简单地把所有时间花在用他们已有的知识来解决常规问题上，对企业也不是一件好事。日本人把这称为"万金油工程师"问题，并且相当准确地把它看作是要在长期竞争中胜过德国企业的一个潜在弱点（如保时捷公司就有极强大的技术部门）。

这表明，需要设计一种新型的职务形式，一种"轮换职务"。在这种设计中，员工在应用他们的知识时调进生产团队，而后调出；还可以花时间外出在职能部门学习新技能。基本设想是，在某个产品开发周期或产品生产周期内把员工分配到产品团队去；当项目完成或不再需要他们时，就将他们送回到其"归属部门"。在其归属部门，他们可以接受新技能的培训，也可以到一个充分应用现有技能的预研项目去工作；或者作为技术顾问到一个精益企业去分析有关技术、接单和生产活动的流动，以确认和消除浪费。

那种认为职务要沿着达到总经理位置的阶梯上升、职位越高直接报告越多的传统职务观念现在必须改变了，因为它不能使价值流获益；而掌握越来越多的技能，并应用这些技能去解决越来越困难的问题的新职务概念，既有利于员工也有利于价值的流动。而且，获得员工的赞同是通向未来之路，也是精益企业本身持续精益的关键。流程再造运动也曾试图取消许多间接工人并抨击许多职能部门的合理性，但这一运动的经验强烈表明，如果员工们仅仅是被粗暴地推出门外，而没有为他们提供新的安排，他们的本能反应就会是：只要流程再造工程师一走，他们就恢复老一套做法。他们通常也可能采用某些破坏性手段，并且我们发现难以责备员工试图逆潮流而动。真正的问题在于缺乏重新定义传统职务的创造性思想。

未来的职能

正如我们需要反思职务问题一样，我们也需要反思部门和职能问题。由于精益企业被创建来引导价值流，显然传统职能机构不再能执行它们大部分的传统任务。从对某个产品进行常规工程设计的意义上来讲，工程部不该插手安排了；从制定具体的采购决策和与供应商联手推出产品的意义上来讲，采购部不该进行采购了；经营部门不应该指导员工每天的生产活动；产品质量部不应该做详细的产品审查或解决一个特殊产品的救急问题；这些都是专门的产品团队的任务：处理存在的问题。

各个职能部门应做的事情是考虑未来。产品技术部应该致力于使产品为客户提供更多功能的新技术，并且开发可能减少加工步骤和降低成本的新材料和新方法。工装工程部致力于从计算机到生产硬件的"适当规模"设备；这些设备使得产品团队可以在连续流和产品迅速变型中创造价值。采购部为企业确定将与之长期合作的一批供应商，并提出一个计划使每个供应商确保它们有技术和设计能力以及生产能力，以保证产品的最高质量性能。产品质量部则要提出一套标准方法，使产品团队能用这种方法保证每个产品时刻都正常生产、不倒流，而且没有任何坏的产品"漏网"至消费者。确实，正像我们在第11章说明的一样，传统的产品质量部门应当与生产率（或精益）职能部门合并产生一个改善的职能——消除所有种类的浪费。

每个职能部门都要为员工提供一个具有某种技术专业特性的"岗位"（包括生产工人，他们肯定会成为能够发现和消灭浪费的作业专家）。初期的一个工作是将现有知识和程序系统化，必要时传授给职能部门成员（多数知识如果不立即应用就会很快忘掉，因此，应用"准时生产"方法比较理想）。各职能部门的另一项工作，是寻找新的知识并将其总结为在需要时可以传授的知识。

企业的作用

我们现在把职能部门看作丘陵和群山，构成价值流的流域。职能部门的知识冲刷沿价值流的那些部门的工作，创造价值并加速价值流动。然而，这种认识导致了最后一个反思：如果各个职能部门创造了一个使价值流流经许多企业的流域，企业自身的目的何在呢？经济组织传统思想的基础突然变成除了"赚钱"别无目的；而如果这时沿价值流的各个企业处于冷战关系的话，它们通常就用转嫁成本和转移利润的办法来赚钱，而实际上并没有对创造价值做多少贡献。[2]

而我们的答案是，企业提供价值流之间的连接。企业是穿越一个流域到另一个流域的工具，以使每个企业各个专业部门积蓄的技术和能力得到最大发挥。企业也提供调用人力、场地和设备等资源的途径，把这些资源从不再需要它们的价值流调到需要它们的价值流中去。由此，多数企业打算参与多个价值流，从而通常具有不同的上、下游合作伙伴，如图12-1所示。

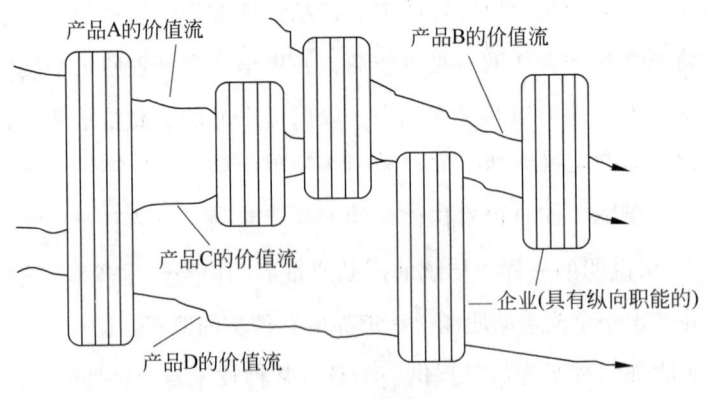

图 12-1　企业与价值流关系图

三种工业传统中的精益企业

随处应用这些精益观念是否确实可行呢？前面各章中描述过的美国、德国和日本三种工业传统毕竟差异很大。大野耐一通过在所有类型的经济活动应用福特的"特例"观念，为流动和拉动思想发展了一个"通例"。因此，我们现在才能看到这些观念本身已经在到处发挥作用。但是，为用精益思想的方法创造价值而提出一个"普遍"的组织规则真的合理吗？

我们认为它是合理的，而且为尝试精益思想所必不可少。客户普遍要求完全适用的、供货时间最短和成本最低的最好产品，而且在大多数贸易和投资壁垒都已降低的今天，上述要求极易满足。这样就很难理解，为何国内创造的价值并不十分理想但却能长期忍受。正像我们在精益转换的例子中看到的那样，转换中的问题，随地区而异。

对美国的挑战

美国面临的最大挑战是克服其"每个企业只为自己"的利己主义行为准则，沿价值流的每个企业只优化自身而不顾整体。也许近期最突出的例子是沃尔玛。它通过整顿内部的经营管理，成为每位金融分析人员都喜爱的公司；它大大减少了供应商的数量，要求它们按天准确送货（在某些情况下，例如对宝洁公司，允许供应商直接查看沃尔玛的电子库存系统），并通过艰苦的讨价还价压低供应商的利润（在每一类供应商中只选一家公司大量进货）。沃尔玛还没有做的事（但它很快就需要考虑这样去做了）是如何去分析全部价值流并使整体成本下降。美国管理的这种趋势也因产业金融体系而恶化，这种体系使每一个公司优化其短期行为而忽略整体行为，因为任何市场上都没有整体价值流的股票交易。

我们相信，解决的办法在于管理人员和金融体系。如果公司高层开始意识到，没有整体优化，不管用多长时间也极难真正优化价值流中自己的这块流域，那么他们就会找到在明确的原则基础上与其他企业一起合作以及对付投资集团要求的许多途径。

我们也相信，当一个又一个如航天、计算机、汽车、建筑、医疗、空运、零售等产业的领导意识到，在出现新技术突破之前（这种突破可能表现为也可能不表现为物质形态），下一个十年中巨大的挑战是成本，并且成本问题只能通过集体共同的分析和行动来解决，上述合作的情况就会出现。一旦这一现实被承认，美国人的务实和团队精神，将在追求尽善尽美时发挥出真正的优势。

对德国的挑战

德国面临的挑战在许多方面与美国相反。沿价值流的组装企业和供应商之间已经建立了良好的合作观念，产业金融系统也理解和鼓励这种需求（这种金融系统近年来已经受到了压力，但这种压力主要是由于德国公司低下的生产率引起的）。然而，德国公司的工人们对按精益企业运行所必需的那种横向的团队工作表现出明显的不适应。

在20世纪80年代曾有过一种认识，即计算机辅助制造（或我们称之为"高技术大量生产"）不久将会消除几百万个工作岗位，而保留下来的工人的熟练技术也没有多少用处。作为对这一认识的反应，德国工会运动提出了：缩短工作时间和"自主工作组"，以把受管理人员管理的生产系统中各"自我管理"工作团队的部分工作分离出来。

我们已经看到，计算机辅助制造的威胁主要是一种幻象，对德国工作岗位的真正威胁来自德国组织机构的效率低下。然而，自主工作组仍是一种需要许多德国工人的办法。正如我们看到的，问题在于"自我管理组"的工作至多可以在不连续的过程中创造一些优秀的"孤岛"。根据这样的设计，没有人能看到并优化整体。更为不利的是，自主工作组，像人们一般所做的那样，对标准化作业、可视化控制和连续改善不利，因为担心这些精益技术会削弱专门技能的作用，并导致进一步削减工作岗位。因此，即便是在每个工作组内部，对业绩前景也并不看好。

在这样的背景下，我们为在德国企业推行精益飞跃而访问这些企业时，常因生产车间工人对我们关于精益工作方法和机构的介绍莫名其妙而一筹莫展的情况也就不令人感到惊奇了。这些方法和机构取代了传统的等级体系，并将高技能工人（包括产品和工装工程师）转入产品团队，在产品团队中，他们需要负起更多的责任，也要具有更宽的眼界。

因此，德国企业面临着一个特殊的挑战：从一开始就解决工作问题，并且为所有工人创建一个转岗系统。这样做对保持每一个职工的忠实性和具有专门技能的感觉（职工们特别看重这一点）是非常必要的，同时也减少车间工人、工长和工程师参与解决跨专业问题时的抵触情绪。如能做到这一点，那么大多数德国企业的实力会大大加强，大多数雇员过硬的操作技术和他们对产品的强烈的负责精神，从一开始就会得到充分发挥。

对日本的挑战

对日本的挑战则是相当不同的。尽管对沿价值流成本的集中分析，从未一路扩展到上游的原材料企业和下游的零售商，但它显然已被接受并正在实践了。这就像日本的员工可以到任何需要他们的地方去工作而不大在乎其职能职称一样（若问一位 NEC 的员工："你是干什么的？"他的回答总是："是 NEC 的员工"；若问一位 AEG 或微软公司的员工同样的问题，他的回答则通常是"机械工程师"或"软件工程师"或一些其他的专业技能）。

更成问题的是，在一个基于横向运作的社会中，如何发挥垂直机构的作用（这种垂直机构积累知识、传授知识并推动知识的发展）。同样成问题的是，在一个大多数人都非常愿意待在家中的社会里，需要把生产重新安排在靠近消费者的合适位置时，该如何处理。

当德国公司需要员工习惯于在横向工作团队工作时，典型的日本企业却需要员工习惯于这样的观念：技能必须不断升级，并且通过定期分派给职能性任务达到最佳状态，以克服"万金油雇员"的问题。同时，许多日本公司需要明白精益思想的基本逻辑要求：生产要靠近消费者。许多工作在日本长期进行是毫无意义的。由于多数独立公司的产品范围一直十分狭窄，并且不能轻易地在公司内部变换员工的工作岗位，这类公司都面临着同样问题。在这种情况下，横向结构的日式企业集团，而不是单个的公司或纵向（供应集团）日式企业集团，就成为把员工从一个"流域"转到另一个"流域"的必要机制。

让人感到奇怪的是，在三大工业传统中，对日本的挑战可能是最大的。因为许多人都相信，精益思想已经在日本得到了普遍应用（可是事实上，日本从未将精益思想应用到产品运营的细枝末节，也几乎没有应用到所有的经销和服务企业）；而且人们也相信，日本企业除了进行大批量的出口型加工生产外，在其本国内并不能获利。未来将属于低批量、按订单生产、内销的昭和模式，而非高批量、出口导向的丰田模式，这种观念在日本尚有待于人们去习惯。

然而，日本是精益思想一般状况的先行者，而日本社会也一再显示出在新环境下采用精益思想后的活力。因此，这次完全按照精益原则对日本经济的再一次改造，前景是非常光明的。

前面的路还很长

正如我们通过本书第二部分的例子看到的，精益思想是有效的，而且既可以适用于三大工业传统中的简单企业，也适用于复杂企业。但是，我们不能展示的是精益思想在整个价值流中的应用。真正的精益企业从客户的观点严格地确定价值，识别价值流，并用流动和拉动技术排除大部分的浪费。没有展示这部分内容的原因非常简单，因为还没有人做到这一步。因此，我们将在最后一章以较为实际的想象结束本书。我们在这一章将回答，一旦价值流的思想方式得到普遍应用，那么，一些主要的经济活动将是什么样子。

第 13 章　Lean Thinking

想象尽善尽美

为了在朝着尽善尽美的方向上取得进步——完全识别流经一个完美的企业所引导的完美的价值流中的具体价值——想象一下,以形成未来可能是个什么样子的图景,会很有用处。因此,我们要花点时间,想象一下本书中已经遇到的有关活动以及怎样才能使它们做得更好,来总结这项精益思想的研究。在按照精益原则重新思考了长途旅行、医疗中的"常规治疗方法"、食品生产和分销、建筑以及小范围内人员出行的机动性等,我们就能发现做好这些平凡但又基本的日常活动的更好方法;这些活动在先进的各国经济中,在消费者的支出和经济活动中占有极大比例。

长 途 旅 行

什么是长途旅行者的真正目的?价值如何确定?尽管有些人把寻找旅行经验作为自己的目的(包括那些乘观光列车、旅游大客车或游船的人),我们中的大多数人只不过是要以最短的时间、最少的费用和麻烦从 A 地抵达 B 地,一般是乘飞机。在试图这样做时,大多数旅行者要对付一长串独立的列于第 1 章的公司名单,他们的旅行遭遇通常听来和我们的一样。每个组织都有它自己的部门机构和它自己的优化装备;而每个部门通常都忽视其他部门的作用，也看不到旅行者得到的"全部"服务。而且，所涉及的各个具体活动又都按照无效的批量生产方法进行。在这种情况下，运用精益思想怎么就能做得更好一些呢？

首先，旅行者必须被置于最重要的位置。整个旅途的时间、舒适和安全必须成为衡量整个"系统"的关键业绩指标，而不是某些特殊硬件，如机场和飞机的优化。那么，运送旅行者的各个机构，就有必要一起来思考整个旅途，以确认价值流并消除所有不必要的等待、混乱和浪费的步骤，以便按照（旅客的）要求创造连续流。他们对每个步骤都要问，这一步为什么是必要的，并且考虑完成这项工作的更好方法。

谁能做这件事呢？谁能领导精益企业？一种可能是旅行社，它可以全程组织旅游，提供一个完美的旅行指南，一套旅行文件（实际上可能完全不存在），并且在一处记账。另一种可能是航空公司，它可以把其他各方组织到一个一体化的系统中进行合作。然而，这一行业长期的萧条和近期的亏损，最近将北美的旅行社和航空公司推向了相反的方向。它们努力做的事是想方设法将费用推给别人来降低自己的成本，是一场"零和"战役；大多数航空公司都用减少付给旅行社售票手续费的办法进行公开竞争。从旅行者的立场来看，谁是赢家与他们无关，因为总的费用并没有变，差别仅在于谁得到收入。

此外，人们也可以设想其他一些组织者，例如汽车租赁公司、旅店连锁店和信用卡公司。它们目前与航空公司合作，为常坐飞机的人提供按航行里程比例计算车子和住房费用的办法；也通过旅行社的计算机预定系统与旅行社合作。更现实的是，组织者可能是一些愿意为整个系统提供一种新的精益逻辑的新进入者——我们称这些机构为"提供服务者"。

新进入者可能从目前只有中转站的中小城市入手，并且为旅游者设想乘小型喷气飞机直飞到另一个中小城市，大都绕开现有系统。为了做到这一点，飞机和机场候机厅都需要被重新考虑，创建一种新场所，使人们能够驱车（或者乘出租车或机场交通车）到达接近通道门的地方，然后很快走入飞机（拉着他们的行李）。预定可以用电话和计算机（包括预定出租车、租赁车和旅馆）进行，而不需要传统的票单。而且，信用卡可以在出租车、飞机和旅馆的入口刷卡机上付账并作为房门钥匙；在旅行途中，也可以用来通知租车公司和宾馆：旅行者已经上路。

如果旅客只是拉着尺寸不大的箱包（也许是专门设计的）到不远的地方上飞机，行李管理便可以取消；采用电子验票系统和一个显示板通知乘客航班状况，就可以取消通道口的管理人员。由于中小型机场在起飞前和降落后能乘上出租车的时间十分短暂（相比之下，目前在大型中转站能乘上出租车的时间出机场时大约为 20 分钟，进机场时为 10 分钟），也由于喷气式飞机可以直接飞到想去的目的地，现在的供餐和招待服务可以大大减少。这些服务都是为保住已有的旅客设计的，有时也能为航空公司带来额外利润。

与印度泰姬陵式复杂的候机室一起，许多地勤员工将被取消（没有通道管理人，没有行李管理人和拖车司机），宾馆中负责登记和退房的人员也不再存在（由于信用卡就是房间钥匙，你可直接去你的房间），也可以设计成"往返程"的飞行路线，也许 5 分钟之内飞机便飞往下一个目的地。不计飞机和候机室利用"规模"的降低，成本的减少使每个员工、每架飞机每天的收益非常之高。

按照这种思路，人们开始奇怪，当旅行成本大大降低、所有的烦心事被消除的时候，为什么门到门的旅行时间不能通过消除所有的排队和内部停顿来减少一半呢？但是……这能行吗？得有一些小飞机，甚至比新一代 50 座微型喷气机还小的飞机，并且要重新思考其设计，以保证少进行维修保养、能在没有地勤人员的情况下迅速再起飞，也可以迅速疏散旅客和行李。机场候机厅将重新设计，并且重新评价安全检查的作用。而且，参与服务的所有人员都要为照顾到全局而共同工作。

但是，还有什么替代的办法吗？加快飞行速度（我们的术语里是"点速度"）的前景在陆地上不存在，在海上是有问题的。在任何情况下，排队和等待的时间都要比短途旅行的全部时间长出一半，因此加快飞机的飞行速度不会有多大改善。现有的中转站系统或许可以稍事改动，但它们已达到了经济极限。实际上，近年来空中旅行成本的降低大部分是靠减少航空人员的工资和使用旧飞机来达到的。这是干脆转移成本负担而没有减少需要完成工作的人力的又一例证。

一家美国西南航空公司，已经通过直航、简化登机手续、15分钟再起飞（而非行业标准的30分钟），沿着精益轨道迈出了最初的几步。结果，它成为迄今为止北美赢利最多的航空公司。为什么不进一步采用精益思想，逐步达到其必然的结果呢？

对长途旅客旅行进行重新思考的最后一点好处已引起人们的注意。除了在个别城市有为专机提供的区别于客运的专项货运分类中心之外，同样的中转站大都是白天客运，夜晚货运。新进入者为什么不能在晚上用同样的小飞机直接运送行李，并且使用重新设计的旅客候机室作为行李发运中心？当人们开始考虑精益原则使用的可能性时，机会就在许多方面开始显示出来了。

医　　疗

当你去医院看病时，你便进入了一个排队和漫无条理的过程。为什么呢？因为你的医生和保健计划员是从组织图表、专科专家和"效率"角度考虑问题的。医疗保健系统的每一个专业中心，包括专科医生、专用诊断仪器、中心化验室，都是极为昂贵的。因此，效率需要这些设备得到充分利用。这是很明显的，是不是？

为了使设备得到充分利用，就必须使你在专科诊室，医疗设备和试验室之间往来穿梭，为了使这些专业诊室、设备和试验室总是有人在用（并且，当医疗成本螺旋上升时，充分利用的压力也在不断增加。排队队伍的长度常常是限制使用的虚假现象）。为了保证你能找到你在排队队伍中的正确位置，并保证把你的病历从中心病历室送到要做诊断或治疗的地方，需要精心设计的计算机询问系统。

如果医疗系统采用精益思想，这些工作将会怎样呢？首先，病人将被置于最重要的位置，而花费时间和舒适程度都要作为衡量医疗系统业绩的关键指标。这只有在让病人"流"经整个系统时才能做到（相比之下，传统思想把组织机构置于首要位置，需要得到有效的"管理"；而病人则被置于次要地位，徘徊于遍布机构树木的森林之中）。

其次，医疗系统要重新思考其部门结构和组织，许多专家要进入多技能团队。这个概念非常简单，当病人经由一个多技能的综合团队（或用实物生产的语言说"生产单元"）进入系统时，他便接受规范的诊断和治疗，一直到将问题解决。

为了做到这一点，护士和医生的技能需要拓宽（相比之下，现有系统鼓励各种深而窄的技能），以便在人员少、技能多的团队里解决病员的大多数问题。同时，医疗设备，包括仪器、化验室和病历室，也需要被重新思考并采用"适度规模"，使它们较小、较灵活、也较快，每个诊疗团队的设备充分利用（由于设备的规格和成本都已减小，充分利用的问题也就不突出了）。

最后，"病人"也要积极地参与这一过程并提高技能，成为团队的一员；这样许多毛病可以通过预防或在家里治疗而得到解决，不必亲自到医疗团队去看一趟，从而可以很好地预计看病人数（我们始终为这一点惊奇：作为美国和英国"医疗保健组织"的成员，我们却从未接受过简单的诊断、预防和看病程序方面的训练）。随着时间的推移，电话会诊、远程诊断甚至家庭化验室的出现，就像我们现在家中有全套的办公室设备一样，部分医疗设备也肯定有可能转移到家中。

如果精益思想被引入，基本的保健原则将出现什么情况呢？解决问题的时间和步骤将大大减少；治疗质量会改善，因为在转给下一位专家时丢失的信息会减少，诊疗失误会减少，更少地需要精心设计的信息流计划系统（医院的物料需求规划系统），而回流和返工也会减少。每一次"治疗"和全部系统的成本将大大降低。

超出我们现有知识的医学问题仍然会存在，而这里医疗方面的精益化建议也并不直接治病。然而，精益化将释放出巨大的资源；而这些资源可用于基本研究以找到新的医疗方法。相反，今天的状况是现存系统的无效率吞噬了所有可利用的资源，用于寻找新疗法的经费被缩减付给现有的服务活动；而在政治角逐中，关于今日医疗的大多数争议只不过是转移成本或竞相削减服务，沿价值流的不同部分都试图保护自己而牺牲他人利益。

食品生产和配送

购买食品的人需要什么？食品生产和配送系统中的价值是什么？就像喜欢旅游一样，有些人实际上是很喜欢购物的。他们也许会需要具有良好购物环境的高档食品店，应该有人来提供这种服务。然而，我们大多数人认为时间是最缺乏的资源，因此，我们需要以尽可能少的麻烦和尽可能低的成本，去获得我们正好需要的东西。目前的生产和分销系统不能满足这种需求。那么，精益思想如何使之得到改变呢？

我们在第 2 章中已经看到，作为食品业精益企业的当然带头人，食品杂货商是怎样考察那些汇入到超级市场货架间的大量价值流的。对大多数食品类别来说，要把从原材料加工成食品再送到客户手里所需的时间减少 90% 以上，要大幅度地降低所需的成本和投入的人力，要在很大程度上消灭所需商品断档的"脱销"现象应该是可能的。采用我们已经详述过的流动和拉动的技术就可以做到这一点。

生产和配送系统的极大改观意味着，将食品杂货商转化成一个简单的补给系统，使得今日所购物品成为今晚补给物备货和明天补给物生产的触发器。这样既可以极大地降低整个成本，又可以使食品杂货商不必因为过量存货而定期进行低价优惠促销。

但是这还不够，如果食品杂货商可以每天从供应商那里得到小宗食品，消除存货，并且沿着价值流一直上去，那么为什么不能实现这最后的一跃，消除最终库存，进而消除食品杂货店本身呢？为什么不能利用信息技术来收取客户的订单（这些订单是基于对一长期订单每周所做的调整），然后，把每位客户所需的东西装在一个单独的容器里，用"送牛奶"方式，从配送中心直接送往客户处呢？

这样，总成本降低了，同时，许多购物者最宝贵的资源——他们的时间，就能节省下来了。而且，还可以方便地附设其他服务项目，例如，菜单策划：配送那个星期家用烹调菜单所需的各种用料，甚至提供完全预制好的膳食。最后，食品杂货商可以收集其稳定客户购物习惯方面的信息，根据这些信息推荐新产品有较高的成功率,并且对消除食品杂货业传统的促销观念是非常有用的。在这个行业中,每逢促销时,仅仅为了在短期内从竞争对手那里争得一两个百分点的市场占有率,就要花费大量的资金。

如果考虑到其符合逻辑的结论,这就会是一个巨大的飞跃。但是这需要沿着价值流的每个人都考虑进行再调整。例如,你要问问自己,如果转变为完全精益和有透明度的系统,在这个系统中,你可以看到你订的东西的状态,但却看不到商店,而食品杂货商又完全了解你的饮食习惯,那么你和你的食品杂货商将是多么惬意。无论如何,当今的技术和管理方法使得精益的食品生产和供应是完全可行的,而且改变现有系统的时机也已经成熟。但重要的是,谁来完成这一飞跃。

建 筑 业

当你建造一间办公室或工厂,或者买一处新房的时候,你的要求是什么?如何确定其价值?尽管有些买主可能喜欢现今建筑业的复杂状况,包括在常规的 6~12 月的从合同到完工的整个周期中,可以有机会对他们正在建设的建筑物的细节进行修改,但是多数人还是愿意以最低的价格尽快得到完全是他们所需要的建筑物。在房屋装修的情况下,也就是说,在装修的过程中你还得使用你的住房和办公室的情况下,现在建设业的这套做法就实在是太可怕了。总之,几乎所有的客户都希望工程尽快完工。

目前这套做法不仅使从开工到完工需要很长时间,而且在正式完工之后,通常也还会有一大堆要事后办理的事情;这类事情列出的表使客户和建筑商之间的关系十分紧张。而且,承包商把 80% 以上的时间和占半数的成本用到了处理变动、等待前一个承包商完活儿、不停地抱怨,以及对那些不符合正式规格或不适应客户需求的地方进行返工上。

在第 1 章里,我们遇到了威尔逊,看到了建筑行业里房屋建造部分精益思想的开端,但是他还只是刚开始触及精益思想的皮毛。如果所需要的有关技术技能和建筑材料按适当的顺序排列好,那么就现有的建筑技术来说,一个普通房屋从合同到完工的整个过程所需要的实际时间可以从6个月缩短到15天。而且，如果客户、承包商和分包商能学会彼此沟通，则出现在房屋建设中的大量缺陷和返工是完全可以避免的。最后，如果消除了返工，甚至在还没有采取下一个逻辑上应采取的步骤，把主要建筑构件的预制放到条件容易控制，精益技术可以得到完全贯彻的工厂中去之前，就可以使整个过程大大降低成本。[1]

让我们想象一下精益系统的下一步飞跃。那时，客户可以去拜访房屋建筑人，一次就办完在计算机屏幕上修改房屋结构、挑选所需要的方案、进行信用检查、安排保险以及签订合同等事项。然后，我们再想象一下，使用工厂造的建筑构件，在不到一个星期的时间内（从确定订单之时到入住之时）完成房屋建设工作。再想象一下，在精益的建筑构件工厂里，用于某房屋建设的窗户、门、金属器具以及其他器具等，是在使用的前一两天才生产出来的。这将进一步降低成本，并在这一生产率停止不前的大型行业的生产过程中产生一场革命。

同样的概念可以应用于整个建筑行业。毫无疑问，这是完全可能的。真正的问题是谁以及什么时候来理顺价值流。

短途内个人的出行机动性[2]

由于我们在汽车业的研究上花了许多年时间，因此，如果我们能以起点作为我们想象的结尾，是令人满意的。正如以往一样，第一个要问的问题是，如何确定价值。对有些人来说，价值就是具有特殊性能特点的一辆车，或者干脆就是一辆你想坐进去的车——很可能就是辆新的保时捷！——当然得价格合适。然而，目前许多这类高度成熟产品的购买者，也许根本就不想买这些产品了。他们需要的是以最低的成本和最少的麻烦获得个人出行的机动性。一个实物产品，例如，轿车、货车、厢式车或运动多用途车等，不过是达到这一目的的方法的组成部分。

这样来看，目前的"产品"当然还不够理想。买卖轿车、注册、保险、维修以及照料从加油到清洗等各种操作细节，多半都是费时间的麻烦事，处理这些麻烦事还伴随着从事各种不同业务的不同企业间的杂乱无章。对出租车、大型高级小轿车或租赁特殊功用汽车（例如，需拖运个人物品时）等的特殊需求，又是面临另一套关系的另一种麻烦。

同时，传统的汽车工业已经注重应用精益思想（并且取得了很大成功），但却只局限于汽车本身的设计和生产过程，很少或根本没有对我们许多人都向往的完整产品——个人的出行机动性——进行重新思考。这就是许多人发觉如今的"后日本"汽车工业是一个非常不活跃的行业的原因，也是为什么客户频繁发问，汽车工业如何才能变得效率高一些的原因，因为购买和使用汽车的成本和方便性几乎没有什么改善。[3]造成这种情况的主要原因是，生产过程不过是整个产品价值流一个组成部分；而价值流其他部分的成本和不方便性一直都在增加。精益思想将如何有助于此呢？

正像长途旅行需要一个团队领导者来帮助各有关企业统观全局一样，短程个人的出行机动性也需要某种类型的机动性提供者来统观整个产品。这可以由一个汽车租赁公司、一个公用事业组织、一种新的"大代销商"汽车零售组织，甚至是一个重新组成的汽车公司来承担。其基本想法是与客户一道，以比较低的成本无缝地提供完全所需的汽车及服务。但是这个想法怎么能起作用呢？

提供出行机动性服务的厂商和客户要确定现在以及将来所需的汽车和服务的形式（包括出租车、大型高级轿车、厢式车和场地专用汽车），并把这些汽车和服务"置于旅途"上。保险、注册、日常维护、修理等都成为这种服务商的责任（汽车里的电话可以定时呼叫服务商，还可以报告汽车的状况）。到了为客户进行经常性保养维护的时候，服务商还能满足客户换车的需要，并为所提供的服务定期与客户结算。客户与服务商之间的关系是长期的，确切地说是没有结止的，这样，为整个产品的每个部分找到一个合适的公司所花费的搜寻费就可以省去了。再进一步，如果提供出行机动性的服务商还提供"开放账目"式的成本信息（这肯定是汽车工业的真正飞跃），则客户就会觉得没有必要去不断寻找更合适的"交易"，而会很满足地在几年或几十年内固定于某个服务商。这样，个人的出行机动性的麻烦在很大程度上就不存在了。

这一定要花许多钱,对不对?不对。有很多原因能使花费较少。第一,由于对长期客户的需求已经做了预测,这种服务商可以和汽车供应商一起形成一个稳定的汽车供货流,而且使这些汽车完全符合所需要的规格。如今那种没人订货的塞满了汽车代销商停车场的新车海洋将会消失,花费大量成本的汽车分销商本身也将消失。然后,汽车制造厂可以根据稳定的汽车供货流规划自己的生产能力,因为机动性服务商可以通过以稳定的速率更换老化的汽车来对抗商业周期(请记住,在商业周期内,旅行需求的变动率是非常小的;而在北美、欧洲和现今的日本,新车销售量的升降幅度却在20%～40%之间。这就要求汽车工业平均要保持很大的剩余生产能力)。由于需求稳定了,产品的供应基础便可以安排得紧凑了;同时随着库存量、所用场地和人工的大幅度减少,生产一辆汽车所需的供货时间也大大压缩。[4]

该系统的最后一项好处是可以形成一个闭环。如果提供出行机动性的服务商对汽车保持很好的管理,并且在最经济的时机进行回收;以及如果新车生产者能够共享服务商关于客户需求方面的数据库资料,从而开发出满足这些需求的汽车,那么,汽车在整个寿命周期内的使用费用将更低,寿命将更长(你只要想一想如果提供出行机动性的服务商负责所有的车辆维护工作,并且在产品设计上有直接发言权,汽车维修的间隔会有多长,就会明白了。)由于提供出行机动性的服务商管理着整个环,它所处的位置有利于它获得尽可能低的寿命周期成本。

引入这种方法容易吗?当然不容易,而且传统的汽车公司似乎不可能带头走这条路。那么,有无别的选择呢?一旦在下一个10年中,汽车价值流中的设计和生产部分完成了引进精益技术的工作,客户们将会从中获得巨大的价格好处;但是此后汽车工业将停滞。精益思想将通过把一个充满麻烦的商品变成一个毫无麻烦的服务的方法,来使一个高度成熟的"产品"获得新生。

想象的力量

所有这些还都是想象,因为还没有人完成了上述任何一个行业的转变。

实际上，现在几乎还没有一家我们意义上的精益企业，即便是在最先进的行业中也没有。我们所说的这个概念，是指所有创造价值的活动，从产品概念到产品投产，从订货到发货，从原材料到客户拿到产品，以及产品的生命周期或服务周期里的一系列活动，都是平顺地连接起来的。但是这种转变是可以完成的，用现有技术就可以完成。所需要的不过是有人来将这些想象转化成追求尽善尽美的行动。

我们马上就可以得到的好处

我们现在就要结束对精益思想的探究了。一系列简单的、非直观的、起源于基层工厂的思想应用到了整个经济活动。这些思想的应用需要很少的新技术，而且可以迅速完成；当然，对现有技术进行"适当规模"处理并直接插入到价值流中还是必要的。仅需要几年时间便可实现彻底的转变，即便是庞大企业也是如此；而把这些思想应用到整个价值流中所需要的时间则要长一些。

精益思想可以极大地提高生产率，提高的幅度依不同的行业从 2 倍到 4 倍不等，而且还同时大大降低了错误、库存量、现场事故、使用场地、新产品面市时间、供货时间、附加产品种类的成本，以及整个成本。与此同时，由于采用了即时反馈，促进了整体集中，这些简单的思想使人们对工作更有满足感，并且缓解了商业周期，其本身就是资源大量浪费的根源。这些思想的应用不需要什么资金，而且只要管理人员学会正确运用这些思想的方法，还会创造出而不是削减掉许多就业机会。最后，这些思想还通过把发达国家的经济"拉"出目前停滞困境，以及提供研究的资源，为完成下一次技术性的飞跃架设一座桥梁。

剩下的事情是，要有足够多的像本书中提到的那些变革代理人一样的投资者、管理者、员工——我们希望还有你，本书的读者——能在北美、欧洲、日本，以及任何其他地区引发一场巨大的变革，坚决地应用精益思想来创造价值和消除浪费。

第四部分

新的发展

Lean Thinking | 第14章

精益思想的稳步发展

2000年7月,阿尔特·伯恩和他在线模公司的管理团队得出一个令人沮丧的结论,他们认为应该接受法国利格兰德公司(Legrand S. A. of France)7.7亿美元的出价,从而结束三代墨菲家族对线模公司的所有权。

从一方面看,这是一件糟糕的事情,因为自1990年被阿尔特团队接管以来,线模公司的资产总值已大幅增加,因而5位年龄已达八九十岁的墨菲家族全体成员基于此值所应缴纳的遗产税也将大幅度增加。但是从另一方面看,线模公司的出售标志着精益思想的一次胜利,因为1991年这家濒临破产、估价仅为3000万美元的公司竟在10年间变成了一架赚钱的机器。而且这部分新创造的价值,即相对于1991年2500%的增值,是由墨菲家族与线模公司的雇员共同拥有的,而线模公司的雇员们拥有线模公司股份的最大部分。在我们看来,线模公司在这10年间的稳步发展是能够被20世纪90年代的大多数公司所仿效的。他们需要做的仅仅是像线模公司那样,不断地消除浪费,更加关注顾客的声音,从而达到顾客—所有者—雇员—协作厂四赢的目的。[1]从下面的叙述中我们将会看到,线模公司持续至今的成功被许多企业进行了不同程度的仿效,其中有些企业的精益改造是我们在《精益思想》第1版中提到的。与此相反,20世纪90年代的另一些企业却走出一条弹道曲线。在新的运营模式和乐观的赢利预期基础上,他们的销售额和股票价值陡然增加,随后，越过折返点又径直回来了。即使没有走向破产，也至少是回到了原点。

当管理者和投资者们审视泡沫经济所带来的损失，探求未来创造财富的有效方法时，实行精益思想的企业的稳步发展所表现出的新面貌颇具启发性。显然，我们应该从多年前创立了精益思想的丰田公司说起。

丰田的稳步发展

2002年夏，丰田公司做了自己几乎从未做过的事情，它大声宣告，要成为全球汽车工业市场份额领先者的计划。一份名为"2010全球展望"[2]的公司文件引人注目，按照该文件的规划，丰田公司未来的全球市场份额将继续稳步增长，将从2002年的11%增加到2010年前后的15%。相反，占有目前最大市场份额的通用汽车，近10年来的全球市场占有率却持续下降，2002年已降低到14%左右（见图14-1）。按照丰田公司的风格，它虽然没有明说，但是所有汽车行业的人都明白，"2010全球展望"就是丰田公司打算在几年之内成为头号种子的一项声明。

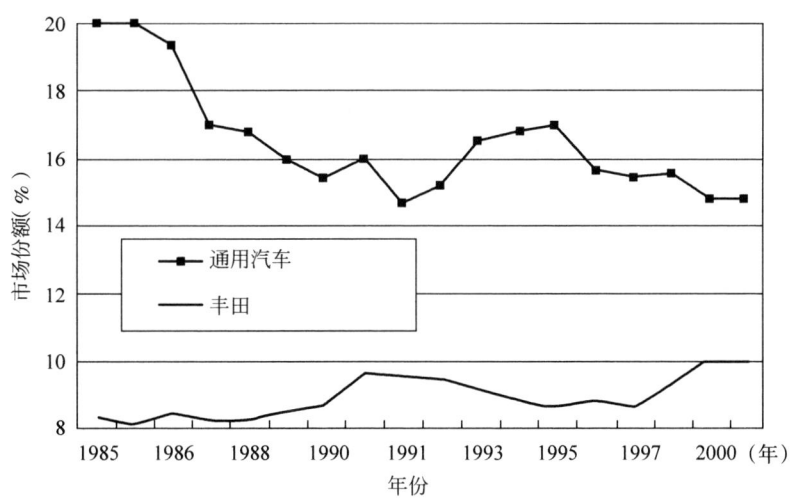

图14-1 全球市场份额：丰田和通用汽车

注：数据包括轿车和商用汽车。通用汽车包括绅宝、欧宝和堆顿，丰田包括大发和日野。
资料来源：版权2003，华德通信。

（丰田公司20世纪90年代中期发布了"全球十动议"，即在2000年之前达到全球汽车市场份额的10%。该目标的成功实现，说明此次丰田的展望也是可信的。2000年丰田的全球市场份额为10.01%。）

就美国市场而言，我们注意到同样的趋势，即丰田公司稳步赢得市场份额，而传统的三大公司却在不断丧失市场份额。按照目前的发展趋势，当丰田公司达到其全球市场份额目标时，它在美国的市场占有率将超过克莱斯勒和福特（见图14-2）。

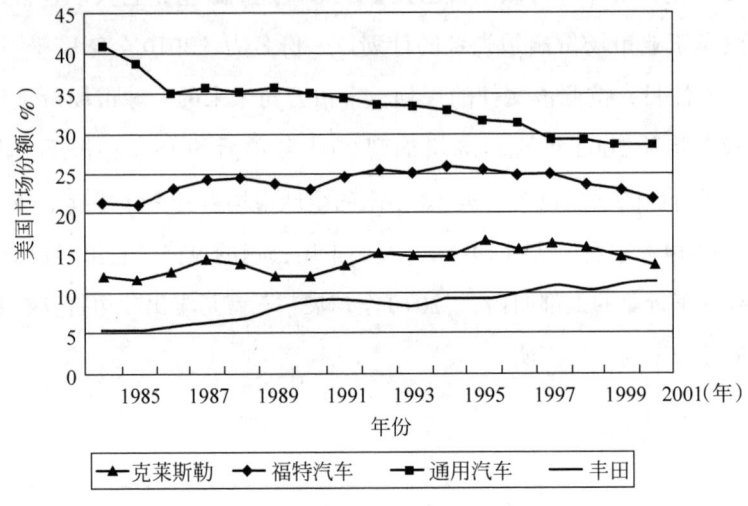

图14-2　各公司美国汽车市场份额

注：克莱斯勒数据不包括梅赛德斯；福特数据不包括捷豹、越野陆虎和沃尔沃；通用汽车数据不包括绅宝。
资料来源：华德汽车信息库。

非常重要的一点是，丰田稳步赢得市场份额并非以利润的降低为代价。据报，整个20世纪90年代丰田公司的利润持续增长，2002年达到最高纪录。实际上，在2002财政年度，除了我们一会儿将要讨论的一个公司外，丰田公司的销售利润率在全球汽车工业中是最高的。

还有一点也很重要，那就是公司的稳步前进并非一定需要在汽车市场上出奇出新。在目前增长最快的皮卡、微型厢式车和SUV运动多用途车等新兴细分市场上[3]，除了普锐斯（Prius）混合动力汽车、RX300"交叉"STV运动多用途车和新近推出的以年轻人为目标的塞恩（Scion）系列之外，丰田公司是一个稳健务实的践行者。

这一战略是有效的，而且将继续有效，因为丰田公司是汽车工业核心过程最卓越的管理者。它的产品开发过程能适时地推出缺陷最少的产品，与竞争对手的同类产品相比，这些产品设计考究且易于制作。而其生产过程和协作厂管理过程，则如第10章所述，能以较低的成本生产出较高质量的产品，从而在各细分市场上保持较高的售价。

此外，丰田公司严格管理和改善其业务范围内的每一个过程。哪怕是那些看起来微不足道的过程，也在不断地向前推进。第4章中提到的配件配送过程即是如此。1996年我们看到的情况是，丰田公司正在引入"日订货系统"，他们告诉协作厂如何生产和运送每日所需配件。而其竞争对手实行的则是月订货，他们的协作厂依据汽车工业的传统惯例，间隔很长时间，运送一大批配件。到2002年年底，丰田60%的配件供应商都是根据丰田公司前一天对零售商的配件发送情况，来进行每日的配件生产和发送。这些配件通过在肯塔基的中央交叉船坞中心发往11个地区配件配送中心。在改善零售过程方面，丰田公司也取得了稳步进展。它使零售商配件库存量减半，并用节省下来的配件存贮空间使汽车服务用地增大了20%。

卓越的丰田过程意味着，它不必在已有的细分市场上冒险进行大胆的产品设计，也不必去创建新的细分市场。丰田目前的状况与通用汽车从20世纪20年代初到60年代的黄金时期十分相似，当时的艾尔弗雷德·斯隆判定，在产品技术上进行冒险是不必要的，只要能对那些较大胆的竞争对手的成功创新进行快速跟进即可。[4] 丰田公司能够迅速模仿其他公司首创的产品，并一定获胜，因为它在不断地首创着卓越的过程，而其竞争对手们对这种过程的模仿却一直驻足不前。

我们强调这一发现，因为这对于领会了精益思想的企业实在是好消息，他们将无须靠远见卓识或重大的产品突破去获得成功，只要依靠卓越的过程管理即可达到目的，而这对于那些进行不懈努力的企业来说，已尽在掌握之中。

保时捷的精益过程加卓越产品

我们在第 9 章讲到 20 世纪 90 年代中期保时捷的新生,而且注意到,本书出版时正准备推出的新产品 Boxster 和新 911,在拥挤的市场上的确需要卓越的而且是良好的定位。保时捷承受不起任何大的产品失误,而且为了获得必要的高定价,它既需要卓越的过程又需要卓越的产品,这样才能使自己这个孤独的矮子在巨人云集的行业里得以生存。[5]

幸运的是,新的保时捷产品的确是卓越的,而且并非出于偶然。正如我们在第 9 章讲到的,保时捷对其传统的按功能划分的开发过程进行了彻底检查。此外,保时捷还在两个方面使制造过程[6]继续稳步改善。

首先,在不断减少组装每辆车所需小时数的同时,能够为顾客提供大量且数量不断增加的汽车选装件。

其次,通过改善组装质量和外购件质量(派出精益促进小组与协作厂一道工作),保时捷能够关闭掉美国等主要市场的售前检验。通常,工程师们在那里就像用细齿梳篦头发似的,要对每一辆车进行仔细检查,以保证保时捷在顾客质量排名中的领先地位。这些检验中心现在已完全不需要了,因为组装线末端的产品质量已达到真正的卓越。

保时捷因而不仅是世界上具有较高利润和最小规模的独立汽车公司,而且是目前为止最赚钱的汽车公司。(保时捷全球汽车销量及销售利润率,见图 14-3 和图 14-4)据报道,即使按家族式德国企业保守的会计法来说(这些企业的大部分收入通常要被扣留作为储备金),保时捷 2002 年的销售利润率也达到 17%,两倍于第二大赚钱的丰田公司。

在第 9 章中我们预言,将德国式的卓越工程和丰田式的过程管理相结合,将产生优于上述任何一者的工业混合体,一种适应小批量、多变化业务类型的工业混合体。《精益思想》发表以来的这些年里,我们的预言似乎在保时捷那里得到了证实。

像保时捷一样卓越自然很好,但是,如果你首先关注你的核心过程,那么你有可能比丰田还要成功。

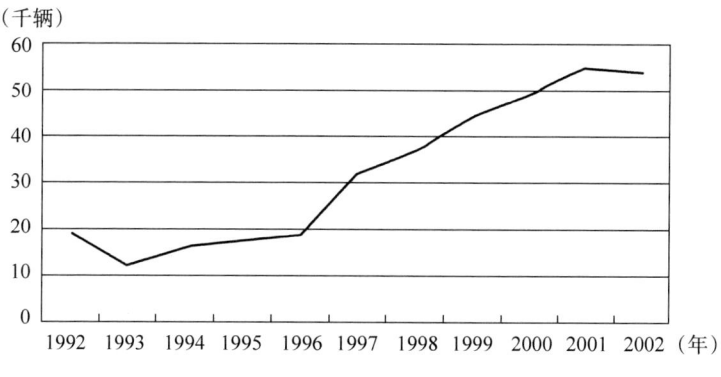

图 14-3　保时捷全球汽车销量

资料来源：保时捷公司年报。

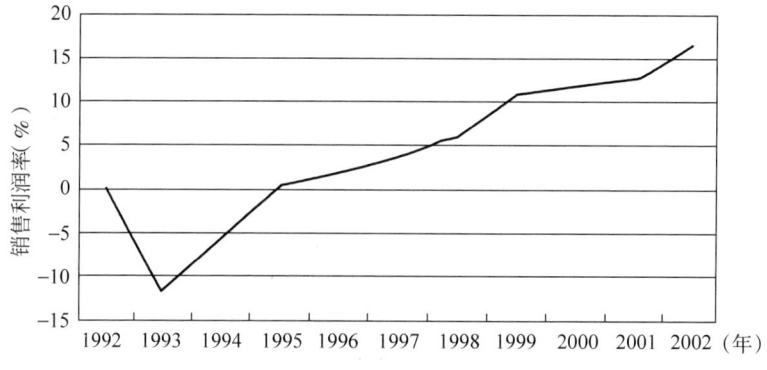

图 14-4　保时捷销售利润率

注：销售利润率即税前净利润除以销售额。
资料来源：保时捷公司年报。

体现在大型货物包装机中的精益思想：兰开公司

2002年11月初，我们站在麦科米克广场的大厅里。这是位于芝加哥密歇根湖岸的一处巨大的展览中心。我们到这里是为了在每年一度的包装工业博览会上，参观兰开公司推出的一系列值得注意的新产品，进而回答我们在第6章结尾处提出的问题。对于以"单件流"方式进行生产的"精益"公司来说，当其产品被设计用来包装批量生产企业的大批量货物时,前景将如何呢?

公司创始人帕特·兰开斯特专门为我们演示了这些新设备。帕特·兰开斯特曾经首创了一系列抻拉式包装设备,在制造企业中,这些包装设备以工作单元或组装线的运行速度进行少量货物的包装。而此次推出的新设备则是为专门的装运部门进行大批量货物快速包装用的。

例如,兰开公司在芝加哥展览会上推出一种货盘码垛/抻拉组合式包装机,其货盘码垛机转动速度为原先的1/3,占地面积为原先的1/4,使用并不复杂的电子设备来感应货盘位置,控制何时启动、何时停止。由于包装工序设在过程末端而不是生产单元,因而形成了真正的连续流生产,而帕特新发明的货盘码垛机对此所做的贡献在于,其成本低于以往任何同类产品的1/5。这样,即使不计操作上的节省,每台包装好的货盘的成本也比用原有的大型设备时低。

这次展览会之后,兰开公司以其"适度"产品使销售额恢复到1999年的最高水平。而整个包装工业一直处于低谷徘徊期,全行业的销售额比1999年的最高值降低了35%以上。这才是兰开公司这项成就的真正非凡之处。

因此,兰开公司走的是保时捷的道路,即把一整套卓越的内部过程和一系列新且精益的产品技术相结合,从而为原已经营出色的企业创造了光明的未来。

普惠:困难时期困难行业中的精益思想

在第8章中我们注意到,喷气发动机工业所面临的困境由来已久,因为顾客所需要的一定价值的实物数量在持续减少。每架喷气式飞机的发动机数量已从第一代喷气式飞机——彗星(Comet)和波音707的4个减少到目前销售量最大的新一代喷气式飞机的两个,而发动机运转单位时间所需的备件数量从喷气时代开始以来就持续减少。在20世纪90年代,这两种趋势大大抵消了飞机保有数量的增加,因而全行业的销售量处于停滞不前的状态。

然而,现在这一行业进入了一个更加困难的时期,一个渺无尽头的困难时期。远远早于"9·11"事件的1991年年初，各主要航空公司的中枢集散式经营模式受到低成本的点到点运输业的严重冲击。此外，那些牢骚满腹的"道路斗士"（进行频繁公务飞行的人）也在重新考虑，其本身的麻烦和目前飞机旅行的高成本与这种旅行能带来的好处相比是否值得。这些顾客对中枢集散式运输是至关重要的。在20世纪90年代，享受不到提前订购或星期六延期特价的频繁公务飞行仅占人/英里数的8%，却占航空公司收入的50%。但是，到2001年一季度，这些人似乎都罢工去了，而且到现在还没回来。

经营模式的瓦解加之新的安全环境，导致2002年世界航空业总计损失120亿美元，其中一些航空公司甚至申请破产。其结果，大型喷气式飞机的订购数（除去取消的订购）从2000年的约1100架减少到2002年的不足600架，发动机运转小时数（影响备件长期需求的关键因素）同时降低5%，这是自喷气时代以来发动机运转小时数的首次持续降低。

航空业的另一部分收入来自军方顾客。在反恐战争条件下，我们可以料想这部分业务形势会有所不同。然而，冷战的结束和新安全体制下军方需求的混乱，实际上对普惠是不利的。

举一个最明显的例子，F-22和F-35[7]在今后至少25年内，将是美国新的主力战斗机和攻击机，普惠是这两种机型发动机的独家供货商。普惠的这种地位看起来对确保长期销售额和利润非常有利，然而这些飞机却受到防卫重点新意图的不断挑战。其结果，对美国空军F-22双发动机飞机需求量的最初预测为750架（替换大致相同数量的F-15），到2003年年中，已逐渐缩减为276架。与此同时，替换F-16的单发动机F-35订单的最初目标为3000架，但在开始生产仅4年之后，就已减少为2500架。

也就是说，主流军方市场对新的普惠发动机的需求已经萎缩，因而平摊投资的产品批量越来越小。目前，军方在用发动机备件的大批量持续订货尚能维持较高的收入，但却达不到抵消民用发动机业务损失的程度。

至此，我们仅仅描述了来自市场方面的挑战。要说明完整的情况，我们还需提出，在逐渐缩小的大型喷气发动机市场上，有普惠、GE和劳斯三个竞争对手，且没有哪一个表现出退出竞争的倾向。从普惠的立场上看（但不是精益思想家的立场），更为糟糕的是，1996年时精益方面的落伍者GE和劳斯莱斯，已经在奋起直追，模仿领先的普惠的做法，从而使竞争进一步加剧。

综合考虑上述诸因素，就容易理解自20世纪90年代中期以来，为什么普惠未能提高其收入水平曲线了，如图14-5所示。

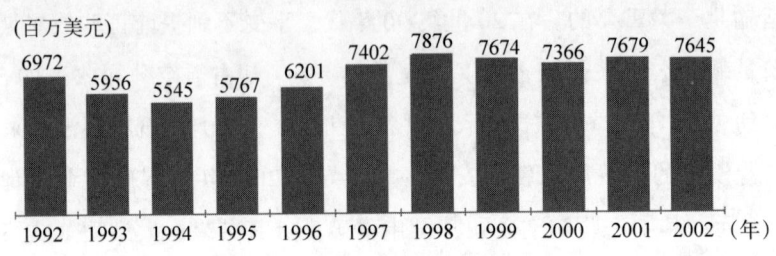

图14-5　普惠年收入

然而值得注意的是，通过不断应用精益思想，普惠对成本水平曲线所做的改善。

首先，普惠的生产占地面积不断缩小，如图14-6所示。本书前文所述的康涅狄格州诺斯黑文厂造价10亿美元的大厂房已经关闭，生产迁到东哈特福德一处小得多的现成场地。在佛罗里达的军方发动机生产也已迁至此处。即使算上这些新迁来的生产设施，普惠在东哈特福德的主体设施占地面积也在持续缩小。

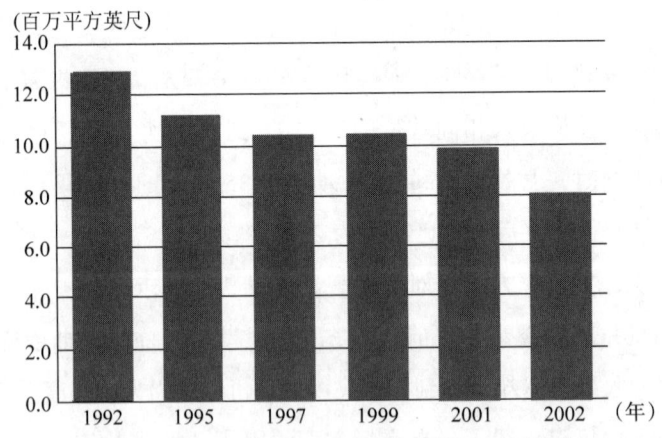

图14-6　普惠北美生产占地

此外，由于是根据手头工作所需要的生产能力和特性要求来考虑购买小型的、"适度的"生产设备，因此降低了新设备购置费。普惠对每一项新投资都是以这种思维过程进行审视的。在业务的各个方面想方设法少花钱多办事的做法，使普惠尽管在收入水平停滞和严峻的备件定价压力条件下，仍能推动资产收益率和销售利润率的稳步提高（见图14-7）。

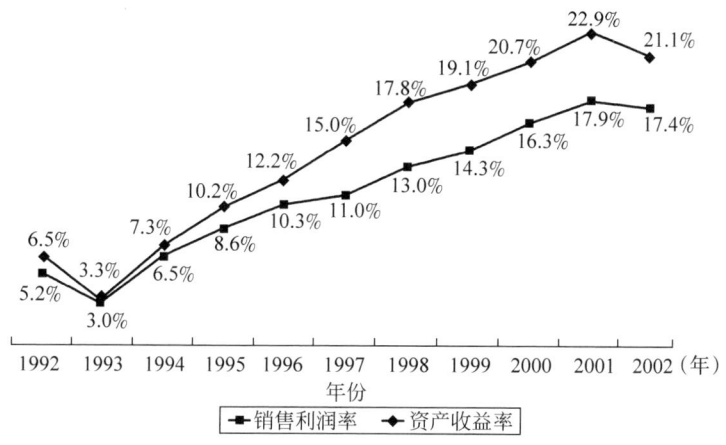

图14-7　普惠的销售利润率和资产收益率

这一表现与航空业上一次危机的1991年时的情况形成了鲜明的对照，当时普惠原本很赚钱的业务，突然一下子陷入了巨额亏损[8]，而且险些把母公司——联合技术公司也拉下水。在1991年的危机刺激下开始精益思考的普惠，10年之后，成功克服了2001～2002年产量降低和价格压力的困难，在销售利润率、资产收益率和营业利润方面仅出现了些许下降（见图14-7、图14-8）。借用航空学的一个说法，这就像在飞行中遇到一个强烈的风力切变（类似暴风雨中向下的气流），飞行高度却未见降低。

处境艰难的顾客、新的民用产品项目中大量需求规模极小的特殊要求以及有限的市场规模条件下的众多竞争者，如果这就是今后长期的市场状况的话，那么，具有150年历史的普惠，将会再次适应这些需要，做出重大转变，进入完全不同业务领域。这样的转变以前发生过两次：一次是1925年，从机床生产转到飞机发动机生产；一次是20世纪40年代后期，放弃活塞式发动机，转而生产喷气发动机。

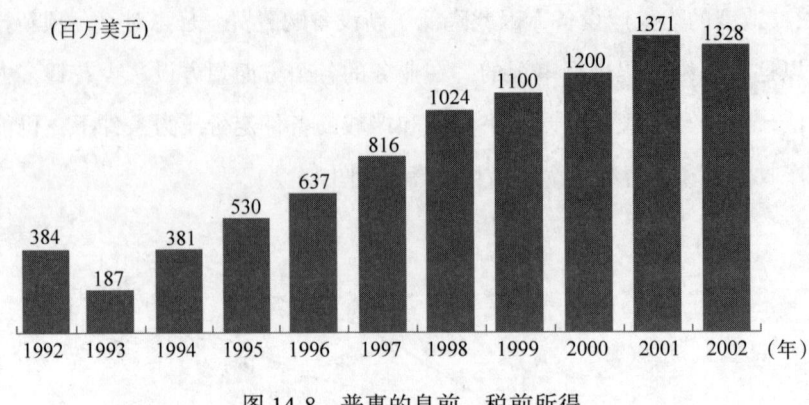

图14-8　普惠的息前、税前所得

最有希望的战略看起来也许是实行多样化经营，进入到市场规模为100亿美元的大修和检修行业。在这个行业，精益思想的应用能够像在制造业一样有效。普惠已经稳稳地走上这条道路了，它在发展内部小规模大修业务的同时，最近正在全球范围内收购大修企业。这几项先行步骤，已使普惠在大修和检修行业的全球市场份额从1992年的1%增加到2002年的10%。

无论通过什么途径来提高其业务的收入水平，普惠的精益实践总能提供其驶向新的航程所需的营业利润和现金。

超越孤立的发展

这里谈到的是一些公司在困难的市场条件下，努力奋斗取得成功的事例。[9]它们不是在近来的经济繁荣期中人们常能听到的那种云山雾罩的传说，而是精益思想最初的践行者们通过持续不断的努力取得成功的真实经历。然而，只有当众多公司都来步其后尘时，这些叙述才具有广泛的社会意义。那么，我们能拿什么来证明我们的思想正在被经济社会中的各类企业所掌握呢？

最佳且最简单的证明办法是，考察支撑最终客户一定水平的销售额所需的社会库存情况。要创造一项精益业务或一个价值流很长的精益企业，就必须极大地提高从原材料到顾客的价值流动速度，并极大地降低库存，否则是根本不可能的。这是因为精益的基本点就是，去除耗时且无用的步骤，保留产生价值的步骤,并在顾客的拉动下形成连续流。

我们利用美国政府自 1958 年以来以固定不变格式统计的数据,对我们的样本企业及组成美国经济的其他数千家企业情况进行了总结。我们发现,在这么长的时间里,情况没有什么变化。库存周转水平(即对最终客户的销售额除以制造过程中的全部库存,包括原材料库存、在制品库存和产成品库存)从 1958 年到 20 世纪 90 年代中期的近 40 年里,呈现一条水平线。尽管随业务周期的变化稍有上升或下降,但并未出现改善的趋势。

同一时期的批发和零售业的库存周转数变化趋势更为糟糕。1958 ~ 1995 年,随着产品供货种类的不断增加和支撑每种产品所需库存量的不断增加,库存周转数持续同步下降。尽管伴随着这期间在信息技术、物流和零售格局等方面的诸多革新,库存周转变化趋势却依然如故。

此后,指针开始移动。这一变化在汽车业最为明显(见图 14-9)。考虑到丰田在该行业的巨大影响,这是毫不奇怪的。但在许多其他制造业也出现了稳步改善的趋势,而且在经历 2001 年的衰退之后,改善的速度在加快。像所有衰退一样,2001 年的衰退使库存周转数出现暂时的降低。[10]

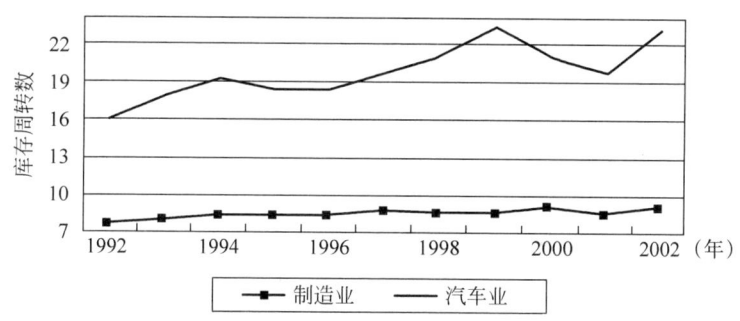

图 14-9　美国库存周转情况:汽车业和制造业

资料来源:美国统计局。

或许最有意思的是批发和零售业库存周转数的增长趋势。在批发和零售业,从制造商处少量而频繁地补货(如第 4 章所述),而非根据预测在需求到来之前大量囤积货物的简单道理,似乎正为人们所掌握(见图 14-10)。

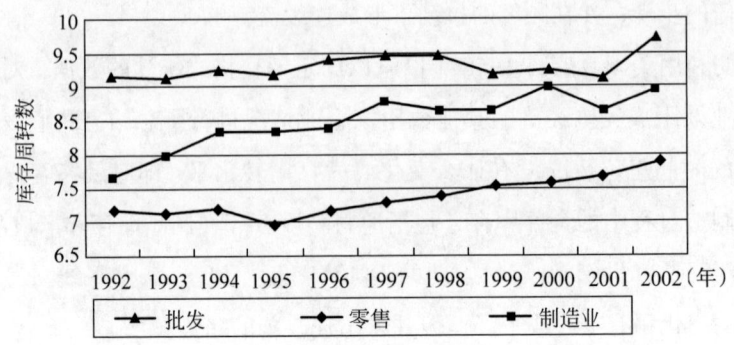

图 14-10　美国库存周转情况：制造业、批发和零售

把制造业、批发和零售业统而考虑，我们看到，整个社会的库存周转数是稳步增加的，如图 14-11 所示。

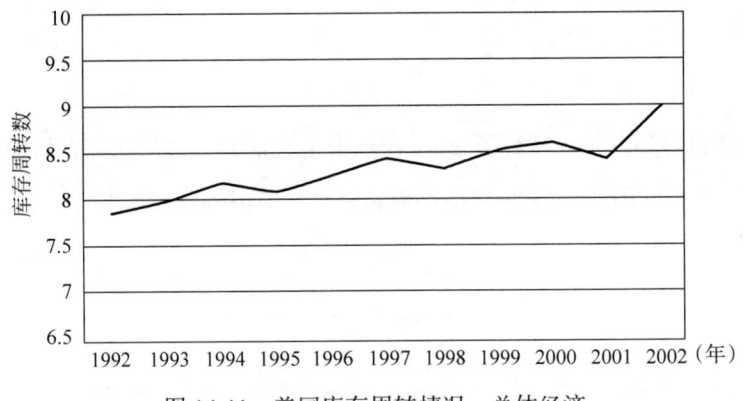

图 14-11　美国库存周转情况：总体经济

欢呼胜利当然为时尚早，但本书 1996 年首次出版以来所出现的一些变化趋势，是大有前途的。我们期待着一个超出我们 10 年前想象的更加精益的未来。

这些都说明，前进的步伐仍嫌太慢！但是，我们怎样才能大踏步地向第 13 章展望的零浪费、纯价值的美好境界进发呢？尽管进展较慢，但我们相信，价值创造过程中的变革活动是在进行中的。那么，如何使这些活动制度化，并使其加速进行呢？

事实上，自本书出版以来，我们在对许多公司的发展进行了多年的观察的过程中，已经得到很多关于这个问题的答案。我们将利用本书的第四部分，来与大家分享我们关于精益飞跃的一些新见解。

第 15 章 | Lean Thinking

使变革制度化

业务活动中的变革不是随意发生的，而是必须有一个由具体公司的具体管理者部署的行动计划，因此，我们在第 11 章里介绍了按步骤的行动计划，那是对我们的样本企业实施计划情况的概括和总结。基于 6 年来对更大范围的组织的变化过程的直接观察，下面我们将进一步充实该计划。

充实后的行动计划

我们认为我们原先的计划依然十分正确，因此我们使所有的步骤保持原有的顺序。但是，对许多步骤我们都增加了新的见解。我们将按第 11 章各步骤的顺序逐条讲述，并对各步骤适时予以补充。

寻找一个变革代理人

这第一个步骤在任何时候都是重要的，但是最近几年我们发现，随着精益思想的传播，典型的变革代理人也在发展变化。10 年前我们开始这项研究的时候，似乎必须有一位身处高层、真正有激情的和强有力的领导者，如阿尔特·伯恩、帕特·兰开斯特、卡尔·克拉佩克或身为 CEO 的魏德卿等，才能克服公司的惯性。近来，我们观察了许多不同规模的公司的精益转变，发现起点在中层管理者身上,而且温和的领导足以有效,而无须高声叫喊或夸张的言行。

但是,一位将对变革承担个人责任的领导人物仍是必不可少的。没有哪一个经历了巨大而全面变革的组织不是由身居某一职位、脾气或温和或暴躁的人带领的。

关于变革的领导,我们还了解到在人类政治史上常被谈到的一种现象,即新秩序一旦建立起来,变革者往往不是高明的管理者。许多最成功的变革代理人能保持长期成功的原因是,在他们背后有人推动建立了精益过程的严格体系,当变革代理人离开或继续其他事项时,这个人可以接任起来并推动改善继续进行。这个人可以是 CEO 下面的 COO(首席营运官)、COO 下面的精益促进办公室负责人、直属产品开发部负责人的产品系列经理或工厂经理下面的价值流经理等。关键问题是,某个职位的某个人必须把变革结果变成一种严格的体系,而且确保每个人都理解并奉行这一新体系。

如果没有人推动建立该系统,则高水平的业绩只能在变革代理人直接负责的情况下保持。(我们从艰难的经历中多次认识到这一点,即当精明强干的领导人离开后,组织的业绩迅速退回到一般水平)。因此,根据多年的经验,我们建议,每一个组织都应该认真组建一个由各个革命性的变革代理人参加的体系建制团队,从而保持所取得的成果。

获得精益知识

我们对第二个步骤的认识也已经发展了。在我们开始进行研究的1992年,最高水平的精益知识存在于日本的导师身上[1],这些导师往往有在丰田或其协作厂的工作经历,并学会了从简单处着手解决问题。例如,他们用各步骤间的物流和库存,找出某一工厂中一个包含了很多步骤的过程,然后迅速把各孤立的步骤转变为工作单元内的单件流。之后,他们又去解决下一个孤立的问题,要么是关于5S方面的,要么是关于简单拉动系统方面的。这就形成一种明显的感觉,即当先生随时在旁传授精益思想和精益方法时,就有可能发生迅速的改观。

然而对导师来说，这些活动最具价值之处，并不在于对某特定过程的业绩改善，而在于改善过程中管理人员思想意识的提高，以及使这些管理人员具有利用从他们那里逐渐获得的知识去解决其他问题的热情。

在导师们严肃的面具下面，有一个详尽的总体计划，说明如何最终使各部分相互配合，从而形成一个完整的精益生产系统。但是对管理人员来说，这一计划在一开始并未显现出来，而是在他们学习观察的过程中逐渐清晰起来的。

一旦那些与丰田没有直接关系的咨询人员和许多通过自学的管理人员开始传授精益活动。这种传授体系的问题就显现出来了，那就是他们似乎并没有一个成竹在胸的全景展望。因而，他们不能着眼于某产品系列整个价值流的改善，而只对过程进行改善，而且许多这样的过程改善，都只是关注价值流中孤立的单个步骤。我们发明了一个新词——神风改善（相应的还有"神风六西格玛"），用来描述这样一些可能的情况：先是一片混乱，之后，在消除浪费的战役中取得大量孤立的胜利，在取得了初步成效的基础上产生了普遍的跃跃欲试的热情，思想意识大幅度提高……最后，当顾客或是公司利润方面见不到持续的好处时，战役宣告失败。

对那些没有接触大师级导师的企业来说，解决办法就是，对每一产品系列的改善都有意识地从系统的高度着手。我们相信，这个办法正被越来越多的企业所接受。这个办法意味着，在分步骤进行过程改善之前，要考虑改善的全景展望，包括最主要的业务需求，以及要决定总体发展计划。我们下面将讲到，这应该是产品系列经理的事情，技术顾问虽然往往具备大量专门的精益知识，但却缺乏流动改善和洞悉最重要的业务需求方面的专门知识。价值流图是一种极其有用的工具，它能够帮助价值流沿线的产品系列经理纵观全局。这一点我们稍后再作解释。

对那些接触到大师级导师的企业来说，我们有一些类似的忠告：要及早系统记录导师们的知识；要在很多过程改善事件接踵到来之前，询问全景展望情况。这也许不会是一场轻松的交谈，但是我们相信，当导师进行过程改善的时候，再加上高层管理人员在较高层次上对整个系统的关注，将产生优于两因素单独作用的效果。

通过抓住危机或制造危机来寻找一个变革杠杆

第三个步骤也很重要。衰退无论对企业还是对整个社会都颇具价值，因为它们产生了通过掌握精益思想抓住原本就存在的那些机会的必要性。我们了解到，衰退至少能提高人的思想意识，因为包括本书在内的我们一些书的销量，通常在不景气的日子会增长。但是，仅仅有危机，还不意味着就能够抓住机会。我们在11.1节提到的那位不幸的管理人员，他通过大幅度降低所生产的耐用品价格，为他的企业制造出了一个深刻的危机，但是他很快就失业了，因为他的努力失败了，未能全面再造整个设计和生产过程，使成本降到必要水平。要想让一个危机产生作用，已有的代理人和知识必须对多余资产、不适当摆放和多余人员等棘手问题采取果断行动。

我们还看到，许多管理人员把萧条期当作放弃改善当前运营状况的各种努力的借口。反过来，他们几乎总是利用批量生产方法，把设计和生产重新布置到边远的地方，通常远离顾客几千英里。这些新地方的一个关键特点就是低成本，尤其表现为廉价的劳动力成本，因而似乎有不可抗拒的优势。

问题是所有的竞争对手都能立即实行同样的战略，所以这种优势是短期的。此外，奉行这种战略的企业，由于他们的精益实践知识没有长进，因此容易受到汇率变化和地缘政治的冲击，这些冲击很快就会要求他们再次迁移。后面我们在讨论需要对基于全球的整个价值流进行优化的问题时，还将回到这一点。

绘制你的价值流图

这是这些年来我们学习的一项主要内容，因为我们原来不了解，一般管理人员要理解价值流，到底需要多少帮助，我们在图2-1和图2-2所画的价值流图，尽管是准确的和富有启发性的，但毕竟还是过于简单，而且我们还犯了一个关键错误。在一张图里，我们没有把从顾客反馈的信息流与对产品采取变革行动的生产者相连接，而这些变革行动正是当产品或服务交付顾客的过程中，生产者对上述信息所做的反应。进行这样的连接是一个重要的飞跃，它使人能够看到顾客的需求和厂家反应之间所形成的闭合曲线，这是价值创造的实质。但传统的过程关系图，只表明了实物流，这一思想因而未能得到体现。

为此我们十分感激迈克·鲁斯和约翰·舒克采用了丰田的标准做法，即把对物流和信息流的描述加入到价值流图中，我们现在所使用的就是这种图。[2] 这种图可以针对任何规模（小到办公室内简单的管理过程，大到从地下原材料开采到最终客户）的涉及面极广的价值流在世界范围的流动。

下面案例的目的是，要把目前运行过程中的所有步骤都写下来，以明确表示我们所谓的"当前状况"。我们要求管理人员对每一个步骤提出一系列简单的问题：该步骤为顾客创造价值了吗？该步骤充分发挥作用了吗（即总能产生好的结果吗）？该步骤适用吗（即除了生产出所要求的质量以外，总能生产出所要求的产量吗）？该步骤是柔性的吗（是否能够迅速从一种产品的生产转到另一种产品的生产，从而进行小批量甚至单件生产）？该步骤的产能充足吗？产品流程无须等待吗？或者该步骤的产能过大吗（是否基于往往是错误的需求预测，设计了大幅提高产能的设备）？[3]

对于不能创造价值的步骤当然应该去除，而对那些不能胜任、不适用、非柔性、产能不足或过大的步骤，则应该改善。但是对步骤的逐个分析只是绘制价值流图的一部分，因为各步骤之间的关系同样重要。从顾客反馈的信息流动通畅无拖延吗？产品在通过一个个步骤最后到达顾客的过程中，流动是否顺畅，以至总的生产完成时间只略大于单个过程步骤所需时间之和吗？产品的流动是在顾客的要求之下而不是在生产者的推动之下吗？最后，每一个阶段的需求都被"整平"，从而使一些小的紊乱被舒缓而不是被放大吗？

对于在工厂围墙内的价值的流动，通过把所有的步骤全部写下来（如图15-1所示），就能够使每个人看清楚正在讨论的整个价值流，并对其当前的业绩水平达成一致认识。

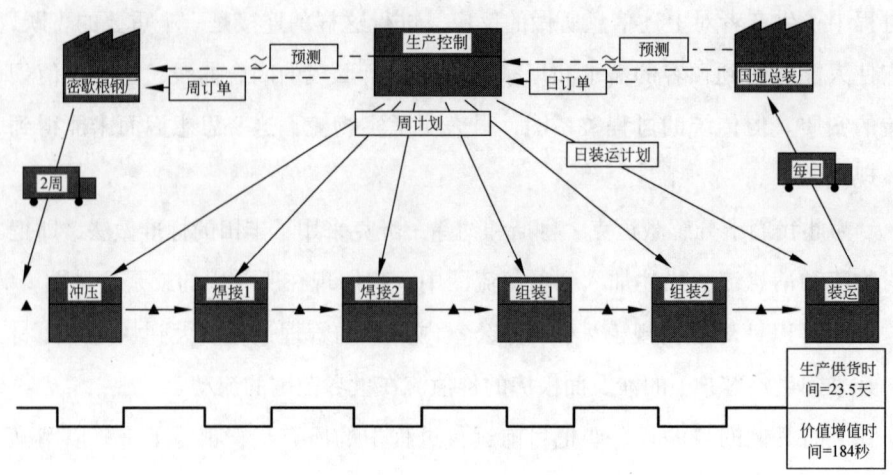

图 15-1 当前状况价值流图

图 15-1 上半部从右至左,表明从顾客到生产过程各生产点的信息流情况。订单从顾客处到达物料需求计划(MRP)计算机,被存储在那里,等待为安排下周生产计划时所进行的每周一次的系统运行。当现场管理人员发现出现短缺或顾客要求突然变更时,大量的信息就会加速发出。

图 15-1 下半部从左至右,还表明了产品从原材料到顾客的流动情况。它概括了 5 个必要步骤的工作业绩,表示出了当前各步骤间堆积的库存,对比了创造价值时间(很短)和整个生产完成时间(很长)。它还有助于管理人员设想出为大幅度压缩产品生产完成时间需要最先进行的流动改善活动,有助于去除无用的步骤,并纠正质量、柔性、适用性和产能不足或过度等问题。

上述所有信息都可归纳为如图 15-2 所示的当前状况业绩记录中。

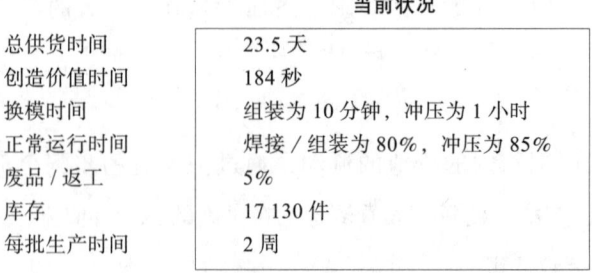

图 15-2 当前状况业绩记录

在图 15-1 和上述业绩记录的启发下，对过程展开想象，就应该得到经过重大改善的未来状况（见图 15-3）。要达到这一状况，就要进行如图所示的"改善爆炸"，图中标示出必要的流动改善点和过程改善点。

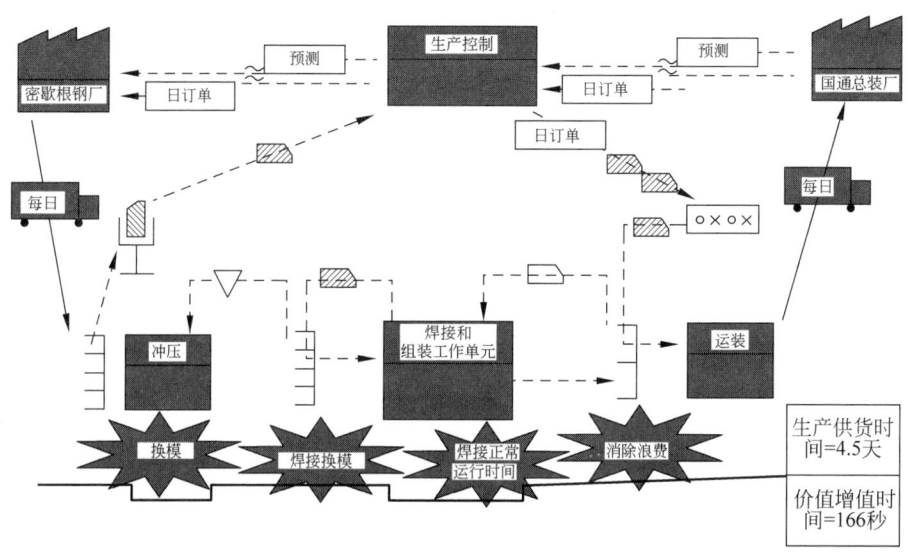

图 15-3　未来状况价值流图

本案例中所需的具体改善步骤为，改善 4 个焊接和组装工序的充分胜任性（一次检验质量）、适用性（正常运行时间）和柔性（换模时间），并把这 4 个工序变成一个工作单元，从而消除阻碍流动的库存（注意，其结果是所需的操作工减少了一人）。此外，冲压工序的调试时间大大缩短后就能够进行较小批量的生产，从而进一步降低库存。

最后一步是切断向过程的各步骤发送生产订单的 MRP 系统。这样，一个简单的拉动系统就建立起来了。该系统通过平顺化箱（一种需求整平器具），把看板信号以准确的节拍时间送至焊接/组装工作单元。焊接/组装工作单元为这个价值流的"节拍定制过程"。所建立的拉动闭环还有：从焊接/组装工作单元到冲压设备的闭环和从冲压设备到钢卷供货商的闭环。其结果，整个信息管理过程极大简化，且从推动模式转为拉动模式。

上述未来状况的业绩情况示于图 15-4 加大的业绩记录中，使当前状况和未来状况相对比。

	当前状况	未来状况
总供货时间	23.5 天	4.5 天
创造价值时间	184 秒	169 秒
换模时间	组装为 10 分钟，冲压为 1 小时	组装为 0 分钟，冲压为 10 分钟
正常运行时间	焊接／组装为 80%	焊接／组装为 100%
	冲压为 85%	冲压为 99%
废品／返工	5%	0.5%
库存	17 130 件	3 250 件
每批生产时间 5% 0.5%	2 周	8 小时

图 15-4 从当前状况到未来状况的业绩记录

绘制价值流图的过程清楚地揭示出，即使只是进行数量不多的流动改善和过程改善并保持下去，也有可能出现业绩的大进步。然而，这并非改善潜力的终点。我们在下面将会说明，就改善价值流的工作来说，通过将已经达到的未来状况作为新的当前状况，并开始新一轮的改善，就总能够进一步改善下去。

这就引出了我们对绘制价值流图的重要关注点。我们发现，这个办法已经得到世界范围的广泛认可。[4] 我们还发现，许多管理人员都有了十分漂亮的当前状况图，和指出业绩跃进可能性的同样十分漂亮的未来状况图。但是，我们沿着价值流一走，却没有看到事实上的未来状况，所希望的业绩跃进从未出现，或者只实现了全部可能的一小部分。[5]

我们看到这种情况时，总是要求查看关于实现未来状况的计划，计划的样子应该就像图 15-5 那样，我们还要求会见负责管理和改善价值流的人员。然而，往往没有什么实际的计划，或至少没有可实施的计划，因为没有人对此负责，也没有价值流经理来进行过程的改善。这是一个很严重的问题。

价值流经理 日期												产品和产品系列
该产品系列业务目的	价值流目的	测量目标	月计划									负责人
			1	2	3	4	5	6	7	8	9	
改善转向托架的获利能力	节拍定制 • 从焊接到组装连续流动 • 改善到168秒 • 消除焊接换模 • 2号焊接工序的正常运行时间 • 成品拉动 • 材料处理路线	在制品库存为零 <168秒 换模 <30秒 2天的产成品拉动计划	→	→	→	→						约翰 戴夫 萨姆 迈克 苏 詹姆斯
	冲压 • 冲压拉动 • 冲压换模	1天库存+拉动计划 批量300/160件的换模<10分钟						→	→			弗雷德 蒂姆
	供货商 • 每日以拉动方式供钢卷	每日供货量<1.5天在用量								→	→	格雷厄姆

图 15-5 实施计划

按照产品系列和价值流重组你的公司

正如我们低估了价值流图的重要性一样,我们也没有把握住价值流经理的重要性。这是一个领导过程策划的人,在引入流动和拉动的同时,他还要负责从产品价值流中消除浪费。我们没有详细描述这一关键人物的作用(这些人物我们曾简单提到过,如兰开公司的直接责任人、线模公司和普惠的产品团队领导及丰田的主任工程师),我们只是集中关注了改变企业的组织结构,这样,不同职能区域所需的全部技能就会直接体现在这个人的职权上。

我们随后在许多组织中发现,为了引起注重自我利益的职能部门的注意,至少对一代产品来说,改变报告体制和把有关人员置于产品系列经理或团队领队的领导之下,是有益处的。我们还了解到,丰田及一些较成熟的精益企业(现在还包括兰开),通过赋予价值流经理对价值流和产品成功的完全责任,而获得了卓越的成果,但却几乎不赋予任何直接报告的传统职权。

价值流经理只是制定产品远景规划，决定价值流的当前状况，然后设想出价值流的未来状况。他们把各职能部门看作是，达到未来状况所需的基本输入（如工程、运营、采购、销售、精益知识）的供货商。如果职能部门未能履行职责，价值流经理一般来说将直接找到 CEO、COO 或价值流经理办公室的领导，陈述问题、分析根本原因和做出决定。

最后，我们发现，精益世界的价值流和产品系列经理是非常相像的，他们都是"可分的"。也就是说，监视整个产品的产品系列经理要和在下一级负责价值流不同过程的多位价值流经理一道工作。例如，主任工程师（这里使用丰田对负责整个汽车平台的产品系列经理的称谓）在设计方面要与负责产品开发的领导一道工作，在总装厂要与价值流经理一道工作，还要与生产主要组装件的各零部件厂的价值流经理一道工作。尽管各位产品系列经理所做的工作本质上相同，但工作范围不同，较上层的范围较宽，较下层的范围较窄。

从与帕特·兰开斯特的交谈中，我们很清楚地认识到，除了丰田以外，这一做法对成熟的精益企业也同样奏效。我们在贸易展览会上遇到了帕特·兰开斯特，他正在推出新的适度尺寸包装机（第 14 章提到过）。我们向他请教，兰开公司的专门产品团队是怎样工作的，如何得到了与众不同的结果。

"实际上，我们已经发现，直接责任人（即价值流经理）是我们组织中的一个关键人物。一旦各职能部门懂得了这一点，我们觉得不必改变组织机构图，也不必为了各新产品系列而把人员调配到各产品团队。直接责任人只需向各职能部门说明，为了保证产品成功，作为他的供货商需要做些什么，然后去做就是了。"

创建一个精益促进机构

在《精益思想》第 1 版中，我们曾建议，要建立一个精益促进机构，其中既要有能覆盖职能部门的专门知识的人，如老式的工业工程、质量和维护部门的专门知识，也要有掌握了新创立的关于流动和拉动的知识的人。许多读者对这个建议有疑问，因为他们不能想象，分别具有质量背景、全面生产维护（TPM）背景和精益丰田生产方式（TPS）背景的各路专家如何能够协同工作。

随着时间的推移，我们听到过具有 TPS、TPM、TQC 和 TQM 背景的许多先生的许多无头绪的争论，于是，我们更加肯定的是，在精益动物园里的各位专家动物们，是生活在同一个笼子里的，因为只要克服掉不同的语言词汇[6]和专业间的相互对立，所有这些专家都在追求同一个目标：完善的过程。

每一位专家都希望所创建的价值流，每一个步骤都是有价值的，每一个步骤都是充分胜任的（质量专家的起点），每一个步骤都是适用的（维护专家的起点），每一个步骤都是产能足够的（既不过大也不过小），所有步骤都具备高度柔性、以拉动相连接，且按均衡需求流动（TPS 专家的起点）。但是每个价值流经理则希望能够选择独家供货商，来提供实施改善需要的知识。

这就要求在各专家之间建立对话，这样价值流经理就能获得以单一声音表达的、连贯一致的、高水平的意见。只有这样，才能最大限度地加快改善的速度。

精益促进办公室可能很小，当然在调集生产线上多余人员从事短期改善项目时除外。实际上只需要为数不多的专家，他们愿意掌握创建完善的价值流所需要的全部知识和方法，而且在需要的时候，愿意向价值流经理和生产线工作人员传授这些内容。随着时间的推移，精益促进办公室的规模可能会变得更小。

总之，在转变活动初期，精益知识最为需要。此时，大多数价值流经理缺乏这方面的关键技能，价值流本身也被浪费所拥塞。随着时间的推移，价值流经理能够把更多的时间用于考虑某项产品，其中许多是关于市场变化和顾客需求变化的问题。一旦当前状况的业绩水平相当高时，在识别当前状况和达到未来状况上所需的时间就会比较少。（在丰田，核心精益知识由运营管理咨询部掌握。这样一个年收入 1270 亿美元的全球化组织，在这方面的专业人员仅有 60 人左右。）

改善之后，再改善

大多数管理人员都接受这样一个理智的说法，即改善永无完结。但是，我们反复看到这样一类组织，他们一方面没完没了地谈论永无完结的改善进程，另一方面却在完成了最初的精益跃进后就止步不前了。最近当我们再次访问恩福集团时，我们感到非常高兴，因为这个企业表现出长期持续追求完美的能力。作为例子,在图 5-1 中,我们介绍了该公司三年中在减震器系列产品生产方面所取得的进展。

这一次,我们在查看它的一个油封产品生产时,发现他们在整整 10 年间保持稳定改善的一条途径,而且至今也没有停下来的打算。如图 15-6 所示,

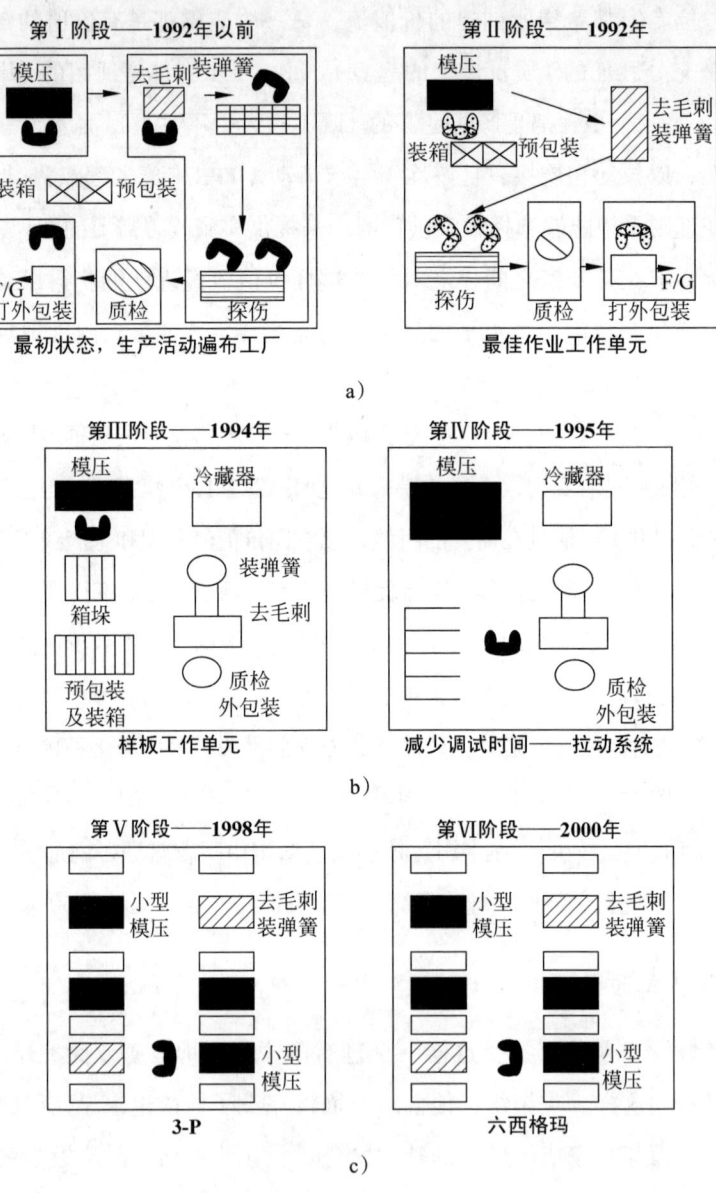

图 15-6　恩福集团

	第Ⅰ阶段 <1992	第Ⅱ阶段 1992	第Ⅲ阶段 1994	第Ⅳ阶段 1995	第Ⅴ阶段 1998	第Ⅵ阶段 2000
业绩效果						
每班产量	5 800	6 060	6 840	7 000	9 570	9 630
每日工时数	46	34	24	24	24	24
库存(在制品)	36 000	18 000	240	240	70	70
移动距离(英尺)	2214	670	20	20	20	20
废品	6.8%	4.1%	1.3%	1.3%	0.8%	0.1%
供货时间(门到门)	30 天	20 天	5 天	24 小时	16 小时	16 小时
单位工时产量	383	534	855	875	1 196	1 203
财务效果						
年收入	+	+	+		+ + +	
劳动力	—	—	—	—	—	—
间接费用	—	—	—	—	—	—
资本	—	—	—	—	—	—

d)

油封案例		FNGP 公司范围
改善概要		1992 年至今
6 阶段，8 生产率	+214%	• 在北美洲进行了 8000 多个改善项目 • 节省超过 1 亿美元
库存(在制品)	-99.8%	• 废品率从 2000PPM 减少到 50PPM 以下 • 质量成本降低 60%
废品	-98.5%	• 劳动生产率每年提高 25% • 在制品库存大幅降低 80%
移动距离	-99.1%	• 每 1000 平方英尺占地的年收入增长 350% • 港口到港口供货间在 16 小时以内
供货时间(港口到港口)	-97.7%	

e)

图 15-6 （续）

FNGP 1992 年对这一产品进行了初步改进，即把生产布局从过程群落式改成工作单元式。(许多企业正是到达这一点后就停下来了。)紧接着第一个步骤，他们又仔细关注起工作单元的作业情况，分别于 1993 年和 1994 年创建了

"最佳作业"工作单元和"样板"工作单元。[7]1995 年在整个工厂引入拉动系统，按照固定节拍向工作单元发送生产指令和搬运产品。1998 年，他们对新一代产品实行了生产准备过程（3-P）。2000 年，他们应用六西格玛的所有工具来改善其过程能力，使废品率仅为 0.1%（所处行业目前尚无人达到 1% 以下）。那么，利用 TPM 计划达到 100% 的设备利用率也许会是它的下一步改善吧？

无论如何，结论很清楚。对同一个价值流进行永远的持续改善，的确是可能的。问题在于，价值流经理（及他们的上级主管）是否明确提出要进行真正的持续改善，以及精益促进办公室是否能够不断提供所需要的知识。

利用政策实施

在过去几年，我们在自己的研究所获得了关于策略部署发布法的广泛经验。这是我们一直试图做成的一件难事。策略部署发布法迫使高层管理人员经过痛苦的选择，决定什么事情确实是组织最重要的事情，什么事情是确实能够实现的事情。与此同时，策略部署发布法还暴露出组织各不同部门的计划之间的矛盾性，因为这些计划是彼此相互影响的。

我们多么希望能够告诉大家：现在简单了。但是，事实并非如此。任何组织，只要它在发展，只要它面临资源制约，旧冲突总会不断让位于新冲突。因此，策略部署发布过程的难度似乎是不变的。更有甚者，我们发现，该过程只能由高层执行官来指挥。

奇怪的是，我们发现，运用策略部署发布而形成的具体计划的有效期只有三个月，而我们希望（我们最初的预期）的是，这些计划至少在一年时间里，能够作为组织的指南。当反省这个问题时，我们记起精益思想的一个核心原则：一个价值生成系统必须是柔性的和响应敏感的，因为预测通常是不正确的。我们认识到，策略部署发布完全就是组织的预测，未来事件很快就使得该预测被证明是错误的。

一开始我们感到困惑，但后来知道，丰田很早以前就发现了同样的问题。如今，丰田的高级管理人员通常会指明："动态计划很有价值，但固定不变的计划却毫无用处。"[8] 他们的结论是，即使过程中所选择的具体行动方针需要经常修改，但是政策实施工作，可以使组织中的每一个人懂得其他人的需求和制约因素，可以极大地提高人们关于最有前途的未来之路的意识。

说服你的供应商和客户也采取上述步骤

1996 年，我们希望长长的价值流的所有参与者——从原材料生产企业一直到最终客户，踏上一条超越无意义的"伙伴关系"（日子好的时候很时髦）和挤压利润空间（所有衰退期的特点）的新型道路。然而，在 20 世纪 90 年代末，令人眼花缭乱的新经济时期，许多企业似乎关注起新的信息技术，特别是注定不会有什么结果的基于网络的反向拍卖。

对我们来说，反向拍卖的前景看上去似乎不够明朗。除非客户和进货商能够学会从他们共同的价值创造过程中消除代价昂贵的浪费，否则，对客户的长期减价就会存在固有的限制。最大的减价幅度是，供货商在维持长期运营的条件下，能够负担的让利部分。但是一般来说，这个数额非常小，只有百分之几，因为供货商价格的绝大部分是由价值流中的浪费所形成的实际成本决定的。

近来，鉴于客户和供货商发现新的 IT 工具的局限性，以及经历了再一次衰退所引起的新一轮传统的价格挤压，我们介绍了一种简单的绘图工具，它能使客户和供货商学会观察整个价值的流动。这是一种大范围的价值流图，是迈克·鲁斯和约翰·舒克在《学会观察》一书中推介的工厂级价值流图的合乎逻辑的补充，我们在前面关于绘制价值图的讨论中，叙述过工厂级的价值流图。

这种大范围价值流图的目的，不是要进行成本核算研究（尽管它适于进行这项工作），而是要使沿某一价值流的每一位参与者，在就整个价值流的业绩状况、浪费的原因和使全体参与者达到共赢的最佳改善途径等问题提高共识。

同一价值流所涉及的参与者，在一起稍微考察一下，很快就能确定当前状况，且找出将来可以转变为利润的那些浪费的数量和浪费的根源。例如，在最近为准备一本名为《纵观全局》的工作手册[9]而考察价值流的过程中（多年来我们进行过几十次类似的考察），我们发现，在对产品（为汽车厂商供货的雨刷和摇臂）进行物理转变的 73 个步骤中，只有 8 个为最终客户（汽车购买者）创造了价值，而全部 25 个信息处理步骤事实上没有创造任何价值。[10] 在所花费的全部时间里，生产出最终产品所需要的 44 天中，只有 54 分钟是实际创造价值的，而从客户订单受理到订单传递至最上游的生产者所消耗的 58 天时间，从客户的立场上看，是没有任何价值的（见图 15-7 ~ 图 15-9）。

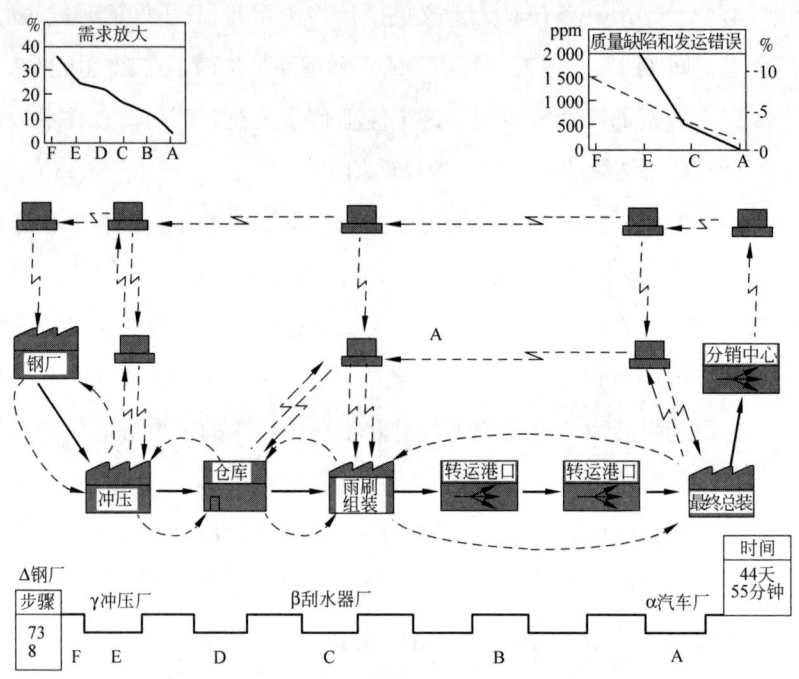

图 15-7 当前状况的大范围价值流图

	当前状况
总供货时间	44.3 天
创造价值时间与全部时间之比	0.08%
创造价值步骤与全部步骤之比	11%
库存周转数	5
质量布告板①	400
发运布告板①	8
需求放大①	7
运输距离	5 300 英里

①上游成绩与下游成绩之比。

图 15-8 当前状况业绩记录

	当前状况	未来状况 1
总供货时间	44.3 天	23.9 天
创造价值时间与全部时间之比	0.08%	0.16%
创造价值步骤与全部步骤之比	11%	15%
库存周转数	5	9
质量布告板①	400	200
发运布告板①	8	8
需求放大①	7	7
运输距离	5 300 英里	5 300 英里

① 上游成绩与下游成绩之比。

图 15-9　当前状况和未来状况 1 的业绩记录比较

我们还发现，客户端的需求变化虽然只有 3%，但转到最上游的生产者处（原材料供应商），却已达到 40%。当我们继续进行调查时发现，逆流到最上游处，出现缺陷的可能性增加了 7 倍，对客户的发运出现错误的可能性增加了 8 倍。其结果是，为了缓解系统的紧张和防备下游客户处出现短缺，许多地方出现了大量库存，在从一个企业到下一个企业的接口处，还出现了大量的返工和需赶工的急活儿。

然而，我们可能还会发现，所有浪费的步骤和时间是绝对不可避免的，因为这是价值流的结构所决定的，是多家组合的生产过程的必然结果。但是，也许最重要的问题是，只着眼于自己那片价值流的人，不大有希望看到浪费的全貌，不大有希望去减少浪费。

通过考察，我们很容易设想一系列由各参与企业创建且使各参与企业受益的未来状况。例如，仅仅同意在各工厂内部贯彻如图 15-3 的未来状况，引入流动和拉动，就能够削减一半的生产完成时间，消除 25% 的无用步骤。

第二种未来状况（见图 15-10、图 15-11），可以引入均衡式拉动系统，即通过与产品有关的各企业和生产设备之间的频繁补货，来进行拉动。这一做法可使生产完成时间再减少 1/3，可以消除更多的无用步骤，还可以减少仓库数量和转运港的设施数量。

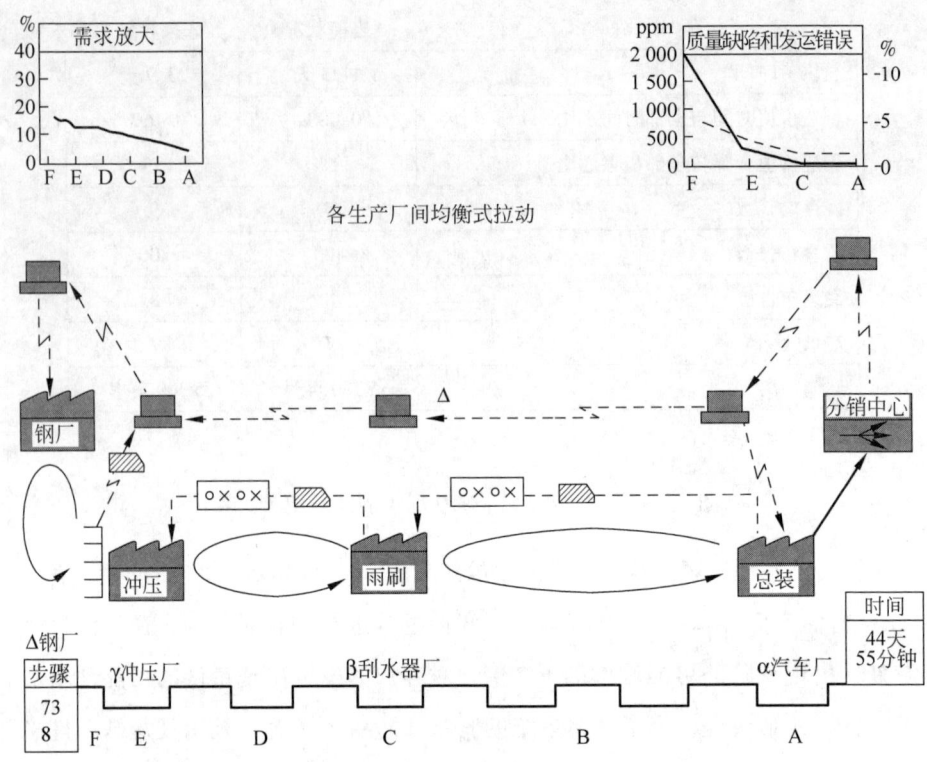

图 15-10 未来状况 2 的大范围价值流图

	当前状况	未来状况 1	未来状况 2
总供货时间	44.3 天	23.9 天	15.8%
创造价值时间与全部时间之比	0.08%	0.16%	0.6%
创造价值步骤与全部步骤之比	11%	15%	21%
库存周转数	5	9	14
质量布告板[①]	400	200	50
发运布告板[①]	8	8	3
需求放大[①]	7	7	5
运输距离	5 300 英里	5 300 英里	4 300 英里

①上游成绩与下游成绩之比。

图 15-11 当前状况和未来状况 2 的业绩记录

最后，通过采取一切可行步骤，消除和目前产品系列有关的各企业间和各实际作业间的转手和运输环节，就有可能使总供货时间从 44 天缩短为 2.8 天，也就是说，缩短到客户为了获得该产品愿意等待的时间长度。如果能够实现这一点，这个价值流将能从按预测生产转变为按订单生产，从而使各企业节省大笔成本（见图15-12、图15-13）。

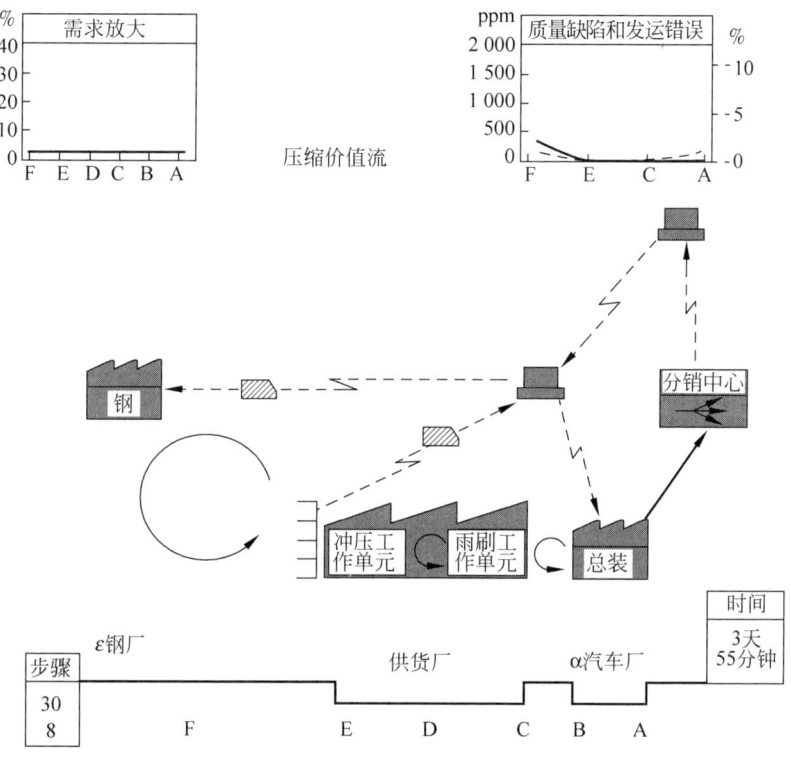

图15-12 理想状况的大范围价值流图

	当前状况	未来状况1	未来状况2	理想状况
总供货时间	44.3天	23.9天	15.8%	2.8天
创造价值时间与全部时间之比	0.08%	0.16%	0.6%	1.5%
创造价值步骤与全部步骤之比	11%	15%	21%	27%
库存周转数	5	9	14	79
质量布告板[①]	400	200	50	2.5
发运布告板[①]	8	8	3	1
需求放大[①]	7	7	5	1
运输距离	5 300英里	5 300英里	4 300英里	525英里

① 上游成绩与下游成绩之比。

图15-13 当前状况和理想状况的业绩记录比较

我们甚至还可以想象一种成功的理想状况。在这种状况下，通过使用新一代的产品设计和工艺技术，生产厂家可以用单一的浇铸工序生产出完整的雨刷产品。这就会消除几乎所有其余的步骤和工作，且以直线顺序进行生产，从而完全符合马路对过的总装工对生产速率和雨刷品种的要求。

很少有价值流能够达到这种程度，但是绘图过程本身，至少可使价值流参与者，在对当前现实的认识上达成一致，并且促进实现一种或多种未来状况。如果能够对利润的分配规则达成一致，那么这一简单的绘图过程，就会对各价值流产生真正意义上的"伙伴关系"，从而向我们在第12章所描述的精益企业前进一大步。相反，如果不能对利润的分配规则达成一致，或许将不会有可供分配的利润。

发展全球精益战略

在《精益思想》出版之后的这些年里，让我们感到惊奇的是，制造业的许多企业在生产场所问题上，一直在继续追求批量生产的逻辑。他们把价值流进行分解，试图把那些劳动密集型的过程步骤，安排在世界上工资成本最低的地方，而且似乎要使这些过程步骤之间的距离尽可能的远。其结果是，在许多点位实现了最优化，但在整体上却并非如此。

我们最近与一个家喻户晓的鞋制造商进行了讨论，这家鞋商目前已把向北美供货的加工厂全部迁至东南亚。这一举措使单位产品的劳动力成本，与先前在墨西哥的水平相比有所降低，但却大大增加了产品到达客户所需要的时间。新系统长达20周的供货时间，使得某种款式的鞋子在短短的销售季节里，完全不可能进行二次订货。该企业实际上是先在预测的基础上向各合同制造商订购产品，最后，40%的过剩滞销货则通过二渠道以极低的价格出售。这还不算客户去零售店或制造商网页，却未能找到想要而脱销的鞋子款式损失的收入。

同样，我们最近遇到一家大型零部件制造商。几年以前，他们决定在美国和加拿大保留资金密集型的部件制造业务，而把劳动密集型的组装业务转移至墨西哥北部。随着竞争对手对这一战略的仿效（把组装从美国转移出去），以及墨西哥工资水平开始上涨，该企业现在又想把组装业务转移至中国或越南，零件仍从美国发运。对此，我们提出一个很简单的问题：与其把零件从美国发往中国，又把成品从中国发往美国，共计若干星期的供货时间，为什么不把全部零件生产转移至墨西哥的组装业务附近，从而使北美客户在三天时间内完成从订货到拿到货的过程呢？

这种批量生产逻辑也被用于工程中心的位置选择上。我们最近访问了一个电子跨国公司的墨西哥工程中心，看到一个庞大的工程师队伍，正努力进行着一项将在波兰生产并销往欧洲的产品开发。我们立即提出了一些简单的问题："所有的波兰工程师都不懂电吗？我们能理解你（跨国公司）为相对成熟的产品寻找较廉价的工程资源的理由，但为什么不把工程师安排在紧靠生产地点，从而获得共存一处的诸多好处呢？"

这些事情有一定的典型意义。在经过一番反思之后，我们为目前处于高成本区的生产者，提出了一种考虑场所问题的简单方法。让我们就把它称作"精益数学"吧。

- 先考虑在高工资国家（美国、西欧、日本）的现有客户附近，单件产品的制造成本。
- 把这个数字与在世界上要素成本最低的地方（很可能是由工资成本决定的），生产同样产品时的单件产品制造成本相比较（低成本地区几乎总是呈现出相当低的单件制造成本）。
- 再加上由产品到达客户的时间耽搁所产生的成本。

你现在已经进行了所有采购部门似乎都会进行的计算，让我们称它为大量"生产数学"。要成为精益数学，你还要在单件制造成本和时间耽搁成本之外，再加上其他一些成本，这样才能使计算更接近实际。

- 当生产从高工资地区转移出去之后，平摊于生产的经常费用却没有消失，而是被平摊于留下的产品之上，增大这些产品的显性成本。
- 产品从低工资区送达客户的长途运输中，增大的商品库存的成本。
- 为保证不间断的供货，附加的货品安全储备的成本。

- 昂贵的加急发运成本（这个问题你需要提起注意，因为在为某项产品所做的计划中，一般都假设没有任何加急成本，然而但凡有点经验的人都知道，加急成本几乎总是存在的）。
- 如果新设备和新供货商学习曲线很长的话，还会有履行担保要求的成本。
- 为使过程正确，进而使所生产的产品以可接受的质量符合所要求的规格，工程师视察供货商或在供货商处常驻的费用。
- 高层执行官出访建立业务或理顺与处于不同业务环境的管理人员和供货商之间关系所产生的费用。（注意根据当地业务实际，这可能包括各种各样的付费和补偿）。
- 产品脱销的费用，以及由于获得所要求规格的部件的供货时间太长，而需求发生变化所带来的销售额的损失。
- 剩余的货品或废弃的存货的成本。这些货物都是依据长期预测安排生产的，而今后不会再需要了。
- 如果你利用的是低成本地区的合同制造商，那么还存在这一供货商很快变成你的竞争对手所产生的潜在成本。

这就形成了一张大表。但是，对于那些只根据单件产品价格和时间耽搁成本就将某项产品的生产转移至低工资地区的高层执行官和采购经理来说，上述那些额外的成本几乎从来都未看到。精益数学需要再增加三项成本才算完整：

- **货币风险**　无论供货国货币还是进货国货币发生变化时，货币风险都会形成极其突然的冲击。
- **国家风险**　当发货国遭遇政治动荡，或当进货国把贸易赤字和失业问题当作政治问题而做出政治反应时，国家风险也会突如其来地发生。
- **各种各样的连接成本**　当距离长且极其复杂的供应链，途经具有不同业务情况的国家时，管理产品交接和信息流动所需的各种各样的连接成本。

这最后的三项成本数额难以估算，但有时却非常巨大。管理人员能够确切知道的唯一一件事是，如果产品的来源尽量靠近客户而不是遍布世界，那么这些成本将非常低，甚至为零。

精益数学通常是怎样看待场所问题呢？我们发现，大多数产品都可归属如下三大范畴之一：

- 对客户的快速响应可以显著提高销售量和销售产品的价格（刚才提到的那个企业所生产的高档鞋大概就属此类），要努力使每一个生产步骤都尽可能地靠近客户。在许多情况下，充分应用精益技术，使各生产步骤紧密接邻——我们称之为"价值流压缩"，就可以在高劳动力成本地区产生出较高收入和较低成本这样一种可接受的综合效果。

- 对价格比较敏感，而对客户的快速响应也很重要的产品，就应使设计和生产的所有步骤，集中在销售区域内的低成本场所，即压缩包括工程中心在内的价值流。对美国和加拿大来说，这个低成本场所就是墨西哥，对西欧来说则是东欧。卡车快而便宜，轮船虽便宜却慢，且还经常需要快但昂贵的飞机做后援，来应付不准确的预测所带来的问题。使用卡车而不是轮船，就有可能在两三天内补充卖掉或消耗掉的产品，而不必等上几星期或者在客户附近保持大量以防万一的库存。记住：精益思想家们喜欢卡车（在运输是完全必要的情况下），同时他们试图消除轮船和飞机！

- 最后，那些价值与重量之比很高的常用产品，由于其销售的长期稳定性，需求是能够实际预测的。对这类产品，应该把所有生产步骤集中在劳动力成本最低的地点，甚至是销售区域以外的地点。[最佳做法是，通过压缩价值流，使尽可能多的步骤（包括工程中心）能在低成本地点进行。其中，只需要唯一的运输连接，即把成品从设计和制造地点运送到销售市场]。

即使这些条件都满足了，仍要牢牢记住货币风险（因为变化是非常迅速的）、国家风险（进货国家的贸易保护和发货国家的政治混乱）和连接成本（从加急的飞机运输，到工程师临时去世界的另一侧处理质量问题）这些在管理未压缩价值流时存在的固有问题。我们相信,当权衡所有这些因素之后,上述第三范畴的产品数量,将比目前大多数管理人员想象的要少得多。

从自上而下的领导转变为自下而上的主动性

鉴于我们在这些年获得的经验,我们越来越意识到,一项真正成熟的精益业务,都经历了从政策实施到政策管理的转变。[11] 当所有价值流经理和企业的所有雇员都学会观察的时候,这一转变就会发生。其结果,对各价值流做进一步改善的想法,就会接二连三地提到最高管理层,最高管理层所要做的工作只是协调冲突,并对一次能够支持的主动改善活动的数量做出清醒的判断。

在与丰田的高层经理谈论汽车工业的一些当前状况时,我们深切地感到了这种可喜局面。他还特别指出,丰田在目前的发展中,通过普通水平的管理人员和卓越的过程获得了卓越的结果,而其竞争对手们,则往往通过卓越的管理人员和蹩脚的过程,获得平庸的(或较差的)结果。

面对这种情况的本能反应是找到更多卓越的管理人员,但管理人员均为高手的许多美国企业,却在泡沫经济中垮下去了。面对这种情况的正确反应是,完善每一项价值创造活动的过程即价值流,然后我们会欣喜地看到,一些普普通通的人(老实说,多数情况下我们中的多数人都会被包含其中)就能够获得卓越的结果,并使这些结果保持下去。当然,少数卓越的过程思想家们仍然是需要的,他们可能属于精益促进办公室,他们负责解决在进行完善过程中所遇到的最棘手的问题,这些问题是由普通管理人员将其作为政策管理的一部分引起高级管理层注意的。

机会就在眼前

正如我们多次提到的,衰退是宝贵的,因为它动摇了传统的认识,甚至自认为是精益的认识,并且促使管理人员做出艰难的选择。目前所处的阶段也不例外。当繁荣—衰退—繁荣的周期性循环仍在困扰市场经济的时期,我们目前正处在一个极好的机遇点上。这是因为，当徘徊于谷底的令人沮丧的失业已经过去，经济开始走出低潮的时候，不必要的投资（和错误的投资）仍然是能够避免的。但是，机遇之窗的开启只是在有限的时间内，即当传统再次变得不可抗拒和对企业过程的虚假信心开始出现之前。

本书讲述了一些企业的经历，他们在1991年的衰退期被迫照镜子，又在90年代作为精益思想家找到了一条新的更好的生存之道。正如我们在这第四部分中看到的，他们不仅在繁荣期表现出色，而且在接下来的衰退期同样成功。现在的问题是，哪些企业将抓住2001～2003年的衰退期的机会，成为下一波推动整个经济向前发展的精益思想家。

我们具备了所有必需的知识。的确，我们对精益转变的了解，比起90年代初来要多得多。因此，对于精益思想者来说，在此黄金时间，没有不成功的道理。

Lean Thinking | 后记

精益网络

我们写本书的时候遇到的问题从不是理论上的问题。一般来说，本书具有学术背景的两位作者在用理论阐述问题方面没有什么困难，而且我们在开始这项研究的第一年（1992～1993年）就曾胜任愉快地这样做过。但是后来，我们必须证明实际上被我们理论化了的工作，即实际企业中成功地运用了和我们具有相同理念的企业管理人员的例子。由于我们真正懂得的仅仅是一个行业，汽车业，这个要求就成了个严重问题。然而，我们决心要把我们的理念应用到各种形式的经济活动中去，包括服务业；因此，就必须在北美、欧洲与日本的广大范围内找到能让我们利用其正、反两方面经验的企业高级管理人员，来验证我们的理论。

1993年春，在我们确认有此必要的时候，恩福集团的首席执行官乔·戴来请我们两人中的一个在他那个集团为精益计划组织的一次新闻发布上做报告。由此，我们遇到了阿南德·夏尔玛；他的咨询公司TBM公司当时正为恩福集团作技术咨询。不久，阿南德把我们介绍给了许多他为之提供咨询的企业高层领导，而这些企业都是正在向精益转变的企业。这些人包括兰开公司的帕特·兰开斯特和弘公司的乔治·凯尼格塞克。

差不多在同一时间，通过麻省理工学院的"日本研究计划"，詹姆斯·沃麦克与联合技术公司（日本研究项目的一个资助公司）及其子公司普惠联系上了。由于普惠邀请我们去访问，我们在总装大厅里完全意外地遇到了普惠在精益转换方面的主要顾问之一中尾千弘。

中尾君在20世纪80年代末期与新技术咨询公司的岩田义树一起向阿南德·夏尔玛传授精益思想，尔后与他在一些项目上合作。新技术公司的网络不久把我们带往全世界：带到德国的保时捷，带到日本的日立公司、山武公司、昭和制造，然后又带回到北美的其他企业。

当我们和中尾一起访问北美企业之一，美国马萨诸塞州新贝德福德的PCI集团时，我们遇到了我们在北美联络线上的另一位人士，比尔·莫菲特。他以前是雅各布斯制造公司的副总裁，并且是完成了中尾"专门培训先生"的学校学习的人。他和他的助手已经成为本书中提到的10个企业中的转变力量。

因为《改变世界的机器》一书中介绍的概念来自丰田，所以，我们发现的下一个联系点是丰田设在美国肯塔基州列克星敦的供应商供应中心（TSSC），就是毫不奇怪的事了。这个中心的总经理小原君很乐意向40个美国的企业进行精益思想的教育。这些企业中有许多既不是丰田的供应商也不是汽车行业的供应商。小原君给我们提供了帮助，并陪同我们到一系列试图将自己转变为精益思想样板的公司去（我们在准备本书时最大的遗憾之一是，当我们在1994年必须决定以哪些企业为例时，供应商供应中心的客户厂还只是处于精益转变的开始阶段。如果我们在一两年之后开始写本书的话，那么像大天堂冲压件厂这样的供应中心的客户厂的成功业绩就有可能得到很好的描述了）。

当我们和丰田一起沿着这条路走下去时，我们又发现了另外两个网络，位于美国加利福尼亚州的丰田汽车销售公司（其在全方位引进从客户返回到原材料的"拉动"上，取得了巨大的成功。这是我们第4章的主题。）和日本的丰田汽车公司。丰田公司"经营管理咨询部"的中山清方带领我们看了当今丰田的经营与供应基地。

当沃麦克在北美寻找企业的时候，琼斯在欧洲寻找另外一些企业，并且通过卡迪夫商学院中的"精益企业研究中心"的研究活动找到了更多企业。尤尼帕特公司实际上已成为在英国背景下的一块精益思想实验园地。

我们最后的学习机会完全是偶然的。沃麦克在一个很小的自行车企业里进行投资，并且参与了其精益转变。在科学界里有一句老话是："如果你真的要掌握一个课题，就要试着去教这门课。"把这句话转过来用于精益转换就应该是：如果你真的要了解需要克服的问题，就自己试着去干干看。

读者们可能已经注意到了，我们对我们的这些题目已经变得情有独钟，并且开始想组织一个有共同信仰的群体。因此很自然地从1995年开始，这一群体在北美、欧洲与拉丁美洲以系列精益高层会议的方式聚集在一起。随着精益活动的面越来越广泛，我们意识到需要有一些非营利的组织，把精益群体联系在一起。这些组织的任务是行动于意识升华到事项之前，为实施者创造和讲解工具。

1997年詹姆斯·沃麦克在美国创建了精益企业研究所，以工作手册的形式出版精益思想概念并为职业人士讲解这些工具。

1998年约瑟·弗罗教授在巴西成立了巴西精益研究所来促进巴西和遍及拉丁美洲的精益思想。

2003年丹尼尔·琼斯在英国建立了精益企业研究院来促进英语欧洲的精益思想。

注　释

第 1 版前言

1. This volume is still available from Rawson Macmillan in hardcover and from HarperCollins in paperback.

2. 参考文献中提供了最重要的精益技术和精益理念的书籍清单。

3. Peter Drucker，*The Concept of the Corporation*（New York：John Day，1946）.

4. 唯一的例外是丹尼尔 T. 琼斯在英国参与的尤尼帕特集团在尤尼帕特（Unipart）大学的活动。他们通过自己的销售、分销与生产活动形成的"精益教育与培训"来完善精益思想。

导论

1. 大野耐一对浪费的说明如下：残次品，无需求商品的过量生产，等待进一步处理或消耗的商品库存，不必要的工序，人员的不必要走动，商品的不必要搬运，以及等待（员工等着加工设备完成加工任务，或是等着上道工序完成工作）（见 Taiichi Ohno，*The Toyota Production System*：*Beyond Large Scale Production*（Portland，Oregon：Productivity Press，1988）pp.19-20）。我们增加了商品和服务不能满足客户要求这一条。尽管大野的初衷是列出实物生产中的浪费，但他所提出的这些分类也同样适用于产品开发、接收订货以及其他经营活动中的浪费。

2. 其他国家的读者可以找到一个简单但非常有用的办法：花上几分钟时间，把你那个国家工业系统中在价值定义过程中的各种曲解列出来。为了让问题更形象具体，干脆就问问，从你目前的职位上看，以及对你的企业来说，什么是最重要的事；再与你的最终客户认为是最重要的事作个比较。

3. 有些读者一开始可能会把这里所说的价值流同迈克尔·波特著作中用于经营战略的价值链概念混淆起来（特别要参见：Michael Porter，*Competitive Advantage*（New York：Free Press，1985）一书的第 2 章"价值链与竞争优势"）。其实差别非常简单。我们的"价值流"是对某一特定产品从原材料到成品的全部活动而言，而且我们是从最终客户（商品或服务的最终客户）的立场寻求整体最佳。价值链典型的战略分析是把有关一个范围内的产品的活动,如"生产""推销"和"销售"集中起来;探讨企业在这些活动中怎样做才能获得最大利润;怎样能使价值链上、下游其他企业的活动有利于发挥本企业的优势。举例来说,他对怎样从上游与下游企业中"挤出利润"作了许多讨论。

读者也许会有疑问,价值流的概念在服务业中和在物质生产中是否一样。把空运服务和个人电脑的生产作一下比较就会清楚了;解决问题的任务,在计算机公司,是要使产品和操作系统设计得能达到目标成本;而在航空公司则是,做出使用什么设备、安排多少航班、用什么样的随机乘客服务项目飞到什么地方去的决定。信息管理的任务,在计算机公司,包括从订单到送货;而在航空公司则是预定系统与营运日程。物质转化的任务,在计算机公司包括实际生产产品和为操作系统编制程序;这一任务同航空公司安排某些飞机在某些航线上飞行,同时安排具体的维修活动来支持日常飞行是非常相似的。

4. Taiichi Ohno, *Workplace Management*(Portland, Oregon: Productivity Press, 1988), p.47.

5. 新乡对丰田的经典总结见新乡重夫的著作,*A Study of the Toyota Production System from an Industrial Engineering Viewpoint*(Portland, Oregon: Productivity Press, 1989)。

6. Michael Hammer 和 James Champy, *Reengineering the Corporation*(New York: Harper Business, 1993)是经典的说法。也可参见 Michael Hammer 和 Steven A.Stanton, *The Reengineering Revolution: A Handbook*(New York: Harper Business, 1995)中关于进行流程再造的各种方法。

7. 两本基本的教科书见:Jack Stack, *The Great Game of Business*(New York: Harper Business, 1993)和 John Case, *Open Book Management*(New York; Harper Business, 1995)。

第1章

1. Garl Sewell and Paul B.Brown, *Customers for Life*(New York: Pocket Books, 1991)。

2. 多伊尔·威尔逊房屋建筑公司开始步入精益之路,并不意味着完成这一过程是很容易的。熟悉建筑工业经营方式的人很可能是社会上最抵制"标准工作方式"的一伙人,只有由多伊尔·威尔逊那样最有说服力的领导才能说服他们去尝试新的做法。

3. 这个数字在琼斯1995年下半年更为一般的实验中具有典型性。他对每次必经大型中转飞机场的出行都做了记录。在总共18次的旅行中他所记录的实际用于"行"的时间占从门到门的旅行时间的比例如下:

在欧洲飞行途经大机场中转的旅行（4次）	55%
从伯明翰机场直飞欧洲的旅行（10次）	65%
洲际飞行途经大机场中转的旅行（2次）	69%
洲际直接飞行的旅行（2次）	78%

4. 那些熟悉精益思想原形的人都会知道，大野耐一在20世纪40年代后期对目标成本的想法是另一回事。他当时曾尝试用低产量、极少资金购置生产设备，并且是在为了适用小的、分化的日本国内市场，使用同样的生产设备生产各式各样的轿车和货车的条件下，打入世界汽车业。而且，第二次世界大战后日本经济的萧条状态意味着日本有能力购买轿车或货车的客户是极少的。

因此，大野说过，西方现有的寡头汽车公司那时可以在卖方市场中，用成本加上利润来确定价格的办法（他的著名的公式是成本＋利润＝价格），倒推出价格；而他则必须用考虑到最低利润和最高的固定开支价格的办法事先估算产品价格，然后通过不懈地应用精益技术降低成本，直至达到一个可接受的价格，也有适当的利润来支持新产品开发的成本。这样形成了一个替代公式：价格－利润＝成本。其中，价格和利润均由外界确定，而"目标成本"是生产者能控制的唯一部分。

相比之下，今天实行了精益思想的大多数企业，在规模上大都可与它们的竞争者相比。世界经济的开放，也几乎使任何地方的市场价格竞争都非常激烈。因此，真正的问题是怎样才能使主要部分的成本大大低于竞争者，从而获得竞争优势。

第2章

1. 本章大部分内容参照了卡迪夫商学院精益企业研究中心的尼克·里奇的研究案例。我们衷心感谢他的帮助。

2. 实际上，大野只是想象出在美国超市中有这种有利位置。他只听说过超市，但并未见过。他1956年才第一次到美国。

3. 乐购1995年销售额约为150亿美元，是世界上最大的食品杂货连锁店，也是英国三家主要食品杂货零售商之一。这家公司与英国卡迪夫商学院精益企业研究中心合作已有多年，对它的价值流的各个方面都进行了思考。读者会逐渐明白，乐购一直全力以赴地参与这个过程，因为它一直是世界上引进收款台计算系统最积极的食品杂货连锁店，而且也在重新思考它的仓库和存储补充进货系统。就是因为在消除目前大多数食品杂货零售店仍然存在的最表层的浪费方面取得了成功，乐购已经做好准备，要采取下一个步骤了。

4. 我们这里用的"提盒"（用纸板或塑料制成的简易包装。——译者注）这个词，可以装有不同的罐数，如4罐、8罐、12罐或24罐。需要注意的是：从食品杂货店买一提盒得带回家冷藏备用的可乐，和在便民店买一罐冷藏的马上可以饮用的可乐，实际上是具有不同价值的不同产品。在饭馆或者小酒馆的饮料机上打一杯可乐也是一样，而且可能更是这么回事。但是，这些不同产品的可乐的价值流，有相当长的一部分是混合在一起的。这种混合是对实物生产和订货系统最大的挑战之一。

5. 这里的分析是高层次分析，不包括许多具体细节。要揭示各种类型浪费的每一个例子，需要用一组工具做详细的分析，如工业工程学、系统动力学、经营管理、质量管理、时间压缩和后勤等。其中最重要的是制订流程图（对涉及每一步所需的时间、距离和人力通盘考虑并进行分类）、反应矩阵（用来分析供货时间和存货水平）、质量过滤器（以确定在价值流上的什么地方出现了次品、服务差错和废品），以及需求放大图（以评估订货变化在价值流上要做的延伸）。彼得·海因斯和尼克·里奇在1996年出版的《国际经营和生产管理月刊》（*International Journal of Operations and Production Management*）中发表的题为"7种制订价值流图的工具"（*The Seven Value Stream Mapping Tools*）一文中对如何选择和应用适当的工具做了说明。

6. 对于名牌软饮料，商标能印上提盒的企业（如可口可乐、百事可乐）通常都只生产原浆，而且这么做就是为了保护它们的商业秘密。它们向取得了生产许可证的灌装厂提供饮料原汁，而自己则致力于自己品牌的营销和开发新产品。

7. 对某些用户也供应钢做的罐。为了简化，我们仅考察了铝罐。

8. 实际上罐本身的成本要占全部加工成本的一半以上。

9. 例如，自动售货机售出的单罐可乐上涂有条码，但是提盒包装的可乐罐上不涂条码。这是因为担心条码扫描器在扫描提盒包装的可乐时，会因扫到提盒中一个罐上的条码就把1提盒可乐误作1罐可乐了。

10. 在更换产品时不需清洗整个系统的唯一一种情况是从装浅色饮料改为装深色饮料。这样做时的正常顺序是先灌装无色的苏打水，然后在换装别的产品之前，接着灌装可乐。这样做可以使灌装系统增加一些灵活性；但是灌装厂仍然认为每次灌几千罐同一规格的产品是最经济的。

11. 他们也曾忙着减少罐子的重量和所用材料。如今铝罐所需的材料只为10年前装同样容量饮料罐子所用材料的60%。这是铝罐、钢罐和塑料罐等对手不断竞争的良好结果。

12. 铝土矿采矿、冶炼厂、冷轧厂、热轧厂、制罐厂、灌装厂和乐购商店。

13. 为了从供应商手中以最低价进货，乐购必须为每个地区分销中心整车订货。此外，乐购还要为可预见的需求高潮、周末时每周的销售高峰、特别是夏季炎热周末的饮料销售高峰准备存货。由于饮料的需求量有时很少，而有时又有周期性需求高潮，结果就是，乐购的地区分销中心在某些日子饮料库存为零，而在另一些日子里，存货量能供7～10天的销售，平均为供3天销售的量（见表2-1）。

14. 对不少货品，乐购现在夜里发的订单是要在72小时后送货到地区分销中心

（也就是说，每个供应商夜里都要向每个地区分销中心送货，但在很多情况下送的是3天前订的货）。然而，所有鲜活商品是第二天送货；长期摆在架上的商品则是收到订单后48或24小时送货。最终目标是使所有的供应商在接到订单后24小时内送货。

15. 对于销得慢或者季节性很强的商品，乐购建了一个中心仓库，以供应英国所有地区分销中心的需要。那么，即使供应商并不经常向中心仓库送货，地区分销中还是能一夜间就把货物送至商店。

16. 去年，部分原因是对这项研究的反应，灌装厂和制罐厂已经开始重新考虑他们的生产方法了，而且现在正对灌装机和喷漆系统做"快速改变"，以便能在接到通知后很快进行小批量生产。

17. 新产品平均推出成本的估计值取自库尔特·萨尔蒙联合公司1993年为华盛顿特区的食品营销研究所（Food Marketing Institute）汇编的书：*Efficient Consumer Response：Enhancing Consumer Value in the Groery Industry*。

18. 对于大型的批量生产方式组织来说，讲标杆依然非常有用。它能使管理人员一下子就相信他们的企业业绩已远不如竞争者，并且增加他们了解精益思想的动力。

第3章

1. Gilbert Herbert, *The Dream of the Factory—Made House*（Cambridge, Mass：MIT Press, 1986）.

2. 对质量功能展开法的最好总结和运用这一方法所需的技术请见Don Clausing, *Total Quality Development：A Step-by-Step Guide to World-Class Concurrent Engineering*（New York：American Society of Mechanical Engineers Press, 1994）。

3. 这种说法是一个词从一个地区传到另外一个地区的有趣的例子，如今在德国、日本和英国的使用都已约定俗成。这个词本身的意思是指精确的时间间隔，如音乐节拍器定的那样。在20世纪30年代德国工业接受批量生产方式时，它首次被用于工业。德国飞机业以由节拍时间确定的稳定的时间间隔，把飞机机身移动至下一个工位。日本三菱公司为了在日本生产它自己的飞机引进了用德语发音的这个词，后来又被丰田所用。最近10年，在精益思想开始传播的时候，开始收入英语。详细的历史发展见Haruhito Shiomi, Kazuo Wada, *Fordism Transformed：The Development of Production Methods in the Automobile Industry*（Oxford：Oxford University Press, 1995）一书中收入的Kazuo Wada的文章"The Emergence of the 'Flow Production' Method in Japan"。

4. 我们用透明度一词来代替可视化控制，是想特别指出，有必要使每个人都能看到沿着价值流，经过很多部门、职能和企业所出现的所有活动。较传统的词可视化控制，用于实物生产的情况是精确的，可惜带有自上而下控制职工的含义，而这和精益思想是对立的。

5. 由于不打算让本书成为精益制造的技术手册，我们没有提到成功运转精益系统的另一个关键概念。这就是周转时间，即完成某项任务并将其移至生产的下一步骤所需的实际时间。例如，以节拍时间为 60 秒生产 1 种高产量的自行车，总装线上的所有任务必须在 60 秒或不到 60 秒的时间内全部完成。在一个转换为精益生产的典型运作中，可以看到，大多数工位所用时间可以大大少于 60 秒的周转时间，有几个工位所需时间会长一些。工作团队和它的技术顾问的关键任务，是确定用什么办法调整每个工位的工作使其正好只用 60 秒。通过仔细地制定标准工作常常可以做到这一点。标准工作中的各个方面都经过仔细分析、优化，然后每次都严格地按照一个工作标准以相同的方法进行操作。在这样做的过程中，许多工人通常可能要转到本企业的其他任务上去，即有时称之为"最少人员"的方法（也就是在限定的节拍时间内，让尽可能少的人去完成任务）。然后，如果销售量增加而节拍时间要缩短，工作团队就要改善他们的工作，看看能否把周转时间减少到理想的节拍时间；如果做不到，就需要增加生产工时或生产能力。

6. 物料需求计划系统的另一个问题是，它掩盖了管理人员每天都应寻求改进的有关批量大小、完成生产时间和生产能力等参数。生产计算的内部逻辑太复杂，以至于在危机暴露之前根本不可能敏锐直观地告知生产出了毛病。

7. 一个有关的概念是自动化（jidoka），或者，按丰田的说法，是"要人按一下的自动化"。这个想法是要设计生产硬件的每一个部分，以便在发现生产设备不能生产正常零件时，立即停机。在丰田生产方式开发的早期，自动化曾有过特别显著的效果，因为这意味着工人不再需要靠看着机器来避免生产大量残次品零件。自动化所需的技术现在已广为应用，但是在我们经常访问的一些单位里，很多职工还只是看着机床上的显示屏和操作板，随时准备在出了毛病时立即做出反应。如果适当运用自动化，他们就可以不干这件事，而去做预防性的设备维修和日常整理，或是做后勤工作。

8. 5S 产生于形容造成干净而又易于管理的工作领域的 5 种实践活动的 5 个日语词：*seiri*（整理）、*seiton*（整顿）、*seiso*（清扫）、*seiketsu*（清洁）和 *shitsuke*（纪律）。读者可能注意到了，日本的精益思想者偏爱带数字的说法：7 种浪费，5 个为什么，5S。根据我们的实际经验，确切的几个为什么和确切的几个 S 并不那么重要，重要的是消灭浪费的想法，创造价值所必需的一套办法，以及对细节的永不松懈的关注。

9. 这些技术通常被总括称为"一分钟换模"（SMED）技术。

10. 有两份有关奇科岑特米哈依的研究成果的报告很容易读懂也非常引人入胜。一份是 *Flow*：*The Psychology of Optimal Experience*，New York：Harper Perennial，1990；另一份是 *The Evolving Self*：*A Psychology for the Third Millennium*，New York：Harper Perennial，1993。

第 4 章

1. In Japanese, sensei means teacher, but because of the reverence for teachers in a Confucian society the term "master" can be applied instead.

2. 丰田经营管理咨询部（OMCD）的总经理银谷广（现在是丰田公司的董事之一），1990 年推出一项计划，用一个星期对弗拉克斯-N-盖特公司的访问开发出一个攻击计划。OMCD 的先生得到了丰田公司美国产品销售部的支持。结果，数十名丰田的顾问经常待在保险杠公司。

3. 当大量产品出了毛病或毁坏了的时候，读者要想在有关定制和在提倡把扩大产品品种作为竞争手段的商业书籍中找到修理的办法，那是白费功夫。其实，以及时、省钱的方式供应配件的能力是能够提供和维持多少种定制产品和变形产品的关键性因素。

4. 美国在用车的车龄从 1970 年的 5.6 年增至 1994 年的 8.4 年，而且还在稳定增长。见美国汽车制造商协会出版的 *Motor Vehicle Facts & Figures' 95*（Detroit：American Automobile Manufacturers Association, 1995），第 39 页。

5. 为使系统本身不能给与客户无关的订单造成高峰和低谷，丰田在每一层订货系统中设置了一系列的过滤机制，只让符合这个代销商或者分销中心正常订货方式的订单通过。超出规定的订单在被接受以前必须经总部明确授权，以消除由于办事人员错误和"恐惧心理"造成的订单，譬如，由缺货或者即将涨价的一类传闻引发的订单。丰田用这种方法在订货系统中安装了错误预防装置来过滤各种干扰。

6. 这种方法也用于新轿车。以丹·琼斯为首的国际轿车配送计划研究，在欧洲新轿车配送中开发了一个类似的模式。如果所有的成品库存由代销商处转移到中心储存点，每辆车大约可节省 300 美元。（见 International Car Distribution Programme, *European New Car Supply and Stocking Systems Performance*, 1995）另外，沃克斯豪尔（通用汽车公司）和罗孚（陆虎）正在英国试行没有代销商存货的中央存货系统。客户得到他们确切想要规格车型的车的比例从 30% 以下（通常是在代销商之间调剂）增至 80% 以上。需要说服客户购买（预示降低售价）的比例，从 70% 降至 20%。另外不买车就走掉的客户减少了一半。特别值得注意的是，所有这些能够做到，只是用智能方法管理成品存货，而不需要工厂更为灵活或有为客户的特殊要求单做车型的能力。把存货交给中央系统的另一个好处是改变了销售人员的任务，使他们从为了收取佣金而向客户推销人家不想要的车子的聪明的"推销员"，变成可以同客户一起商量、完全满足客户要求，而同时又能把订单平顺的流动到工厂去的人。

7. James Gleick, *Chaos：Making a New Science*（New York：Viking, 1987）。

8. 我们感谢加迪夫大学的丹尼斯·托维尔教授，他使我们注意到了系统动力学的先驱杰伊·福雷斯特和约翰·伯布里奇为按价值流运行的需求放大模拟模式中得到的观察结果提供了强有力的理论和经验证明。他们为减少上游反应时间而提出的改善建议,几乎与大野应用精益原则于丰田价值流所走的路完全相同。见 Denis R.Towill,"1961 and All That:The Influence of Jay Forrester and John Burbridge on the Design of Modern Manufacturing Systems," *International Systems Dynamics Conference on Business Decision Making*,1994,pp.105-15,Denis R.Towill,"Supply Chain Dynamics——The Change Engineering Challenge of the Mid-1990s",*Proceedings of the Institute of Mechanical Engineers*,Vol.206,1992,pp.233-45,以及 Denis R.Towill,"Time Compression and Supply Chain Management——A Guided Tour," *Supply Chain Management*,Vol.1,No.1,1996,pp.15-27。

9. 见 Peter Senge,*The Fifth Discipline:The Art and Practice of the Learning Organization*(New York:Doubleday Currency,1990)。

10. 见 Alan Blinder,*Inventory Theory and Consumer Behavior*(Princeton N.J.:Princeton University Press,1990)。

11. 见 Christina A.Romer,"The Prewar Business Cycle Reconsidered",*Journal of Political Economy*,Vol.97,No.1,February 1989,pp.1-37。

第 5 章

1. 1989 年德国斯图加特的科德宝公司和日本名古屋的恩欧凯(NOK)公司共同成立了一家合伙公司以巩固他们在北美的经营活动。公司包括了 13 家科德宝的生产厂、1 家恩欧凯的工厂、销售部、工程部和采购部门。

2. 我们感谢将在下一章谈到的帕特·兰开斯特,因为他的这个说法,也因为他和我们非常详细地讨论了有关在一个组织内掌握转变的问题,使它能以最大的持续的步伐前进,而不冒进。

第 7 章

1. 柯尼希泽克尔现在是宏公司(HonCompany)的总裁。这是一家大型家具公司,总部设在艾奥瓦州的马斯卡廷市。

2. 彭特兰现在是莫菲特协会(Moffitt Associates)的负责人。这是一家专门提供精益方法咨询的企业,总部位于南卡罗来纳州的希尔顿黑德。

3. 具有管理会计学背景的读者一定懂得,由批量生产方式会计学向精益生产会计学彻底转变时,尽管概念上很简单,但却需要很长时间去认真贯彻。对线模公司来说,只有在基本消灭了在制品的时候,才不再需要随时关注旧办法中的工时和机时。同样,直到内部库存点(阿尔特·伯恩称之为"零件旅馆")大大减少(最终减少到两个:正在接收尚未加工的零件库存点和加工完毕正在送出的零件库存点)的时候,线模公司才能停止长期以来利用物料需求计划系统每天跟踪生产系统中的每个零件的做法。因此,新的损益报表建立起来,在财务分析表中与旧系统并行了近一年时间之后,旧办法才停止使用，只被用来承担为财务报表计算在制品价值和完成品价值的任务。

4. 见 Philip Hauser 和 Don Clausing 所著的"*The House of Quality*"一文，发表在 *Harvard Business Review*，第66卷，第3期，第63-73页，1988年5、6期。关于完整描述如何进行质量功能展开和组织开发团队的内容，可查阅 Don Clausing 所著的 *Total Quality Development*（New York：American Society of Mechanical Engineers，1994）。

5. 美国供货商研究所（The American Supplier Institute）。

6. 正像其他部门分割式的组织机构一样，线模公司的工程师们已经与实际脱节了，他们把大量的资源花费到这样一些开发项目上，这些开发项目包括一些精巧的技术改革，但这不过是工程师们自己感兴趣，对企业的实际业务或客户的需求却毫不相干。

7. 史蒂夫·梅纳德和他的同事们最近对他们取得的成绩和所用的方法进行了很好的总结。见 S.Blondin，S.Cancellieri，D.Grace 和 S.Maynard 所著的《我们用我们的耳朵设计了它》（*We Designed It with Our Ears*）一文。这是提交给1994年"质量功能展开第六次会议"的论文。

第8章

1. 普惠F100发动机用于F-15和F-16战斗机，F119发动机不久将用于F-22战斗机。

2. 普惠PW2000系列商用发动机作为波音757飞机的动力，其军用变型机型作为C-17的动力。普拉特PW4000系列发动机作为波音747、767和777，空中客车A300、A310和A330，以及麦道DC-10和MD-11等飞机的动力。

3. 这部分的小标题来源于 David Hoanshell 所著的精彩书籍：*From the American System to Mass Production*，1800~1932 *Baltimore*：*Johns Hopkins University Press*，初版于1984年。1995年版作了修订、扩充并重新发行）。书中所描述的从单件手工生产到使用标准化零件进行批量生产的演进过程，也正是普惠从1860年初建到第二次世界大战期间开始批量生产飞机发动机为止所经历的过程。

4. 科尔特系统没有完全消除手工作业，因为它的测量系统还不够精确，而且普惠的机加工设备只能加工"软"状态下的零件。为了使零件变硬，从而制造耐用武器，零件在机加工之后要进行二次热处理，这时零件会出现无规律的翘曲。这就需要通过手工"修整"来把他们组装成一支完整的枪支，而且一旦调整好，即使同一种零件也是不能互换的。David Hounshell 在 *From the American System to Macs Produxfon* 一书的第46~50页，概述了科尔特兵工厂的生产和组织情况。

5. 这部分关于创建普惠的叙述，来源于一份未发表的备忘录：*The Saga of Pratt & Whitney co.*，这是由 Frederick B.Rentsohler 于1950年5月1日所做的一份打印稿。原件存于康涅狄格州哈特福德的联合技术公司档案馆。

6. 这是在1927年时曾推动林德伯格的飞机跨越大西洋的传奇式的发动机。虽然它证明了风冷发动机的可靠性，但是它个儿太小，马力与重量之比也太小，因此实际上不可能应用在大型商用飞机和高速军用飞机上。

7. 见 The Saga of Pratt & Whitney Co., 第 11 页和 Statement of Frederick B. RentschlerBefore the Temporary National Economy Committee, Washington, D.C., 1939 年 5 月 18 日，第 3 页。

8. 直到 20 世纪 70 年代，该公司的法定名称一直是"普拉特－惠特尼飞机公司"，后来简化为"普惠"。为简便起见，我们在整个叙述中称之为"普惠"。

9. 普惠发动机的铝制曲轴是锻件而不是铸件。锻造方法比铸造方法更易于加工成重量比赖特旋风的铸造铝制曲轴轻得多的曲轴。关于活塞式飞机发动机的发展见 Bill Gunston 所著的 The Development of Piston Aero Engines （Sparkford, Somerset: PatrickStephens Limited, 1993），其中第 130131 页是关于普惠公司的。

10. 这家机床厂最终迁至西哈特福德，并坚持作为一个传统的机床生产商。它后来在技术和生产方法上逐渐落后，终于在经营了 131 年之后于 1991 年倒闭。普惠飞机公司不久后被合并到联合飞机和运输公司中去。联合飞机和运输公司是波音公司、西科斯基公司（产品为飞船，然后是直升飞机）、汉密尔顿标准公司（产品为螺旋桨），CHANCE VOUGHT 公司（产品为军用飞机），以及作为联合航空公司前身的各公司的联合体，是一个纵向一体化结构的飞机制造和运营公司。但是美国政府于 1934 年出面阻止了这种安排。于是，在普惠、西科斯基、汉密尔顿标准公司和 CHANCE VOUGHT 之外又成立了联合飞机公司，波音公司和联合航空公司也各自成为独立的公司。联合飞机公司于 1975 年改名为联合技术公司，伦施勒从 1934 年直至 1956 年去世一直是联合飞机公司的董事长。

11. 这部分内容来自联合技术公司档案馆的一份题为" The Project Engineer "的备忘录。它是由后来成为公司工程部副总裁的 L.S. 霍布斯，写给当时公司工程部副总裁安德鲁·威尔古斯的。备忘录的日期为 1936 年 12 月 6 日。

12. 关于产品开发项目管理类型参见 Kim Clark 和 Takahiro Fujimoto 所著的《产品开发绩效》（ Product Development Performance ）（ Boston: Harvard Business School Press, 1991），第 253 ～ 256 页，以及 Don Clausing 所著的《全面质量开发》（ Total Quality Development ）（ NewYork: American Society of Mechanical Engineers Press, 1994），第 39 ～ 44 页。然而，普惠关于项目工程师在整个产品流程（即从产品概念产生到生产，到安装再到客户飞机上）中的责任远远超过书中的论述。

13. 这部分内容根据 J.Carlton Ward, Jr. 所著《现代大马力气冷星形飞机发动机的典型生产布局、设施及生产方式》（ Typical Plant Layout, Facilities, and Method for Productionof Modern High-Powered Air-Coolted Radial Aircraft Engines ）一文写成。这是 1936 年 10 月在洛杉矶的汽车工程师协会全国飞机生产会议上的一篇论文。Ward 当

时是普惠的总经理助理，直接负责生产。

14. 同上，第 3、7 页。

15. 同上，第 5 页。

16. 同上，第 6 页。试验规程还要满足联邦航空管理局和客户的要求，只有当发动机的整机性能得到验证之后，客户才会接受。

17. 这是 IBM 在精于生产计算机之前的主要产品。

18. Ward 的论文第 5 页。

19. Hobbso 的备忘录，第 1 页。

20. 普惠及其若干许可证持有者，为战争的用途共生产了 36.3 万台发动机。普惠的受雇人数从 1938 年的不足 3000 人发展到 1943 年的近 40000 人。此时，公司工厂的使用面积为 900 万平方英尺。（这些数据来源于 Pratt & Whitney: *In the company of Eagles*，第 19 页和 22 页，这是 1990 年为普惠 65 周年纪念日所准备的一本小册子。）

21. 与此同时，美国"联合汽车工会"在普惠的一个主要工厂建立了组织。这个厂于 1970 年加入了国际机械工人协会（IAM），并使普惠的所有机构都加入了这个工会。这里及以后各部分中关于普惠工会的资料，来源于一份内部文件："*A History of International Relations at United Technologies Corporation*"（1991 年 7 月 13 日）。这份文件存于普惠档案馆。

22. 这可由他们的产品开发工作反映出来。1925 年最早的黄蜂发动机，可能用了不到 20000 个工程小时。在产品开发的 9 个月里，仅有 6 位工程师参与，由于他们不可能每周工作 7 天，每天工作 12 小时以上，也就是说，所用工程小时不超过 19 710 小时；而大黄蜂却需要 730 000 工程小时。（后一个数据来源于联合飞机公司总裁曼斯菲尔德·霍纳一篇题为《生产喷气机》的讲演。那是他 1952 年在华盛顿的生产分部对军队工业学院学生的一篇讲演。后来公司将其重印后存于公司档案馆。）

23. 普惠的最后一个活塞式发动机大黄蜂的开发需要 730 000 工程小时，而它的第一个大型喷气发动机 J-57 则需要 133.8 万工程小时。此外，正像曼斯菲尔德·霍纳于 1952 年指出的，现在知识的性质已经完全不同了。"活塞式发动机，特别是在第二次世界大战期间使我们称霸的径流式风冷发动机，具有一个重要的独创的特点。背景经历、实践经验和'手指尖的感觉'对这种发动机的成功设计和生产是至关重要的。它并不是直接产生于理论和分析。在很大程度上，它的设计依靠的是经验，而常常是通过把发动机或零部件故意破坏掉来从经验中进行学习"。见霍纳讲演稿第 1 页。

24. 从发动机生产者的立场上看，这个"麻烦"开始于 1970 年。当时，道格拉斯选择了通用电气的发动机作为其新型 DC-10 飞机的动力；而普惠则提出，如果能让普惠的 JT9D 也被定为这一机型的发动机，它可承担 1 亿美元的生产费用。然后，通用电气公司做出反击，使其 CF6 发动机得到作为波音 747 机型的发动机的认可（原来波音公司的计划中只有普惠的发动机）；而劳斯公司的 RB211-535 也得到了可以成为波音 747 机型的发动机认可。当时正准备推出 A300 客机的空中客车公司，从一开始就采取了"发动机多重选择"政策。同时，由于发动机工业新型动力的发展，使得新发动机的价格稳步降低。由于两发动机设计逐渐取代了以往占主流的三发动机或四发动机设计，所以尽管飞机机身的总订货量增加，但发动机的总订货量却是减少的，因此竞争愈加激烈。到 1995 年，形成了这样一种局面：发动机生产者受到强大的压力，要免费为大客户供应发动机，而让所有的长期成本和利润从备件供应中收回。

25. 为已有飞机更换发动机的订货是相当少的，因为现代喷气式发动机第一次大修年限为 5 年，也就是说发动机"稳坐机翼之上"长达 5 年之后，才需要进行第一次大修，且还可进行若干次整修，其使用寿命才算结束。所以，新喷气发动机的订货与新飞机的订货基本同步。

26. 这段描述是一位美国空军军官所写。见罗伯特·德鲁斯所著的《美国空军和发动机大战》（*The Air Force and the Great Engine War*）（Washiagton, D.C.：National Defense University Press，1987）。

27. 作为还击，普惠与日本的三菱、英国的劳斯莱斯、德国的 MTU 和意大利的阿莱尼亚联合组成了另一家国际性企业，叫作"国际飞机发动机"公司，共同生产 IAEV2500 发动机。但是这种发动机出台得太晚了，仅获得了很小的市场份额。此外，普惠在每台 V2500 发动机上的附加值仅占总附加值的 1/4。

28. 按类别划分的各类零件称为"基础零件"。

29. 普惠的说法叫作"基础零件委员会"。

30. 目前所用的反向推力器使用一系列朝后的大蛤壳或侧向分流管，为使飞机制动，它们可以使发动机外的尾气方向转为向着飞机的前方。发动机上的这一机械装置本身在转为朝前之前是一直向后推空气的。

31. 这种发动机所需的这种尺寸的风扇叶片，如果从发动机吊舱内脱落，有可能损坏机翼或机身，以至于飞机失事。

32. 美国国防部高级研究项目局对复合技术非常感兴趣，目前正与普惠公司及其合成材料供应商共同出资 1 亿美元，开发盛放风扇叶片所需的复合纤维吊舱。

33. 这些经营公司包括：世界最大的电梯公司奥的斯电梯公司（Otis）；世界最大的空调器制造商开利（Carrier）；头号直升飞机生产厂西科斯基（Skorsky）；年汽车零件销售额 20 亿美元的联合技术汽车公司（United Technologies-Automotive）；在螺旋桨和飞机温控系统工业领先的汉密尔顿－标准公司（Hanlilton-Standard）。

34. 紧接燃烧室后面的喷气发动机旋转涡轮转子叶片达 8 排之多。每一排旋转叶片之间都有一排固定的导向叶片，其作用是为从涡轮转子叶片流出来的旋转气流导向，并将其平顺地汇入下一级涡轮。流经涡轮转子叶片和导向叶片的气流温度与燃烧室的温度相差无几,接近华氏 3000 度。因此,这些部件是对世界制造业提出的最严峻挑战之一。

普惠用世界上最复杂最精密的铸件(从供应商处得到),加工这些涡轮叶片和导向叶片。铸件使每一叶片内部形成狭窄气隙,这对推动空气流经叶片内部,从而冷却叶片是非常重要的,对最复杂的叶片,即紧接在发动机温度最高的燃烧室后部的叶片来说,每片叶片上都有近千个用激光打出的孔,使之能够推动高压冷空气从内到外通过整个叶片,从而在叶片表面形成一个层流附面层,使得高温气体与经陶瓷处理的叶片表面有几个分子的距离。这是一项关键技术,因为气体温度比叶片熔点温度要高得多。

35. 这一"组合"方法包括把货盘放到机床下面,并每隔几英尺就从天花板上布设气管和电线,这样,任何机床设备都可以移动到地面上的任何地方,还可以马上吊起来。

36. 我们在"前言"中讲过的那种机器,它每分钟可以灌装 1500 听苏打水,但是要使机器得到充分利用,就需要好几个储水库。这是一个可供比较的例子。

37. 请不要混淆"简单技术"和"低技术"。新磨床采用的是一项专利定位技术,可以使生产单元中的员工在不到两秒钟的时间里完全准确地把一个零件放置到机器上。而且,机器卡紧叶片时,可以完全避免磨削力对叶片表面的损伤。这项技术是简单的,但同时却是相当高的"高技术"。

38. 与"丰田仓库"不同,"精益检验工作单元"本身似乎是矛盾的。的确,一个尽善尽美的精益操作完全不需要任何最终检验,这在理论上是正确的。但是,喷气发动机是一种特殊的产品。我们中间没有人会愿意乘坐一架其发动机还从未运转过的飞机,哪怕这台发动机是最精益的工厂生产出来的。

39. 普惠极大地改变了对培训的态度。正像鲍勃·韦纳所说:"我们现在问我们的工作团队,'要把你的工作做得更好,你需要知道些什么'?然后我们尽可能'及时'地给他们提供这些知识,并现场传授这些技能。"负责场外课堂集中培训的部门取消了,工会指派了一位培训负责人协助普惠公司为工人提供所需要的技术技能。

40. 关于这一点我们还将在关于日本的第 10 章中详述。

第 9 章

1. 这并不是说保时捷公司从未向客户提供过完美无缺的汽车。我们将看到,保时捷公司以及它的工人们是进行返工和矫正工作的能手,因此,到达客户手中的产品,就存在的缺陷和问题来讲,与梅赛德斯的"奔驰"或丰田的"雷克萨斯"轿车一样,同属最佳等级。问题在于保时捷追求完美的整个过程中的成本。

2. 关于保时捷历史的详细资料参见 Professor Dr. Ing.h.c.Ferry Porsche 和 Gunther Molter 所著的 *Cars Are My Life*(Wellingborough, England: Patrick Stephens Limited, 1989)。

3. 车型编号是基于保时捷自 1930 年成立以来所进行的设计项目的数量。这些设计项目除了包括整车项目之外，还包括悬架系统和发动机的改进，以及许多其他项目。但是它所做的大量工作并不公开属于保时捷公司。

4. 见 Porsche 和 Molter 合著的书，第 237 页。

5. 用精益方法最伟大的创造者之一新乡重夫的话来说，他们懂得单机操作，也就是说他们懂得在各单独零件上所从事的单项活动；在这一点上，他们也许比世界上任何其他国家的工人都能干。然而，我们将看到，他们关于过程（这是新乡的用词，意思是把各项活动联系起来，从而在整个生产系统中引入流动）的知识，却极其缺乏，尤其是当一个产品从原材料到最终产品要经过许多工作团组和许多部门的时候，情况更是如此。见 Shigeo Shingo 所著的 A Study of the Toyota Prodution System from an Industrial Engineering Viewpoint（Portland，Oregon：Productivity Press，1989），第 1 章。该章总结了新乡关于单项活动和组合过程的思想。

6. 见 Porsche 和 Molter 合著的书，第 301 页。

7. 这种额定功率 450 英制马力，时速 200 英里，价格 50 万美元的 911 型改进车，是保时捷公司力争"比法拉利还法拉利"的结果，而且就其极小的销售目标来说是成功的。

8. 今井正明以及他的《改善》（Kaizen）（New York：Free Press，1987）一书，对西方管理人员介绍改善的思想是起了作用的。

9. 见 Nick Oliver，Daniel T.Jones，Rick Delbridge，Jim Lowe，Peter Roberts，Betty Thayer 所著的《世界范围内制造业竞争力研究：第二个精益企业报告》（Worldwide Manufacturing Competitiveness Study：The Second Lean Enterprise Report）（London：Andersen Consulting，1994）。

10. 在保时捷公司为使客户的兴趣一直保持到新车出台之后的艰苦的但却是非常成功的努力中，每 6 个月就推出一款 911 变型车。这使得保时捷的名字长期保持在汽车爱好者杂志上，因为新闻界似乎无法抵挡住试驾"新保时捷"的诱惑，哪怕所谓新的东西仅包括一些很小的改动，如 Targa 车顶或改进的变速器。

11. 零件供应商把零件直接送到生产线旁的做法经考虑被否决了，这是由工厂的特点决定的。祖芬豪森厂共有四层楼，货品堆放场地很有限，因为该厂紧靠居住区。所有散件集中堆放，是适应场地实际紧张状况的唯一办法。

12. 多数精益思想的实践者都利用某种形式的游戏或模拟练习，来告诉高级管理人员和实际操作人员，如果引入流动和拉动的话，会发生什么变化。美国的丰田供应商支持中心和保时捷都设计了工厂模拟游戏，麻省理工学院的彼德·森杰也设计了一个"啤酒游戏"来说明在分销过程中批量思想的作用结果。我们渴望一切试图贯彻精益思想的管理人员们，设计多种多样的这类游戏，来促进人们以超越"批量生产"的方式思考这个世界。

13. 作为一个特型产品的生产者，保时捷公司直到现在还是在产品变型方面超过大众公司。911 型车有 80 种车外门镜（不算 6 种颜色）可供选择！而新的"拳击手"车将提供 4 种基本型设计（共 12 种颜色），这将与 5 种形式的玻璃一起，在总装线上按客户的要求配装到镜架上。保时捷认为这样的变型数量对豪华产品市场来说，是在变型品种和成本之间较合适的平衡。

14. 见 B. Joseph Pine Ⅱ 所著的 *Mass Customization*（Boston：Harvard Business School Preas，1993）。该书对这些概念作了最好的说明。

15. 第 8 章谈到的普惠公司的叶片磨削系统，是关于复杂的德国设备的典型例子。这种设备所减少的人工是以更高的技术支持成本为代价的。其他一些设备生产者极力推行一种自动传输线，用于在无直接人工的情况下大批量组装产品，只不过发现对这样批量生产的产品的需求几乎不存在。我们在下一章将举一个具有同样问题的日本企业的例子。

16. 然而，下一章关于日本生产地点的争论也适用于许多进行批量生产的德国工业。精益思想提倡生产的地点要尽可能靠近消费者，但对一些小批量的非大众化商品（事实上，德国的中小型企业似乎最善此道），却可以在一个地点生产和设计，并成功地向整个世界供货。

第 10 章

1. 川部现在任昭和空调产品部的主管和总经理，而且仍负责生产研究部。

2. 摘自与大野耐一的访谈，见 Isao Shinobara 所著的 *New Production System：JIT Crossing Industry Boundaries*（Cambridge，Mass：Productivity Press，1988），第 152 页。

3. 其他三位总工程师是 Takeo Chiku，Tatsu Inagawa，Tozo Yabuta。关于丰田总工程师的起源的详细情况见丰田公司的 *Toyota：A History of the First 50 Years*（Toyota City：Toyota Motor Corporation，1988），第 115 页。

4. 结果，甚至连丰田公司也感到，要在需求突然下降的时候，使生产与销售同步是非常困难的。在 20 世纪 90 年代初期，富有诱惑力的促销办法是降低价格，以求保持一定的市场份额和销售量。但是不久以后，丰田公司必须面对的现实是，日本的消费者们在较长的时间里退出了轿车市场；那些多余的轿车，正像大野经常说的，完全是浪费。

5. 独特的日本新车注册系统，要求购车者提供具有适当的新车停放空间的证据。由于只有当车卖出的时候，该证据才能备案，而后还需要一周时间办理手续，所以丰田不鼓励在一周以内供货。

6. 关于评价工作岗位的疲劳和紧张程度的技术性说明，见 Atsushi Nimi，H.Koka，

Yoshinori Eri 所著的 "*On the Development of TVAL（Toyota Verification of Assembly Line）and Its Applications*"（Toyota City：Toyota Motor Corporation，1994），以及 Yoshinori Eri，Atsushi Nimi，Satoshi Ogata，Bungo Hayashi 所著的 "*Development of Assembly Line Verification*"，以上为汽车工程师协会技术论文 940890，1994。我们把这些论文推荐给那些贯彻精益技术，特别是在工厂背景下贯彻精益技术的人。

7. 见前面引用过的 Hines 的著作。

8. 关于精益思想在丰田公司乃至丰田公司以外传播的更详细的讨论，见 James P. Womack 所著的 *The Diffusion of Lean Production*：*Process and Prospects*，Cambridge，Mass，MIT Japan Program Research Monograph，1996。

9. 的确，正如我们在前言中看到的，根据东京大学 Kazuo wada 教授的近期研究，三菱公司可能是某些精益技术（如节拍时间）的最初实践者。

10. 大野本人发现，原先美国人强调统计样本的思想是完全不对的。他命令丰田公司在所有生产步骤中，都执行自动化技术和错误预防，这样便会在生产制造的每一时刻都有效地进行100%的质量检验。由于负责就业的当局对此无准备，因此大野经常使自己处于与就业总部的麻烦之中。

11. 要很好地了解日本全面质量控制的历史和丰田公司采取跨部门质量管理的情况，见 Kenji Kurogane 编辑的 *Cross-Functional Management*：*Principles and Practical Applications*（Tokyo：Asian Productivity Organization，1993）。关于丰田公司和日产公司对生产管理和产品质量的不同态度，见 Michael A.Cusumano 所著的 *The Japanese Automobile Industry Technology and Management at Nissan and Toyota*（Cambridge，Mass：Harvard University Press，1991）。Cusumano 讲到，日产公司在获得戴明奖以后就放松了质量管理，而丰田公司却在获奖后管理强度越来越大。

12. 我们从与一些学者以及与大野同时代的丰田管理人员的访谈中得出结论，丰田公司于 1900 年后采用全面质量管理，有助于把非生产部门的工作与大野在生产过程中的积极性相结合。

13. 关于该组织活动的详细情况，见 Shinohana 所著的 *New Production System*。

第 11 章

1. 本书末尾所列的文献资料中提供了一些我们认为特别有帮助的书。

2. 一个警告是：技术性技能是基本的要素，但使无序变为有序的特性和能力的变革力度同样重要。最好的日本企业在北美和欧洲的移植经营机构是寻找具有必要知识的人才的理想场所，而且有时候它们本身便是这样的企业。然而我们已经注意到，这些企业中大量具有若干年经验的美国人和欧洲人，在向与现有组织相连的美国和欧洲雇员中传授精益概念方面做得并不成功。追溯其原因，这些人显然适合于在由日本先生的不断训导下建立起来的新建组织中传授精益概念；但是在缺乏支持和有内部阻力的组织中，他们就不能挺身而出，承担令人畏惧的任务。同时，我们曾遇到过一些缺少令人信得过的正式资格的精益专家，如普惠公司的鲍勃·德阿莫，他从没有请过日本先生，但却有克服强大阻力的人格力量。

3. 也许最能说明其真实性的是《财富》杂志 1955 年列出的最大 500 家工业企业的 68% 已经不再存在或掉在排位之后。"40 years of the 500" *Fortune*, May 15, 1995 年版，第 184 页。

4. David Hurst 所著《危机和新生》（*Crisis and Renewal*）（Boston：Harvard Business School Press, 1995 年版）一书给出了一个很好的案例：为了使整个企业不在最后一分钟被"烧光"，企业需要在其组织的部分机构中主动"放火"，创造性（精益）地解决好处于危机中的具体经营问题可能是造成"灭火工具"并最终使整个企业获得新生的最好办法。

5. 见 Peter Hines 所著《创造世界级供应商》（*Creating World-Class Suppliers*）一书（London：Pitcnan, 1994）。这是关于创建供应商协会和改善供应商行为的现有最为综合性的报告。精益研究中心的海恩斯在 1991 年 11 月建立了第一家日本以外的供应商协会，而且至今已为 25 家公司（包括丰田、罗孚、英国航天、伯格瓦纳、福特和沃尔沃等）在英国、比利时和瑞典的 350 家供应商建立了供应商协会。它们的做法为由其下游公司发展的一对一的供应商发展提供了十分有用的补充，因为横向的供应商协会给了各供应商能共享其经验的机会并互相学习。供应商协会还通过分享策略部署发布法，给下游客户提供了在改善最关键领域里与所有供应商同心协力的能力。

第 12 章

1. 许多读者认为，这是在全面质量管理活动中首次使用的"计划—执行—检查—行动"（PDCA）式的循环，只不过现在是将其应用于全部的价值流，而不仅仅是单项活动。

2. 实际上，使每个公司从自己所在的价值流部分获取最大利润，已成为美国商学院教授的"价值链"分析的目标，是战略课程的核心教授内容。

第 13 章

1. 丰田汽车公司建筑住房，但仅供给日本国内市场。可是即使在日本国内，由于征用土地和准备场地的复杂性，也使得从概念设计到完成建筑房屋所需要的时间和人工大量增加。相形之下，在美国和欧洲，几十年以来，试图通过在工厂里制作模板构件来改善建筑业的许多努力已经失败了（关于一个世纪以来经验的详述请参见（GilbertHerbert 所著《工厂造房之梦》（*The Dream, of the Factory-Made House*），(Cambridge, Mass：MIT Press, 1986)）。移动住房建筑业在美国已经兴盛起来，但是采用的是批量生产模式的工厂技术（这些技术本身便是精益革命的对象），并且提供的设计与那些传统的、按照订货建造的房屋建筑业差距很大。

2. 这部分出现的一些思想首次出现在詹姆斯 P. 沃麦克所著"*The Real EV Challenge——Reinventing an Industry*"一文中。这篇文章发表在 Scott A.Crank 编辑的 *Building the E-Motive Industry*（Warrendale, Pa.：Society of Automotive Engineers，1995）一书的第 128～139 页。表达类似思想的另一篇文章是詹姆斯 P. 沃麦克的"*The Real EV Challenge: Reinventing an Industry*"，载于 *Transport Policr* 杂志，第一卷第四期，1994 年 10 月，第 266～270 页。这些思想对汽车销售的含义在丹尼尔 T. 琼斯所著"*Peering into a Lean Future*"和"*Does Lean Selling Need Dealer?*"两文中得到了深入探讨。前一篇文章被收入由 R.Hunerberg 编辑的 *International Automobile Marketing*（Gaberler Verlag, 1995）一书，后一篇文章是国际轿车分销规划的工作论文，完成于 1995 年。

3. 对成本的一个干扰变量是日元升值。它已经使日本汽车制造商在向北美和欧洲销售其本土生产的车辆时，失去了其成本优势。这种情况使各国国内生产者从价格压力中摆脱出来。但是，日本公司现在正在迅速调整其生产基地以满足市场，并在北美和欧洲供应基地引入精益原则。到 2000 年左右时，当这些做法在北美，以及稍后一点在欧洲大陆实现时，我们预计将会出现激烈的价格竞争。消费者最终将获得精益思想带来的经济效益。

4. 同样的概念也可应用于航空工业，那里的旅客乘机里程数量的长期趋势十分平稳；但是商业周期反映的飞机定货中的峰值与基值比率却是 5∶1。如果一个"飞机提供者"——也许是现在的机身制造者之一——提供给机动性提供者"无麻烦运送"，而不是销售他们的飞机，做一锤子买卖，飞机生产与旅客旅行的长期趋势保持同步是完全可能的。

第 14 章

1. 要全面了解阿尔特·伯恩及其团队在线模公司创造财富的方法，见 M. L. Emiliani et al. 所著的《更佳的思想、更佳的结果：运用糟益之力建立全面解决方案》（*Better Thinking, Better Results: Using the Power of Lean as a Total Business Solutions*）（Kensington, Conn: Center for Lean Business Managrrnent, 2003）。

2. 丰田汽车公司的《丰田推进"全球 2010 展望"》（*Toyota Puts Forth ' 2010 Global Vision'*），发表时间为 2002 年 4 月 1 日。

3. 即使是在这些例子中，丰田也多半是解决自身传统产品系列的重大弱点的需要才采取大胆行动的。RX300 是利用凯美瑞（Carry）轿车底盘生产的 SW 运动多用途车，而不是像该细分市场主导产品——福特·开拓者（Explorer）那样使用货车底盘，但这不过是丰田由于缺少适宜尺寸的货车底盘的被迫之举。汽油机／电动机混合动力汽车普利乌斯的情况也类似。尽管这是汽车技术的一项卓越成就，而且就包含如此多新技术的产品来说，生产工艺也相当成熟，但这不过是丰田缺少小型柴油发动机的被迫之举。欧洲的汽车制造商往往利用小型柴油发动机，来实现同样幅度的燃油经济性改善。

4. 见 Alfred P.Sloan, Jr. 所著的《我在通用汽车的岁月》(*My Years with General Motors*)(New York：Doubleday Currency，1990)，第 65～66 页。关于产品技术和大胆的设计创意在通用汽车产品战略中的作用的经典论述为："只要我们的汽车设计不逊色于同级别最出色的竞争对手，则该政策（于1921年制定）就是正确有效的，也就是说，我们没有必要在设计上领先或者冒险进行新的试验。"

5. 2002年保时捷汽车产量为5.5万辆，第二小的独立汽车公司宝马的产量则为90.6万辆。一些还算大的汽车公司，如斯巴鲁和铃木，都不得不接受大公司（通用汽车）的参股，而产量在宝马以下的所有其他公司——沃尔沃、绅宝、捷豹、越野陆虎、劳斯莱斯、阿斯顿-马汀、法拉利、兰博基尼等都已丧失了独立性。

6. 它的生产还从斯图加特过分拥挤的祖芬豪森厂，扩大至东德莱比锡的一家附属组装厂和在芬兰的一家协议组装厂。

7. 普惠还获得了F-35发动机全部开发过程的合同，并且还将为前三批F-35生产该发动机，目前计划于2012年完成。此后，其他生产企业将一同分享此项目。

8. 注意我们在前文提到的，普惠1992年所遭受的2.83亿美元的亏损中，包括为中止的生产活动和停用的生产设施所支付的6.67亿美元的结构性调整费用。因为我们认为，连续生产利润能较好地表明企业的长期特性。（因此，图14-8所示的普惠在1992年的利润为3.84亿美元。）

9. 我们决定只对《精益思想》中独立成章的那些企业的情况予以更新。实际上，我们能够添加更多的情况。例如，在第2章中讲到的帮助我们完成对小小可乐罐描述的食品杂货连锁店乐购，就正在其精益道路上稳步前进。这在丹尼尔 T. 琼斯和 Philip Clarke 所著的《创建顾客驱动的供应链》(*Creating a Customer-Driven Supply Chain*)(ECR Journal：lhe International Canmerce Review，Vol.2，No.2，Winter 2002)一文里有所表述。

10. 熟悉 Richard Schonberger 新近著作《让我们牢记！》(*Let's Fix It!*)(New York：FreePress，2001) 的读者可能会对我们的乐观有些诧异，因为 Schonberger 在此书中说，基于对世界几百家制造公司年报所做的库存周转数的计算和分析，平均来说近年来改善停顿了，甚至还有所倒退。这里的差别并不在于事实本身，而在于所用的方法。我们使用的是政府提供的关于制造商们在美国的且与美国销售额有关的库存情况数据，而 Schonberger 使用的却是根据公司年报计算的各公司在世界范围的且与世界销售额有关的库存情况数据。我们认为，正是"世界范围"造成了这一差别。

例如，Schonberger 说到，20 世纪 60 ~ 90 年代，丰田的库存周转数大幅度降低，并据此说丰田的改善停止了。然而，我们从对单个丰田厂的访问得知，在工厂一级，情况并非如此。真实的情况是，随着市场和生产的迅速全球化，大量零部件（包括售后服务零部件）以及整车来往于各大洲之间，运输距离加长了。（更有甚者，由于丰田买断了其在世界各地的大部分地区分销商，因而其成品车的绝大部分会体现在总库存量里。）就增加全球库存量这点来说，这很糟糕（这是一个重要问题，我们到第 15 章再来讨论。），但不应该据此就说工厂一级和国家一级的制造水平变得不够精益了。实际上，我们认为情况恰恰相反。

第 15 章

1. 在第 1 版《精益思想》出版之后，有两位我们最崇敬的先生已经去世了。我们在本书中还简短提到过他们的著作。其中，曾与线模公司、普惠和保时捷工作过多年的岩田义树（Yoshiki Iwata），于 2001 年去世；曾向联合技术公司（普惠）灌输质量思想的伊藤让（Yuzuru Ito），于 2000 年去世。像他们之前的大野耐一和新乡重夫一样，他们二位不断地进行着他们的改善活动，直至去世，在他们的年龄及身体状况要求他们应该退休之后，还工作了很长的时间。

2. 关于绘制价值流图的详细描述，见 Mike Rother 和 John Shook 所著的《学会观察》(*Learning to See*)(Brookline，Mass.：Lean Enterprise Institute，1998)。

3. 具有六西格玛、全面生产维护、约束理论和丰田生产方式背景的读者可以看出，这些提问所涉及的方面，正是上述某种理论的出发点。我们认为，这些理论最终是在追求同一个目标：一种能恰在顾客需要的时候提供恰好符合要求的价值的完美过程。该过程无浪费、无缺陷、无故障、无瓶颈、无过剩产能。

4. 最简单的证据是，《学会观察》一书的英文版目前已销售超过 12 万册，而且被译成十多种语言。最近，当我们在对许多国家的工厂进行考察时（我们总是不断地进行这种考察），几乎总能看到关于当前状况和未来状况的价值流图。

5. 例如，我们经常被带去看工作单元式的生产。这些工作单元通常都以大型标牌标示，对此我们十分感激，因为否则我们可能会不知道这就是工作单元。我们所看到的并非真正的工作单元，而是一组紧邻放置的机器，产量不稳定，流动不平顺，操作工调配不合理，各机器之间库存堆积。关于使工作单元式生产达到真正的连续流动的行动计划见 Mike Rother 和 Rick Harris 所著的《建立连续流动》(*Creating Continuous Flow*)(Brookline，Mass.：Lean Enterprise Institute，2002)。

6. 最近，我们试图通过主持出版一本精益词典，使精益术语达到一定程度的一致性。见《精益词典：精益思想家的图解术语汇编》(*The Lean Lexicon：A Graphical Glossary for Lean Thinkers*)(Brookline，Mass.：Lean Enterprise Institute，2003)。

7. 对最佳工作单元和样板工作单元的进一步了解，见 Mike Rother 和 Rick Harris 所著的《建立连续流动》(*Creating Continuous Flow*)。

8. 对此我们非常感激 John Shook。

9. 琼斯和沃麦克所著的《纵观全局：绘制大范围的价值流图》(*Seeing the Whole：Mapping the Extended Value Stream*)（Brookline, Mass.：Lean Enterprise Institute, 2002）。尽管该价值流所涉及的企业的名字被隐去，但书中所给出的数据完全是我们考察中的真实所见，而且在当今世界的制造业中是相当有代表性的。

10. 一个步骤是否创造价值的最简单的办法就是问："如果这个步骤由于某种原因被省略了，那么顾客是否会因此对产品支付较少费用或产生不满情绪呢？"在所述的例子中，顾客关心的只是冲压、喷漆和组装等 8 个实际创造价值的步骤。如果其余 65 个转手、返工、运输、库存步骤由于某种原因被去掉，顾客是不会抱怨的。实际上，由于这些步骤充斥在制造产品所花费的时间里，妨碍了顾客恰好在需要的时候获得恰好需要的产品的需求的实现，就这个意义上讲，这些步骤是在损害价值。

11. 像前面多次提到的一样，在这点上我们非常感谢 John Shook。

参 考 文 献

下列书籍和文章对了解精益思想和精益技术有特殊的帮助。

Arnold, Horace, and Fay Faurote.*Ford Methods and the Ford Shops*, North Stratford, N.H.: Ayer, 1998 (a reprint of the *Engineering Magazine* edition of 1915).

Case, John.Open Book Management.New York: Harper Business, 1995.

Clark, Kim, and Takahiro Fujimoto. *Product Development Performance*. Boston: Harvard Business School Press, 1991.

Clausing, Don.Total *Quality Development*: *A Step-by-Step Guide to World-Class Concurrent Engineering*. New York: American Society of Mechanical Engineers Press, 1994.

Cooper, Robin. *When Lean, Enterprises Collide*: *Competing Through Confrontation*. Boston: Harvard Business School Press, 1995.

Csikzentmihalyi, *Mihaly.Flow*: *The Psychology of Optimal Experienc*e.New York: Harper Perennial, 1990.

——.*The Evolving Self*: *A Psychology for the Third Millennium*. New York: Harper Perennial, 1993.

Cusumano, Michael. *The Japanese Automobile Industry*: *Technology and Management at Nissan and Toyota*.Cambridge, Mass: Harvard University Press, 1985.

Fujimoto, Takahiro. *The Evolution of a Manufacturing System at Toyota*. New York: Oxford University Press, 1999.

Gleick, James. *Chaos*: *Making a New Science*. New York: Viking, 1987.

Jones, Dan, and Jim Womack. *Seeing the Whol*e: *Mapping the Extended Value Stream*. Brookline, Mass.: Lean Enterprise Institute, 2002.

Philip Hauser and Don Clausing, "The House of Quality,", *Harvard Business Review*, Vol.66, No.3, May-June 1988, pp.63-73.

Hines, Peter.Creating *World-Class Suppliers*.London: Pitman, 1994.

Hounshell, David. *From the American System to Mass Production*, *1800-1932*.

Baltimore: Johns Hopkins University Press, 1984 (revised, expanded, and reissued, 1995).

Hurst, David.*Crisis and Renewal*. Boston: Harvard Business School Press, 1995.

Kurogane, Kenji, ed., *Cross-Functional Management: Principles and Practical Applications*. Tokyo: Asian Productivity Organization, 1993.

Lamming, Richard.*Beyond Partnership: Strategies for Innovation and Lean Supply*.New York: Prentice-Hall, 1993.

Mather, Hal. *Competitive Manufacturing*. New York: Prentice-Hall, 1991.

Monden, Yasuhiro. *The Toyota Production System*. Atlanta: Institute of Industrial Engineers, 1983.

———. *Cost Reduction Systems: Target Costing and Kaizen Costing*. Portland, Ore.: Productivity Press, 1995.

Nishiguchi, Toshihiro. *Strategic Industrial Sourcing: The Japanese Advantage*.Oxford: Oxford University Press, 1994.

Ohno, Taiichi. *The Toyota Production System: Beyond Large-Scale Production*. Portland, Oregon: Productivity Press, 1988.

———.*Workplace Management*. Portland, Oregon: Productivity Press, 1988.

Rother, Mike, and Rick Harris. *Creating Continuous Flow*. Brookline, Mass.: Lean En-terprise Institute, 2001.

Rother, Mike, and John Shook. *Learning to See*.Brookline, Mass.: Lean Enterprise Institute, 1998.

Schonberger, Richard J. *Japanese Manufacturing Techniques*. New York: Free Press, 1982.

———.*World Class Manufacturing: The Lessons of Simplicity Applied*. New York: Free Press, 1986.

———.*World Class Monufacturing: The Next Decade*. New York: Free Press, 1996.

———.*Let's Fix It.*New York: Free Press, 2001.

Sewell, Carl and Paul B.Brown. *Customers for Life*. New York: Pocket Books, 1991.

Shingo, Shigeo. *A Study of the Toyota Production System from an Industrial Engineering Viewpoint*. Portland, Oregon: Productivity Press, 1989.

Stack, Jack. *The Great Game of Business*. New York: Harper Business, 1993.

Suzaki, Kiyoshi. *The New Manufacturing Challenge*. New York: Free Press, 1987.

———.*The New Shopfloor Management*. New York: Free Press, 1993.

Toyota Motor Corporation. *The Toyota Production System*. Operations Management

Consulting Division and International Public Affairs Division.Toyota City : Toyota Motor Corporation, 1995.

—— .*Toyota : A History of the First 50 Years*. Toyota City : Toyota Motor Corporation, 1988.

Womack, James P., and Daniel T. Jones. *How the World Has Changed Since* The Machine That Changed the World. Brookline, Mass., Lean Enterprise Institute, 2000.

译者后记

《精益思想》再次引进出版了，此前，国际精益大师、精益生产方式概念的提出和总结者——沃麦克教授和琼斯教授的另外两部精益经典著作——《精益解决方案》^㊀和《改变世界的机器》也分别在中国出版（《改变世界的机器》一书的另一作者为鲁斯教授）。

作为这三部精益经典著作的译者，我们感到非常欣慰。对我们来说，翻译是件十分清苦的事情。按照时下的常理，我们做这件事情得不偿失。因为相对于我们花费的时间和精力，实在不能以稿费衡量。

我们是汽车界的工程技术人员，翻译不是我们的主业。无论是受邀讲课，或者是承担咨询、研究项目，甚至于参加和出席一些活动，对于我们不仅轻车熟路，收益也比翻译费来得多。就连欠下的稿债，标价也远高于这几部书的翻译稿酬。

但是，我们同时还是中国产业界的经济技术研究人员，我们把翻译本书作为一项研究工作看待。我们是把这三部精益经典著作作为重要的研究成果奉献给中国读者的。据我们了解，被称作"精益三部曲"的这三部著作，在中国和世界都创下了骄人的销售业绩（本书在2003年就已经以10国文字出版，仅英文版发行就已经超过30万册，在中国目前也两次引进、多次印刷）。尤其是这次两部原著相继发行（《精益解决方案》原书是第1版，在国内首次引进），说明其持续巨大的影响力，使我们深切感到我们为此所做的相关工作的价值和成就。

此外，我们与本书的两位作者有着多年的接触和交往。1984年，本书的主要作者——沃麦克教授，到中国度蜜月。那是他第一次来到中国（也是作者之中的第一次中国之行）。在北京首都机场，沃麦克先生预定的旅行社接待

㊀ 此书中文版已由机械工业出版社出版。

人员没有出现，我们中的一位——本是与他接洽会谈的相关事宜，临时担当了接待工作，在当时交通、通信都不是很发达的情况下，跑遍了大半个北京，帮助他找到预定的宾馆。这件事给沃麦克先生留下了深刻印象。他和我们中的另一位译者在共同参加 MIT（麻省理工学院）在全世界范围组织的"国际汽车计划"（IMVP）研究项目（《改变世界的机器》即是该研究的成果）时提到此事表示感谢说：我第一次来到对于美国人来讲不只是陌生的神秘国度，在预定的旅行社没有接上头并备感茫然之时，你们出现了。此后，我们就世界及中国汽车产业发展以及精益生产方式等相关问题，与沃麦克教授进行过多次接触，陪同他参观了若干家中国汽车企业。我们更数次为琼斯教授在中国举办的精益交流活动进行了组织工作，琼斯教授代表作者对我们《改变世界的机器》的翻译质量表示非常满意，并把他们的第二部作品《精益思想》，亲笔签名赠予我们，同时郑重委托我们进行翻译。在翻译这些著作的过程中，我们也经常就一些问题甚至词汇与他们进行探讨。通过与这些国际精益大师们的交往，尤其是在学习和翻译这几部经典著作的过程中，我们更加认识到"精益"对中国企业的深刻意义。

我们在《改变世界的机器》一书中经过无数次探讨和争论，把"lean production"最后译名为"精益生产方式"，自此，"精益"一词被广泛认可和接受，成为重要的中文专业词汇，出现于经济和管理界各种文献之中。而精益生产方式作为取代批量生产方式的一种崭新的生产方式，同其在世界的发展趋势一样震动和风靡了中国。我们也开始走上了精益生产方式的宣传推广之路。

在 20 世纪 90 年代中期前后，无论我们拜访哪一家世界级的汽车公司，在与公司领导者会谈的时候，他们都会提及这部"改变世界"的著作。在中国，以汽车工业为代表，进而机械工业和整个制造业，包括高等院校的相关学院都把学习和应用精益生产方式作为重要的研究和实践课题。

在本书书名"lean thinking"的翻译中，我们也同样进行了多次讨论和争辩，最后决定译为"精益思想"。其基本的理由是，根据本书的内容，"精益"在这里不是一种简单的思维方式，不是几种孤立的管理方法和招数，而是已经上升为一套比较完整的思想方法和体系。

正像美国创造了批量生产方式，从而超越了欧洲一样，第二次世界大战以后，日本创造了经济发展的奇迹，一举超越了欧美。这一经济奇迹的产生，具有国际环境、国家政策、企业及民间努力等多重因素。而在企业层面，则首推创造了精益生产方式——一种源自丰田公司、自《改变世界的机器》问世之后才为人所广知，至今仍在兴盛发展的、全面取代批量生产方式的全新生产方式。

本书作者在前言中写道：在《改变世界的机器》的发行之旅和相关讨论中，人们告诉作者"他们也很想尝试精益生产方式。他们的问题很简单：我们应当怎么做"。与精益大师们一样，我们在中国也经常遇到类似的问题。经过多年的开放和学习，中国企业家的眼界和知识已经非前所比，人们并不怀疑精益生产方式的巨大力量，问题都集中在如何开展精益活动方面。基本的问题是："我们这样的企业怎么做？"（除汽车企业之外，提出这种问题的包括化工类流程型企业和电子类组装型企业，甚至包括零售和服务类企业。）

《精益思想》作为《改变世界的机器》一书的续曲，作者写道：撰写"本书的思想即是由这些问题直接引发出来的"，"我们应当准确地概括总结出精益思想的原则，为管理者提供一种类似北极星那样的可靠行动指南"。

按照本书的描述和我们的学习体会，传统企业如何转变为精益企业呢？基本路线图应当是：①确定变革代理人——确立开展精益活动的领导权威。②掌握一定的精益知识——保证沿着正确的精益道路前进（最好的方式是认真阅读本书和找到真正的精益工作者）。③抓住或者创造危机——利用危机统一员工认识。④按照本书提出的5项原则和开展步骤开始精益活动——这就是本书作为行动指南的意义所在。

改革开放为中国企业提供了前所未有的发展机会，同时也引入了前所未有的发展危机。变平的世界考验着每个中国企业，使每家企业随时都处于国内、国际的激烈竞争之中。如果想持续发挥企业的优势，如果想进一步开拓企业的发展领域取得更高的业绩，或者，如果想摆脱艰辛维持的局面，如果想避免被无情淘汰的后果，让我们就从现在开始，朝着精益目标行动起来——追求持续改善，不断消除浪费，创造财富，建立一个全新的精益企业，迎接真正的中国企业现代化阶段。

李京生

中国汽车工业经济技术信息研究所所长

精益思想丛书

ISBN	书名	作者
978-7-111-49467-6	改变世界的机器：精益生产之道	詹姆斯 P. 沃麦克 等
978-7-111-51071-0	精益思想（白金版）	詹姆斯 P. 沃麦克 等
978-7-111-54695-5	精益服务解决方案：公司与顾客共创价值与财富（白金版）	詹姆斯 P. 沃麦克 等
7-111-20316-X	精益之道	约翰·德鲁 等
978-7-111-55756-2	六西格玛管理法：世界顶级企业追求卓越之道（原书第2版）	彼得 S. 潘迪 等
978-7-111-51070-3	金矿：精益管理 挖掘利润（珍藏版）	迈克尔·伯乐 等
978-7-111-51073-4	金矿Ⅱ：精益管理者的成长（珍藏版）	迈克尔·伯乐 等
978-7-111-50340-8	金矿Ⅲ：精益领导者的软实力	迈克尔·伯乐 等
978-7-111-51269-1	丰田生产的会计思维	田中正知
978-7-111-52372-7	丰田模式：精益制造的14项管理原则（珍藏版）	杰弗瑞·莱克
978-7-111-54563-7	学习型管理：培养领导团队的A3管理方法（珍藏版）	约翰·舒克 等
978-7-111-55404-2	学习观察：通过价值流图创造价值、消除浪费（珍藏版）	迈克·鲁斯 等
978-7-111-54395-4	现场改善：低成本管理方法的常识（原书第2版）（珍藏版）	今井正明
978-7-111-55938-2	改善（珍藏版）	今井正明
978-7-111-54933-8	大野耐一的现场管理（白金版）	大野耐一
978-7-111-53100-5	丰田模式（实践手册篇）：实施丰田4P的实践指南	杰弗瑞·莱克 等
978-7-111-53034-3	丰田人才精益模式	杰弗瑞·莱克 等
978-7-111-52808-1	丰田文化：复制丰田DNA的核心关键（珍藏版）	杰弗瑞·莱克 等
978-7-111-53172-2	精益工具箱（原书第4版）	约翰·比切诺等
978-7-111-32490-4	丰田套路：转变我们对领导力与管理的认知	迈克·鲁斯
978-7-111-58573-2	精益医院：世界最佳医院管理实践（原书第3版）	马克·格雷班
978-7-111-46607-9	精益医疗实践：用价值流创建患者期待的服务体验	朱迪·沃思 等